U0575764

中华传世藏书

【图文珍藏版】

帝鑑圖説

[明]张居正⊙原著

王艳军⊙整理

第一册

线装书局

图书在版编目（CIP）数据

帝鉴图说 ：全6册 / （明）张居正原著 ；王艳军整理. -- 北京 ：线装书局，2016.1 （2022.3）

ISBN 978-7-5120-1953-9

Ⅰ. ①帝… Ⅱ. ①张… ②王… Ⅲ. ①政治思想史－中国－古代 Ⅳ. ①D092.2

中国版本图书馆CIP数据核字(2015)第246769号

帝鉴图说

原　　著：［明］张居正
整　　理：王艳军
责任编辑：高晓彬
出版发行：线装书局
　　地　址：北京市丰台区方庄日月天地大厦B座17层（100078）
　　电　话：010-58077126（发行部）010-58076938（总编室）
　　网　址：www.zgxzsj.com
经　　销：新华书店
印　　制：北京彩虹伟业印刷有限公司
开　　本：787mm×1092mm　1/16
印　　张：168
字　　数：2040千字
版　　次：2022年3月第1版第2次印刷
印　　数：3001－9000套

定　　价：1580.00元（全六册）

线装书局官方微信

万历首辅张居正编撰《帝鉴图说》

张居正（1525～1582），明朝中后期政治家、改革家，并为年仅十岁的神宗皇帝编撰了讲述帝国治盛衰亡道理的《帝鉴图说》一书。他荣登首辅之位后，理政十年，整饬吏治，刷新颓风；整肃教育，延揽济世之才；革新税赋，梳理财政。拯朱明王朝将倾之厦，使万历时期成为明王朝最为富庶的时代。其主事时声势显赫，炙手可热，圣眷优渥，无与伦比，但隆葬归天之际，即遭人非议之时，结果家产尽抄，爵封皆夺，祸连八旬老母，罪及子孙。

《帝鉴图说》是明代托孤老臣，大学士张居正专门为小皇帝朱翊钧编写的教科书，希望他以史为鉴，历精图治，做一个圣君。书成于隆庆六年，取唐太宗『以古为鉴』之语，全书讲述了帝国治盛衰亡的道理，由一个个小的故事构成，每个故事配以形象的明代木刻版画插图。共分为上、下两篇，上篇『圣哲芳规』讲述了历代帝王的励精图治之举，下篇『狂愚覆辙』剖析了历代帝王的倒行逆施之祸。两者对比鲜明，张居正更配以独特精到的评论，清晰透彻地诠释出帝王之道。

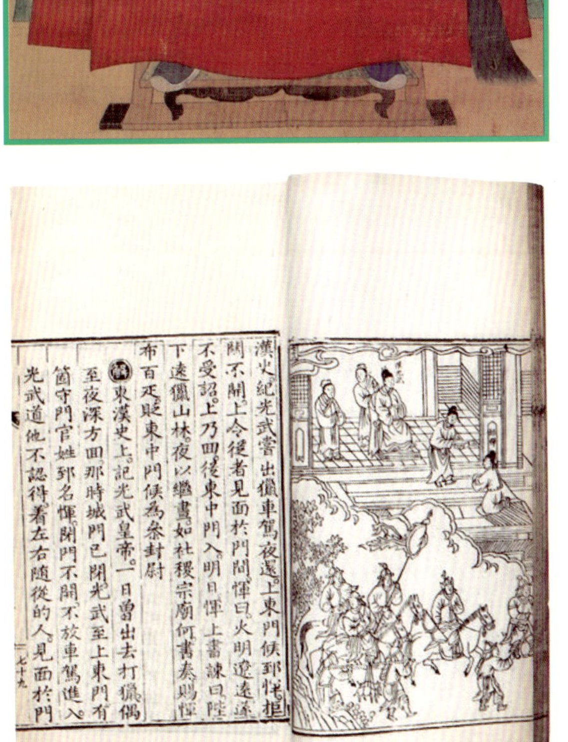

漢史紀光武嘗出獵車駕夜還上東門候郅惲拒關不開上令從者見面於門間惲曰火明遼遠遂不受詔上乃回從東中門入明日惲上書諫曰陛下遠獵山林夜以繼晝如社稷宗廟何書奏賜惲布百疋貶東中門候為參封尉

(解)東漢史上記光武皇帝一日曾出去打獵偶至夜深方回那時城門已閉光武至上東門有箇守門官姓郅名惲閉門不開不放車駕進入光武道他不認得着左右隨從的人見面於門

七十九

谏鼓谤木

揭器求言

戒酒防微

露台惜费

拒关赐布

君臣鱼水

诏儒讲经

竟日观书

夜止烧羊

轸念流民

游畋失位

革囊射天

八骏巡游

戏举烽火

市里微行

羊车游宴

纵酒妄杀

游幸江都

观灯市里

宠信伶人

前 言

明朝中叶，明世宗朱厚熜因喜神仙老道之术，斋醮不断，政事荒废，致使权奸严嵩擅权达十七年之久。一时弄得兵备废弛，帑藏耗竭，民不聊生，国势日衰。公元 1566 年，世宗驾崩，裕王朱载垕嗣位。朱载垕登基后，革除弊政，躬行节俭，任用大臣徐阶、张居正等，刷新朝政，可惜在位仅六年，便一病不起。朱载垕去世时，他的第三个儿子、年仅十岁的朱翊钧还是个不通世事的小孩子。这时候，少师兼太子太师、吏部尚书建极殿大学士张居正在宦官冯保的协助下，将内阁首辅、中极殿大学士高拱逐出朝廷，从而掌握了执掌中枢的大权。

张居正(1525~1582)字叔大，号太岳，湖广江陵(今湖北沙市)人。嘉靖年间，张居正以翰林院编修，领国子监司业，进裕王邸讲官。他进入仕途后，曾亲眼目睹朝廷腐败的种种黑暗，因而一旦身为内阁首辅大臣时，便一面主持政务，一面担负起了教导幼年皇帝朱翊钧的重任。就在朱翊钧即位的当年，张居正便指导讲官马自强等人，“采摭前代君人治迹”，编撰了一部书，用作指导朱翊钧学习的教材。这部书的编撰者马自强也是嘉靖进士，隆庆年间，常侍于穆宗朱载垕左右，值讲经筵，是当时朝廷内一位满腹经史、为人耿直的大臣。参与这部专门教材编撰工作的，还有当时的礼部尚书兼武英殿大学士吕调阳。吕调阳也曾侍穆宗经筵，据史书记载，每当他入宫侍读，必戒斋沐浴，“期以精诚悟主，往往援引经传，列古义以规时政”。由于上述编撰人员都是饱学之士，因而本书的编辑班子是相当强的。张居正主持编撰这部书的指导思想十分明确。即为“视其善者，取以为师”；“视其恶者，用以为戒”。其宗旨乃取唐太宗以古为鉴之意，“溯唐虞以迄汉、唐、宋理乱兴衰、得失可为劝戒者，条其事百余，各因事绘图，系之说”，故题名为《帝鉴图说》。由于它图文并茂，便于激发少年皇帝阅读的兴趣。因而朱翊钧一经观赏，便爱不释手，当时还吩咐史官，要把这件事载入史册，“以昭我君臣交修之义”。

《帝鉴图说》分为上下两部：上部题名为《圣哲芳规》，编录上自尧舜；下止唐宋共 23 个古代帝王的“其善为可法者”事迹共 81 则；下部题名为《狂愚覆辙》，共录三代以下共 20 个帝王的“恶可为戒者”劣行共 36 则。《周易》称九为阳爻、六为阴爻，这上下两部书在选取事例时分别以九九八十一或六六三十六为数，用以区分善恶，暗合《易经》，可谓用心良苦。对于所取事例，每一则还有一个标题，标题全部以四个字为限，如对汉高祖刘邦，就有“入关约法”“任用三杰”等；对唐太宗李世民，则有“撤殿营居”、敬贤怀鹞”“弘文开馆”“面斥佞臣”等；对秦始皇嬴政，即为“遣使求仙”“坑儒焚书”“大营宫室”；对宋徽宗赵佶，即为“应奉花石”“任用六贼” 等。每一则事例都有情节、有人物，内容皆出自史籍，“记载未详者，不敢采录”，除引录史籍之外，各篇还附有用当时的白话文写的讲释，有的篇目后面还间或有一些简短的评论文字。比如:在《圣哲芳规》第17则《却千里马》中,编撰者就在讲释汉文帝为什么拒绝臣僚献千里马的动机时评论道:“夫千里马是良马也,文帝以为非天子所宜用,尚且不受,况其他珠玉宝贝、珍禽奇兽?不切于人主日用者,又岂足以动其心乎?书曰:‘不作无益害有益,功乃成;不贵异物贱用物,民乃足。’正文帝之谓也。”其评论文字之深入浅出,言简意深,由此可略见一斑。令人痛惜的是,朱翊钧对张居正的这些谆谆教诲根本没听进耳,而是当这位“少师兼太子太师”一死,他便全面推翻张居正倡行的新政,从此晏处深宫,荒疏朝政,并公然传索帑藏,成为明朝又一个昏庸透顶的帝王。

在《帝鉴图说》中,图画部分占有相当的分量,书中每一则事例都配着一幅画,每幅画都占一整幅页码。有明一朝,绘画艺术得到了长足的发展,除了沈周、祝允明、唐寅、文征明之外,还出现了仇英、陈洪绶等著名人物画家。《帝鉴图说》的绘画者虽未署名,但以其为御用图书配画的资格论,想必为一时之选,画面上,以二维空间表现透视关系,线条流畅,造型生动,人物的表情、动态、服饰无不精心绘制,充分展示了当时绘画艺术的超卓技艺。

原书虽为帝王读书而编写,但内容简单,通俗易懂,其中许多理论和方法,经过实践证明对于今天依然有着其独到的指导意义!本套丛书的独到之处就在于,在原文、张居正讲解、译文的基础上,又附加了“镜鉴”的内容,而“镜鉴”的内容与我们的现实是紧密结合在一起的,这样,就使得此套丛书的意义和用途有了广阔的拓展。

目录

上篇　圣哲芳规

下篇　狂愚覆辙

帝鉴图说叙

《帝鉴图说》者，今元辅少师张公辑以进御者也。

上初登大宝，召见公平台，隆倚眷，公亦矢精白佐上《访落》，理垂衣也。上睿哲，挺上智资。公首陈劝学，所简进侍从、儒臣分日直讲，公偕少保吕公、左右侍，数承清问，效启沃，上益向意于学。公令讲臣采摭前代君人治迹，溯唐虞以迄汉、唐、宋，理乱兴衰得失可为劝戒者，条其事百余，各因事绘图，系之说以备乙览，存考镜焉。题曰“帝鉴”。

公草疏，率诸讲臣进之黼座，上为起受，顷间彻睿览，指其中一一顾问公，公对如指。一时廷臣谓上明圣不世出也。夫所贵乎君人务学者，学为君也。君者，抚九有而治，治本乎道，繇其道而治与不繇其道而否者，历征前代往迹，昭然美恶举而不爽考，睹矣。故曰：“前王之遗轨，后王之永鉴。”世主未有不师古而善治者，乃或有谬悠其途辙，罔轨于圣哲，而狂愚是蹈焉，由鉴与罔鉴间耳。鉴于言而弗迪厥行，与持其始而鲜克终，犹罔鉴也。唐虞而后，论治者则商周首称，然殷鉴有夏，周鉴有殷，其道同也。下是者无论两汉，即唐宋之君非无中材，间亦有绘前代之迹者，有图《无逸》于屏者，乃其君臣，取具于缘饰，而鲜交修之实，竟其治不能晞隆古于百一。

上聪明，首出既冲年，纂历服，孳孳法古图治，任用贤哲，方开泰治以永熙。《图》将唐虞复出，即商周不啻也。千百世而下仰稽帝范者，知明有哲，后乃亦有交修一德之臣，则是《图》有不视为典训，著垂无疆者哉。公以公忠受简知，上尝亲洒宸翰，赐公“良臣”，夫有明后者斯臣良，今其时千载一遇也。声不佞，被遇三朝，病违朝列者二十余年，顷奉诏，备礼官，思夙夜奉职未遑也。属公所进《图说》，上嘉纳，敕下礼官宣付史馆，公复梓其副，以扬休美。属以校梓者则文学乔子承华谓声礼官也。宜叙端简。

万历癸酉仲春吉日，礼部尚书兼翰林院学士华亭陆树声撰

进图疏(并朱翊钧旨)

少师兼太子太师吏部尚书建极殿大学士吕、张居正等谨题为恭进《帝鉴图说》以仰裨圣治事。

臣等闻商之贤臣伊尹告其君曰:“德惟治,否惟乱。与治同道,罔不兴。与乱同事,罔不亡。”唐太宗曰:“以铜为鉴,可正衣冠;以古为鉴,可见兴替。”臣等尝因是考前史所载治乱兴亡之迹,如出一辙。大抵皆以敬天、法祖、听言纳谏、节用、爱人、亲贤臣、远小人、忧勤惕厉,即治。不畏天地、不法祖宗、拒谏遂非、侈用、虐民、亲小人、远贤臣、盘乐怠傲,即乱。出于治,则虽不阶尺土一民之力,而其兴也勃焉。出于乱,则虽借祖宗累世之资,当国家熙隆之运,而其亡也忽焉。譬之佩兰者之必馨;饮鸩者之必杀。以是知人主欲长治而无乱,其道无他,但取古人已然之迹,而反己内观,则得失之效,昭然可睹矣。

仰惟皇上天纵英资,光膺鸿宝。孜孜诵习,懋殷宗典学之勤;事事讲求,迈周成《访落》之轨。海内臣民,莫不翘首鼓足,想望太平。臣等备负辅导,学术空疏,夙夜兢兢,思所以佐下风、效启沃者,其道无繇。窃以人求多闻,事必师古。顾史家者流,亡虑千百,虽儒生皓首,尚不能穷,岂人主一日万几,所能遍览?乃属讲官臣马自强等,略仿伊尹之言,考究历代之事。除唐虞以上,皇风玄邈,纪载未详者不敢采录。谨自尧舜以来,有天下之君,撮其善可为法者八十一事,恶可为戒者三十六事。善为阳,为吉,故用九九,从阳数也。恶为阴,为凶,故用六六,从阴数也。每一事前,各绘为一图,后录传记本文,而为之直解,附于其后。分为二册,以辨淑慝。仍取唐太宗以古为鉴之意,僭名曰《帝鉴图说》,上呈睿览。昔班伯指画屏以谏,意专戒惩。张九龄《千秋金鉴》一书,词涉隐讽。今臣等所辑,则美恶并陈,劝惩斯显。譬之薰莸异器,而臭味顿殊;水镜澄空,而妍媸自别。且欲触目生感,故假象于丹青,但取明白、易知,故不嫌于俚俗。虽条目仅止百余,而上下数千载理乱之原,庶几略备矣。

伏望皇上俯鉴愚忠,特垂省览。视其善者,取以为师,从之如不及。视其恶者,用以为戒,畏之如探汤。每兴一念,行一事,即稽古以验今。因人而自考。高山可仰,毋忘终箦之功。覆辙在前,永作后车之戒。则自然念念皆纯,事事合理。德可媲于尧舜,治将埒于唐虞。而千万世之下,又必有明治之主,效忠之臣,取皇上今日致治之迹,而绘之丹青,守为模范者矣。

臣等无任惓惓,恳切之至,谨以所辑《图说》装潢成册,随本上进以闻。伏候勒旨。

隆庆六年十二月十八日少师兼太子太师吏部尚书建极殿大学士

臣　张居正

太子少保礼部尚书兼武英殿大学士

臣　吕调阳

本日奉圣旨:览卿等奏,具见忠爱恳至。朕方法古图治,深用嘉纳,图册留览,还宣付史馆,以昭我君臣交修之义。礼部知道。

帝鑑圖説 上篇

圣哲芳规

綫装書局

导 读

《帝鉴图说》是明代内阁首辅、大学士张居正亲自编撰，供当时年仅十岁的小皇帝——明神宗（万历皇帝）阅读的教科书，由一个个小的故事构成，每个故事配以形象的明代的木刻版画插图。全书分为上、下两篇，上篇“圣哲芳规”编录上自尧舜、下止唐宋共23个古代帝王的“其善为可法者”事迹共81则，讲述了历代帝王的励精图治之举；下篇“狂愚覆辙”共录三代以下共20个帝王的“恶可为戒者”劣行共36则，列举历代帝王倒行逆施导致社稷倾覆的例子，两者对比鲜明，张居正更配以独特精到的评论，清晰透彻地诠释出帝王之道。

本书增添了“历史背景”“原文”“张居正解”“注释”“译文”“评议”“拓展阅读”和“镜鉴”等几个栏目。对于原书中的一些难懂的词语及典故，我们都进行了详细的注释。另外还配以古版画，全部都典雅古朴、线条清晰，力求从多个角度，以多种诠释方式还原原文故事发生的场景，让读者更直观地理解那些重要的人生哲理。

《帝鉴图说》俨然成为帝王家的教子启蒙读物。很多帝王甚至在成年之后还一直翻看此书，以反复告诫自己要像古代圣贤君主那样体恤百姓，任用贤能，克勤克俭。这本《帝鉴图说》也因此而被称为“古代帝王的枕边书”。

任贤图治①

【历史背景】

本篇来自我国第一部上古历史文件和部分追述古代事迹著作汇编而成的典籍《尚书》中的《尚书·虞书·尧典》。在中国远古传说的三皇五帝中，有一个杰出的领袖，后世称他为"唐尧"或者"帝尧"，也有人说他的名字叫放勋。因为他心怀天下，大公无私，尤其关心穷苦的百姓，所以百姓爱戴他如同日月，亲近他如同自己的父亲。在他的治理之下，社会上呈现出太平气象，天下无比安宁与繁荣，百姓安居乐业。虽然帝尧有很多为百姓谋福的事迹，但是其中最为后人称颂的要数众多政绩中的求贤若渴、任贤图治一项。在中国远古时期，农业是关系到社会安定与发展的最重大的事件之一，他曾派对天文、历法、农业有研究的羲仲、羲叔、和仲、和叔分别到嵎夷、交趾、昧谷、幽都等东、南、西、北四处观测日时，记录节气，指导民众进行农业生产。为了寻找能够治理国家的贤能之人，他跋山涉水，还亲访了管理四岳的部落首领，以寻访德才兼备的人。有人吹捧他的儿子丹朱，说丹朱可以接替羲氏、和氏四人来主管天文历法，继续指导农业。但尧深知自己儿子的德才还不能够达到那样的高度，最终没有采纳。后来，有一个叫虞舜的人，他侍候自己的父母非常孝顺，得到了人们的普遍称赞，于是人们就举荐了以孝闻名而且德才出众的虞舜。帝尧对虞舜做了三年考察和二十年试用，认为虞舜的确是一个大公无私、才能不凡的人，才决定以舜为接班人。由于帝尧的任贤图治，天下的贤才都团结在他的周围，百官各司其职，充分发挥各自的积极性，因而尧能"垂拱无为而天下自治"。帝尧死后，他的接班人虞舜继续任贤图治。史载虞舜任用九官十二牧，也出现了天下太平的景象。

帝尧

据说当年帝喾觉得自己那个叫作挚的儿子有出息,就想让自己的儿子挚来继承帝位,于是他把尧封为唐侯(唐是大的意思),因为尧擅长制作陶器,从此人们就将他称为"陶唐氏"。后来尧就在这个地方为百姓的事情辛勤地忙碌,加上他节俭和善,使这个地方的百姓深受益处,就连四周的邻近之地也得到了他的恩惠,于是尧就得到了这些部落首领的拥护。就在这个时期,继承了帝位的挚却没有做出什么功绩,后来尧就接替了挚的位置继承了帝喾的君位。

尧在历史上的功绩受到后世人们的敬仰,先秦时期的儒家和墨家是当时的"显学",这两家都对尧和舜有极高的评价,也就是从那个时候开始,尧就已经成为古代圣王的代表,是伦理道德高尚的象征,也是天下君主的良好榜样。孔子说:"大哉,尧之为君也!巍巍乎,唯天为大,唯尧则之。荡荡乎,民无能名焉。巍巍乎,其有成功也!焕乎,其有文章!"孔子对尧的赞美对后世的儒家产生了深远的影响,尧成了儒家思想在精神上的理想追求。随着儒家思想成为中国封建社会的主导思想,尧的功绩与美德也得到了后人的尊重与肯定。

【原文】

唐史纪:尧[②]命羲和[③],敬授人时。羲仲[④]居嵎夷[⑤],理东作[⑥];羲叔居南交[⑦],理南为[⑧];和仲居昧谷[⑨],理西成[⑩];和叔居朔方,理朔易[⑪]。又访四岳[⑫],举舜[⑬]登庸[⑭]。

【张居正解】

唐史上记:帝尧在位,任用贤臣,与图治理。那时贤臣有羲氏兄弟二人、和氏兄弟二人。帝尧着他四个人敬授人时。使羲仲居于东方嵎夷之地,管理春时耕作的事;使羲叔居于南方交趾[⑮]之地,管理夏时变化的事;使和仲居于西方昧谷之地,管理秋时收成的事;使和叔居于北方幽都[⑯]之地,管理冬时更易的事。又访问四岳之官,着他们荐举天下贤人可用者,于是四岳举帝舜为相[⑰]。那时天下贤才,都聚于朝廷之上,百官各举其职。帝尧垂拱[⑱]无为,而天下自治。盖天下可以一人主之,不可以一人治之。虽以帝尧之圣,后世莫及,然亦必待贤臣而后能成功。《书》[⑲]曰:"股肱[⑳]惟人,良臣惟圣。"言股肱具而后成人,良臣众而后成圣,意亦为此。其后帝舜为天子,也跟着帝尧行事,任用九官十二牧[㉑],

天下太平。乃与群臣作歌以记其盛,曰:“元首明哉,股肱良哉,庶事康哉[22]。”所以古今称尧舜垂衣裳而天下治斯任贤图治之效也。

【注释】

①本篇出自《尚书·虞书·尧典》,并见司马迁《史记》卷1《五帝本纪》。记述尧能任用贤能之人,共同治理国政,因而天下太平。

②尧:名放勋。因曾为陶唐氏首领,故史称“唐尧”。尧都唐(今山西太原),后迁平阳(今山西临汾)。

③羲和:羲氏、和氏。相传羲氏、和氏两部族世代掌管时令季节。

④仲:古人以伯、仲、叔、季作为排行次序。以伯或仲(有时也用孟)指老大;叔或季指老二或排行中最小的。

⑤嵎夷:极东的地方。

⑥东作:春天的农事。

⑦南交:南方最远处的边境。

⑧南为:指夏天的农事。

⑨昧谷:西方日落的地方。昧,昏暗。

⑩西成:指秋天的农事。

⑪朔易:指冬天的农事。

⑫四岳:分管四方的部落首领。

⑬舜:名重华,姚姓。因曾任有虞氏首领,故史称“虞舜”。“五帝”之一。

⑭登庸:皇帝即位。这里指舜被举荐而成为尧的继承人。

⑮交趾:古代地区名。泛指五岭以南地区。

⑯幽都:泛指北方极远的地方,旧称日没于此。

⑰相:古官名,后世专指宰相。

⑱垂拱:垂衣拱手。形容不费气力。

⑲《书》:指《尚书》。内容为夏、商、周三代政治文诰汇编。

⑳股肱:大腿和胳膊。常以之喻辅佐君主的大臣。

㉑九官十二牧:九官指《尚书·舜典》所记舜设立的九种官职,即伯禹作司空,弃为后

稷，契作司徒，皋陶作士，倕为共工，益作朕虞，夔为典乐，龙为纳言，俞作秩宗。十二牧：即十二州及其长官。

㉒元首：君主。庶事：众事。

【译文】

唐虞史书上记载：唐尧在位时，任命羲氏、和氏兄弟四人负责掌管农事季节时令，让他们慎重地教给当时的民众农事的季节。命令羲仲住在嵎夷，按秩序安排好春天耕种的农事；命令羲叔住在交趾，有计划地分配夏天的农事；命令和仲住在昧谷，负责安排好秋天收获的农事；命令和叔住在幽都，负责安排好冬天积蓄储藏，以应付变化。唐尧又向四岳等人征询意见，四岳等人共同推荐虞舜做唐尧的继承人。

【评议】

从这个故事当中我们可以看到，作为贤明君主的帝尧在治理国家方面做出的巨大功绩之一：为了选到一个可以胜任帝位的人，他多次寻访，几经周折，不辞艰辛，最终找到了贤明的舜来接替自己。当别人举荐自己的儿子时，他也能够做到客观公正，不任人唯亲。在帝尧的身上，我们感受到的是古代君王的公平原则，这也是历代君王能够使江山稳固的最为重要的原则之一。客观公正也成了现代用人制度的准则之一。

此外，在这个故事里，还有一点是值得我们注意的，那就是在帝尧寻找贤人的时候，听从了四岳的意见，这样最终才找到了继承帝位的合适人选。所以，从中我们也能够得到启示：在人事任用的问题上，不能主观或太过自我，而要多多听取大家的意见，这样才能够集中贤德之人的智慧，选择一个可以胜任的人。作为君王，帝尧没有根据自己的个人意见就擅自任用舜，这一点是很有意义的。因为在历史上我们看到得最多的就是君王从个人的喜好出发，随意任免官员，结果最后国家和人民都因为这样的人而受到了损失，甚至出现不堪设想的后果。所以帝尧的这个小故事在治理国家需要多方听取贤人的意见这一点上还是有着积极的意义的。

【拓展阅读】

尧帝

尧的品质和才智都是非凡绝伦的，所以他即位以后，局面大变：举荐本族德才兼备的贤者，首先使族人能紧密团结，做到"九族既睦"；又考察百官的政绩，区分高下，奖善罚恶，使政务井然有序；同时注意协调各个邦族间的关系，教育老百姓和睦相处，因而"协和万邦，黎民于变时雍"，天下安宁，政治清明，世风祥和。

1.尧帝访贤

尧帝在位时，曾到汾水北岸的姑射之山，去参拜四位有道之名士，结果没有见到这四名贤人，他就感觉好像丢了天下。这四位有道名士为方回、善卷、披衣、许由。善卷重义轻利，不贪富贵，是有名的贤人；尧自觉德行达智不如善卷，认识到对于贤德的人，不能自骄自傲，必须谦恭好礼，以平民对待长者、学生对待老师的礼节去拜访他，让善卷居主位，尧站在下边，面向北施礼求教，因此尧帝访贤的故事便被广泛传播，成为一段佳话。

2.制定历法

尧帝还曾经派羲仲住在东方海滨叫旸谷的地方，观察日出的情况，以昼夜平分的那天作为春分，并参考鸟星的位置来校正；派羲叔住在叫明都的地方，观察太阳由北向南移动的情况，以白昼时间最长的那天为夏至，并参考火星的位置来校正；派和仲住在西方叫昧谷的地方，观察日落的情况，以昼夜平分的那天作为秋分，并参考虚星的位置来校正；派和叔住在北方叫幽都的地方，观察太阳由南向北移动的情况，以白昼最短的那天作为冬至，并参考昴星的位置来校正。二分、二至确定以后，尧决定以366日为一年，每三年置一闰月，用闰月调整历法和四季的关系，使每年的农时正确，不出差误。因而，古人将帝尧的时代视为农耕文化出现飞跃进步的时代。

3.政治失误

尧帝统治时期是洪水暴发最严重的时候，水势浩大，奔腾呼啸，淹没山丘，冲向高冈，危害天下，民不安居。尧对此非常关切，征询四岳(四方诸侯之长)的意见，问谁可以治理水患，四岳推荐了鲧。尧觉得鲧这个人靠不住，经常违抗命令，还危害本族的利益，不适宜承担这项重要的工作。但是四岳坚持要让鲧试一试，说实在不行，再免去他的职务。于是尧任命鲧去治理水患。鲧治水九年，毫无功绩。这便是尧政治上的一次失误，故又有舜继起的一番励精图治。

4.帝尧禅让

帝尧叫放勋，他的仁德如天一样浩荡，他的智慧如神一样高远。接近他如春风和煦，远望他若锦云璀璨。他富有却不骄纵，显贵却不傲慢。他戴着黄帽，身着黑服，乘着白马拉着的红车。他倡导柔顺的美德，亲和九族。九族既已和睦，又评判彰明百官诸姓的治绩。这样百官的治绩昭著显明，自然亲和团结，万国为一体。

尧在帝位七十年得到舜为臣，又过了二十年告老，让舜代行天子之职，把他推荐给上天。尧知道儿子丹朱不贤，不能把天下交给他，打算把权柄传给舜。将天下交给舜治理，那么天下之人获得他的好处而让丹朱痛苦；如果将天下传给丹朱，那么天下人就会痛苦不堪而让丹朱获得好处。尧权衡着，终究不能让天下人痛苦而造福一个人，所以，他终于决定避位禅让给舜。

二十八年后尧驾崩。全国老百姓悲痛哀伤，如同丧失父母。如是三年，天下不奏乐，以示对尧的怀念。

《史记·五帝本纪》

【镜鉴】

一、崛起尤需重贤才

——选任贤杰

为了成就事业，切莫以对待自己的亲热程度、凭自己的好恶和私交如何来识人用人，不要因为“偏爱”或唯命是从、揽权而重用庸人，不可因为“不喜欢”而疏远“耿介之士”……

唐代诗人周昙《周公》诗云：“仍闻吐握延儒素，忧恐民疵未尽知。”知人善任，必须有惜才之心，识才之眼，举才之德，护才之胆，择才之策，不重学历、职称、资历和身份。作为

党政领导干部如果不怎么爱人才,不愿意帮人才,不及时果断地用人才,那就是失职,就有愧于党的多年培养和重托。

司马光从德与才两个方面出发,把人分为四种:德才兼备为圣人,德才兼亡为愚人,德胜于才为君子,才胜于德为小人。司马光的论述是比较深刻的,是对历史经验教训的概括和提升。

德才兼备是识别人才的重要标准,体现了对人才的全面性要求。所谓德,主要指政治立场、政治品德、思想作风、事业心、责任心等。所谓才,主要指掌握的基础知识、专业知识和技能、思维能力、创造能力。看人的德与才,要看他的全部历史和全部工作,不能只以一时的功过来判断人才的全部。

把干部的德放在首要位置,是保持马克思主义执政党先进性和纯洁性的根本要求和重要保证。胡锦涛2008年在全国组织工作会议上指出,选人用人要坚持德才兼备、以德为先。在十七届中央纪委三次全会上,他再次强调,我们党的干部标准是德才兼备、以德为先,德的核心是党性。

领导者要有辩证思维的头脑,把德与才看作一个有机的整体,不能重德而轻才,更不能只看才而忽视德。李源潮指出:德与才是干部素质不可或缺的两个方面,有德无才,难以担当重任;有才无德,终究要败坏党的事业。与改革开放初相比,我国干部队伍的年龄结构、知识结构、专业结构发生了历史性变化。现在一些干部出现问题,主要不是出在才上,而是出在德上。坚持德才兼备、以德为先,就是抓住了当前领导班子和干部队伍建设的关键。李源潮说,要把尊重民意和不简单以票取人辩证统一起来,对得票情况做具体分析,着重看干部综合德才素质和一贯工作表现,不简单以票数决定干部任用,防止误用不讲原则、不负责任的"老好人"。

身居官职的人,如果无才就是"次品",无德就是"危险品","德不称其位,其祸必酷;能不称其位,其殃必大"。有德无才的干部会贻误事业,有才无德的干部会毁掉事业,德才兼备的干部才能开创事业。要特别注意选拔任用政治清醒、信念坚定、善于学习、坚持原则的人。

常之巫和竖刁、易牙、卫公子启方,是齐桓公时代的"四人帮",为达到专权弄权的目的,极尽谄媚、吹捧奉承之能事,利用投其所好之术而赢得桓公欢心和信任,进而攻击正直大臣,干了不少坏事,堪称历史上最强的小人组合。

可惜可叹的是，齐桓公晚年意志衰退，辨别不清谁是君子、谁是小人，不以其奸为“奸”，再次重用这四个小人，亲手培养了自己的掘墓人。一个国君的私欲多了，贪图享乐，追求奢华，自然不能明察事理；不能明察事理，奸臣就容易得势；奸臣得势就会害国害民。桓公一世英明，最后却弄得国家大乱，引起了齐国的五公子争立之乱，把朝廷搞得惨不忍睹，把强大的齐国搞得贫弱不堪，教训非常深刻！

三国时，谋士许攸曾向袁绍报告：“曹操被我们包围在官渡，许昌城里一定没有多少兵，这正是攻打许昌的好机会！”袁绍却以为许攸与曹操有旧交，骗他上当，误解和扼杀了许攸一片好心和奇袭之计，勒令许攸今后不得来见，导致了其惨败的结局。如果袁绍知人善任，听取正确意见，三国的历史也许是另外的样子。

袁绍虽长得“有姿貌威容”，但其用人却坚持一个原则：根据自己的好恶。好恶标准就是谁拍马屁就喜欢谁，谁提意见就讨厌谁。袁绍自以为兵多粮足，不肯听从田丰的正确意见。“丰恳谏，绍怒甚，以为沮众，械系之”，即把田丰戴上枷锁，关进狱中。官渡之战一败涂地之后，袁绍还不知总结教训，反而迁怒于人，杀死田丰，削弱自己的力量。

陈寿评论袁绍说：“外宽内忌，好谋无决，有才而不能用，闻善而不能纳。”去贤用佞，乃是衰败之路。

易中天在《品三国》中有段妙语：袁绍不是没本事的，但他在最为关键的时刻，表现出愚蠢、固执和狂妄于一体——“他蠢就蠢在没有自知之明。因为没有自知之明，他狂妄，总认为自己天下无敌，因此愚蠢。因为愚蠢，他总认为自己决策英明，因此固执。因为固执，他听不见任何不同意见，因此失败。”“袁绍这个人，看起来温文尔雅，宽宏大量，风度翩翩，其实心理阴暗。他见不得别人比自己风光，容不下别人比自己聪明，受不了别人比自己正确。他打曹操，就因为曹操比自己风光；他贬沮授，就因为沮授比自己聪明；他杀田丰，则因为田丰比自己正确。”

《明史·选举志三》载，明太祖于1373年又下诏说：“贤能的人才，是国家的宝贝。……鸿鹄鸟之所以能高举远飞，是因为它有翅膀。蛟龙之所以能腾空飞跃，是因为它有鳞和鳍。”

宋朝宰相张浚初次见到秦桧，觉得他言辞刚正，表情严肃，认为这个人一定正派，便起用了他，结果铸成了千古大错。张浚的教训就在于以言貌取人，并没有了解秦桧的本质。

有的领导者喜欢听恭维话，把善于逢迎的人当成人才；有的领导者热衷于搞小圈子、小宗派，对气味相投、百依百顺的人倍加欣赏；有的领导者看重个人恩怨，凡对自己有恩惠的，则想方设法予以重用。这样一来，使某些德才平庸、善于投机取巧，甚至有严重问题的人得到重用，而那些德才兼备的人才被埋没，甚至遭受打击。

宋钦宗靖康年间，秦桧以御史身份回家乡建康祭祖，临时租房子居住。上元县令张师言闻讯后，专门来拜访。秦桧对他说："此屋粗可居，但每为西日所苦，奈何！得一凉棚备矣。"令秦桧没有想到的是，翌日未晓，凉棚就已搭起来了。

数年之后，秦桧官拜宰相。刚刚上任，他就想提拔张师言，以报答当日的"凉棚之恩"。但一查档案，发现张师言已经70岁，到了退休的年龄。秦桧把管档案的官员找来，让其把张师言的年龄减去10岁，然后再把他提拔为楚州太守。张师言不仅被提拔，而且又延长了10年工龄，直到80岁才退休。由此可以看出秦桧的用人标准：不管能力、政绩、年龄如何，只要唯我是从，就提拔重用。

狄仁杰是唐高宗、武则天时期的诤臣、贤相。675年，治理地方政绩卓著的狄仁杰被提升为大理寺丞，负责折狱断罪，"周岁断滞狱17000人，无冤诉者"。

武则天听说狄仁杰的政绩，知其人可用，信赖有加，提拔他为宰相。武则天对他说："你在河南颇有政绩，可是有人谗毁你，你想知道是谁吗？"狄仁杰回答："陛下认为臣在豫州所作所为是错误的，请陛下指出，臣加以改正。如果陛下认为臣无过，臣之幸也。谮者乃不愿知。"武则天听罢，赞叹他有长者风范。

武则天有时刚愎自用，听不进他人劝谏，朝廷官员多缄其口。狄仁杰却敢于犯颜直谏，武则天也基本上对他言听计从。狄仁杰能够成就一番事业，也反映出武则天慧眼识珠、知人善用。

狄仁杰利用武则天对他的信任，举荐了大批人才，如桓彦范、敬晖、姚元之、张柬之等。武则天对狄仁杰十分尊重，称呼他为"国老"，而不叫他的名字。狄仁杰见她时，她叫他不要下拜："看见你下拜，我的腰感到痛。"武则天对狄仁杰的信赖和礼遇，激发了狄仁杰充分发挥自己的才干，成为"功盖一时，人不及知"的历史名臣。史籍中记载了许多狄仁杰清正爱民的故事，千百年来人们传颂着他的事迹。

开元年间的李隆基胸襟开阔，勇于纳谏。有一次玄宗对镜自照，见自己脸庞消瘦，便有点闷闷不乐。有人就趁机挑拨说："宰相韩休老是挑您的毛病，弄得您心情不好，人也消瘦了,何不将韩休贬逐,改用萧嵩为相呢?”李隆基叹了一口气说:“萧嵩为相,凡事唯唯诺诺,从不提出自己的见解,退朝之后,我总是夜不能寐,唯恐事情办不好。韩休为相,经常对朝政提出中肯的意见,退朝之后,我反而睡觉很踏实。重用韩休,是为了社稷啊,不是为了自己。”

为了成就事业,切莫以对待自己的亲热程度、凭自己的好恶和“私交”如何来识人用人,不要因为“偏爱”或唯命是从、揽权而重用庸人,不可因为“不喜欢”而疏远“耿介之士”,不可因为视野不宽而使千里马卧道哀啼。那种开基创业时重用人才,一旦开创局面就喜欢奴才,也是很不好的!

孔子说过:“远佞人。”要远离献媚讨好的人。越是圆滑处世、巧言令色、讨人喜欢的人,越要慎重考察。千万不可将贤能之人看作奸佞,把奸狡之徒当作贤才!曾国藩之所以成就了一番大事业,一靠以德服人,二靠知人善任。他喜欢拙诚,不喜巧诈。他选用人才,把戒巧诈作为一条原则。

苏秦是东周洛阳人,曾跟随鬼谷子学艺。他先西入秦国游说秦惠王,出谋划策让他去统一天下。当苏秦游说失败后,又转而到秦国的敌人那一方去游说。先是去燕国说服燕文侯,燕文侯给苏秦许多车马、黄金、布匹,继而又说服了赵、齐、韩、魏、楚等国,成为合纵之盟的领袖,兼佩六国的相印。燕王如果不首先任用苏秦,弱小的燕国恐怕早就成了秦王菜板上的鱼肉了。

纵观秦末豪杰,最善于用人的是刘邦。萧何与刘邦可以说是莫逆之交、贫贱之交。萧何几次救刘邦于绝境,功劳最大。张良结识刘邦后,看刘邦有雄才大略,就屡次向他讲《太公兵法》。经过交谈,刘邦看到张良是个奇才,精通谋略,于是请他做军师。可以说,没有张良的奇谋妙计,就不可能有刘邦的胜利。刘邦重用韩信的时候,已是汉中王,敢于用一个出身贫贱的人出任大将,表现出刘邦惊人的胆略。韩信韬略在胸,被任命大将后,带领大军打了不少大胜仗。

用此三杰,刘邦做了精彩总结:“……夫运筹于帷帐之中,决胜于千里之外,吾不如子房。镇国家,抚百姓,给馈饷,不绝粮道,吾不如萧何。连百万之军,战必胜,攻必取,吾不如韩信。此三者,皆人杰也,吾能用之,此吾所以取天下也。”(《史记·高祖本纪》)

《史记·陈丞相世家》描述了陈平的才能和刘邦善用人的故事。陈平是西汉王朝的开国功臣,与张良齐名。陈平少年时喜爱读书,有大志。曾为乡里分肉,很是平均。父老

称赞他，他却感慨地说："使平得宰天下，亦如此肉矣！"

千百年来，陈平的形象在人们心目中不如张良那么光彩照人，大概是因为他年轻时有受金、"盗嫂"之事吧？奇怪的是，陈平对于"受金"之事做过解释，而对于"与嫂子勾一腿"之事，不予申辩，甘愿背"黑锅"，或许是因为这样的事会越抹越黑。他背着受污辱的不好名声，先投奔项羽，项羽很重用他，官到都尉；后来因与刘邦作战失败，陈平看项羽疑人且不能容人，成就不了大事，转而投奔刘邦。

刘邦并没有因此而小看陈平，而是从大处着眼，任命陈平为都尉，并让陈平给自己当参谋。周勃、灌婴等功臣认为汉王这般抬举陈平也太过分了，他们搜集了陈平的不良行为，到汉王帐中告状，说陈平不一定有真正的才能，而且曾与嫂子私通……想把陈平告倒。刘邦听了不以为意，相反更加厚待陈平。

陈平侍奉汉王，总共六次提出奇策：一是请求刘邦拿出重金，在项羽君臣之间施反间计，促使其内讧。项羽果然中计，对功臣钟离昧疏远，对谋臣范增疑忌。二是假装以丰盛的宴席，来接待亚父范增派来的使者，而用粗劣的饮食给项羽派来的使者吃，来离间范增和项羽的关系。三是瞒天过海，半夜派出两千名妇女出荥阳城东门，诱得楚军蜂拥而上，自己和汉王却从城西门逃遁。四是轻轻地踩汉王的脚，提示他封韩信为齐王，以防韩信背叛。征其兵击楚，完成了对项羽的战略包围。五是请求刘邦装作巡幸云梦泽，请君入瓮，囚禁前来迎接的韩信，将其贬为淮阴侯。六是派人将美女图像送交匈奴皇后，表示如果单于再包围高祖，汉将进献画上女子给单于。阏氏怕这位美女夺宠，于是劝单于解白登之围，刘邦因此得以突围。

这六件闻名遐迩的奇计，救沛公于危急困境之时，挽劣势于蹉跎难决之际，而六计中踩刘邦的脚封韩信这件最妙。如果刘邦听信谗言，对陈平品行上的某些缺点抓住不放，弃之不用，就会导致驱壮士以资敌国的严重后果。后来陈平为刘邦"六出奇计"，为打败项羽，建立西汉王朝，以及协助周勃诛灭诸吕，安定天下，立下了汗马功劳。

高帝十二年，刘邦率军平定淮南王英布时为流矢所中，回师途中病情加剧，对新王朝的命运更是忧心忡忡。他路过沛县，设置招待父老乡亲，唱起了自编的《大风歌》，流露了"安得猛士兮守四方"的焦虑和期盼。

与项羽相比，刘邦有三个突出的长处：一是善结人心；二是举贤任能；三是虚心纳谏。司马迁在《史记》中，没有刻意神化刘邦，客观地指出了刘邦的一些毛病，揭示了刘邦复杂的性格。他外示宽仁而内心忌刻，貌似坦诚而城府极深，欲念甚多而善于克制，有时豁达大度，有时则睚眦必报。

唐代韩愈说："善善不汲汲，后时徒悔懊。"——对德才兼备的人不尽快加以重用，过后就只有懊悔了。朱元璋攻下北京，从元朝皇宫中获得大批金银财物。马皇后则说："元代有此宝，但仍然失去了天下，帝王还是当有自己的宝啊！"

朱元璋会心地问："皇后之意，是指得贤为宝吧？"马皇后拜谢道："妾常担心富贵奢侈使人骄纵，愿陛下得贤才为相佐，兴邦富民。"

马皇后以治家喻治国，指出在富贵与顺利时应力戒骄奢与贪图安逸，只有得到贤才，朝夕听取他们的劝谏和谋略，共保江山，这才是无价之宝！

司马光在《谏院题名记》中说："处在这个官位的人，应当从大处着眼，舍弃细小之事。"一味强调细枝末节，以偏概全，就会误事。用人也是这样，应注重主流，不纠缠于细枝末节，不因为有一点小问题而置人才于不用。

计谋深远、通晓治国之道的范文程，于 1618 年投奔努尔哈赤，随行左右，出谋划策。皇太极(清太宗)即位后，凡臣下奏事，总要先问："范章京知道否？"他不称范文程的名字，而称他的官号。每当满族贵族议事不决的时候，他总说："何不与章京商议一下？"听到范文程同意后，他才批准。

皇太极常请范文程侍宴。一次范文程入宫，看到满桌山珍海味，想到父亲连尝都没尝过，就迟迟不下筷夹食。皇太极看出范文程的心思，就将这桌饭菜全送给了范文程的父亲。皇太极对范文程的信任，就像当年刘备对诸葛亮一样。

纵观拿破仑一生的军旅生涯，他指挥过众多的战役，并屡屡取胜，一个重要原因是他善于用人。对反对他或伤害过他的人，只要有真才实学，都不拘一格地加以使用。

他用人不讲年辈——1804 年 5 月，拿破仑称帝后，诏封的 14 位现役元帅中，有 7 人在 37 岁以上。

不论门第——许多元帅来自社会的下层，或来自士兵。他号召人人争当将军、元帅。公开宣扬："每个士兵的背囊里都有一根元帅的指挥棍。""替才能开路"，也是拿破仑的名言。

不求完人——他果断地选择了贝赫尔作为他的参谋长。他说："贝赫尔缺乏果断，完全不适于指挥任务，却具有参谋长的素质，他善于谈地图，了解搜索方法……"

不计前嫌——茹当是先于拿破仑的革命军少将,雾月 18 日政变时,他曾激烈地反对过拿破仑,后转变态度拥护他。拿破仑捐弃前嫌,先任命他指挥意大利法军,后又任命他为西班牙国王约瑟夫·波拿巴(拿破仑之兄)的军事顾问和参谋长。将军卡尔诺曾竭力反对拿破仑当"第一执政"和皇帝,几年后,当他愿意为帝国效力时,拿破仑即委任他为安特卫普总督,"百日"时期又任命他为内务大臣。

甚至他的情敌、政敌贝尔纳尔特,曾负责监视和谋杀拿破仑的克拉克尔,"连父亲都可以出卖"的外交家塔列兰,"玩弄阴谋就像他一定要吃饭一样"的富歇,他都一概录用,安排到合适的岗位。

拿破仑善统御之术,知人善任,有卓越的军事才能,成为统率劲旅、横扫千军的军事飞人,建立了一个强大的帝国。

世间只有偏才,没有全才。正确的用人之道,在于求其所长,"短中见长",而不在于求其人为"完人"。

林肯在南北战争初期,选拔没有缺点的人任北军的将领,反而一个个被南军将领打败。林肯分析了对方的将领,从杰克逊起,几乎都有明显缺点。当时有人告诉他:格兰特是个酒鬼,不能委以重任。林肯并非不知道酗酒可能误事,而是更清楚只有格兰特能够运筹帷幄、决胜千里,于是林肯毅然任命了酒鬼格兰特为北军司令。

好心人晋见林肯,说格兰特好酒贪杯,难当大任。林肯笑着说:"如果我知道他喜欢什么酒,我将送他几桶。"后来的战争进程证明林肯对格兰特的任命,成了南北战争的转折点。

△十步之间,必有芳草;十室之邑,必有俊士。

——[东汉]王符

△不实在于轻发,固陋在于离贤。

——《尉缭子·十二陵》

△我劝天公重抖擞,不拘一格降人材。

——[清代]龚自珍

△才干越高的人,其缺点也往往越显著;有高峰必有深谷。

——[意大利]彼特拉克

二、高人一筹的用人绝活

(一)得士者昌,失士者亡

世界上第一宝贵的资源就是人才,事业成就的取得,需要人才的聪明和智慧。人才更是领导者的珍宝。

善用人才,善用头脑,当是领导者的成功智慧。在我国古代,有这样的一个故事。战国时期有一天,齐国的齐威王与魏国的魏惠王一起到郊外打猎。惠王向威王问道:“你身为齐国之王,可收藏些什么宝物?”齐威王答曰:“没有。”魏惠王说:“像我这样的小国,我都藏有直径 1 寸大的珍珠 10 颗,这种珍珠所发出的光可以照亮 12 辆车子。你这千乘之国,何以连一件珍宝都没有?”齐威王回答说:“我有一些珍宝,但是与你所说的珍宝不同。我有一个臣子叫檀子,我派他驻守高唐,北方的赵人不敢来打鱼;另有一个臣子叫黔夫,我派他驻守徐州,能管理徐州那里四方来往的百姓 7000 多户;我还有一个臣子叫种首,我叫他防备盗贼,百姓可以路不拾遗、夜不闭户。像这样的珍宝,它的光辉可以照亮千里,何止 12 辆车子?”人才是最可贵的珍宝!齐威王的这一席话,道出了齐国之所以富强的原因。

第二次世界大战以后,东方日本的崛起、欧洲西德的复兴,在世界上引起了很大的震动。为什么会出现这样的奇迹?其中主要的原因之一,就是这两个国家都无一例外地拥有大量的人才,并且每一个人才都得到了尊重。日本自明治维新以来,一直重视国民的教育,重视人才的培养。西德虽然在第二次世界大战中城市几乎全被炸毁,但是人才还在,科学技术还在,所以日本和西德很快就复兴了,并且得到了迅速发展。

中国有句古语“得士者昌,失士者亡”;又说得才兴邦,得才兴业。我国古代有些领导者,本身并没有什么高超的本领,但因为能够拥有杰出的人才,从而能够成就一代伟业。齐桓公有了管仲,才能成为春秋第一霸主;刘邦有了萧何、陈平、韩信,才能最后击败项羽,建立西汉王朝;刘备三顾茅庐得到诸葛亮之后,才逐渐摆脱寄人篱下的困境,入主巴蜀,形成了魏、蜀、吴三国鼎立的局面;唐太宗李世民是杰出的封建君王,治国成就赫赫,他总结说,他成功的主要原因就在于用人:第一,不妒忌有才能的人,看到别人的才能,好

像就是自己的才能；第二，用人所长，避免其短；第三，敬重贤良，原谅犯错误的人；第四，褒奖正直，从不黜责出去一人。唐太宗深知人才的价值，正是如此这般地用人，他才实现了“贞观之治”，在中国历史上写下了显赫的一页。我国著名历史学家范文澜先生说：“纳谏和用人是唐太宗取得政治成就的两个主要原因。”

在当今世界，“人才是最重要的资本”已成为国际经济活动中新的价值观念。为争夺这种“最重要的资本”，各国展开了激烈的人才竞争。例如，瑞士一名研究生研制成功一支电子笔和一套辅助设备，可用来修正遥感卫星拍摄的红外照片。美国一个大企业和瑞士一些公司为了引进这位人才，就曾展开了一场高薪水的人才争夺战，轮番加价，你加他也加。最后美国人说，现在我们不加了，等你们加定了我们乘以一个五。就这样，美国将这位研究生连人带笔弄到他们的企业去。在争夺人才的战争中，甚至还有的为了获得一个人才，不惜花巨资把对方整个企业都买下来的奇闻。荷兰菲利浦公司为了在美国挖走一个搞第五代电子计算机的工程师，出了年工资 200 万美元没有成功，最后竟花了 3000 万美元把包括该工程师在内的整个公司全部买下。由此可见人才在当今社会中的价值。

一切竞争，说到底就是人才的竞争，经济竞争也不例外。

当今世界各国，对人才都有着深刻的认识。日本企业界有“人才就是一切”“不要忘掉人才投资”“不培养人的企业必将失败”等座右铭。美国有“人、人、人”“博士+汽车库=公司”“人才+资本+知识=财富”等座右铭。

重视人才，重用人才，已成为中外商界的共识。怎样识别人才、选拔人才；怎样使用人才，沟通情感，都已成为许多商家、企业家认真思索并且正在实践的重大问题。

要用人才，首先就必须破除头脑中的桎梏，倘若是“武大郎开店”，那你只能眼睁睁地看着人才拂袖而去。要敢于用比自己强的人，在这方面，你要学学刘邦。汉高祖刘邦不谙兵法，带兵打仗是打一次败一次，但他任用大将韩信，韩信却是带兵战无不胜，攻城略地，为刘邦打下了天下。商场也是如此，你只要当好刘邦这个角色，商战竞争之事就一并委托给“韩信”去干。当然，你愿意锻炼自己也不妨亲临商战，只要身后有军师、大将就行。

“一个篱笆三个桩，一个好汉三个帮。”你有人才辅佐，有人才相帮，那你的事业就有希望，就能兴旺。

(二)用能人不用完人

人们常说一个成功的领导能够“知人善任”。在用人时,发挥他的特长,避免他的短处,做到人尽其才。如果一个人因为有缺点而不被任用,那么,这不仅是自己的损失,有时还会带来威胁。尤其在人才竞争的时代,放走了一个英才,就等于为对手增加了一分力量。

俗话说:“金无足赤,人无完人。”如果领导只盯着下属的缺点,死死抓住人家的小辫子不放,那么就无人可用了。其实,下属有“小辫子”攥在你手里时若能委以重任,他便会知恩图报,这样更便于操纵利用。

汉代政治家贾谊说:“大人物都不拘细节,从而才能成就大事业。”孟尝君的门客中都是些“鸡鸣狗盗”之徒。然而这些“市井无赖”都有一技之长,大可运筹帷幄,小可危难救人。而一些真正的君子,充其量只是一种榜样和号召,实际办事能力往往较差。

子思住在卫国时,向卫君推荐苟变说:“他的才能可以带五百辆战车打仗,可任为军队的统帅,如果得到这个人就会无敌于天下。”卫君说:“我知道他的才干可以胜任大将,但他在当小官的时候,去老百姓家里收租,吃过人家两个鸡蛋,所以不能用他。”子思说:“英明的人选用人才,就好比高明的木匠选用木材,用它可用的部分,抛开它不可用的部分。现在您处在各国纷争的时代,需大规模选择很多有用的人才,而因为两个鸡蛋这种小事就不用栋梁之材,这种事千万不要让邻国知道了!”卫君觉得子思的话不错,反复向子思道谢,并说:“我一定接受你的教导。”

西汉人陈平,家里很穷,但他从小就喜欢读书。村里举行社典,陈平帮助屠户分肉,分得很公平。乡亲们说:“不错,姓陈的小子将来能当个好屠户。”陈平说:“唉,要让我宰割天下,天下也会像这肉一样处理得很好。”

陈平起初为魏王做事,因为有错而不受重用,离开后又为项羽所用,结果犯了罪,跑掉了。通过魏无知介绍给汉王刘邦。汉王任命他为都尉。周勃对汉王说:“我听说陈平在家时曾经与嫂子有不正当关系,跑到魏王那里,魏王不能容他;跑到西楚霸王项羽那里,项羽也不能容他。现在又跑到我们这里来了。这样一个反复无常的人,您竟然也重用他,还请仔细考虑一下吧。”汉王因而责怪魏无知。魏无知说:“我说他行是指他的才能,您要了解他的品行。现在如果有像尾生那样讲信义、像孝己那样有德行的人,但对您

陈平

的事业没有什么帮助，您怎么去用他们呢？”汉王点头称是，又任命陈平为护军中尉，各路将领都受他监护，将领们不敢再说什么了。陈平后来献出几条妙计：拿金子反间楚国；换饭招待楚国使者；请求假装游云梦泽；拿美女献给单于，解了白登之围；轻手轻脚在刘邦耳边说话，晚上放出美女两千，让楚军去围攻，使刘邦得以逃生。这些计谋都不是正人君子能想出来的，从道德标准来评价也是很卑劣的，但双方交战，“兵不厌诈”，是不能用道德标准来评价的，所要求的只是结果。况且刘邦也是个缺点遍身的人，自然这些计谋正合了他的口味。结果这些计谋无不成功，帮助刘邦打下了天下，平定了内乱，立下了汗马功劳，陈平后被封为右丞相。

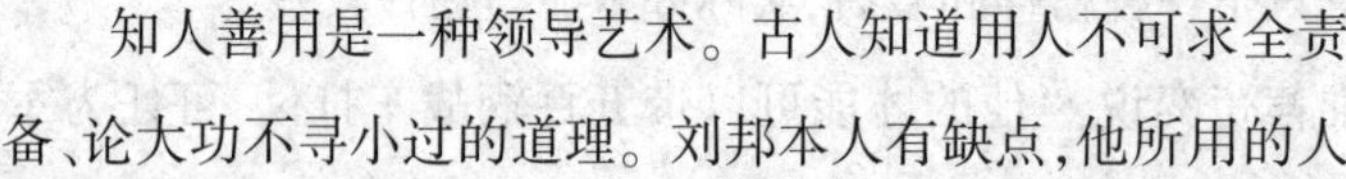

知人善用是一种领导艺术。古人知道用人不可求全责备、论大功不寻小过的道理。刘邦本人有缺点，他所用的人大都是有不少的缺点，但都有一技之长，合起来就是一个整体，因而无往而不胜。刘邦用人只求独当一面而不要求文武齐备，这就是刘邦能得天下的原因。

凡是有才能的人，往往恃才放旷、狂傲不羁，“自古才子多风流”。所以用人之道，贵在不拘一格，用我所用不计其他，才能人尽其才，发挥最大的效用。

战国时期的苏秦，是我国古代有名的纵横家，他靠着三寸不烂之舌周游列国，游说诸侯，合纵抗秦，深受燕王器重。有一次，苏秦奉命出使齐国，有人乘机在燕王面前诋毁苏秦，说：“苏秦是个左右摇摆、叛卖国家、反复无常的人，现在，他快要作乱了。”果然，燕王听信了谗言，等到苏秦完成外交使命返回燕国后，燕王便将他免职了。

苏秦知道有人在燕王面前说了自己的坏话，于是要求会见燕王。他对燕王说：“我本是东周一个鄙陋的人，没有半点儿功绩，但是大王您亲自在庙堂上为我封官职，并在朝廷上以礼相待。现在我替你说退了齐国的军队，并收回了十座城池，照理说，您对我应当更加亲近。而今，我回到燕国，您却将我贬职为民，这里边定有原因，必定是有人用对君主不忠做罪名，在您面前中伤了我。其实，我的不忠，这恰恰是您的福分。我听说，忠实诚信的人，处处都是给自己做打算的；讲求进取但有某些不忠实行为的人，却处处都是替别人打算。况且,我游说齐王,也不曾欺骗他。我把年老的母亲留在东周,本来就是为了抛弃为个人谋利益的打算,一心帮助别人求进取。假如现在有这样三个人:一个孝顺像曾参,一个廉洁像伯夷,一个忠信像尾生,并且能够找到这么三个人来侍奉您,您以为怎么样?”

燕王说:“足够了。”

苏秦说:“像曾参一样孝顺,坚守礼仪,连离开他的父母在外面住宿一夜也不肯,您又怎么能够让他步行千里,而替弱小并处在危困中的燕国君主效劳呢?像伯夷一样廉洁,坚守信义,不愿做孤竹君的继承人,也不肯做武王的臣子而饿死在首阳山上,廉洁到这种地步,您又怎么能指望他到齐国去干一番有所作为的事业呢?像尾生一样坚守信义,和女子约好在桥下相会,由于女子不来,哪怕洪水来了也不肯离开,终于抱着柱子让水淹死,守信到这种程度,您又怎么能让他去用假话说退齐国的强兵呢?我正是因为没有像他们那样死板,所以才得罪了大王。”

燕王听后,终于明白了其中的道理,马上给苏秦官复原职,重新予以重用。苏秦的话说明了这样一个道理:做大事的人一般不拘小节,太死板的人一般成不了大事。

(三)用好企业里的“三种人”

一个公司像一个小社会,同时也包括三种人,大部分的员工都是“等死的人”,剩下的一大半是“怕死的人”,最少的当然是“找死的人”。

公司里“等死的人”,过着不迟到、不早退,与世无争的生活,领导让干什么就干什么,给多少薪水无所谓,只要能维持正常的生活水准就行。他们对于公司里的任何事都抱着漠不关心的态度,只要能按时发薪,他们对谁是领导者也不在乎。他们从不希望,甚至害怕领导者让他们承担责任和赋予他们权力,因为这样会影响他们正常的生活节奏,他们盼望能安稳地在公司里一直做下去,直到退休。

他们一般都是奉公守法的良民,是领导者的忠实支持者,也正是由于这些原因,在公司里他们是最不受重视的,也是最易被人忽视的一个群体;但也正是他们,是领导者权力最忠实的支持者,是领导者权力的基础和象征。

公司里另一个主要群体是由“怕死的人”组成的,他们整天小心翼翼地活着,随时提防有人来暗算他。他们从不得罪人,遇到工作时能推就推,因为任何工作都要花费一定

的精力和心神，这对于他们的健康是没有好处的，而且他们信奉“多做多错，少做少错，不做不错”的原则，他们从不干这种吃力不讨好的事，他们从不轻易地说话，用沉默的方式来对待世界，因为他们的经验告诉他们：先说往往先死，何必自寻烦恼。

他们也深知“枪打出头鸟”的道理，他们从不主动去争取任何东西，什么加薪、升职对他们来说都没有命珍贵，他们深知争取是要靠一定的手段的，无论最后成功与否都将得罪一批人，而这批人不知什么时候就会在后面给他们来一刀，让他们死得不明不白，所以他们是从来不去树敌的。

这种人大家又厌恶，又喜欢。厌恶是因为他们对任何事都不闻不问，毫无正义感可言，对工作不积极，给人添麻烦；喜欢是因为他们从来不同别人争什么，别人压根就不用把他们当成自己的对手。

公司里的精英是“找死的人”，他们精力旺盛，对任何事情都充满了兴趣和好奇心，他们会不惜一切代价去争取他们认为合适的东西。他们往往是改革的挑头者，他们往往会带头去和领导者争取一些东西，如升职、加薪。而公司领导者往往也是一个“找死的人”，两个“找死的人”碰在一起，我们可以想象会发生什么事情。

一个成功的领导者应该如何对待公司里的三种人呢？这三种人是公司的组成部分，互相制约，互相均衡，缺一不可，虽然领导者自己是“找死的人”，但是他不可能对任何一种人有偏向，以免打破已经存在的均衡。

对于“等死的人”，领导者应给他们以充分的关心爱护，他们毕竟在公司占了最大部分，虽然不主动去找工作，但他们完成了公司的大部分工作，即他们的分内工作。公司的正常运作都靠他们，因为他们人数最多。不要幻想他们变成“找死的人”——因为如果公司大部分的人都去创新，那常务性的工作由谁来完成？公司的基础何在？

对于“怕死的人”，要对他们加以充分的信任，使他们减少害怕心理，尽量使他们变为“等死的人”或“找死的人”。“怕死的人”的性格决定了他们对工作缺乏信心和兴趣，这样的人对公司来说几乎没有作用，只会把公司的作风影响得拖沓不前、互相扯皮，影响员工的工作效率。

对于“找死的人”，应该通过一些合适的方法使他们把全部能力用于为领导者、为公司服务上。对于他们的缺点要设法加以弥补，以免引起不必要的混乱和纠纷。“找死的人”有活力、想法和信念，既可以让公司获得收益，也可能给公司带来麻烦，所以对这种人应采取引导的方式，让他们尽量在领导者的宏观控制下，发挥自己的创新、冒险精神。

领导者应提取三种人的优点在公司里推广，例如“怕死的人”有重视体育锻炼、重视身体保健、讲究劳逸结合等特点，对于保护人才很有益处。而“等死的人”的遵规守纪，甘于在基层做一些平凡小事的“老黄牛精神”也应该提倡。至于“找死的人”的积极进取、不断创新的精神更是一个公司发展所必不可少的。所以领导者对这三种人应该扬长避短，使三种员工在公司达到一种和谐的状态，共同为公司的发展努力。

(四)知人知面要知心

知人知面要知心，这是识人学上的一个基本定律。只有在不仅知人知面而且知心的情况下，才能决定是否起用或重用其人。归结古今中外识人用人的经验和教训，具有下列心态的有才者，应当得到重用。

(1)具备积极的心理状态

有一个小男孩，因为是三代单传，所以父亲对他非常娇惯，十来岁了，头的后边仍扎着小发辫。好奇的同辈总是取乐于这个“小发辫”，摸摸拽拽，出其不意地向他袭击。与其说是取乐于他，还不如说是在羞辱他，甚至还有的用小石块之类的东西投掷他，有时竟将他头部打起了血包。小对手，开始是一两个，接着是三四个，后来竟发展到八九个，弄得“小发辫”很伤脑筋，但也毫无办法，只好逆来顺受。在一次放学回家的路上，“小发辫”又一次遭到了七个小对手的袭击。“小发辫”不像以前那样见到此景拔腿就跑，而是站立不动，待第一个挑衅者到达他跟前时，他鼓足勇气，上去就是一拳，将对手打翻在地。其余六个见势不妙，便一个个溜走了。从此，再没有人敢取乐、羞辱他了，他站起来了。“小发辫”由被动变为主动，是他的心理状态由消极转向积极的直接结果。由此可以看出，对于一个人来说，具备积极的心理状态是多么重要！

人如果有积极的心理状态，遇到同事进步，会觉得自己又多了一个学习的榜样；遇到同事失误，会产生同情、自责和帮助的心理；面对平凡的工作，也能产生极大的乐趣，觉得天地广阔、大有作为，如此等等。这种人脚下的路往往是宽敞的，办事的成功率是很高的，同时，这种人的人缘也是很好的，同其上司也最能保持一致。

(2)对工作尽心尽力

领导者工作上的高效率，是以部属工作上的尽心尽力为基础的，离开了这个基础，任何天才都不可能成功。当然,看其部属工作是否尽心尽力也是有尺度的。经验证明:凡是尽心尽力的部属,工作上首先都会有一个切实可行的计划和实施该计划的具体方案;知道应该让上司在什么时候、在什么问题上出面支持自己,而不是事无巨细地陷上司于各种事务之中;提交到上司面前的困难,不仅进行了中肯的分析,而且还有克服困难的可供选择的实施方案;敢于在上司即将出现失误的时候据理力争,做事有股不达目的誓不罢休的狠劲;从不随大流,更不做那些花里胡哨的表面文章;当个人利益和集体利益发生冲突的时候,会无条件地去服从集体的利益……这种人是螺丝钉,拧在哪里就会在哪里发挥作用;是老黄牛,只知奉献,不讲索取;是大海岸边的岸石,能经受住巨浪的袭击;是高山岩石之松,能够经得起风寒;是成功不可缺少的一支重要力量。

(3)具有适度的自尊心

自尊心人皆有之,但在不同的人身上所表现出来的"度"各不相同。过弱则表现为自卑,老是觉得自己不如别人,这也办不到,那也不可能,消极悲观,一事无成。过强则表现为高傲,总觉得高人一等,缺乏自知之明。这种人的虚荣心、权力欲极强,固执己见、争强好胜是其重要特点。实际上,他们是大事办不来,小事不愿做,人际关系也不能得到很好的处理,到一处乱一处,是不受欢迎的人。自尊心过弱,但里边内含着谦虚,只是谦虚过了头,达到了自卑。同样,过强的自尊心也内含着自信,只是自信过了头,达到了高傲。适度的自尊心,表现出了谦虚和自信的有机结合。有才的部属,加上适度的自尊心,他们干起事来必定是左右逢源、如虎添翼,成功是意料之中的事。

(4)不搞阴谋活动

阴谋活动之所以冠以"阴"字,就在于它明暗不一、表里不一、现象和本质不一。一般来说,搞阴谋活动的人对自己所要表现出来的行为都是考虑再三的,并且是经过伪装的。尽管搞阴谋的人狡猾,但也不是不可将其识别。因为他们有几个"不一",况且他们的活动还是在一定的人群中进行的,这就给我们提供了识别他们的条件。搞阴谋的人之所以要去搞阴谋,是因为他们对个人或小团体利益有着较强的追求欲望。可以说,自由主义、个人主义的发展与膨胀是阴谋活动的根源。搞自由主义、个人主义,一旦目的达不到,就有可能产生搞阴谋的动机。开始可能是搞些小阴谋,偶尔搞阴谋,继而是大阴谋、经常搞阴谋。阴谋败露,就可能会跳将出来,公开搞对抗。所以,他们是埋在团体中或领导者身边的定时炸弹,一旦发作,就要造成很大的危害。身处领导岗位的人,对此应保持高度的警惕，绝不能重用那些搞阴谋活动的人。

（5）有宽广的胸怀

一般来说，凡是心胸宽广的人，与家人相处，则家人和睦，老少欢乐；与同事相处，则能将心比心，友好如兄弟；与下属相处，则爱人之心厚之，上下一致；与上司相处，则善于理解上司苦衷，能够忍辱负重。一句话，人际关系可以保持最佳状态。这种人不会被“好话”所迷，也不会被“坏话”所怒，能够保持清醒的头脑。这种人自身新陈代谢的节拍能与大自然的运行规律相吻合，很少会被疾病所困扰，可以保持一个健康的体魄。可以这样说，宽广的胸怀是万福之源。

辨别一个人的胸怀是否宽广，内容也很广泛，主要是看他们是否具有嫉妒心，是否斤斤计较个人得失，是否经常误会别人。一个人如果和别人相处时，能够理解他人，常能为他人着想，也能抱着吃亏态度，那就可断定这个人的胸怀是宽广的。否则，便是狭隘的。

（五）做一个了解下属的领导

要让下属接近你、喜欢你，你首先必须先接近和了解你的下属。

有这样一个例子：某企业有一位工程师，39岁，学识十分渊博，很有创造才能，酷爱无线电子专业，在该厂工作16年，搞了很多发明革新，成效显著。但是他却不安心在这里工作，要求调到一个小的科研所去。为什么这位在事业上很有成就的工程师想跳槽呢？该企业领导对此大惑不解。后来，心理学家采用心理学方法，对他的能力、性格和人际关系进行了全面考察了解，才找到问题的答案。

从气质和性格上看，这位工程师情绪稳定，讲求实际，意志坚定，自信心强；但是他气质内向，性格孤僻，沉默寡言，不善交际。

从作风和人际关系上看，他严格要求自己，从不招惹是非，有较好的修养；但是这个人不善于体贴和关心下属，加之他喜欢自作主张，爱把自己的意见强加于人，评价人过于简单，所以显得不够合群，同周围的人关系比较紧张，有时还发生一些冲突。从他的业务能力上看，他学问精深，知识面宽，有较强的观察能力、高度的技术综合能力和巨大的创造才能，善于独立工作，能较好地组织工程设计；但是他在领导方面的知识则比较贫乏，缺乏行政组织与管理能力，不善于做人的说服引导工作，缺乏创造团体气氛的本领。

经过这样一分析，问题就清楚了：他的个性特征与他所担任职务的要求恰恰是相反的，所以他才对现职工作很不安心。他更适合于担任设计部门的技术领导工作，而不适合担任行政领导工作。

为什么在这里不厌其烦地叙述这件事例，是想说明，要真正透彻地了解一个人，做到知人善任，并不是件容易的事情。领导者只有了解掌握每一个下属的能力和特性，才能更恰当地任用他们，更有效地指导他们。所以，每个领导者都要不断地提高判断人、鉴别人的能力。在这方面需要注意以下问题。

(1)不要仅从表面看人

就拿上面的那个工程师来说，如果仅仅看到他年富力强、业务水平高、工作时间长，又当过科长，就把他提拔为高一层的行政领导，那就是用人不当了。

单纯从表面看人常常体现在以下几方面：一是以貌取人；二是以文凭取人；三是以年龄取人；四是以言取人；五是以资历取人；六是以表面是否忠顺、老实、听话取人，等等，这些都是应注意的。

就拿文凭来说吧，日本索尼公司已经把公司所存的职工学历表全部烧掉，其本意并不是说学历没有一点儿用处，而是要彻底防止单凭学历来衡量人。诸葛亮对人的表里不一也有论述，他说人"有温良而伪诈者，有外恭而内欺者，有外勇而内怯者，有尽力而不忠者"，如果只看外表，就容易看错人。

(2)不能先入为主

对于一名下属，在领导者全面接触他之前，总会得到一些间接的材料或反映，如"某人骄傲自大，目空一切"，或"某人谦虚谨慎，忠诚老实"等。这些材料或反映，只能作为领导者考察下属时参考，不能把它作为有色眼镜来用。一个下属究竟怎么样，应通过在任用中观察了解，才能得出正确结论。

(3)不以一时一事看人

一个人某一句话说得好，或某一件事办得漂亮，就说这个人如何之好；某人一时说了错话，或哪件事没办好，就说这人如何不行，未免失之偏颇。要彻底了解一个人，客观地评价一个人，必须看他的全部历史和全部工作。

(4)不凭个人好恶看人

有的人专门喜欢唯唯诺诺、善于逢迎的人；有的人格外宠爱对自己有过好处的人；有的人格外信任自己那个小圈子里的、与自己气味相投的人；还有的人习惯于用自己那套

“模式”来衡量人，等等。这种凭个人好恶、恩怨、亲疏、得失看人用人的现象，是任人唯亲的反映，它容易使一些德才平庸甚至有严重问题的人受到青睐，而使一些真正有才能的人受到冷落和埋没。

(5)不把人看死

这就是说，不要用静止的观点看人。过去有错误或功劳，不能记在今天的账上。同样，今天没干好，不等于明天也一定干不好。任何事物都在发展变化之中，人也是会变的。我们不能说任何人是“出窑的砖——定型了”，而要通过积极的努力，促使其坏的方面向好的方面转化，防止好的方面向坏的方面转化。

(6)不以一人之见取人

一个下属的优劣，既需要通过长期工作实践来检验，也要靠众多的人来鉴别。光靠领导者一个人来观察了解显然是不够的，凭一人之见来做结论常常有片面性。只有依靠下属的力量、团体的力量，才能了解得更全面、更深刻。

那么，考察和识别下属的主要途径有哪些呢?

第一，直接面谈。

面对面交谈能使领导者对考察对象产生直接的亲身感受和较深的体验，从中窥见其水平高低、见识深浅。如果不见其面、不听其言，就很难得到具体深刻的印象。对于不大熟悉的下属，领导者可以通过面谈了解其工作经历，受教育情况，有何专长、兴趣、志向、气质以及应变、表达、见识能力等。

面谈之前，应对被考察者的各种背景材料进行尽可能多的了解。谈话的气氛要轻松愉快，亲切融洽，领导者要掌握谈话的主动权，善于观察和分析对方的反应。

面谈形式并不一定都是“一对一”式的，也可以采取开座谈会的方式，将若干被考察者召集到一起，向他们提出各种问题，从回答中了解被考察者能否抓住问题的实质，解决问题的能力怎样。

第二，随时观察。

即领导者通过日常的工作和生活，对身边的下属进行有意识的观察。

日常的观察可以从以下四方面入手：①留心被考察者生活、工作等各方面的言行举止，看他水平高低、作风好坏、能力大小。②根据同类相聚的原理，通过他结交什么人、敬重仰慕什么人、鄙弃什么人，看其思想状况和品格高低。③通过被考察者在关键问题上

和关键场合中的表现辨其良莠。有的人平时看不出高低,到关键时刻就看得非常清楚。④在相互比较中观察。同是下属,在同一个问题上的态度和做法就大不相同,优劣、高下就自然地显现出来。

第三,有意考验。

仅仅面谈和观察,有时还不足以识别一个人,这就要求进一步采取一些必要的方法,对被考察者进行一些有目的的试探,在动态中进行考察。

这种"丢个石头试水深"的办法,在实际中经常使用。比如,有意识地把某人放在某环境中,看他的表现;有目的地把某项工作交给他去完成,从而检验他的能力;授意他在某场合发言以考察他的水平,等等。

这里需要注意的是,考验要有一个尺度,不能"陷人于法",诱使下属犯错误。比如说,领导者故意让人拿一些财物去贿赂部下,看看谁欣然接受,谁拒不收纳,以此来考察下属是否廉洁,这种做法就不可取。

第四,让其他下属评议。

考察和识别下属光靠领导者个人智慧和少数"伯乐"的眼光,难免有片面性和局限性。要想进行全面的了解,必须充分征求其他下属的意见和看法,可将其材料进行"公示",然后做出决断。这样,不仅有利于防止和纠正可能出现的偏见,而且可以使领导者开阔视野,拓宽知人渠道,在更广的范围和更多的层次中选贤任能。

让下属参加评议的方式,目前主要有调查访问、民主评议、下属推荐、民意测验几种,可以视不同情况而用之。需要指出的是,对下属的意见也要采取分析态度。经验告诉我们,再好的下属也不可能获得其他人百分之百的赞扬和拥护。越是有主见、开拓精神强的下属越容易得罪人,而一些工作无能、讨好有术的人,往往能赢得数量可观的支持者。所以,必须把下属评议同上级考察结合起来。

第五,依靠专家。

要考察和选拔从事某一专业,或主管某方面业务工作的下属,最好请该专业的专家和同行来推荐和评议。因为只有内行人才能对其业务水平做出深刻、全面、恰如其分的评价。如果担心人际关系的影响和感情因素的干扰,会使考核结果失真,专家评议可以采取个别征询的方式进行。

第六,考试。

这是通过考卷来测评下属水平高低的一种方法。这种方法虽然难以真正测出其解决实际问题的能力,但对考察下属的文化水平和专业知识还是必要的。

考试内容不外乎基础知识、本部门本专业知识、领导和管理知识及综合知识几个方面。考试要有针对性,从事什么工作,就考与之有直接关系的内容,不可漫无边际地什么都考。要尽可能地注意实际工作能力的考核,除了在考卷上出一些实际问题,让应试者提出解决办法外,在考试形式上还可以辅之以面试和现场模拟测试,以补充笔试的缺陷。

第七,注重业绩。

这是所有考察途径中最主要的一条。一个下属究竟怎么样,主要应该看他业绩如何,是不是真正在实际工作中取得了一定的成绩。如果一个下属在某地主持工作多年,什么工作也没搞上去,就不能说这个下属是优秀的。要把能不能开创新局面作为衡量下属是否有作为的重要标准。

第八,在试用中考察。

在正式任用某一下属之前,对他的各种判断和评价还没有得到证实,还不能足以证明他是否胜任某项领导工作的时候,最好给他一段试用考察期。经过试用阶段称职方可正式任用,否则便另选他人。这样做,一可以避免主观判断的错误;二可以使其他下属口服心服,便于将来合作;三能使被选用者熟悉工作,获得经验,以便在正式任用后更加得心应手。

(六)识才用才的七个误区

人是带有偏见的,每一个人都不可避免会有主观片面性,往往有可能会陷入以下七个误区。

(1)偏见

喜欢拍马屁的人往往受到领导的器重,而默默工作的人却常被领导认为过于冷淡,于是就有了现今一句时髦的话“工作干得好,不如马屁拍得好”。当然,领导并非故意如此,但他却不可避免地会犯这些错误。领导者就要时刻反省自己,看看自己是否有这种偏见。

(2)首因效应

评价人才要全面地看、历史地看,不能只看一时一事,不能以偏概全。首因效应是指开始的印象左右了对一个人的整体评价,而对其以后的表现、以后的变化、以后的发展往往视而不见。首因效应使一些领导用孤立的静止的观点去看人,所以常常得出错误的结论。

(3)近因效应

首因效应是用刚认识时的印象来代替对对象的完整评价,与此相反,近因效应则是用晚来的印象来代替对对象的完整评价。前者重前不重后,后者重后不重前,都犯了割断历史和以偏概全的错误。往往有些人利用这个效应,在提干或其他时候,卖命在领导面前积极表现,博得"这个人进步很快"的评价,而向来努力工作的人却"还是老样子"。

(4)图式印象

心理学上说我们每个人都有一个图式,比如告诉你李明的哥哥是军人,你脑中就会出现一个图式,李明的哥哥穿军装,很强壮。有的领导者一听说单位里分来一个女同志,就认为她将来不可能挑大梁,这就是他对女同志的刻板印象造成的。女的不如男的能干在他头脑里已形成了根深蒂固的偏见,而且这种偏见很难改变。日常生活中说"嘴上没毛,办事不牢"就是认为年轻人不稳重,而实际上很多年轻人却是很稳重的;认为年老的人保守,而实际上有的老年人思想比年轻人还开放。诸如此类的图式,是最常见的,也是最难克服的。

(5)晕轮效应

晕轮效应又称"光环效应",它对我们的日常观察和评价影响很大。所谓晕轮效应就是把对象的某一优点变成亮点,照亮了其他不亮的地方,以至把对象的一切都亮化了、美化了;或者把对象的某一缺点变成暗点,笼罩其他不暗的地方,以至于把对象的一切都暗化了、丑化了。简言之,晕轮效应的结果是一俊百俊、一丑百丑。

(6)马太效应

马太效应是《马太福音》上说的一个故事,说主人外出,给能力最强的人 1000 元,给居中的人 100 元,给最差的人 1 元。主人回来,能力最强的人回报给主人 1 万元,他利用这笔钱去做生意了;居中的人返回了 2000 元,他用这笔钱干了些小买卖;而能力最差的人,还了 1 元,他把那 1 元钱埋在地下,等主人回来。

马太效应不仅影响到对人才的选择任用,而且影响到对人才的激励奖励。评了先进,提了干部,紧接着就是加工资、换住房等。

要克服马太效应的副作用，领导者的眼睛不能只盯着少数几个人，不能把什么好处都给少数几个人。领导者要扩大视野，努力发现暂没出名的潜人才，并创造条件让他们成为既有才干又被社会承认的显人才。

(7)区别不同的人才

任何部门、任何单位的人都很多，但他们特点不同、类型不同，有善于闯关历险的千里马，有默默奉献的老黄牛。我们说，千里马是人才，老黄牛也是人才。

千里马总是少数，他们是工作的骨干，具有开拓精神，敢闯会跑，能起带头作用。这种人有智慧，善思考，能帮助领导者出主意，献计谋；这种人能够眼观六路，耳听八方，能够驾驭全局，驾辕引路；这种人往往能力很强，办事效率高，不怕困难；这种人往往富有竞争精神和献身精神，甚至富有崇高的使命感。

所谓老黄牛是指埋头苦干、任劳任怨、勤勤恳恳、兢兢业业的老实人。这种人在单位里人数最多，就创新开拓、驾辕引路而言他们可能不如马，尤其不如千里马，但“骏马行千里，犁田不如牛”，牛自有牛的优点，牛自有牛的高贵品质。牛能够坚守岗位，默默奉献；能够不计待遇，苦干实干。领导者要能区分出马和牛，要关心牛，爱护牛。

(七)不要对部属有偏见

对人的认识偏见有多种表现形式，常见的主要有：先入印象、第一印象、晕轮效应、定式效应、投射效应等。领导者应了解这些偏见产生的原因和表现，以避免偏见的产生。

(1)先入印象

先入印象的来源是间接的。先入印象主要的信息源是社会和他人对一个人的评价。先入印象的另一个信息源是档案。在中国，对人的管理特别看重档案的作用。有时，先入印象是这两条途径结合形成的。例如领导者了解新来的部属，既看档案，又派人去单位调查，也倾听别人的评价。先入印象形成的第三个信息源是一个人在事业上取得的成果，例如，领导者在与某某技术人员相见之前先知道其技术成果等。

先入印象形成于直接相见之前，基本上是对一个人过去情况的了解，因此，先入印象只能说明这个人过去的情况，而不能证明他的现在，更不能说明他的将来。可是，在管理实践中，领导者往往对一个部属的了解特别看重历史，其在评价部属时，总会对其家庭出身、成分、过去的工作和思想政治表现等方面考察一番，然后以此作为根据进行判断。由此可见,先入印象往往是领导者认识一个部属的基础,它就像认知的一副有色眼镜,戴上它看一个部属就会觉得这个部属有一种不变的颜色。

先入印象使领导者对部属的认识产生重大影响。如果领导者对某部属形成了一个比较好的先入印象,以后就会以肯定的眼光来看待他,给他以好的评价。例如,领导者事先听说某部属很不错、很可信,领导者就很可能重用他。与此相反,领导者对某部属有不好的先入印象,则可能始终不信任该部属。所以,在对部属的管理过程中,领导者必须尽量避免和消除先入印象,要从实际出发,实事求是地去认知部属、了解部属,绝不能人云亦云。

(2)第一印象

第一印象又称为"初次印象""首因效应",它是指两个素不相识的人初次见面,通过对方的相貌、仪表、风度、言谈举止所提供的信息形成的印象。第一印象一旦形成,对后来观察和感知到的内容则往往不太注意或忽视。即使后来的印象与最初的印象有差距,也会自然地服从第一印象。由此可见,第一印象在对人的认识中起着决定性的作用。

第一印象总带有表面性和片面性,它所依据的只是一些表面现象和材料,但事实上这些现象和材料并不能真实地反映一个人的本质。正是由于第一印象是通过体态、举止言谈、风度仪表等形成的,是对人表面的、片面的认识,因此只凭第一印象去管理部属,处理人际关系,在多数情况下是会出差错的。这就提示领导者:

①领导者在接触和了解部属时,要注意避免第一印象的干扰,克服第一印象的惰性,防止形成心理定式。对部属要努力做到全面、发展地看待,只有多接触,全面了解部属,不断修正和深化第一印象,才能达到对部属的真正认识。

②领导者上任伊始,就应该注意给部属留下一个好印象,以便利用第一印象开展工作。常言道:良好的开端是成功的一半,就是这个道理。

③切记,了解部属不能停留在首次接触时所形成的第一印象上,因为第一印象是很粗浅的,人的本质有一个逐步暴露的过程。因此,"路遥知马力,日久见人心"仍然应该作为一个认知真理。

(3)晕轮效应

晕轮效应又称"光环效应""成见效应",它是指对一个人的核心品质形成了鲜明的印象后,从而掩盖了对此人的其他品质的认知,而核心品质就是对形成印象有决定意义的特殊品质。在对人的认知中，一个人的外表、态度、行为和道德品质等都是决定认知评价的核心品质。核心品质起晕轮效用，因而引起了人们以点概面，扩大化或泛化的反映。如某一部属穿着整齐，领导者对其印象不错，就很可能认为该部属做事细心、有条理、负责任。相反，如果对某部属的印象欠佳，则往往可能忽视了该部属的优点，甚至将该部属看得一无是处。晕轮效应是领导者认知部属时较为常见的一种偏见。

晕轮效应，按其性质可分为正负两种。正的晕轮效应就是由认知对象的某些积极肯定的品质或对其良好的印象，推导、想象出他的其他一些优点和长处，从而对其做出肯定的评价。例如，领导者对某部属的勤奋产生好印象，就很可能会认为此人有事业心、有毅力，目光远大，将来定有作为等。负的晕轮效应就是由认知对象的某些消极的特点或对他的不良印象，推断、想象出他的其他缺点及不足，从而对其做出否定的评价。比如，对于工作态度不好的部属，领导者往往会认为他工作积极性不高、对业绩不关心、同事关系不好、家庭生活不和谐等，从而对他产生比较差的看法。

领导者应了解晕轮效应形成的原因及其危害，在对部属的认识过程中，应有意识地克服晕轮效应的消极影响，努力地搜集比较全面的信息，进行比较全面、系统而深刻的分析研究，公正合理、实事求是地评价部属，不要以偏概全，凭一时的主观印象评价部属。

（4）定式效应

定式效应是指由一定的心理活动所形成的先前心理准备态势，影响或决定同类后继心理活动趋势的现象。也就是人们按照一种固定了的心理倾向去反映社会客观现实情况，从而表现出认知活动的趋向性和固定性。在对人的认知中，定式效应表现在人们用一种比较固定化了的人物形象去认知评判他人。人们在相互交往接触的过程中，常常会无意识地产生一种有准备的心理状态，并按照各自形成的某种心理倾向去观察和判断对方。许多领导者在评价部属时，定式效应就起了很大作用。对待新部属，领导者总觉得他们技术不够，经验不足，于是经常去干涉他们的工作，但这些新部属实际上工作起来很熟练，根本不需要他人的指导，自然就反感领导者的行为。时间长了，这种偏见可能会赶走这些优秀的部属。

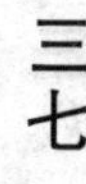

定式效应对人的认知影响既有积极的一面，也有消极的一面。如果认知对象的特征和品质与认知者的定式倾向相一致，定式效应就有助于对他人的概括化判断，从而简化和缩短认知的过程与时间。定式效应的消极方面往往会导致对他人产生某种成见。由于定式倾向通常是建立在某种有限的先行经验基础之上,因此一旦这种先行经验的认识同认知对象的实际不相符时,那么定式效应所产生的成见必然会扩大认知他人的差距,使对他人的认知产生偏差。所以,领导者在认知部属时应尽量避免定式效应的发生,相信部属、公正平等地对待每一位部属。

(5)投射效应

投射效应是指在认知他人时,往往认为他人也具有与自己相似特点的现象。

投射作用主要表现在以下几方面:一是以为他人与自己好恶相同。例如:爱吃海鲜的人觉得别人定会喜欢海鲜;自己喜欢足球运动往往认为别人也喜欢;自己爱好流行音乐,多认为别人也会为那旋律所陶醉等。有的领导者认为把生产车间刷成白色合适,而不征求部属的意见,认为部属肯定也喜欢,这就是投射效应。二是把自己的主观愿望强加于人,以为对方正如自己期望的那样。例如,一个自我感觉良好的中层干部,希望并相信领导者对他的工作会给以好的评价,结果他就把一般性的鼓励语言理解成对他工作的赞赏。三是把自己的看法或怀疑强加于人。如有些领导者对工作程序已经习惯,他认为这样最有效率,而对部属改进工作程序的建议轻易地就回绝了,要求部属严格遵守以前的工作程序。

(八)掌握下属的晴雨表

作为领导,或许你眼中的下属仍旧都同往日一样神采奕奕,笑容满面,工作起来也格外投入。但你要意识到这有可能是一种虚假状态,也许其中有人正在使尽全力保持自己的神采与笑容,但他们并不是以最佳状态从事工作。他们和你不一样,处于低谷状态的你可以借身为领导的优势发一发脾气,甚至将手头的工作弃之不理,但他们仍旧要像往常一样工作,所以他们有着比你更大的生存压力。在这种情形下,如果你能通过仔细观察,对处于状态低谷的下属给予理解和爱护,那么对方一定会在今后以十二倍的努力来回报。

一些国家的生命科学家对人的机理状态进行过研究,认为人的精神状态周期大多是一个月,长不过数十天,短的不过数天。这就是说如果你觉得这几天的情绪非常糟,即使没有纷繁复杂的工作来打扰你,你也要仔细对待一个月的这几天。如果你恰好在那几天中去洽谈一桩非常重要的生意或是面临人生最重要的选择,那么你最好将其改期,或者事前做好周密细致的准备,以备不时之需。如果有可能的话,你甚至可以设想一切可能出现的情况并想出解决的办法,然后在实践中炮制应用,从而解除低谷状态周期对你的威胁。

每个人都喜欢而且渴望得到别人的欣赏和认可,希望自己的存在价值能够在这个充满激烈对抗和竞争的社会中得到认可。因此,人人都在拼命地努力工作,即使他们已经做得很出色,但仍然不断地努力。毕竟,每一个人的成就都要付出很大的艰辛,轻易割舍不得。无论你是不是一个非常开明、能够体贴下属的领导者,下属们也不愿或不敢轻易放松。即使他们正处于无法解脱的生物休眠状态,他们也要咬紧牙关坚持下去。因为他们要努力保持自己在你心目中的好印象,这将关系到他们的提职、加薪和年终评估的优劣。这时候你是怎么做的呢?你是不是仍旧以他们在你印象中的能力标准来要求他们呢?你是不是会为他们所犯的,而你却认为不应该在他们身上出现的小错误而大发雷霆呢?体味自己的细微变化,转而关注你的下属,这才是最高明的领导者。

美国著名管理学家、杰出的管理者艾柯卡作为管理人员,他最得意的事情,就是看到公司里那些智商不算太高的人提出的一些建设性意见被采纳而容光焕发。

艾柯卡在管理中有一条相当精到的经验:员工心情好,就应当鼓励他积极进取,多做事情;员工情绪欠佳的时候,就不要让他太难堪,否则他或许一辈子也兴奋不起来。他认为:要赞扬某人,最好是用白纸黑字写下来;若要地节一一训斥某人,则要用打电话的方式,不留痕迹。

艾柯卡作为管理者,非常重视每个人的积极性。为了使整个公司兴旺起来,使公司的每个部门正常运转,他总是努力调动每个人的积极性。但他又不可能面对每一位员工,于是,他就激励他的副手,他的副手再激励他的部下,如此层层递进,使整个公司士气高涨、干劲十足。

艾柯卡曾以橄榄球队的团队协作精神来说明公司的协作精神,他认为:指挥一支球队和领导一个大公司实际上没有什么两样。在球队中,除了球员懂得比赛的基本要求、基本技术、比赛纪律以外,最重要的是球员之间应当有一种彼此友爱,打球时全身心投入,身上的每一块肌肉都开足马力——可以称之为集体精神的东西。具备这些特征的球队就一定能天下无敌。一个公司也应当如此。

因此艾柯卡总是在管理的过程中鼓励和培养这种团队精神。这是他成功用人管人、创造管理奇迹的关键。

作为领导应该懂得,处于低潮期的下属特别敏感,非常脆弱,容易陷于精神崩溃的状态,这将对他以后的工作积极性造成某种程度上的伤害,同时也会让他产生一定的工作压力。

试着去接近他们,放下手头的工作和他们交谈,消除他们的恐惧心理,使他们暂时远离手头工作的烦恼。

对于状态欠佳的下属,一些一直由他负责的工作仍要交给他去做,否则他会觉得你已丧失对他的信任,这将伤害他的自尊心。但你可以不去催他完成这些工作,而要告诉他时间还很充裕,还要告诉他如果他在一个星期以后(事实上正常情况下,他只需一到两天就足够了)还不能把你交给他的工作完成,那么他将会面临被解雇或减薪的处罚;同样,一些你本打算交由他去完成的工作也应改为由他人或由自己去完成,你甚至可以把已做完的工作结果或是自己的工作设想摆在他面前,诚心诚意地听一听他的评判,这将对他极其有益;可以利用闲聊的时候把你自己处于低谷时的情形讲给他听,对他说这种情形在所难免;午休的时间,你应该让大家适当地放松一下,而不是继续埋头工作,你可以点名让他加入进来。

作为领导,抚慰情绪低落的下属的工作绝不可少,这有利于下属继续保持自尊心和自信心,更会增强下属对你的信赖和支持,以更出色的工作成绩来回报。

处在低迷状态中的下属,体力、脑力和精神状态都无法和正常情况相比,即使他再努力振作精神也于事无补。这种情况下就需要做领导者的你进行适时适度的激励。分配适当的工作交给他去做。合理把握这些工作的难易程度,让他能够完成却又不至于太过简单,以为你在怜悯或轻视他;以前他取得过很多的成绩,但你只当着他一个人的面褒扬了他,有的事情他的同事还不知道,你可以把这些成绩提出来对他进行公开表扬;他已经极度烦躁,甚至丧失了信心,你不妨努力使他静下心来或是采用激将法,但切忌过度。

同是这些法则,不但能更好地管理处于低潮中的下属,而且能激发那些水平相对较差的下属的进取之心,能够一举两得。

(九)如何使用好专家

现代化生产力的力量源泉已经从“物理空间”转向了“知识空间”。也就是说,发展现代化生产力，关键已不是增加物质投入或资金投入，而是增加人的知识、增加技术投入。

因此，现代企业的竞争，主要是，或根本上说是人才的竞争，即技术专家的竞争。在现代企业中，竞争在人才方面已发展到了相当白热化的程度。

在美国，培养一个专家需要4万美元，而引进一个专利或引进一个专家就等于节省4万美元。所以，对于专家，美国的老板完全采取买方的立场。1949—1972年，美国吸收各国的高级专家达到20万人。1973年后，移居到美国的科学家和工程师，每年几乎高达6000名以上。在美国的118名诺贝尔奖获得者中，32名是外国移民，还有11名是获奖后移到美国居住的。美国之所以能吸引外国专家，是因为它采取了一系列优待专家的政策和措施。美国用高薪、奖金、专利、资助等办法，优待多种专业人才，特别鼓励他们大显身手。正是这种被吸引来美国的人才，为美国带来了巨大的财富和社会利益。

所谓专家，就是知识人才。知识人才和一般的体力人才是绝对不一样的。知识人才并不直接生产"东西"，他们生产的是构思、资料、点子、观念和创意。正是这些人为企业设定目标，创造新的技术设计，控制经济规律，制定新的法则，开拓新的经济领域，建立新的利益基础。所以用好这批人才，是任何机构，特别是现代企业成功的关键。

对于从事现代创业活动的人来说，下面的这一观念应牢固地刻在自己的脑海中："在现代企业活动中，信息是资源，时间是金钱，简化是效率，人才就是资本。"

所以，对于现代企业来说，要在激烈的竞争中获胜，打好用人的战争是其他一切成功的基础。

这就要求每一个企业家都必须是善于用人的专家，要求其能够有效地发挥专家的优势。因此，对于企业用人来说，有效地使用专家，是用人之道这个核心的核心。

要用好专家，就必须懂得专家的一些共性，掌握他们的心理。

专家就是那些在某一方面学有专长的人。这些人之所以在某一方面能够学有专长，一般都有"十年寒窗"的辛苦，有"头悬梁，锥刺股"的奋斗，吃过许多享乐者没有吃过的苦头。

这种奋斗的经历，一般来说培养了他们相对独立的性格和见解。这种独立的性格和见解，既是这些人的资本，也是企业创造性活动所应依赖的创造性源泉。这些人如果没有独立的思考，没有坚强的性格，就不可能在某方面有见地，因此，也就不会为企业带来实际的效益。但同时,这种独立的性格和见解,又是管理起来比较困难的原因。

另外,这些人的才华,使他们有怀才抱质之感,对他们所做的工作、所付出的努力的回报率要求比较高。过去说:"书中自有颜如玉,书中自有黄金屋。"虽然这种观念已相当落后了,但这其中却说明了这样一个道理:怀才抱质之士都有远大的志向,寻求较高的社会回报。这种对回报的高度期望,既可能是指社会地位,也可能是指金钱和物质;既可能是荣誉,也可能是成就感的满足……但也可能是所有这些方面的全部。

这种对社会回报的过高期望,是用好专家的又一个难题。

从更具体的方面来说,有才能的专家,在性格和习惯方面与常人有着诸多的差异,这使他们有可能在别人看来有些"怪"。有时他们或者不太合群,有时他们愤世嫉俗,有时他们不修边幅、不拘小节,以图个性的张扬……这又增加了用好专家的另外一重困难。

但是,对于那些长于用人之道、深悟用人之机的领导者来说,所有这些问题和困难,都能迎刃而解,因为他也懂得知识人才的另外一些长处。

知识人才是最懂什么叫"知遇之恩"的人。

知识人才是事业心最强的人。

知识人才是能自觉、自律地完成创造性工作的人。

知识人才是能凭借其智慧和技能带来财富的人。

一个深谙用人之道的人,一般会做出如下简单但是正确的判断。

如果此位专家能创造更多的效益,给他相当优厚的待遇又有什么不可以的呢?

如果此人有本公司所不可或缺的有用专长,那他骂几句人、多喝几杯酒,又有什么大不了的呢?

如果此人能给企业带来巨大的经济利益,他要求相当的地位和荣誉,那不是很应当的吗?

因此,对于企业领导者来说,只要自己的整体目标能够借助于知识人才而得以实现,那他就应该用别的代价来换取这种知识人才的贡献。

因此,对于一个优秀的领导者来说,要用好专家,首先应该考虑的不是这些人用起来怎样的困难,而是首先应该考虑用这些人能带来的利益和效用,这些人有无能力带来成功和好处。

为了很好地、有效地发挥专家的长处,并带来利益,许多成功的企业领导者积累了相当丰富的经验,但是都没有走出上面总结的原则。

(十)做一个会提携下属的领导

任何领导者都会发现,他的下属当中总是有那么一些人,尽管工作态度很认真,能吃苦、听指挥,但工作总是干得不如别人好,有些力不从心。其中有些人常常变得精神颓废,没有干劲,自暴自弃,见人不敢抬头。

对于这些人,如果放弃不管,无论对公司还是对他们个人,都是极大的损失。一般的领导者,往往只垂青于那些才华横溢、有突出成就的人,经常表扬他们、培养他们,而很少注意那些能力低、成绩差的人。这样的领导者,实际上还是不懂得怎样调动人、培养人。因为在一个单位里,才能出众的毕竟只是少数,而才能平庸和低下的则是多数。如果扔下这些人不管,整个员工队伍素质就上不去,工作也不可能真正搞好。

那么,怎样来帮助和提携那些能力低的人呢?

(1)帮助他们消除自卑感

人一旦自卑,即使有能力也很难发挥出来。其实,除了少数"尖子"以外,其余一般人的能力相差并不悬殊。如果能使他们增强信心,消除压抑能力的自卑感,他们甚至可以取得与"尖子"一样的成果。这同体育比赛差不多,如果见对方占了优势,便心慌气馁,势必打不出水平,越比越输;如果能增强信心,重整旗鼓,发挥全部力量努力拼争,则不但可以扭转败局,而且可以压倒对方,转败为胜。所以领导者要亲近这种人,同他们交谈,列举他们的优点和成绩,证明他们并不比别人能力差多少,也一样可以干得漂亮,使他们恢复与人等同的意识,从而激起他们的上进心和自信心。

(2)要对这部分人加强指导,需要比领导别人多花一点精力

给别人布置工作,交代清楚就可以了;给这些人布置工作,要更明确、具体一些,不仅交任务,而且要交途径、交方法。在其完成任务的过程中,领导者要加强指导,帮助他们克服困难,排除障碍,使之不断增加经验,满怀信心地发挥自己的才干。

但是,需要指出的是,领导者不能手把手地教他们一辈子,必须在提高他们自身能力上下功夫。也就是说对能力低的人实行帮助,最好的办法不是"喂"他们,而是要想办法使他们多动脑筋"自己飞起来"。

(3)不要损伤他们的自尊心

社会上的人历来都有重体面的传统、认为“有伤脸面”和“无脸抬头见人”是最大的耻辱。所以,绝大部分人都“宁愿身受苦,不愿脸受热”,特别是那些能力低、有自卑感的人,自尊心更强。因此,领导者在做工作时,不要损伤他们的自尊心。譬如,在分配工作时,不但要考虑如何使他们完成任务,而且要采取能使他们脸上有光的奖励办法。需要批评时,也不要伤害他们的感情和人格,把人羞辱得无地自容,那样容易使他们产生敌对心理,或从此自暴自弃,破罐子破摔。

正如戴尔·卡耐基所说:“我们常常是无情地剥掉了别人的面子,伤害了别人的自尊心,抹杀了别人的感情,却又自以为是。我们在他人面前呵斥一个小孩或下属,找差错,挑毛病,甚至进行粗暴的威胁,却很少去考虑人家的自尊心。其实,只要冷静地思考一两分钟,说一两句体谅的话,对别人的态度宽大一些,就可以减少对别人的伤害,事情的结果也就大大地不一样了。”

卡耐基

(4)让他们先出成绩

办法是找一些相对比较容易的工作让他们干,完成得好,出了成绩,哪怕是小小的成绩,立即表扬鼓励他们;让他们从自己的成功中看到希望,增强信心。

凡是做过父母的人,都有这样的体会:孩子初学走路时,是那样的笨拙可笑,摇摇晃晃,迈一小步就摔倒。但是父母却为他迈出的那一小步而欣喜异常,赞不绝口地说:“太好了,走得太好了!”他们还蹲下来,张开双臂哄着孩子:“快来,宝贝。再试试!”在他们一次次的喝彩和鼓励下,孩子终于学会了自己走路。

对待能力低的下属,也要采取这样的办法。随着其能力不断提高,要求也要随之提高。这样过不了多久,人才就培养出来了。

(5)为之创造重整旗鼓的环境

有的人因为前一个时期没有干好,周围的人对他难免有看法,而且难以迅速扭转;有的人是因为职位有碍于发挥他的专长,久久出不了成绩。对于这样的员工,可以考虑给他调换一下工作,把他放到一个新的环境和岗位上,便于他重打鼓、另开张。事实证明,这也是一个有效的方法。

(6)必要时给他们点压力

人没压力轻飘飘,井没压力不喷油。在有些情况下,对下属给点压力是必要的、有益的。田径运动员在激烈竞争的压力下很可能比平时发挥得更好;演员面对观众进行演出,往往也比在排练大厅里表演得更为出色。

对于能力低的人,领导者给他们吃点小灶是必要的,但也不能因此而娇惯他们,让他们过于轻松。特别是当他们的能力有了一定提高之后,要时常给他们点压力,或是用语言点一下,或是用别人的事例激一下,或是在工作上适当"加点码",使他们把压力转化为内在动力,这样比单纯保护提高得要快。

(7)进修或培训

如果条件允许,可以对这些人进行某些方面的业务训练,缺什么补什么;或是送他们去实习、进修,使之从系统的学习和实践中得到提高。

(十一)组建一支精英团队

1994年7月,东芝成立了创新事业本部——ADI。其工作是以发展前景诱人的信息通信领域为中心,探寻新事业的源泉,确立发展规划并给以大力推动的专门机构。它的目的就是要改变被揶揄为"永远的老二"这一东芝在日本的形象,使东芝成为同行的领路人,不断拓展新事业和新市场。这一机构的创设,既可看作东芝经营的重大变化,也是东芝用人方式的重大改革。因为ADI就是一个向尖端领域挑战的、由优秀的人才组成的精锐部队,是一个学习、掌握和开发新技术的团队。

为达到这个精锐部队的目的,该部获得了前所未有的特权,这在以前的东芝是难以想象的。

首先,ADI事业部有人才的优先使用权。只要该事业部需要,可以从公司的任何部门调用任何它所需要的人才,其他部门不得阻拦。

"因人成事"是这个事业部成立的基本理念,因而它的战略运用就是集中精英创设未来的事业。以该事业部的推进企划室为例,它集中了15名精心选拔过的精英。兼任ADI事业部部长的公司副总裁江川英晴曾直言道:"我们不需要没有冒险精神的人。"一旦发现集投机商的想象力和实干精神于一身的人才,立即招纳到ADI事业推进企划室麾下,让其参与计划开发项目。佐滕文夫总裁也明确表示,凡是ADI想要的人才,统统都给。

开发项目所需成员通过公开招聘的方式募集，应聘者无须经上司许可，ADI 任其主动举手发言，那些观点新颖、讨论活跃的职员往往能如愿以偿，并得以录用。选拔标准是江川副总裁等 ADI 首脑的直觉，一概不接受组织推荐。为此，应聘者必须在江川副总裁面前发表即兴“演说”。

“事业从人开始”，这是 ADI 基本框架的设计师江川副总裁的信念。ADI 相关开发项目小组要求个人独立工作。“十个人凑在一起并不能带来好的结果，倒不如一个有真才实学的人。”通常情况下，人们都认为“三个臭皮匠，顶一个诸葛亮”。但是 ADI 的原则却是“宁要一个诸葛亮，也不要三个臭皮匠”。在 ADI 部门中，力求创造“英雄传说”，支持个性鲜明的创业者。

ADI 的工作方式是先设计开发项目，并配以相关人员，但是谁提出的项目，由谁个人负责。项目建立起来并走上正轨后，便移交给纵向式的组织部门，从而使之成为事业发展的导火线和起爆剂。

一旦组建起精明强悍的项目小组，ADI 事业本部便投入资金加以推动。ADI 从各事业部门收纳其营业额的 0.5%作为 ADI 的资金，用以推动相关项目。1995 年度的资金为 1.8 亿美元。

例如山本英孝提出的双项电视的设想成为 ADI 设立的第一个攻关项目。这一项目在 1995 年底已经基本成功。

而能够储存一部影片的图像声音信号的 DVD 也是在 ADI 的支持下完成的，这一项目的开发成功，使得东芝领先于索尼公司。

与此同时，因规格统一问题曾引起公司内外广泛关注的 DVD 也为 ADI 做了一次绝妙的宣传，使公司每个人都开始重视 ADI，同时也给人们造成了一种由于 ADI 的设立，东芝公司已经无所不能的印象。

ADI 事业本部还派出项目小组不断进入其他部门，给其他部门以刺激。ADI 希望全公司的员工中能力出众的人毛遂自荐，从而培养一个庞大的“公司内部企业家队伍”。

“今后，将进入凭借个人能力完成使命的个性化时代。”“固然，美国的投机企业在动荡不定的时代非常强大，不过，我们通过项目小组对组织进行梳理的话，利用广泛的经营资源进行冒险是完全可能的。”这是公司总裁佐藤文夫的一段评论。

ADI 的成立充分体现了佐藤文夫总裁的经营方针——“集中与选择”。即集中优势兵力,有选择地打攻坚战。这一方面有利于事业的创新,使企业成为同行业的开拓者和领路人,从而优先占领市场;同时它更有利于培养人才,调动人才自我奋斗、开拓创新的精神。正如一位建立项目的职员所说:“在原先的单位,一切都按照一定的轨道进行。而在ADI,仿佛置身于空旷的荒野,等待观望将一事无成,要有所作为就得自个儿加油干。”应该说,ADI的创设,是东芝公司开创的现代企业面临日益激烈的竞争局势的用人之道,而同时也极大地促进了公司技术的进步,从而为公司赢得了竞争的优势。

为了使东芝人才辈出,迎接新时代的到来,从土光敏夫做总裁时开始,公司就非常重视对员工的教育,而且给员工安排学习的时间和场所。

土光敏夫认为,教育只是给人提供了机会,至于如何利用这个机会,就要看个人的努力了。实际上,土光敏夫并不认为教育是万能的,认为上级能将其能力转让给下级,创造力和想象力能被传授,这都是错觉。发挥本人的自主性,才能真正使机会成为自己的。但是这又不能成为上级放弃教育员工的借口。相反,上级有义务给下级创造一种环境,使他渴望自我开发并不得不自我开发。

鉴于多数日本企业中,技术人员只顾技术开发设计,而不顾行政管理事务,行政管理人员也只管行政事务,而不涉入技术问题。技术人员出身的土光敏夫就率先在东芝内提倡,技术人员应该学习管理事务,管理人员也应该学习技术,只有这样才能使公司全体成员的知识向深度和广度同时扩展。

1995年4月,东芝开始了以全体管理人员为对象的办公自动化技能提高教育,而且是彻底的和强制性的。在两个月的培训中,参加学习的2100余名管理人员全部集中到川奇市的训练中心,无法与外界联系。唯一允许使用的是电子邮件,这也是他们学习的重要内容。

在同一年里,公司又对600名课长进行计算机培训,1996年有800人参加培训。办公自动化技能教育的目的在于:按照从前公司的组织系统,营业、物流、生产、器材和经营等各部门对自己获得的信息死抱不放。在这种情况下,人员和组织方面都无法实现流动化。实施此项教育,就是为了营造出一种环境,使公司内部的信息为整个公司所共有,从而使大家在同一基础上推动工作进展。

与此同时,东芝公司还在员工中开展“将来的管理人员应该是什么样的”这一主题的讨论,促使员工审时度势。为了使员工有危机感,并培养他们较全面的能力,东芝内部实行员工流动制度。

总裁土光敏夫认为,现代企业的生产分工越来越细,结果,员工在某一项分工业务中就像一架机械的零件,他们的工作永远是单调和烦闷的,这很不利于调动他们的工作热情,最好的办法就是当他们熟练地干了一件工作之后,再把他们调到其他工种上去。这样一来可以增加他们的工作热情和刺激度,并使他们熟悉工厂的所有生产环节。

从 1994 年到 1995 年,东芝公司进行了前所未有的涉及一千多人的人事大变动,将这一千多名从事技术和营业工作的白领职员调任到别的事业部门,还设立了"公司内部雇佣调整金"来解决调整到新岗位工作人员的业务培训费用。

这项人事变动制度,目的在于打破公司内部各部门之间的层层壁垒,加强人员流动,增加员工的适应能力,以提高工作人员的工作速度。为了适应国际企业竞争的复杂环境,东芝认识到,速度是比成本更为重要的东西。

有一项数据可以给所有人以启迪:东芝以前 70%的技术人员忙于改造现有的电视机样,只有 30%的技术人员可以专心于新市场的开拓研究工作。现在,有一半以上的技术人员调往与 ADI 有关的新部门,而 60%的技术人员开始从事新产品和新市场的开发,这个数字的变化深刻地意味着东芝用人制度的新趋势。

总之,一个企业要想获得持续性发展,对人才的培养与重视是基础,东芝的持续发展即是证明。作为领导者、管理者,应该从东芝的事例中学习可资借鉴之处。

谏鼓谤木

谏鼓谤木①

【历史背景】

帝尧谦虚谨慎，接纳直言。然而即使这样他仍常常担忧办理政事出现差错，担心众人不敢直言。为了倾听臣民的呼声，他特设一面鼓在门外，宣告只要有直言敢谏者，就可以击鼓求见。帝尧作为一个统治者，已经尽善尽美、无可挑剔了，而他自己却依然不满足，仍然恳切地多方征求意见以期治理好天下。正是帝尧的这种开明，才使得下情无所闭塞而君德一天天光大。

【原文】

唐史纪：尧②置③敢谏④之鼓，使⑤天下得⑥尽⑦其言；立⑧诽谤⑨之木，使天下得攻⑩其⑪过⑫。

【张居正解】

唐史上记：帝尧在位，虚己受言，常恐政事有差谬。人不敢当面直言，特设一面鼓在门外，但有直言敢谏者，着他就击鼓求见，欲天下之人皆得以尽其言也。又恐自己有过失，人在背后讥议，己不得闻，特立一片木在门外，使人将过失书写在木上，欲天下之人皆得以攻其过也。夫圣如帝尧，所行皆尽善尽美。宜无可谏可谤者，而犹惓惓以求言、闻过为务。故下情无所壅，而君德日以光。然欲法尧为治，亦不必置鼓立木。徒仿其迹，但能容受直言，不加谴责。言之当理者，时加奖赏以劝励之。则善言日闻，而太平可致矣。

【注释】

①本则出自《吕氏春秋·自知》。该篇主要记述了帝尧纳谏的故事。谏：规劝、劝诫

的意思。

②尧:传说中的上古贤王之一。又名唐尧或者帝尧,帝喾的次子。因为被封在唐这个地方,所以又被称为陶唐氏,或者称为唐尧。传说中他在位的时间长达百年,因为实行德政,他受到天下百姓的爱戴,后让位给了舜。《史记》在《五帝本纪》中评价帝尧说:"帝尧者,其仁如天,其知如神。"

③置:安置,放置。

④谏:规劝。多用于对君主、长辈和朋友之间。

⑤使:让,使得。

⑥得:能、能够。

⑦尽:在这里是全部说出的意思。

⑧立:竖立。

⑨诽谤:说别人的坏话,此处有指摘之意。

⑩攻:在这里是动词用法,指出,责备。

⑪其:代词,在这里指的是尧。

⑫过:在这里是名词,是过失、错误的意思。

【译文】

帝尧安放了一面鼓在自己的门外面,让天下人能够说出他们想说的话。还在门外竖起了一块大木板,让人们在这上面写下他的不足,以便天下的人都能及时指出他的过失。

【评议】

作为人,都愿意听赞扬的话,而真正能做到"闻过则喜"者古今甚为稀少。尤其在人类文明之光初始的唐尧,设谏鼓谤木以求言正己的行为,就更加难能可贵了。

任何人都不可能尽善尽美,所以都应在知不足,并在改正中不断完善自己的品性。尤其是领导者,更应多方征询民意,广纳群言,率身垂范,恪尽职守,为民谋利。

【镜鉴】

一、敬畏民意

(一)"群众路线"是永不过时的法宝

"水能载舟,亦可覆舟。"大至一个朝代政权,小至一个政府官员,与人民的关系是否融洽和谐,能否得到人民的拥护,是关系自身生死存亡的决定性因素。唐朝帝王李世民也深谙"得人心者得天下,失人心者失天下"的历史规律,所以他说,"天子者,有道则人推而为主,无道则人弃而不用,诚可畏也。"历史上很多改朝换代的惨痛教训验证了上述道理。

孟子曾说:"民为重,社稷次之,君为轻。"意思就是,普天之下人民最为重要,江山社稷尚在其次,而以君王为核心的统治集团的利益更是敬陪末座。基于此,必须以老百姓的利益为重,只有老百姓满意了,江山社稷才会稳定。

很遗憾,中国的历代王朝,往往只是在始兴和中兴的时候稍微实践一下孟子的"民重君轻"理论。但是,随着王朝统治的持续,统治者就会把"君臣父子"的纲常发挥到极端,从而最终沦落到"君重民轻"的帝王之学轨道上,为王朝的衰落和灭亡宿命埋下了不可逆转的隐患。

之所以如此,就是以儒学为首的中国传统文化虽然建立了民本思想和社会伦理秩序,却没有发现和找出一套约制"君重民轻"的帝王思想肆虐的机制,从而使得儒家的民本思想和道德规范在每一个王朝的中后期走向崩溃和失败,王朝更迭的血腥轮回才会得以持续不断。

在中国近代历史中,不少执政者标榜着民主的幌子,却只维护少数利益集团的利益,抓住一切的机会去搜刮人民。那时的中国饿殍遍野,民不聊生,无论执政者的宣传做出怎样的美化,也无法重新获得人民的信任。

而中国共产党却凭借着群众路线,赢得了民心。"一切为了群众,一切依靠群众,从群众中来,到群众中去。"简单的一句话变为制胜的法宝,中国共产党在外部条件极其恶劣的情况下成为中国的执政党，可以说是一个奇迹，而这种奇迹就是人民壮举。

重视民众，关心民众，关键是摆正同人民群众的关系。党与人民群众长期同甘共苦、患难与其，对党和群众关系有着极为深刻的认识，要着重强调的是群众的地位和作用，告诫自身的位置和身份，摆正同人民群众的关系。要深入实际、深入基层、深入群众，锻炼品质、净化心灵、改进作风，不断增强群众工作的本领。群众是党的衣食父母、精神父母，必须感恩群众，以实际行动回报群众。群众是党的事业成败的决定力量，必须敬畏群众、坚守共产党人的承诺。

如何看待和坚守党和人民的关系，在当前既是挑战也是考验。改革开放以来，经济得到发展，但也积聚了一些社会矛盾没有得到有效解决，一些地方对矛盾和问题推诿搪塞久拖不决已经引起人民大众的强烈不满。这些不满积少成多，最终导致矛盾的爆发。

近年来发生的一些群体冲突事件基本都是典型的官民矛盾，主要原因就是官员对群众的诉求太冷漠，当地官员抱成一团，只向上级官员负责，向利益集团负责，却置若罔闻群众的呼声。民众的合理要求得不到满足，呼声不被倾听势必激起愤怒，造成干群之间的冲突，最后的结果就是矛盾在无法调和的情况下爆发。

官员的腐败，群众的无奈，是当今社会的突出问题。人民群众正确合理的利益高于一切，而一些基层的干部只是挂在嘴上。损害群众利益事件时有发生，有些干部简单粗暴办事风格不仅不会解决实质问题，反而引起群众更多强烈不满。官员只要多关心群众的冷暖，就能化解矛盾，反之则会激化矛盾。目前，很多合理的上访、反映都得不到解决，一拖再拖，人民的耐性不断被消磨，政府公信力下降，才会出现这种问题。表面上的群众的合理诉求和地方政府的利益有绝对的冲突，其实是政府的利益损害了群众的利益。

十八大提出，要在全党深入开展以为民务实清廉为主要内容的党的群众路线教育实践活动。习近平总书记在十八届中央政治局第一次集体学习时也强调，我们要适应新形势下群众工作新特点新要求，深入做好组织群众、宣传群众、教育群众、服务群众的工作，虚心向群众学习，诚心接受群众监督，始终植根人民、造福人民，始终保持党同人民群众的血肉联系，始终与人民心连心、同呼吸、共命运。

得民心者得天下，这个真理人尽皆知。如果脱离了群众，丢掉了密切联系群众这个法宝，就会失去人民的拥护和支持，最终也会走向衰败。只有牢牢地坚持群众路线，坚持一切从人民根本利益出发，与人民心心相印、与人民同甘共苦、与人民团结奋斗，我们的工作、党和人民的事业,才会无往而不胜。实践已经证明了这一点,实践还会继续证明这一点。

(二)拆、转、移:出发点要为民考虑

“当官不为民做主,不如回家卖红薯。”这是戏曲里一个七品芝麻官说的话。作为官,服务的不是权贵,而是人民。人民满意,官员才称职。现在很多政府官员口口声声说要从人民的利益出发,一切为了人民,而实际上所说与所做往往背道而驰、相差甚远。人民群众并没有从中感受到政府对其的关爱或者尊重。在处理由此引发的群众事件时,很多基层领导听凭一家之言,只顾得眼前的经济利益,行为简单粗暴、缺乏条理,有意或者无意地对人民的利益造成侵害。

改革开放以来,人民生活水平得以提升,国家稳步发展,与之相对应的问题也扑面而来。一方面要保证发展,一方面要维护人民的利益,两者相统一却有时存在着矛盾。但只有人民利益得到切实的保障,国家才能发展,我们的政府也就是为这个目标而存在的。

国家因此而制定相关的政策,政府官员在政策的指引下为民谋利、解决问题。本身顺利的流程在执行过程中却发生偏差,官员的天平往往发生倾斜。官员自身的成就不再和人民的满意程度挂钩,而是用冷冰冰的政绩来证明,官员和人民的距离因而不断拉开、矛盾也不断升级。

这些年人们议论最多一种官民冲突就是强行拆迁,本来在城市化进程当中拆迁是不可避免的,假如赔付方案合理,就会获得双赢或多赢的局面。可是在实际操作中,很多地产商与政府相勾结,将自身利益最大化,在制定的方案无法通过的情况下,强行拆迁就成为他们最终的选择,而手无寸铁的民众在面对这种状况时,往往是无奈而无助。

根据《现代快报》2010 年 5 月 26 日的报道,在 2010 年 5 月 24 日下午 4 时,江苏省常州市天宁区青龙街道办事处门口人头攒动,丁庄村 100 余位村民拉起横幅,围堵在这里,整个事件持续了近 20 个小时,至 25 日中午 12 点半,已疲惫不堪的堵门村民才陆陆续续散去。据了解,此次村民堵门的原因是认为政府补偿的拆迁费用过低,同时质疑青龙街道拆迁手续的合法性。但事后青龙街道相关负责人却表示:拆迁工作在手续和程序上完全合法。

对官员而言,上级的文件便是尚方宝剑,所到之处便可通畅无阻,丝毫不用顾忌。而对于拆迁的住户而言，自己的资产要低于市价很多情况进行转让，自然于情于理都不会认同。有些官员无法理解其中苦味，只要能向上级交差、自己获益，人民的得失便与自己没有任何关系。每一次强行拆迁都是一道裂痕，伤害着人民与政府的关系，即便有事后补救，造成的伤害却印在人民心中，对政府和官员形象损害是致命的。

强行拆迁仅仅是一个缩影，说明官员在政策执行上与群众的脱离。而政府在相关政策的制定上对民众的欠考虑，也成为矛盾的爆发点。

随着时代的发展，如今的农村户口可不是贫困的代名词，附着在农村户口的利好因素越来越多，许多人并不愿意将自己的户口迁到城市。这本来无可厚非，假如相关政策制定到位的话，在总福利不增加的情形之下，让农村户口和城镇户口学生享受相同待遇，或者实行便捷的市民登记制度，相关人员要能履行这一手续，便能享受福利，无须迁移户口，这样就能避免很多矛盾的爆发。然而，一些官员对待这件事情上所采取的行为，却是僵化而粗鲁的。

《新京报》2010 年 10 月 28 日报道，从秋季开学起，重庆各高校都在动员拥有该市农业户籍的学生转为城镇户籍。然而，本应遵循自愿原则的转户，却变成了带有强迫性质的要挟。许多拒绝转户的学生被教师约谈，并以影响奖学金、入党甚至毕业证等事项作为威胁。

很多学生不愿意转户主要是因为害怕转户之后，老家的宅基地和农田将被收回。在日后可能的拆迁中，他们也得不到相应补偿，毕业后一旦无法找到工作，老家也没办法回去。而重庆市教委发言人则表示，大中专学生转户之后，将在就业、社保、住房、教育、医疗等方面纳入城镇保障体系。退地的三年过渡期之后，也不会强制要求转户学生在老家退地。而据拒绝转户的数名学生称，辅导员也这样劝过，但很少有人相信。因为校方没有出台原始文件，学生们怀疑其承诺不可靠也在情理之中。而且在强制执行在先的情境下，任何承诺都显得惨白无力。

如果说民众对政府强行实施的表现大多数是愤怒的话，那么后续政策落实不当则让民众寒心不已。比如，移民问题。

2001 年为了配合三峡大坝的建设，当地农民从重庆巫山迁居佛山三水。而十几年过去了，目前他们只是“基本融入”了当地社会，距离真正地融入还相差太远。他们觉得牺牲这一代利益为下一代人的发展做铺垫，刺痛人心的是大家抹之不去的三峡移民身份。

三峡工程开工后，不过几年，库区人多地少、生态承载能力不足的基础性矛盾凸显。人均耕地量过少，后续生活安排中断，许多当初许下的承诺没有兑现。导致这种情况最主要的原因就是当初农村移民总量推算不够精确，只是按照人口耕地比例进行推算，导致日后分配上的种种偏差。

从政策制定之初到政策落实，相关部门只是从冰冷冷的数字中寻求一种解决方式。然而，数据是死的，人是活的，许多因素反复纠杂到一起就变成三峡移民今天的局面。很多移民者不仅遭受了背井离乡的内心煎熬，同时在生计问题上也面临着种种困难。

政策既然是为民而制定，也就需要人民去验证。假如只是领导拍脑袋或者为了政府而牺牲人民的利益，那么就是走向了人民利益的对立面，也将自己置于不恰当的位置。政府与人民的利益是一致的，万不可因小失大。

（三）从“绿坝”到“救市”：别让“父爱主义”泛滥

父爱主义，也叫家长式作风、家长式管治，英文为 paternalism，指的是一个指导者（“父亲”）代表其他人（“妻子”或“孩子”）替他们做出“为他们好的”决策，即便这样的决策违背他们的愿望。简而言之，父爱主义是“管你，是为你好”的思维。它是封建家长制遗留下来的作风。

当下一些政府部门，就存在着父爱主义泛滥的现象。

2008 年 5 月，工业和信息化部在相关部门支持下，由中央财政出资购买了“绿坝—花季护航”绿色上网过滤软件的 1 年使用权及相关服务，供全社会免费使用。同时，强制电脑厂商在新上市的电脑中安装“绿坝”软件。结果这一事件引起广泛的争议，许多网友对此展开激辩，最后工信部发表声明称不会强制安装“绿坝软件”。

绿坝这个软件逐渐淡出人们的视野，而它深层次的问题却没有消失，这就是暴露出来的缺乏民主决策的缺陷，即泛滥的“父爱主义”。涉及社会公众和千家万户利益、关系市场经济平等竞争秩序的部委决策，为什么没有经过相应的民主程序，没有向社会公开征求意见？假如这个决策事先征求了公众意见，那么，通知发出后出现的国内公众强烈质疑以及国外商业协会集体上书的情况就会避免，工信部乃至中央政府部门根本不至于承受如此重大的压力，也不至于出现最终“暂缓安装”、实际不了了之的尴尬局面。

从“绿坝事件”，我们看到了民主决策的极端重要性。应当说，近年来，从中央到地方各级政府及其组成部门在民主决策问题上向前迈出了一大步，不仅规范性法律文件草案都提前发布、公开向社会各界征求意见，一些重大决策和行政措施的实行也都提前征求了公众意见，从而在最大程度上避免了立法和决策的失误，尊重了民意，凝聚了人心，也为法律法规和政策的顺利实施奠定了基础。但也不可否认，一些政府及其职能部门民主决策的意识还不高，广泛征求和尊重民意的自觉性还不够，工作作风上还有严重的自以为是和为民做主的父权主义倾向，危害极其严重。“绿坝事件”引起的强烈反响以及给政府工作和形象造成的不良影响，充分证明了这一点。

在“绿坝事件”中，除了民主决策问题之外，还有政府权力边界问题，这也是在国内外引起强烈质疑的一个重要原因。因为工信部通知的意思是不分用户类型，不管“公用”还是私用，所有的个人电脑都必须强制预装绿坝，这就严重超越了政府公权力的行使边界，侵犯了公民个人对是否过滤和使用哪个过滤软件的选择权，这不符合法治社会的基本要求。同时，强制预装，又形成了绿坝对过滤软件市场的高度垄断，是行政制造垄断，这是对市场公平竞争的干预和破坏，也是业界不能容忍的。

“绿坝”只是父爱主义泛滥的一个缩影，一些地方政府为农民“包揽一切”，无意中让“爱心”变成了“滥权”，更是值得反思——是该敬畏市场还是该悲天悯人？

2008 年，在番茄销售市场疲软的情况下，贵州省某市委办公室和区政府办公室联合下发红头文件，要求辖区各单位干部职工每人购买 100 斤番茄，甚至不惜背负滥用行政权力的骂匆忙“救市”，这种“不得已而为之”之举，引发了社会议论。

公权力的尊严在于为民所用，但绝不是这样“大包大揽”。一些地方乡镇政府仍在延续“政府包揽一切”的做法，把自己的主观愿望强加到农民头上，要求农民多种植这个、少种植那个，甚至把调整农业种植结构搞成了自身的“政绩工程”，如果产品滞销，就滥用行政权力拆东墙补西墙来“救市”。长期以来，农民就缺乏了对市场行情的真正了解和把握，也难以理直气壮地指望政府每次都为自己的产销“埋单”。

这种悲天悯人的做法，实则是“父爱主义”的滥用，是在管理和指导农业生产过程中漠视市场行情和经济规律，尤其是对农民生存与发展选择权的不敬畏。

常识告诉我们，任何国家及其官员从来都不是全知全能全善的，应该保护、尊重个体自由选择的权利以及作为民主主体所享有的道德权威和责任。

过度的爱并不是好事，反而成了束缚。只有听取民众的观点，制定法规政策，引导、建议、服务而不是包揽、强制、埋单,避免父爱主义的泛滥,才是对公权力、对民意、对天意的真正敬畏。

(四)黄灯处罚规则、听证会:决策前听听民众声音

制定各项规章制度都是为了更好地服务于人民,然而一些官员长时间脱离群众,制定政策时习惯“拍脑袋”。结果,颁布法律规定后,百姓反而怨声载道甚至引起民意反弹。

2013年年初,平静的新年被“一盏黄灯”所打破,事件的起因缘于最新的《道路交通安全法》对黄灯处罚规定的改变,加强了对闯信号灯的处罚力度,其中,“闯黄灯记6分”的规定引发社会广泛反响。据规定,黄色信号灯的作用是净空交叉路口,使已经越过停止线的车辆在黄灯期间快速通过。黄灯亮时,已越过停止线的车辆可以继续通行,未越过停止线的车辆不得通行。因此,闯黄灯同样属于不按交通信号灯指示通行的违法行为。这种行为将被依法罚扣6分。众多司机在网站上表示对这条新规定的不解与不满,而更多网友则是在微博上用辛辣的语言进行嘲讽。

根据公安部交管局的解释,此项规定出台是为更好保障交通安全,而众多专家也直接或间接证实这一说法。但是,这项有利于交通安全的决定为何遭遇到民意的“黄灯”?

首先,整条规定行文上晦涩难懂,同时缺乏权威的行政解读,很多人第一次感觉就是模糊不清。所以,民众对规定误读甚至产生谣言也不是什么奇怪的事情了。

其次,在相关技术环境不具备、闯黄灯细则不明了的情境下,一刀切的“闯黄灯扣分”难免有请君入瓮之嫌;对广大有车一族来说,在一个判定标准不明朗的情况下扣除如此之大的分数,无论从心理还是从技术上都让人接受不了。

行政、法规条例,当然应该强调其行文的严肃性与专业性,但说到底还是为了给这个社会及个体的现实生活设置一条底线的准绳。只有法规条文为现实行为划出一条清晰的界定,老百姓才能清楚地知道该做什么、不该做什么,尤其是这类与日常行车安全密切相关的法规,就更应该接一点地气,让公众明白自我行为与法规惩处的边界。

退一步说,即便法律因为行文专业性、严谨度的要求和局限,只能在大的指导框架下概述要求,那么面对普通公众在法规执行上的具体困惑,相关部门也应该起身而行,对法规进行及时、全面、权威的行政解读,明确能切实落地的实施细则,这才是避免谣传满天飞的有效方式。

有趣的是,此规定出台一星期后在争议中暂缓执行,如果当初能够多听取民意、事前争议,让法规接点地气,就不会陷入这种尴尬中了。

除了黄灯新规,有些听证会也没有广泛听取民众的意见。

价格听证一直是听证会的主角。由于价格调整关系群众的切身利益,为克服“关门定价”的弊端,提高政府制定价格的公开性和透明度,我国于20世纪90年代在政府定价领域率先引入听证会制度,并在价格法中做了明确规定。价格听证会制度的实质是把调价的原因、调价的幅度、调价的影响展示给广大民众看,征求经营者、消费者和有关方面的意见,对调整价格的必要性、可行性进行论证;同时,为政府价格决策部门听取社会各方面意见提供程序化、法制化的渠道。

然而,这样美好的初衷却出现了不算美好的结果。

据2011年9月7日《潇湘晨报》报道:长沙市市区新增出租车运力听证会如期举行,曾经十几次出现在长沙听证会现场的一名代表石爱伟引起了网友关注,“听证帝”成了石爱伟的称号。相关负责人称,这名“听证帝”的出现很正常,因为他热心公益事业。但是知情人爆料,石爱伟之所以执着地参加听证会,是冲着每次两百元的出场费去的。

“听证会”成了“听挣会”,难怪各地召开的以涨价为核心内容的听证会几乎未听到过反对涨价的声音。

引进听证会制度本身没有错,但之所以在中国达不到预想的效果,“板子”不应打在这些“听证专业户”身上,而是因为在运作过程中缺乏好的程序设计:比如开听证会前没有好好地动员民意;选参加人时没有考虑其代表性;没有严格的评估机构对听证效果进行鉴定……所有这些因素共同导致听证会徒留形式,虚有其表。

正确的做法应是:真正树立以人为本、执政为民的理念,不能把反对的声音视为“找茬儿”;改善决策机制,真正把社会参与、公众参与融入决策过程中,给所有利益相关方以平等的机会参与决策;充分利用网络、论坛、社区布告等多种渠道,发布信息,让尽可能多的人知道听证信息;借鉴人民代表大会开门立法经验,把网络征求意见与听证会同时作为了解民意的平台;尽可能在听证会之前就全面公开相关背景资料,给听证会参与者和全社会以研究、思考的过程。

无论是上述“黄灯处罚”争议还是闹剧般的“听证会”,体现出来是我们的政府和官员漠视群众需求、行为决策不当的现状。我们常说领导干部要与人民心连心,可假如连最起码制定规则都这样高高在上、不接地气的话,那么,心与心的距离只会越来越远。

(五)火化、平坟:"为民做主"不能强制

在云南镇雄县赵家沟村,2013 年 1 月 11 日,一场突如其来的山体滑坡瞬间夺走了 26 个村民的生命。可正当受难人的亲属还沉浸在这无尽的悲痛中无法自拔、公众还无法相信眼前所发生一切的时候,当地政府部门在没有告知亲属、未经遇难者家属签字同意的情况下,强制将所有遗体在县殡仪馆火化。许多受难者家属还在赶来的途中,他们见到亲人最后一次的机会就这样被剥夺了。

家属悲痛了,对政府的作为表示不满;公众也愤怒了,对当地官员的不近人情表示愤慨。情急之下,当地的民政官员出来道歉了。但是在媒体面前,他们却认为自己的出发点是出于"维稳"的考虑,言下之意则是:大方向无碍,只是工作手段出现问题。虽然这种道歉看似有些道理,但所透露出对遇难者的不尊重却是一目了然的。

"逝者为先"是中国几千年来传承下来的传统,尤其是在这种"天灾"之下,逝者家属的悲痛之情急需政府乃至社会的理解与包容。如何安置逝者的尸体,必须和家属共同决定,保持起码的尊重则是处理此类事件最基本的出发点。

除了"强制火化"事件,比较典型的还有"平坟复耕"事件。

2012 年年中,河南周口开展了大规模"平坟复耕"运动,称已"平迁 200 多万坟墓,复种耕地近 3 万亩"——在有祖先崇拜传统的中国,坟墓是很敏感的话题。这起"周口平坟"事件迅速引发了各方关注。

"周口平坟"并不是孤立事件,在此之前,南阳等地也开展了平坟运动。而再往前,哈尔滨等地发生的"掘坟火葬"也曾是公众关注的焦点。

1997 年,《丧葬管理条例》正式实施,该条例第二十条规定:"将应当火化的遗体土葬。对在公墓和农村的公益性墓地以外的其他地方埋葬遗体、建造坟墓的,由民政部门责令限期改正;拒不改正的,可以强制执行。"这一"可以强制执行",成为各地早已实施的"平坟运动"的合法性依据来源。

然而,中国作为有着数千年土葬传统、地域又十分广阔的国家,坟头可谓遍地都是,"平坟还田"的必要性、急迫性如何,却从未有过科学的论证,作为一个具体政策也未经过民主决议,仅仅是作为风俗延续了下来。加上一些政府部门在"平坟事件"处理中存在着不公平行为，也难怪会让民众产生严重的抵触情绪。

2012年11月16日，国务院修改《殡葬管理条例》的消息公布，取消了强制平坟的条款。这令周口5月以来风风火火的平坟复耕工作戛然而止。在12月25日国务院新闻办公室举行的新闻发布会上，农业部总经济师、新闻发言人毕美家表示，周口平坟愿望是好的，问题是在工作过程当中，没有完全尊重农民的意愿，采取行政命令的方式，这个办法就是欠妥当了。

从火化事件到平坟事件，政府的这种“自以为是”遭到部分民众和学者的强烈反感和抵制。虽然一些地方政府打着“解决大机器耕作”等的旗号，但“与民争地”“与民争利”的质疑声还是不绝于耳。尤其是一些地方政府不顾当地民众感情和长期沿袭下来的民俗，下发红头文件，运用行政手段强行推进“改革”，更是加重了百姓的不满。

敬畏人民，最核心的意旨就是对民众尊严的尊重。是经济利益、政府面子重要，还是百姓的内心情感需求重要？根本就是一些地方政府担心在此类事件上吃“亏”，把人民的利益习惯性地放在了对立面。许章润、张千帆、姚中秋等国内著名高校数十位知名学者调查后也联名批评道，地方政府所为是侵犯信仰自由、破坏中国文化、伤害民众情感的行为。

因此，无论是在自然灾害面前，还是涉及群众权益和利益方面，政府都应始终扮演好群众权益维护者、群众利益主导者的角色，而不是为了自己的一点“省心”、几点“好处”，大事化小或者与民争利。从某种程度上说，群众的利益就是政府的利益，然而现实中却被某些官员曲解甚至解读成“对立”，把群众当成“假想敌”，乃至以损害群众权益、利益来片面维护政府权威的行为也是屡见不鲜，正是在这种“习惯性”思维的作用下，一些官员一旦落马或退休而失去权力，马上就回到了群众中间，而一旦回到办公室或坐上了官的位置，马上就像换了一个人，不仅处处以政府官员自居甚至连起码的“人性化”和常识性的传统伦理都抛之不顾。实际上，这并非为官者的“健忘”或是“失误”，实在是为官理念出现了极大偏差。

敬畏人民、敬畏天道，首先就是对民众基本情感需求的尊重。事后的道歉并不能弥补遇难者家属心中的伤痛，再多的钱财也替代不了群众心中对逝去亲人的情感。这种事件发生时，政府不应该只考虑自身的“省事”和“平安”，而更应该从群众切身利益角度去寻找解决方案。

(六)为何上访、群体事件高烧不退:回应乏力

唐慧,湖南永州人,因对女儿被强奸案判罪的不满,多次上访。《新京报》2013 年 4 月报道:"上访妈妈"唐慧 6 年进京 23 次,赴省城百余次。背后是地方政府的维稳压力,各种办法阻止她,已花费上百万。4 月 12 日,唐慧败诉,收到稳控官员短信'送上一支康乃馨,明天一定鲜花处处开',他们希望唐慧能赢,说'唐慧的喜怒哀乐也牵扯到我们的喜怒哀乐'。"

"我还要上诉。""上访妈妈"唐慧诉永州市劳教委案被一审驳回走出法庭之后,她掩面而泣,说出了自己的心愿。无独有偶,浙江杭州强奸冤案当事人张高平出狱后,表达了相似的心迹:我这十年吃尽了苦头,流干了眼泪,但是我的心没死。我始终坚信法律是公正的。

作为一位母亲,今天的唐慧无论对女儿的不幸经历多么痛心疾首,对自己受到的劳教处分多么不服,都没有采取有违法治的过激行动,而是选择依法诉讼去坚持自己的主张;作为一起冤案的受害者,张高平哪怕在囹圄之中也不自暴自弃,始终坚守着"正义虽然迟到但不会缺席"的信心。这份对法治的朴素信仰,令人为之动容……

中国社科院某所研究室主任谭扬芳指出:2000 年以来,中国频繁发生因人民内部矛盾引发的上访、集会、请愿、游行、示威、罢工等群体性事件,数量多、人数多、规模大。据统计资料显示,从 1993 年到 2003 年间,我国群体性事件数量由 1 万起增加到 6 万起,参与人数也由约 73 万人增加到约 307 万人。2007 年已经超过 8 万起。2008~2009 年更是群体性事件频发时期,有学者把这个时期称为"群体性事件发生及引人关注的第一个浪尖"。中国不同地区接连发生严重的警民冲突与群体性事件,而且,涉及面越来越广。2008 年最突出的例子是"3・14"拉萨打砸抢烧事件、"6.28"贵州瓮安事件、"7・19"云南孟连事件、"11・3"重庆出租车罢运事件、"11・17"甘肃陇南事件、"12・25"广东东莞劳资纠纷事件等。2009 年最突出的例子是"3・28"海南东方事件、"6・15"江西南康事件、"6・17"湖北石首事件、"7・24"吉林通钢事件、"7・30"湖南浏阳事件、"8・3"福建泉州事件、"10・30"甘肃兰州事件、"11・4"重庆罢工事件、"11・27"贵阳暴力拆迁事件等。这些群体性事件规模都较大,有的一次参与人数达万人以上,严重影响社会稳定,有的民众冲击、围攻县级以上党政军机关和要害部门,打、砸、抢、烧乡镇以上党、政、军机关。

这些事件的矛盾点主要集中在农村土地征用、城镇房屋拆迁、国有企业改制、涉法涉诉等领域。

中国有句古话叫“民不与官斗”。然而，近些年发生的上访、群体事件，直接的矛头对准了政府部门，在处理解决过程中，群众和政府官员关系不断恶化，而最终的结果往往是“两败俱伤”的局面：群众要么屈服，要么受到更深的伤害，而政府的公信力也由此受到极大的损害。

于是，在一些官员眼中，上访的群众都是刁民；而群众眼里的官员，则还不如“回家卖红薯”。

总结这些年来各类上访、群体事件不断的诸多原因，其实不外乎有两个：

一是百姓的诉求得不到应有的重视，问题得不到合理解决，众所关注的不稳定因素得不到及时处理，才使事情在拖延中不断发酵甚至酿成冲突。信访机构本应是民意上达的正常渠道，现在一些地方的这一渠道不但不畅通，反而成了压制民意的专门机构。一些领导干部不肯放下架子倾听群众的呼声，把信访机构当成隔离百姓的屏障；不肯俯下身来解决百姓的现实问题，不惜巨资和运用权力对上访者进行围追堵截，致使问题越来越复杂，矛盾越来越激化，影响越来越恶劣。

二是一些官员对待此事的态度上粗暴恶劣，没有从群众的角度着想。在他们的心中，群众上访、集结就是妨碍社会的稳定、危害政府的利益。这种一贯性思维直接导致了在处理此类事件的时候方法不得当甚至违法。

上访、群体事件可以分合理与不合理，一定要区别对待。就目前的情况来看，除了极少数群众被蛊惑而无理取闹外，大多数群众还是为了解决问题而来。有些领导干部把这类事件一概定位为反社会、反人民的性质，事实上是心中毫无百姓、一心推卸责任的怠慢行为。例如，近几年政府与民众发生冲突的问题中，首当其冲的就是拆迁补偿和强拆问题。有些地方闹得人心惶惶、上下紧张。当然，也有一部分是历史遗留问题，一些领导们是本朝不管前朝事，一推再推，使一些问题因时间、人事的变化等因素逐渐形成了老大难问题。但是，不管怎么说，归根到底是责任心的问题。

百姓在体制改革和利益调整中，一直承受着巨大压力，用自己柔弱的肩膀承担着各级官员决策中造成的种种负担，应当说，如果没有执法不公、侵害公民合法权益的事情发生，就不会有诸多问题产生。如果领导干部们都能秉公办事、廉洁为政，百姓也断不会跑到政府去无事生非。如果领导干部们能俯下身子体察民情，解难释疑，信访机关和公检法等部门也不至于繁忙到穷于应付。很多事情，看似复杂，实则简单，只要有一颗真正亲民和恤民的公正之心并依法办事，天下就会自然太平。

（七）改变“宣传作风刻板化，舆论控制粗暴化”

“传播力决定影响力，话语权决定主动权，透明度决定公信度。”这句中国媒体人耳熟能详的话语，出自十八大新当选为新一届中央政治局常委之一刘云山同志。他一直提倡善待媒体、善用媒体、善管媒体，为媒体加强舆论监督创造条件，同时强调媒体的监督应当是客观真实基础上的科学监督、依法监督、建设性监督。

但近些年，随着网络的普及和政务信息公开的透明化，一些政府宣传部门以及管辖下的相关媒体的宣传也饱受诟病，部分批评直指其宣传的刻板化、呆滞化。尤其在一些突发事件应急处理中，部分政府宣传部门回应迟缓，甚至失声、失语，导致谣言四起，影响了民众正常生活的安定，也使自己的公信力一降再降。

在宣传方面，一些政府管辖下的媒体喜欢“报喜不报忧”，大事化小、小事化了。然而，随着网络及各种新媒体的兴起、普及，讯息传播与扩散的速度大大加快，以往惯用的隐瞒技巧似乎不再“显灵”了，半遮半掩最终都会引起民意的反弹。然而，一些政府主管下的媒体还没有意识到这一点，或者意识到了不愿意改变。当发生的事故见诸媒体后，最先看到的报道画面就是相关领导赶赴现场、煞有介事地做着指挥。而画面的声音也是如同报菜名一般的用着感激高昂的声音介绍着这位领导的名字，仿佛发生的一切苦难、受害人的基本情况是那么无关紧要，而领导的满意才是最终的标准。报道体例也无外乎是：事故发生，领导指挥，一切太平。而相关的责任人处罚、善后处置等工作则是很少提及。这样的宣传工作又怎么能让人民满意呢？

此外，部分领导干部写文章找秘书代笔、讲话不动脑筋、大会小会均照本宣科念稿闹笑话的例子，也不在少数。比如下面这几个死念稿子、“睁着眼睛说瞎话”的例子：

某单位院里搞选举，不巧当天刚好下起了雨，参加选举的人都只好打着伞站在雨里，但主持的领导还是照着预先准备的稿子喊到“请起立”“请坐下”。还有一次，也是下雨，主持的领导居然还说出了“今天阳光明媚”之类的雷人之语。

在欢迎仪式上，某领导神采飞扬，慷慨激昂，照秘书写的稿子念道：“感谢上级领导给我们带来一个巨大的鼓!”翻过一页后,才发现还有一个“舞”字,但是已经无法接着前面读下去了,一紧张,顿时语塞,心跳加快,小腿抽筋,脚发麻,为不继续被误解下去,只好红着脸补充说道:“还有一个舞!”台下顿时哄然大笑。事后,这位领导就以“上级送鼓”的讲话成为人们的笑柄。

某部开一个有关官兵团结的专题会,领导照秘书写的稿子坚定有力地疾呼:“军官要爱护士!”念完这一句,才觉得别扭;怎么扯到军官的个人问题上了,都啥年代了,这样的口号显然不符合自由恋爱的时代风俗,小秘书显然疏忽大意了。正当他发觉出了问题之际,翻过一页,才发现是自己漏读了一个字,不禁恼道:“他妈的,还有一个兵……”原来不是要求军官爱护士,而是要他们爱护士兵!

政府宣传部门一个重要的职责就是引导人民的行为,普及真善美。正所谓:一方有难,八方支援。每一次善意的行动,都会激起更多高尚的品德,这是一种好的“蝴蝶效应”。这方面的报道一直是政府宣传的重点,无论是救助贫困个体,还是资助无法完成学业的儿童,很多好心人在知道这一情况的时候,都是有钱的出钱、有力的出力。然而,这些报道无一例外都给那些受助人大量的镜头和特写,让他们说各种感激的话语。诚然,这种感恩必不可少,可对他们所造成的伤害又有谁去想过呢。政府管理下的媒体肆无忌惮地用着“正义”方式一次次将他们的伤口揭开,所得到的不是善意行为的宣扬,而是漠视人性的冰冷回应。

如果宣传的刻板化对政府公信力是一种伤害,那么政府对新闻自由的粗暴干涉则是对其公信力的破坏。

2012年6月30日上午,微博实名认证为“《新快报》调查新闻中心记者”的网友“记者刘虎”发微博称“因为报道‘县委书记慰问贫困老党员会场出现九五至尊香烟’的新闻引领导震怒,《西安晚报》记者石俊荣29日深夜被按照上级要求停职,《西安晚报》同时被要求从即日起禁止出现任何监督或者涉及政府的负面新闻。”该微博一经发出,引发了网友热议,转发上万条。

当“舆论监督”变成了“监督舆论”,当“政府控制”变成了“打击报复”,拿什么指望民众对公权力的信任和支持?敢不敢接受媒体和公众的随时检阅,考验的正是领导干部对权力的真实态度、对民意的敬畏之心。

在转型时期,政府的媒体管理已到了亟待改革的关键时刻。以往的宣传管理方式已经不能满足当今日新月异的媒体发展形势，同时僵硬的思维模式也无法应对其带来的变化与挑战。

正如2013年1月5日的《新华时评》所说："问题是时代的声音，而刻意回避问题也恰恰是改革攻坚期我们所遇到的一大难题。"政府对媒体的管理只有尊重传媒规律，才能最大限度地履行好指导职能，才能让媒体为社会进步承担应有的责任。

媒体不是洪水猛兽，有些媒体刺耳的批评也不是故意"找茬儿"，它们所要求的只是政府在可改进的空间中做好本职工作，使社会更美好、人民更加安居乐业。虽然媒体的一些言语有时会有些"逆耳"，但可谓"忠言"。假如政府部门不能合理引导或者改进自身行为，只是一味地粗暴干涉或者禁止媒体传播，那么所得到的结果就难免会适得其反。

只有营造出一个良好的媒体生态环境、打造一个畅达的沟通渠道、摆脱以往僵硬刻板的形象，才能获得人民的爱戴与信任，"中国路"才会走得更加稳健。

(八)去除社会阶层板结化:减少贫富差距与教育不公

"社会板结"是指以特定特征为标准的社会群体形成铁板一块的利益共同体，这一共同体会阻碍他人的进入、影响社会财富的转化。由于既有的体制等因素导致的社会资源分配不公、上升机会不均等，是造成这一社会结构的根源。例如"公职世袭"和"萝卜招聘"，其结果只能让差距拉得更大，富人更富、穷人更穷。

"农民工二代""贫二代""富二代""官二代"等现象，就是这种金字塔式"社会板结"的体现。一些地区出现的高考"弃考"现象，根源也在于考生对这种板结结构的失望，不能不让人堪忧。

虽然改革开放以来人民的生活水平有了很大提高，但资源、机会等的分布还是有失均衡，低收入阶层跃升到中产阶层、中产阶层跃升到富有阶层的渠道并不是很畅通，仅有的几个上升通道也机会渺茫。与之对应的是相关的公共岗位出现的世袭苗头，已有媒体披露很多事业单位招聘时条件稀奇古怪，为的就是让官员子女获得岗位，而且各种待遇相对优厚的其他公共职位，几乎都已成为官员子女的禁脔。

板结化的形成原因很复杂。首先，是贫富差距的拉大。而贫富差距拉大的一个主要原因就是"身份决定收入"。法学家梅因的《古代法》一书中，有一句脍炙人口的名言："所有进步社会的运动，到此处为止，是一个从'身份到契约'的运动。"尤其是其中的"从身份到契约”一语，几乎成了“从落后到进步”“从黑暗到光明”的代名词。然而，放眼当今社会，这一潮流似乎在逆行发展，“出身”不同，“命运”也会大不一样。一个在国有金融控股集团任部门经理的人，税后年薪加上房补、车补、书费、健身费、休假补贴、补充养老保险以及各种临时性的“福利”，实际收入可能在百万元以上；而一名农民，天暖种地、养鱼，天冷去找零活、打短工，一年到头累得要命，纯收入也只有两三万元，还不抵前者工作一星期的收入。行业差距似乎是最大的客观原因，而仔细研究，不难发现背后深层次的社会根源——农民家庭的后代和高学历、好背景家庭的后代，在同一领域竞争的机会还是不公平的，前者想“甩”掉自己身上的“身份”包袱，并不是很容易的一件事。

即便在垄断行业内部，收入也很悬殊。据《中华工商时报》报道，在央企人均福利费支出中，最高的为4.46万元，最低的为149元，相差近300倍。当然，追求绝对的收入平等是一种偏狭，但当户籍、出身、企业身份等差别“卡住”一些名副其实的精英人才施展时，就不能不叩问和反思这种现象所带来的危机。

其次，“不公正”教育也在无形之中成了板结化的推手。根据2011年8月“我国高等教育公平问题的研究”课题组公布的调研结果，我国重点大学里的农村学生比例自20世纪90年代开始不断下滑，北大农村学生所占比例从三成落至一成。“出身越底层，上的学校越差，越不好就业。”农村人改变现状越来越困难，农村穷孩子“跃龙门”的机会越来越少。从某种意义上说，贫富悬殊、两极分化都不可怕，可怕的是这种差别逐渐凝固化，进而导致身份遗传、阶层板结。

尤其值得一提的是，这种趋势仍在持续，尚未有缓解的迹象，正如有学者坦称，“工薪阶层农民家庭的优秀子弟通过自身努力‘鲤鱼跃龙门’，入职高薪管理机构和行业的机会越来越少，这不仅削弱了经济和社会发展中人力资本的效率，也导致收入阶层的不断分化与强化——富者愈加富有，贫穷家庭延续贫穷。”

近年来，毕业生找工作越来越难，“读书无用论”在一些地方沉渣泛起，比如北京团市委、北京青年压力管理服务中心联合新浪教育频道发布的《2010年大学生就业压力调查报告》显示，如今大学生求职心态更为现实，2010年本科学历人群中愿意接受零月薪的比例达到20%，与2009年的1.2%相比大幅攀升（2010年5月24日《京华时报》）。“零月薪”现象使得一些网友心生感慨，觉得择业太难。其实，择业难是对“贫二代”而言，“他们有的是背景，我们有的只是背影”。“富二代”“权二代”则很少有这方面的担忧，他们的就业方向似乎一开始就是明确的，父辈为他们的生存发展已经铺好了路，去走就是了。一些地方事业单位招聘过程中的隐性不公平现象，更是让在“拼爹游戏”中落败的学子流露出望而生叹的无奈表情。

中国社科院2010年发布的《当代中国社会结构》指出，综合各项指标并考虑到中国近年经济发展态势等多种因素，中国社会结构滞后经济结构15年左右。这说的虽然是社会结构，但实际上仍隐喻社会阶层的固化，而这种固化必然导致结构发展不均衡、不对称、不健康。

社会阶层不断板结化，必然使得社会土壤日渐沙化和盐碱化，因为在上升渠道被阻拦之后，这些人必然心生怨气。同时，社会阶层的不断板结化，也使得良性的社会流动和财富循环陷于中断。社会欲有活力，关键要看其流动性。如果阶层出现固化，这无疑就潜伏着一种巨大的危机，必然导致上下对立、阶层之间互相防范、互相视对方为仇雠，同时在攸关公共利益的社会命题上也不可能达成共识，社会只会越来越断裂。

李克强总理说：“改革是中国最大的红利。”那么，改革也是打破阶层板结化的唯一出路，但是，当既得利益者坐享好处时，他们不可能让渡利益；而弱势群体因为自身能力的孱弱，无法取得强大的博弈权。为此，就需要政府在制度设计上强化弱势群体的力量，否则一切便是无从谈起。

一百多年前，“美国梦”让人神往。而今“中国梦”，也是许多人的期盼。去除板结化，才能让美梦成为现实。

二、善用智囊团

（一）借用别人的智慧

俗话说：“一个篱笆三个桩，一个好汉三个帮。”善于发现自己和别人的长处，并能够加以利用，不嫉妒别人的长处，不护自己的短处，能够协调别人为自己做事，与合作人之间建立良好的信誉，是成功者的法则，也是人与人之间共同发展的主旋律。

如果你觉得有必要培养某种你欠缺的才能，不妨主动去找具备这种特长的人，请他参与相关团体。三国中的刘备，文才不如诸葛亮，武功不如关羽、张飞、赵云，但他有一种别人不及的优点，那就是一种巨大的协调能力，他能够吸引这些优秀的人才为他所用。多一样才华，等于锦上添花，而且通过这种渠道结识的人，也将成为你的伙伴、同事、专业顾问，甚至变成朋友。能集合众人才智的公司，才有茁壮成长、迈向成功之路的可能。

能够发现自己和别人的才能，并能为我所用的人，就等于找到了成功的力量。聪明的人善于从别人的身上汲取智慧的营养补充自己，从别人那里借用智慧，比从别人那里获得金钱更为划算。读过《圣经》的人都知道，摩西要算是世界上最早的教导者之一了。他懂得一个道理：一个人只要得到其他人的帮助，就可以做成更多的事情。

当摩西带领以色列子孙们前往上帝那里要求给他们的领地时，他的岳父杰塞罗发现摩西的工作实在过度，如果他一直这样下去的话，人们很快就会吃苦头了。于是杰塞罗想法帮助摩西解决了问题。他告诉摩西将这群人分成几组。每组 1000 人，然后再将每组分成 10 个小组，每组 100 人，再将 100 人分成 2 组，每组各 50 人。最后，再将 50 人分成 5 组，每组各 10 人。然后杰塞罗又教导摩西，要他让每一组选出一位首领，而且这位首领必须负责解决本组成员所遇到的任何问题。摩西接受了建议，并吩咐那些负责 1000 人的首领，只有他们才能将那些无法解决的问题告诉给他。

摩西

自从摩西听从了杰塞罗的建议后，他就有足够的时间来处理那些真正重要的问题，而这些问题大多只有他才能解决。简单地说，杰塞罗教导摩西学会了如何领导和支配他人的艺术，运用这个方法，调动集体的智慧。

作为一个努力成功的人，当你有了切实可行的行动计划之后，不妨把你的梦想蓝图、未来展望，与你的家人、亲友、同事等协商。律师、银行家、会计师也不失为帮你出主意的好对象，多向他们请教，听听不同的声音。

与人讨论你的计划时，要给对方畅所欲言、批评指正的机会。他们会提出许多问题，甚至会指出你从未留心的地方，点出你看不见的不足之处。在这股动力的驱使下，你必须一一找出答案，这样可以把眼光放得更远，做到未雨绸缪。

把你身边有智慧的人充分调动起来，形成一个智囊团，在你招兵买马、找智囊团成员之前，别忘了以下几点：这些人对你各有何帮助？这些人的才能与经历，能帮你什么忙？你如何回报他们与你合作的诚意和贡献？你的事业是否可以助他们实现梦想？接受他们对你的批评与建议，必定会促使你认真检讨自己的计划，也强迫你思考。你必须让他们对你单刀直入，毫不留情。要是你无法针对他们所提的问题，想出理想的答案，你大概就有必要回到规划的阶段，重新思考一下你的方向。

有了智囊团之后，还要广泛接受大家的意见，多和不同的人聊聊你的构想。你接触的人际范围愈广，决心就会更坚定。多用点脑子来观察身边的事物，多用些时间来倾听各类的意见和评语，观察别人对你的做法有何反应。从这些与你聊过的人当中，你可以发现，谁愿意与你一路同行，谁又会扯你后腿。然后再对你身边的人进行选择，找到真正可以共同发展的伙伴。

用心去倾听每个人对你的构想计划的看法，是一种美德，它是一种虚怀若谷的表现。我相信，他们的意见，你不见得各个都赞同，但有些看法和心得，一定是你不曾想过、考虑过的，广纳意见，将有助于你迈向成功之路。

如果你万一碰上向你浇冷水的人，就算你不打算与他们再有牵扯，还是不妨想想他们不赞同你的原因是否很有道理？他们是否看见了你看不见的盲点？他们的理由和观点是否与你相左？他们是不是以偏见审视你的构想？问他们深入一点的问题，请他们解释反对你的原因，请他们给你一点建议，并中肯地接受。

另外还有一种人，他们无论对谁的梦想都会大肆批评，认为天下所有人的智商都不及他们。其实他们根本不了解你想做什么，只是一味认为你的构想一文不值，注定失败，连试都不用试。这种人为了夸大自己的能力，不惜把别人打入地狱。要是碰上这种人，别再浪费你宝贵的时间和精力，苦苦向他们解释你的理想一定办得到。他们不值你一顾，还是去寻找能够与你一同分享梦想的人吧！

(二)发挥智囊团的作用

决策中的智囊团，也称之为“外脑系统”“头脑公司”“思想库”，等等，是专门为领导提供决策服务的比较高层次和专业性的咨询机构。在这种组织中，集中了不同专业的自然科学家，社会科学家和其余各个方面的专家或专业人才，他们在各自的专业领域中有自己的专长甚至在年龄上也有自己的特点，他们组成一个庞大的综合知识库，为领导者出谋划策。

大名鼎鼎的美国克莱斯勒汽车公司总裁艾柯卡所创造的神话般的经济奇迹，就曾得益于智囊团的大力相助。克莱斯勒汽车公司在艾柯卡上台之前，由于没有把握住世界石油危机带来的冲击，照样生产耗油量大的大型汽车，结果在 1979 年 9 个月中亏损 7 亿美元，打破了美国有史以来的最高纪录。艾柯卡上台以后，大胆转型生产哈尔·斯珀利奇领导的公司咨询组设计的 K 型车。并从 K 型车的基础上推出了一系列众多车型的车辆，重新打开了市场。经过三年的努力，艾柯卡不仅挽救和重建了克莱斯勒这家朝不保夕的公司，而且，1984 年该公司盈利 2.4 亿美元，提前偿还了 12 亿美元的政府贷款。其股票从 1981 年的每股 3 美元上升到 1984 年的 30.75 美元。

可见，面对激烈的竞争，领导者如果从单一的或纯粹经验的专业方向出发，采取独裁的决策方式都是无效的，必须着力于建立智囊班子及智囊机构辅助自己的决策。

智囊团的工作是根据领导者的目标要求而进行的，但是对智囊团本身而言，它有自己的内在规律和工作程序，并有自己一套行之有效的方法。就其工作程序来讲，可分三步进行。

第一步，接受决策咨询任务，组建智囊团班子。智囊团的工作一般都是围绕着领导人提出的研究任务进行的，首要是为了解领导人的意图和目标，全面掌握领导人提出该问题的背景和关键环节，明确研究问题的目标；其次，智囊团应根据问题的性质和所要研究的专题内容，选用、配备专业人员，组成智囊班子，并有人专门负责。再次，智囊团应该在接受咨询任务之后，展开初步工作，进行初步调查，并根据初步调查情况制定工作计划。

第二步，全面进行调查研究，设计决策的评估方案。调查工作计划确定之后，智囊班子即可按计划对所要研究的问题进行全面、深入的调查，收集数据、资料。有数据资料库的，可先检索有关摘要，然后根据需要检索原文再了解问题情况。如果展开市场调查，就必须深入到市场中去，了解与研究项目相关的信息，诸如价格、质量、产地、性能等，从而才能够对领导人提出的问题和有关指标体系进行分析、对比、研究，进而制定各种方案，并对各方案进行分析和评估。

第三步,多方征求意见,提出决策参考方案。在对各种方案进行分析评估基础上,经过反复论证,提出一个初步的研究方案,并召集有关人员,听取他们对该研究方案的意见和反映,有可能的话还可以与领导人进行思想沟通,听取领导的初步反应。然后,智囊团再根据各方面的意见和反映作相应的指正和调整,力求整个决策方案能够充分符合领导的要求和实际情况。最后,大家再集思广益,内部再进行反复的讨论与磋商,最终形成一个可行的决策参考方案,送呈领导者,供其决策参考。

当然,智囊团作为领导的"外脑",为领导提供决策参考,他们的职能和任务仅在于研究领导者提出的问题,为领导提供各种可供选择的方案,领导者则从中选优决断。决断是领导的职能,也是整个决策过程的最后结果。那么,领导应该如何对智囊团提供的决策参考方案进行择优决策呢?这其实是领导如何动用智囊团正确决策的问题。

领导人在听取智囊团意见时,经常的情况是大家的意见大相径庭,这就要求领导者找出他们的共同点。首先,要求领导者对各种方案虚心听取,不做任何判断,并在各种方案的不同点中找出共同点来。接着,对不同意见进行分析、处理,使他们趋于一致,汇集成为一新的方案。这种求同存异的方法有下面几种技巧可用:

一是利弊分析法。

由于各种方案迥异,领导者可引导大家对各种方案进行利弊分析,促使各方以利补弊,弃弊趋利,互相取长补短,达成一致共识。

二是边际分析法。

这种方法是增加决策智囊人员,看他们对不同意见的看法,如果新增人员较多地趋于一种方案,则该方案较优。

三是冷却法。

即让争论双方暂时平息争论,冷静下来进行反思,隔一段时间后再组织起来加以讨论。这样能够使大家有一个清醒的认识,反复权衡,选择出最优方案。

总之,领导者既要充分发挥智囊作用,又要自己具有最终决策的独立性,既要科学地运用智囊团的参考方案,又要保证自己决策的有效性。不依靠智囊的作用就不会成为一个成功的领导者。在激烈竞争的当今,领导者应该充分发挥智囊团的作用,灵活、有效地动用智囊团,使自己的决策处于合理的构架之中并在实践中立于不败之地。

(三)建设智囊团

智囊团有多种。这里指的是专职从事研究工作、给本单位领导当参谋出主意的政策研究室或研究中心一类的机构。要建设一个好的智囊团,必须注意以下几个问题:

1.智囊人员的素质要好

(1)事业心强,有成就感,乐于以出谋划策为业,能全力以赴地履行自己的职责。(2)知识面宽,有丰富的专业知识、科学文化知识和较高的政策水平。(3)头脑敏锐,思想解放,敢于想别人不敢想的问题,有较强的创新精神,有主见。(4)综合、推理、分析、判断能力强,善于从多方面考虑问题,善于认识复杂事物,有缜密的思维能力和较强的调查研究能力。(5)正直诚实,勇于反映真实情况,敢于提出不同的看法和意见。(6)有良好的文字写作能力和口头表达能力,善于用简洁、明确、雄辩的语言表达观点,说服他人。(7)谦虚谨慎,实事求是,有追求真理、探索科学的精神,善于同上下左右协作配合。

2.智囊团的结构要合理

(1)年龄结构要合理,既要有老谋深算、老马识途的老年人,又要有年富力强的中年人,还要有朝气蓬勃的青年,使他们在经历、气质、智能等方面进行互补。(2)知识结构要合理。科学决策是多目标、多因素、多变量的综合性极强的工作,因此必须由多学科的专家组成。即既要有社会科学工作者,又要有搞自然科学的人,这样,不仅能集中各种专家的智慧,全方位地考虑问题,而且多学科的交叉融合,还可能形成新的有益的思想。

3.要为智囊团的工作创造条件

"思考"是智囊团的专业,"出主意"是他们的职责。领导要想从他们那里得到出类拔萃的见解和实用有效的办法,就要舍得下本钱,给他们创造学习和思考的条件。例如:经费上要尽量给予保证,办公地点要尽量清静,应当有的设备和交通、通讯工具尽量配齐;该让他们看的文件不要限制;对他们的生活要关心,使他们免除后顾之忧;对好的研究报告和建议,应作为重要成果给予奖励;对研究人员应根据其不同的水平授予不同的专业职称,等等。这些,都是保证他们进行正常工作的起码条件。

4.要把智囊团办成开放型的智力机构

智囊团设在企业、事业单位或工厂的大院里,并不等于它的活动范围只限于内部。如果把它办成了封闭式的机构,那它是不会拿出什么好主意的。所谓开放是指:(1)研究课题可以宽一些，不限于单位内部的问题，与本行业、本部门、本地区相关的问题也可以研究，外单位、外市、外省、外国的好的东西也可以借鉴。(2)尽可能扩大同外界的联系，让他们多参加一些学术讨论会，多到下面走走，多去外地看看，以活跃他们的思想，开阔他们的眼界。(3)智囊团要加强与领导部门或上级智囊团的纵向联系，也要加强与兄弟单位和社会上各种研究机构、咨询机构的横向联系，这样，才能资料多，信息灵，使研究工作的深度和广度达到一个新的水平。

以上四点，是针对建立一个政研室一类的智囊机构而言的一些小的单位，如农村的乡、城市的中小企业，没有条件设立专职的智囊机构，那里的领导者就要善于从两个方面进行弥补。一是把本地区本单位的各方面人才利用起来，建立兼职的"智囊团"，遇事向他们请教，请他们出主意，提意见或建议；二是请大专院校、研究机关及社会上有关专家当智囊，作顾问；三是充分利用社会上的咨询机构，遇有重大决策请他们进行咨询论证。应当指出的是，即使本单位有专职智囊团，也不应忽视上述几个渠道的作用，因为只有这样，领导者才能耳更聪，目更明，决策才能更合理、更科学。

（四）智囊人物要有高素质

关于智囊人物的素质构成，不少成功学专家都有论述，归纳起来，主要有：第一，要事业心强。第二，要知识广博。第三，要头脑敏锐，思想解放，有创新精神。第四，要有严格的科学态度、缜密的思维能力和系统分析能力。第五，要掌握现代化的科学研究手段和方法。第六，要具有良好的文字和口头表达能力。第七，要能客观地考虑问题。这些见解无疑都是正确的，作为智囊人物的条件无疑都是必要的。但是，作为选择智囊人物的领导者仅仅把握住这些条件还无法实际操作。从实际操作考虑，领导者应从下述三个方面对智囊人物进行综合考察和选择：

1.智囊人物应在一两个学科受过良好的训练

智囊人物重在一个"智"上，对现代智囊人物来说，标准又比过去要严格化。一般来说，要尽量是一专多能的人才更能发挥智囊的作用。即要求搞自然科学、工程技术的智囊人物还要对社会科学有兴趣，要乐于学习管理学、社会学、哲学；搞社会科学、经济学的智囊人物，应对自然科学有兴趣，要学习一点数学、计算机应用技术。两类人员还要同时对系统论、信息论、控制论、预测学等交叉学科有一定的了解。因此，领导者选择的智囊人物首先是专家,其次是杂家,是专家中的杂家,专才中的通才,专中有博,以专带博。没有专深的学问,对问题的研究就必然缺少深度,而知识面太窄,又会限制他们的视野和综合、分析问题的能力。

2.智囊人物应是甘心以出谋划策为业的人

智囊研究的任务是为领导者决策服务,是为领导者解决职责范围内各方面的复杂问题进行研究,提出建议,制定方案,当参谋、作顾问。智囊人物的意见一旦被领导者采纳,就成为领导者的意见;智囊人物的意见一旦被领导者否定,不论如何高明,也无法变成现实。所以,智囊人物必须是不计较个人得失,具有献身精神,甘当无名英雄,情愿从事幕后出谋划策工作的人。

智囊团的研究也与纯学术研究不同。智囊团也研究理论,但这种理论研究完全是为了应用,为了指导和解决实际问题,而且智囊研究涉及的课题十分广泛,可谓五花八门,应有尽有。因此,那些只对纯学术问题感兴趣,那些希望选题远离现实和只热衷于个人学术成就的人,是不宜进入智囊团的。

3.智囊人物要有跨专业的合作精神

由于社会的复杂性、市场的多变性、课题的综合性等因素,即使每个智囊人物都是通才,光靠一个人的知识、能力也是无济于事的,必须靠智囊群体的合力,靠多个专家的合作,甚至是多“兵种”协同作战。例如研究经济发展战略问题,光靠经济学家显然不行。经济发展是个综合性问题,它需要科学技术作为先导,教育、人才作为基础,它同社会文化、精神文明密切相关,所以参加经济发展战略研究的人,还必须有精通科学技术、教育、文化的专家以及精通数学、地理学、人口学、生态学、环保学和系统工程的专家。这就要求智囊人物乐于并善于同其他专家合作进行研究工作。不懂得依靠群体智慧的必要性和重要性,不善于同其他专家合作,而只想凭着个人本领包打天下的人,对于“智囊团”来说,也是不称职的。

(五)构建智囊团的四个原则

在现实中人们常会看到,有的企业人才济济,但是效率却不高,甚至出现了“龙多不治水”的现象。这是为什么呢?原因很多,但卡耐基认为其中有一条重要的原因,就是智囊团组合不合理。不同人才的合理组合,可起配合互补作用,形成最优的人才群体,创造

出一种新的、协作的力量,从而形成系统最佳的整体效应。

现代管理原理中的"系统原理"告诉我们,一个系统的整体效应大于各个孤立的部分之和。这就是说,在一个系统中,从各个构成要素来看,其能量可能不是很高,但是,只要这些能量不高的单个要素按照系统的特性有机地加以组合,就可以使总体能量大于各个构成要素能量的相加。这是因为系统的整体具有其组成部分在孤立情况下所没有的新的功能。人才开发,也必须按照系统原理讲究科学的组合,把各种不同性格、不同气质、不同爱好、不同知识、不同能力的人,像安装一台大机器一样,把他们各自拧放在恰当的位置上,使之运转自如,发挥出最大的效能。

通过各方面人才的有机组合而形成的智囊团,可以使每个成员的才能在这个结构中得以最大限度的发挥,从而获得最佳的整体效应。也就是说,智囊团的作用是双重的,一方面科学合理的人才组合可以充分发挥人才的最佳效能,另一方面人才效能的最佳发挥产生出最佳的群体效应。三国时刘备集团就是一个较佳的组合群体。在年龄结构方面,刘备三顾茅庐时46岁,诸葛亮才26岁,关羽、张飞恰值"不惑之年",赵云正血气方刚;在智力结构方面,有高瞻远瞩、文武双全的刘备掌舵把向,有满腹经纶、足智多谋的诸葛亮运筹帷幄,有所向披靡、英勇善战的关、张、赵、马、黄五虎上将驰骋沙场;在个性结构方面,刘备宽怀大度,诸葛亮老成持重,关羽义重如山,张飞暴烈似火,等等。这种组合,可谓是珠联璧合,相得益彰。企业的领导班子也要实现人员组合上的合理和完善,否则是不会产生出最佳整体效应的。同样,一个科室、一个车间、一个班组、一个课题攻关小组也都应该按照这样的要求来进行科学的人员组合。要实现科学的智囊团组合,一般应遵循这样一些原则:

1.志同道合的原则

智囊团是由个体组成的,从而形成了个体与群体的矛盾。只有当志同道合者在自愿的前提下组合在一起,才能创造出一种心情舒畅、生动活泼的良好气氛,减少人和人之间的矛盾摩擦,这样才能使每个人在目标一致的情况下自由地发展,尽心尽力地施展出全部才能,充分地发挥出创造性。如果一个智囊团中虽然能人很多,但各类人才互不服气,各自打着"小算盘",缺乏情投意合,不仅不能互相配合,而且互相拆台,那么就势必会因为内耗丛生,力量相互抵消,从而使群体的系统效能大大降低。

按照志同道合的原则来安排智囊团组合是符合管理心理学理论的。管理心理学认为,在企业里除了正式群体外,客观上还存在非正式群体。这种群体不是正式规定的集体,但却寓于正式群体之中。其成员之间的相互关系带有明显的情绪色彩,以个人之间的好感、喜爱和感情为基础。这种群体形成的原因有三个方面:一是观点上的一致;二是兴趣爱好上的一致;三是经历和背景类似(例如同学、同乡、邻居等)。健康的、正常的非正式群体能够为正式群体的目标实现发挥积极的作用。反之,则具有消极的、甚至破坏的性质。因此,坚持志同道合的原则来组合正式智囊团,可以防止不健康、不正常的非正式群体产生,从而有利于正式群体的目标实现。

2.人才互补的原则

作为一个人才个体,只能有一种或几种专长。很难达到全才全能,其不足之处就应该通过智囊团组合来相互补充,从而组成一个较佳的人才结构,更好地发挥整体效应。人才互补,各司其职,这是一条重要的用人原则。人才互补的内容,因为工作的性质和目标不同而有所区别。它既包括年龄、体力的互补,个性特征的互补,也包括知识技能的互补,工作条件的互补。一个企业,应该既有经验丰富的"长者"运筹帷幄,又有年富力强的"后生"奋战于第一线;既有科研技术人才从事新产品新工艺的研制,又有文史方面的人才总结推广先进经验和科研成果;既有通晓管理专业的人才组织决策方案和计划的科学实施,又有干练的行政人才提供物质供应和精神保证。有了这样的人才组合,就能明确分工,密切配合,各献其长,互补其短,确保企业总目标的实现。

3.效率原则

所谓讲究工作效率,就是"用最少的人手干最多的事情"。这就好比一个分数,分子愈大,分母愈小,则分数值愈大。要实现这种要求,在组织设计与人才使用中,就要改变过去那种"人多好种田"的传统观念。在现代化大生产的管理机器中,多余一个人就像多余一个零件,他不仅不能发挥作用,反而会增加扯皮、摩擦的因素,从而妨碍和干扰真正做事的人。

一个智囊团要发挥出较高的工作效率,还要改变"因人设事""有个和尚立个庙"的做法。正确的做法应该是"因事设人",根据工作需要设立组织机构,并且要执行严格的定员制度。有人认为:"出人才的地方,往往是工作多而人手少的单位。"这句话是有道理的。因为,每个人都干着稍稍超过自己能力的工作,这就形成了一个必须自己去经受锻炼、克服困难的环境。根据较高的工作效率有助于人才的成长和提高的道理,对于已形成的超编人员,或让他们去学习和提高,或让他们改做别的工作,不可让他们挤在一起互相摩擦、抵消能量。这样做,才是真正地爱惜人才。

4.引导协调原则

在现实中,往往会出现这样的情况,志同道合的人在专长上可能不配套,而在专长上配套的人又不一定能相处共事。在这种情况下,如果我们只是硬性地把他们搭配在一起,是不可能产生最佳的整体效应的。有效的办法是因势利导,做好协调工作,兼顾诸多方面的实际与可能,尽量求得比较满意的组合。

智囊团组合不等于把许多人才简单地搭配在一起,必须贯彻以上原则,把他们有机地组合在一起。企业领导人应运用智囊团组合策略,力求达到智囊团结构的最优化,更好地发挥人才的作用。

(六)处理好同智囊团的关系

科学决策必须有智囊团,但是,智囊团的工作是在领导者的委托和指导下进行的,最后也还要由领导拍板定案。智囊团的研究,决不能代替领导决策,也就是说,"谋"不等于"断",而"断"又离不开"谋";"谋"是基础,"断"是关键。领导永远是决策的主人。不依靠智囊团的领导者很难成为高明的决策者;反之,一切为专家所左右的领导者也不是一个称职的决策者。因此,正确处理领导者与智囊团的关系,是科学决策的重要一环。那么,怎样才能处理好与智囊团的关系呢?

1.端正对智囊团的看法

智囊团是由各方面专家组成的"谋士"班子,专门就方向、政策等问题开展研究,以供领导决策时参考。

首先,它不是行政机构。虽然可以作为事业、企业或行政机关的一个部门和单位,但不承担日常行政事务,不必介入日常管理工作,更不能对下面发号施令。它的职能是为领导者提供实现总目标所需要的各种信息、建议、设计方案,它的主要精力应集中于研究重大的、长远的问题。因此,不能对他们采用同其他部门一样的领导方式,更不能拿他们当行政人员来使用。

其次,它不是领导者的秘书班子。不能让他们干那些秘书应干的事。

第三,它不是安置多余人员的场所。不能把不大好安排的人员和文化水平不高、身体不好的人都弄到智囊团来,如这样他们是难以发挥智囊作用的。

2.必须保证智囊团能够进行独立的科学研究

现代智囊团是一个相对独立的研究机构,它的活动是从客观事实出发,依据科学的论证和实验,做出符合实际的结论。它只尊重科学,服从真理,只对事业负责,对自己的研究成果负责。因此,领导者必须尊重他们的独立性,不干涉他们的研究工作,让他们通过研究得出自己的科学结论。领导者可以下达任务、出研究题目,但不能给画框子、定调子,束缚他们的思想和手脚。最坏的做法是:领导者事先拿出一个主观的结论,然后让智囊团去找事实给他作注脚,或引用"科学道理"来论证他的结论的正确性。这种自欺欺人的做法,很难使领导做出科学的决策。

美国著名的管理学家杜拉克在1944年受聘于美国通用汽车公司任管理决策顾问,第一天上班时,该公司总领导斯隆就对他说:"我不知道要您研究什么,要您写什么,也不知道该得什么结果。这些都该是您的任务。我唯一的要求,只是希望您将您认为正确的东西写下来。您不必顾虑我们的反应,也不必怕我们不同意。尤其重要的是,您不必为了使您的建议易为我们接受而想到调和折中。"这番话,是很值得各级领导者和专家们思考的。

3.允许智囊团同自己唱对台戏

智囊团的意见,有与领导者想法一致的意见,也有不一致的,领导者都应当细心倾听,认真分析,如果真有道理,那就要服从科学和真理,而不要怕丢面子。要知道,相反意见本身,正是决策所需要的另一种预选方案。只有一种意见,就无所谓决策。而且智囊专家是以独立的科学研究为领导决策服务的,能出多少真知灼见才是评价他们工作优劣的根本指标。专家如果没有独到的见解,不敢直言,那绝不是一个好的智囊。

专家的意见,无论领导者采纳不采纳,对于决策都是有重大意义的。如果智囊团的意见和方案有三分之一被采纳,就是一个有用的智囊团;如果有一半以上的意见被采纳,那就是高明的智囊团;但如果百分之百的意见都被采纳,那么不是专家们"越位",就是领导者低能;当然,如果智囊团的意见百分之百都不能采纳,那这样的参谋班子就是多余的了。

因此,作为领导者,为了避免决策失误,则应当允许智囊团同自己唱"对台戏",通过反复比较,全面判断,方有可能获得最佳方案。

4.不为智囊团所左右,不忘记自己的领导者职责

专家也是现实社会中的人,也是良莠不齐的,未必都能秉公直言。即使是敢于直言的,他们的意见也不可能百分之百都正确。领导者是决策的主体,处于主导地位,方案有多种,主意还得自己拿。如果自己毫无主见,完全依赖专家,甚至把拍板定案都推给了智囊团,领导者就是徒有其名,就是失职。

智囊专家的思维特点,一般是从理想的条件出发,严格按照科学的程序和方法,探求和拟定理想的优化方案。这在科学决策中是完全必要的。但智囊团的作用是帮助领导决策,但不能代替领导决策。一个优秀的领导者,既要善于利用“外脑”,在智囊团工作的基础上做出正确的判断和选择,同时又要有自己的头脑,牢记自己的责任,不为智囊团所左右。

(七)尽量利用下属的智慧

松下幸之助非常重视利用下属的智慧,他的用人思想启发和指导了无数管理者。

1.管理就是开发人才

“管理不是管物,而是开发人才。”这是松下反复强调的一句话。松下认为,经营管理者的责任就是培养他的职工,帮助他们发展才能。如果这件事办好了,不仅他自己的任务得以完成得更好,为自己晋升铺平道路,而且他将有一批能干的、训练有素的、完全忠于他的和通情达理的职工队伍,谁能不忠于帮助他上进的领导呢?

2.要有独立思考的职工

对一个平庸的领导者来说,最大的危险之一就是他的下级都是一帮唯唯诺诺的庸人,下级会经常奉承他们的上司。一个精明的领导者需要在他周围有一批敢于发表不同意见的人。他必须洞察那些卑躬屈膝,专事奉承的人,要不然,他们必将把他置于困境。对一个忙于事务的领导者来说,他很容易匆忙地做出错误的决定,这就是为什么在一个领导者周围需要有一批独立思考的人的意义所在,为的是便于纠正他的错误。

3.要鼓励提建议

在某些企业中,有人把提建议看作是给经理带来污点。经理想,也许有人会问:“你经理为什么就没有想到这个主意?”这种态度当然是完全错误的。应该鼓励每一个雇员积极地提出改进工作的建议,而且必须使他们知道他们的建议将会得到认真地研究。一

个好的建议制度能促进全企业职工同心协力,它使职工对自己的工作发生兴趣,对自己的工作考虑得更多,并且总是设法去改进自己的工作。

遇事与人商量大有好处。大多数人的意见是值得听取的,其余的人也有许多丰富的常识,可以提出些建议。与人商量还可启发你自己的思路,要善于利用他人的智慧,不要认为天下只有你一个人才有主意。此外,如果你与别人商量办事,别人也会与你合作得更好。即使你胸有成竹,但对事关你部下的事情也不妨与他们商量一下。毋庸置疑地说,职工是不喜欢他们的领导者包办一切的,他们也愿意参与管理,没有一个人愿意像木偶那样被摆布。如果你的雇员感到他们也参与了做决定,那么你可以确信他们会比强加给他们的一个决定更加热心地去执行。

4.忽略微不足道的小缺点

有些建议中的小缺点只能用放大镜仔细搜索才能找到,但是上司却把他整个的建议都否定了,这种事是屡见不鲜的。你会惊讶地发现不少见解不凡的建议被否定了,原因就是有人发现其中有些小小的缺点。在实践中常常有这样的事情,有些善于吹毛求疵的人认为只要他们发现一个小小的瑕疵,那么整个计划就一无是处,而本来这个计划是会非常成功的,要谨防这种事情发生。

5.使不同的意见不致成为争论

(1)欢迎不同的意见

记住这一句话:“当两个伙伴意见总是不同的时候,其中之一就不需要了。”如果有些地方你没有想到,而有人提出来的话,你就应该衷心感谢。不同的意见是你避免重大错误的最好机会。

(2)不要相信你直觉的印象

当有人提出不同意见的时候,你第一个自然的反应是自卫。你要慎重,你要保持平静,并且小心你的直觉反应。这可能是你最差劲的地方,而不是你最好的地方。

(3)控制你的脾气

记住,你可以根据一个人在什么情况下会发脾气的情形,测定这个人的肚量和成就究竟有多大。

(4)让你的反对者有说话的机会

让他们把话说完。不要抗拒、防护或争辩。否则的话,只会增加彼此沟通的障碍。

努力建立了解的桥梁。不要再加深误解。

(5)寻找同意的地方

在你听完了反对者的话以后,首先去想你同意的意见。

(6)要诚实

承认你的错误,并且老实地说出来,为你的错误道歉。这样可以有助于解除反对者的武装和减少他们的防卫。

(7)同意仔细考虑反对者的意见

同意出于真心。你的反对者提出的意见可能是对的。在这时,同意考虑他们的意见是比较明智的做法。如果等到反对者对你说:“我们早就要告诉你了,可是你就是不听。”那你就难堪了。

(8)为反对者关心你的事情而真诚地感谢他们

任何肯花时间表达不同意见的人,必然和你一样对同一件事情感到关心。把他们当作要帮助你的人,或许就可以把你的反对者转变为你的朋友。

(9)让双方都有时间把问题考虑清楚

建议当天稍后或第二天再举行会议,这样所有的事实才可能都考虑了。

松下说:“不回答有争议或不负责任的指控,让事情自然烟消云散。如果回应或据理力争,只会满足那些人,并点燃他们累积的敌对和愤怒的心理,到头来只会落得遍体鳞伤。他人的缺点将传染给你,成为以后误解、指控与争辩的原因。‘让事实说明一切’,来自内心的平心静气,让你不再急于抢答与争辩。这种平和的心境,来自对良知和负责任的态度。”

(八)让员工树立主人翁意识

作为领导,要注意培养员工的“主人翁”精神。很多人对主人翁的理解有些偏颇,一个深爱着组织、深爱着公司、对组织有着巨大献身精神的人就是主人翁吗?这仅仅是主人翁含义的一个方面,主人翁精神对于员工还意味着,他们能对自己的工作以及与已有关的其他事情做主。实际上,经理们已经习惯了告诉员工们怎样去做,认为让员工自己做主是一种很大的风险,实际上这是一种错误的看法。交给员工一定的责任,“主人翁”精神也就深入人心。主人翁的确立必然要粉碎经理或其他领导者的“主人”特权。公司

里许多的规章制度本来是非常有意义的，能够帮助实际生产，有利于实际工作的开展，但很多时间成了一种点缀，流于形式。组织的建立需要一种合乎逻辑的规则，但组织的建立与发展不是光靠这种规则的支持就可以的，还需要一种美好的感情，一种自豪的主人翁精神。

可以说，主人翁精神是一种创造性的精神，它要求人们运用自己的判断力去解决组织所面临的困难和问题，用自己的自豪感、自信心及迸发出的巨大热情去创造奇迹。我们都希望员工以主人翁的态度去面对企业的任务，这些美好愿望的实现需要破除那种形式主义的思想障碍，为企业的发展负起自己应尽的责任与义务，要有以企业为家的精神。

要发挥员工的主人翁精神，就应该让员工积极参与管理决策，鼓励员工发表不同意见。如果领导者不去考虑多种不同意见，那么他的思路往往会非常闭塞。所以，卓有成效的决策者往往不求意见一致，反而十分喜欢听取不同的想法。

这样的决策绝非是在一片欢呼声中能做得出来的。只有通过对立观点的交锋，不同看法的对话，以及从各种不同的判断中做出一个选择之后，领导者才能做出这样的决策来。因此，决策的第一条规则就是：必须听取不同的意见，否则领导者根本无法决策。

美国某大企业的总裁艾尔弗雷德·斯隆在一次高级管理委员会的会议上说："各位先生，据我所知，大家对这项决策的想法完全一致。"与会者纷纷点头表示同意。"但是，"斯隆先生继续道："我建议把对此项决策的进一步讨论推迟到下一次会议再进行。在这期间，我们可以充分考虑一下不同的意见，只有这样，才能帮助我们加深对此决策的理解。"

斯隆做决策从来不靠"直觉"，他总是强调必须用事实来检验看法。他反对一开始就先下结论，然后再去寻找事实来支持这个结论。他懂得正确的决策必须建立在对各种不同意见进行充分讨论的基础之上。

之所以必须坚持听取员工的不同意见，主要有以下原因：

首先，这是唯一可以保护决策者不被机构的看法所左右的一条措施。每个人都以自己的观点来影响决策者，每个人都是一位专门的说客，都希望决策符合自己的想法。唯一能使决策人摆脱这种特殊呼声以及先入为主的办法，就是在决策之前要先对各种不同意见进行辩论，让不同的看法提出各自的论据，只有这样，领导者才能充分考虑种种不同意见。

其次,不同意见可以为决策者提供各种不同的选择余地。如果没有充分的选择余地,那么不管他把问题考虑得多么详细,决策也会成了孤注一掷式的冒险。决策有时会被证实是错了,这种可能性随时都会有,或许是因为决策一开始就出了毛病,也可能是因为外界情况发生了变化。假使领导者在决策的过程中已经考虑过各种可选择的方案,那么在情况发生变化时因为领导者有一些经过思考的、做过研究的、自己深刻理解的方案可供选择,他就能有备无患。如果没有这样的后退余地,一旦发现决策难以执行,那他就会感到束手无策了。

最后,不同意见有助于激发不同员工的想象力。若要寻找解决问题的办法,想象力当然帮不上什么大忙。假使是解数学题,想象力可有价值了。可是,领导者所要处理的是一些确实难以预料的事情,不管是政治方面的,还是经济、社会或军事方面的,都需要有“创造性的”解决方案,否则就难以开创新局面。从这个角度讲,领导者需要有想象力,因为缺乏想象力的领导者不可能从另一个不同的、全新的角度去观察和理解问题。

虽然有丰富想象力的人并不是太多,但这种人也并不像人们认为的那么稀少。想象力需要被激发后才能充分地发挥出来,否则它只能是一种潜在的、尚未开发的能力。不同意见,特别是那些经过缜密推断和反复思考的、论据充分的不同意见,便是激发想象力的最为有效的因素。只有将想象力的“开关”打开,想象力才能像自来水一样不断地流出来。而想象力的“开关”也不是别的,就是不同意见的有序争论。

可见,讲究效益的决策者懂得如何鼓励别人发表不同意见。从不同意见中吸取营养,这可以帮他识别那些似是而非的片面性看法,使他在做决策时有更加广泛的考虑和选择的余地。一旦决策在执行的过程中出现了问题或发生了错误,那么他也不至于变得手足无措。不同意见还可以激发决策者及其同事们的想象力,可以将那些听上去似乎有理的意见转化为正确的意见,尔后再将正确的意见转化为好的决策。

卓有成效的决策者不能一开始就有先入为主的想法,似乎只有一种建议是对的,而其他所有的建议都一定是错误的。他也不能一开始就抱着这样的想法:“我是对的,他是错的。”决策者必须从一开始就要下决心搞清楚为什么人们持有不同意见。

当然,作为领导也应该清楚,蠢人和搬弄是非者总是存在的。不过,决不应该认为持不同意见者不是蠢人便是狡诈之徒。应该懂得,除非有确凿证据证明某人别有用心,否则就应该把持异议者都看作是头脑正常的和没有偏见的。假如他得出了一个明显错误的结论,那也是因为他所关心的和看到的是问题的另一个侧面。卓有成效的决策者会自问道:“我们应该向他做哪些说明,才能使他的观点站不住脚?”卓有成效的决策者所关心的,首先是理解,然后才去考虑谁是谁非的问题。不管自己的感情有多强烈,也不管自己是多么肯定对方站不住脚,一个想做出正确决策的领导者必须要强迫自己了解不同意见,因为不同意见就是他推敲各种可供选择的办法的必要工具。有了这一工具,决策者才能保证某个问题的各个主要方面都能被仔细地考虑到。

总而言之,作为领导者,作为决策者,要充分发挥员工的主人翁精神,要让员工积极参与管理决策,从而保证决策的科学性,提高企业的效益。

(九)领导利用智囊六戒

智囊团是个好东西,企业领导的决策离不开智囊团的帮助。但下述六种不正确利用“智囊”的倾向,则需加以警惕纠正:

1.临渴掘井,匆匆召集“智囊”决策

某些领导在重大决策方案上报前,松松垮垮、拖拖拉拉,决策工作不按科学决策程序进行,遇到上级领导催报决策方案时,才火烧眉毛、临渴掘井,匆匆召集“智囊”会议,当场就拍板敲定决策方案。

2.只求单方案决策,无多方案可供选择

某些领导在对一项重大工程项目咨询时,以“为省事”“图方便”“节约经费”作为借口,只求“智囊”提供一个决策方案,然后急不可待地批准实施,鲁莽行事。

3.强烈的个人感情色彩,排斥异己意见

某些领导表面上很尊重“智囊”的独立性,但实际上,在进行决策咨询时,缺乏理性的思考,喜欢挑选一些符合自己心意的“智囊”进行决策咨询,把持有不同意见或相反意见的“智囊”加以排斥。

4.越俎代庖,完全依赖“智囊”决策

有些领导胆小怕事,懒于思考,不敢决断,完全消极地依赖“智囊”决策。他们对“智囊”唯言是听,惟计是从,没有主见,毫无异议,“智囊”也就“越俎代庖”,这是违背领导科学基本原则的。

5.求全责备,对“智囊”的期望值过高

某些领导把“智囊”看作“万能博士”“智慧之神”，认为其意见或建议是“万全之策”。其实这种看法是错误的、片面的。“智囊”并不是十全十美、万无一失的“神人”。

6.不辨“智囊”素质之良莠

有些领导在进行决策咨询时，虽有虚心求教于“智囊”的“热心”，却缺少认真鉴别其真伪、判断其优劣的“细心”。他们往往是病急乱投医，不辨“智囊”良莠，结果劳民伤财。

孝德升聞
象
舜母
瞽叟
舜

孝德升闻①

【历史背景】

舜和尧并称,都是传说中的圣王。舜,名重华,又称虞舜,据说国号是有虞,按先秦时代以国为氏的习惯,所以才叫作有虞氏。传说舜出生在姚墟这个地方,所以姓姚氏,名为重华,字都君。舜是由四岳推荐、帝尧亲自考察选定的接班人。传说他是华夏始祖黄帝的第八代子孙,但在舜诞生前几代,其家族就已沦为平民。舜幼年丧母,瞎父瞽叟又娶了后妻,后妻生儿子叫象。瞎父惑于后妻的挑唆,对舜很讨厌;舜的继母更是嚣恶不贤;弟弟象则依仗父母宠爱,骄横凶狠。三个人把舜看成眼中钉,总想杀害舜,但每一次阴谋都未能得逞。有一次,父亲叫舜到很高的粮垛上去干活,然后偷偷从下面放了一把火,企图把舜烧死。但聪明的舜,却用手挥动两顶大草帽,安全地跳下来逃走了。还有一次,父母叫舜挖井,趁他在井底做事时,企图把他埋在井下。但因舜早有准备,这次的阴谋也未得逞。尽管父母对舜百般加害,但舜始终恭敬地尽人子之道,对父母十分孝顺,以致后来终于感动了父母,一家人又过起了和睦的生活。舜的孝顺之名不胫而走,他的事迹很快传到帝尧的耳中。当时,帝尧正千方百计寻访贤人来接替自己的领袖之位,于是人们便把舜推荐给帝尧。帝尧以为,舜能处理好父母兄弟关系,是否也能正确处理夫妇关系呢?于是,尧把自己的两个女儿都嫁给舜做妻子,来考验他的德行。关于帝尧将自己的两个女儿一起嫁给舜的这个传说,是有个问题的。舜使两位金枝不仅不以娇贵凌人,还对老人十分孝敬。后来,帝尧又对舜进行了各种考察:使他耕于历山,历山之人皆让畔;渔于雷泽,雷泽之人皆让居;陶于河滨,河滨之陶器完好无损。他住的地方,居民聚集,两年变成小城镇,三年变成大都市。尧又让舜试典百官,考验他的行政才能。结果,舜不但管理得井井有条,还发现和荐举了被尧忽视的十六个才子,并消除了尧未能翦除的"四凶"。有一次,帝尧又以千变万化的大自然来考验舜,而舜在烈风雷雨之中也未迷途。最后,帝尧终于把舜定为自己的接班人。

【原文】

虞史纪:舜父瞽叟[2],娶后妻生象,父顽[3]母嚚[4],象傲。常欲杀舜,舜避逃,克谐以孝,瞽叟亦允若。帝求贤德,可以逊位[5],群臣举舜,帝亦闻之。于是以二女妻舜,舜以德率二女,皆执妇道。

【张居正解】

虞史上记:大舜的父是个瞽目人,他前妻生的儿子就是大舜。舜母故了,瞽叟又娶一个后妻,生的儿子叫作象。那瞽叟愚顽不知道理,后妻嚚恶不贤,象又凶狠无状[6]。他三个人时常商量着要杀舜,舜知道了,设法躲避,然后得免。然终不敢怨其父母,只尽自家的孝道。久之,感化得一家人都和睦。瞽叟见他这等孝顺,也相信欢喜了,所以人都称他为孝子。当时帝尧要求贤德的人可逊以帝位者,群臣都举荐他。比先,帝尧已知大舜善处父母兄弟,是个圣人,但是不知他处夫妇之间何如。于是召舜去,把两个女子都嫁与他为妻。舜又能以德化率这二女,在他父母前都尽做媳妇的道理。尧因此遂禅以帝位。自古圣贤,皆以孝行为本,然父母慈爱而子孝顺,尚不为难。独舜父母不慈,而终能感化,所以当时以为难能,而万世称为大孝也。

【注释】

①本篇出于《尚书·虞书·舜典》,并见于《史记·五帝本纪》。记述虞舜因孝敬父母而名闻天下的故事。

②瞽叟:瞽,眼睛瞎。这里指不能分辨颜色,引申为没有识别能力。因舜父不辨善恶,故谓之瞽叟。

③顽:愚妄。

④嚚:愚蠢不通事理。

⑤逊位:特指让出帝王之位。

⑥无状：无礼。

【译文】

虞史书上记载：虞舜的父亲瞽叟，在舜的母亲去世后，娶了一位后妻，她生下了舜的异母弟弟象。舜的父亲愚鲁狂妄，继母不通事理，象傲慢凶狠。他们三人合谋，总想杀死舜，舜总是设法逃避过去。在这种情况下，虞舜仍能和谐地尽孝道，瞽叟在虞舜的感召之下，也变得和顺了。唐尧这时正在四处寻找德才兼备的人，并准备把帝位让给他。群臣共同推荐舜，唐尧也曾听说有关舜尽孝的事迹，在这样的情况下，唐尧把两个女儿娥皇、女英同时嫁给舜做妻子，以便借机进一步考察他。舜用道德给她二人做出表率，她二人也都能遵守当时妇女的规范。

【评议】

孝是中华民族的传统美德，这是一个人人皆知的常识，尤其在古代，孝道更受到了格外的重视。中国古代很多圣贤都教导我们为人第一重要的就是“孝道”，并且把这个作为为人处世的最根本的要求，古代君王也认为孝道是治理天下、安抚百姓的根本。孝道是古代对一个人的评价的标准，在我们看到的这一篇有关舜的孝道故事里，就重点说明了这一点。在这个故事里，其实舜是用自己的实际行动来感化父母和弟弟的，这也是一种通过善来改变恶的行为。在古代，如果一个人连自己的父母都不孝敬的话，那么人们一定会认为这个人的人品极其恶劣。当今时代的中国式孝道，不知道从什么时候开始，已经在逐渐失去它的精神意义，代之而起的是它的物质意义，孝道似乎不再是一种人们的思想与行为的标准，儿女对父母的孝顺好像就表现在给予父母多少物质的满足，而不再是古代的那种面面俱到的周全的孝。现在似乎“物质满足即为孝”！孝道的精神内涵正在慢慢消失。虽然在现代社会，孝道似乎已经失去了在古代时候的特殊重要意义，但作为炎黄子孙，孝道始终都是一个不能失去的美德与价值评说的标准。这个故事在当今社会的教育意义更胜于古代，因为它正在唤起人们逐渐失去的对孝道的记忆。

【拓展阅读】

道德文化的鼻祖——舜帝

1.以德报怨,换来家庭和睦

舜很小的时候,就失去了母爱,过着孤苦无依的生活。他的父亲非常顽劣,后母又是一个愚昧的人。他的同父异母的弟弟象则更是凶傲不羁。

后来他和弟弟象一起拜尧为师,但象为谋帝位,多次与母设计陷害舜。尧禅让帝位于舜后,舜却力尽孝道,以德报怨,仍将象封侯掌管江南,到有庳(今湖南道县与双牌县江村一带)去做官,舜的德行感化了全家,营造出了和睦的家庭氛围。

象诚服于舜的宽仁,从此感恩悔过,时常寻访先帝恩师尧的足迹,为百姓做了许多好事,故有今日的访尧村。当地过去有“象王庙”,又称象祠,并保存有一块石碑,碑上镌刻有“有庳古封”四字。

2.以身作则,助人为乐

舜不仅是一个品德高尚的人,还是一个善于以身作则的人,处处以自己的实际行动去感化其他人。

舜在历山耕种、雷泽打鱼之前,那两个地方的百姓,曾为一己私利争夺农田和渔场,造成了社会的不安定。舜于是来到这里,以自身行为感化别人。他助人为乐,耕于历山时,把肥沃的土地让给了别人;渔于雷泽时,把经营好了的渔场让给他人。在其高尚德行的感召下,人们都以诚信为本,纷纷效法,把肥沃土地和上好的渔场让给老弱之人。礼让因而蔚然成风。

3.学尧帝,禅让帝位

一天,舜帝把大禹召来,拉着大禹的手夸他说:“禹呀!你治水立了大功,使百姓安居乐业。从治水一事,可以看出你的贤能和本事。你不辞劳苦,生活俭朴,这样任劳任怨实在了不起。现在我年事已高,帝王应该由你来继任。”大禹谦让地说:“凭我的德才尚不足胜任,还是让位给皋陶吧。皋陶以刑布德,百姓都信服他。”舜帝虽赞赏皋陶以刑治国的

本领，但从全面考虑还是认为大禹更适合，所以仍坚持把帝位让给大禹，他说：“帝王相继的次序应在你身上，你不要再推辞了！”

大禹仍坚持要舜帝另选贤能，并提出用占卜的方法选择吉祥的人去继承帝位。舜帝主意已定，继续说服大禹：“禹啊！我把帝位授给你的主意早已定了，我已经征求过大家的意见，都是一致的。你继承帝位，这是天意，神鬼皆服，龟卜占筮也是如此。”大禹还是推让，不肯接受。舜帝说：“你有这种谦让的美德，看来这帝位更应由你继承，不要再推辞了，我意已决，正月初一在尧帝的宗庙接受帝位。”

大禹觉得再推辞下去就失去为人之道了，也违背了舜帝的意志和天下民心，便点头答应了。舜帝见大禹同意继位，便高兴地说：“登上帝位要精诚专一，实行中正之道，没有经过验证的话不能信，没有经过征询众人意见的谋略不能用。要注意密切君王和百姓的关系，务必懂得，要得到百姓的爱戴，就要关心百姓的疾苦，一定要和百姓同甘共苦，谨慎行事。”大禹连连点头称是，表示不辜负舜帝的期望，要把天下治理好，让百姓安居乐业。

大年初一清晨，舜帝率领百官在宗庙举行了隆重的禅让帝位仪式，正式让位于大禹。

大禹继位后，按照舜帝的教谕，去南方征伐三苗。开始时想以武威征服三苗，但不见效果。后来，大禹采用了一个叫益的人的建议，以德治感化三苗，终使三苗归顺禹王。

【镜鉴】

一、敬畏伦理

（一）孝是政治制度设计的起点

“山老鸹，尾巴长，娶了媳妇忘了娘；把娘扔到山沟里，媳妇抱到炕头上；烙烙饼，蛋花儿汤，媳妇媳妇你先尝；我去山沟里喂咱娘，咱娘变成了屎壳郎。”从小长辈们就这么教儿歌，为了让孩子知道不能不孝，不能忘本。只可惜，忘记了最初也最真诚的教导，让自己成了一个让人唾弃的“屎壳郎”。

一条“深圳公务员打骂亲生父亲，咒母亲是猪被车撞死”的新闻引发了热议。年近六旬的老父老母，从老家来深圳帮助儿子带孩子，没想到得到的竟是身为公务员的儿子的辱骂和殴打。这名殴打父亲的公务员，还是受过高等教育的硕士研究生，在深圳市某区发展和财政局任职。这件事从小处讲是一起家庭纠纷，当事者缺乏修养，行为失范；从大处讲，可看作是当前转型期社会道德水准、伦理规范方面存在问题的一个缩影。

孝顺的官员尽孝方式大多相同，不孝的官员却各有各的不同。有的人为了仕途的畅达而费尽心机，有的人醉心于灯红酒绿而无暇他顾，有的人沉迷于贪婪而目空一切，这对社会风气产生了较大的负面效应，而这些官员无一例外地都忽视、淡漠了生他们养他们的父母。

有这样一群官员，他们沉溺于“活色生香”的官场生活，平时只愿意把时间花在打牌、喝酒、包二奶和编织关系网上，却不愿意抽点时间回家陪陪父母。基本上都是给点儿钱，附上一句“爸(妈)，拿去买点吃的穿的”。这样做，多的是一双双“望儿欲穿”的眼，伤的是一颗颗父母心。父母的需求不多，其实正如周杰伦唱的那样：“她要的是陪伴，而不是六百块，比你给的还简单。”

随着社会的发展，孝的形式应该改变，不仅要让父母吃穿不愁，更应该注重精神上的慰藉。据中国社科院一项最新数据调查显示，县处级官员中职位越高的，陪领导时间越长。他们和家人在一起的时间相对较少，和父母在一起的日子更是屈指可数。如今中国温饱已解，大部分父母需要的都是精神寄托，而非穷奢极欲的物质享受。

2006 年，重庆大足县人事局原副局长李福多被人发现在家中切腹自杀。后来经大足县有关部门的调查，李福多身为副局长，一直为官清廉，自我认为在经济上无法让远在云南农村老家的父母和哥哥过得更好，长期背着严重的思想包袱，终未能解开。李福多的悲剧，多少让人感到有点无奈和悲哀，因为良好的心态是为官人应该具备的素质，从严格意义上来说，如此轻生也是一种不孝。事实上，“孝”的本身就是一个道德范畴，尽管也有物质上的需求，但更注重的是思想感情的表达与满足。古人云：“百行孝为先，论心不论迹，论迹世间无孝子。”意思就是，尽孝，重在看心意，事在人为，相信一般的父母不会强行要求子女去偷去抢去犯罪来满足自己的物质需求。

“举孝廉”是汉代发现和培养官吏预备人选的一种方法。它规定每二十万户中每年要推举孝廉一人，由朝廷任命官职。被举之学子，除博学多才外，更须孝顺父母，行为清廉,故称为孝廉。在汉代,"孝廉"作为选拔官员的一项科目,没有"孝廉"品德者不能为官。到清朝时,考取了举人,还是用孝廉公这个名称,也是源自汉朝的举孝廉制度。

一般称孝廉公都是指那些被举过孝廉,大部分是至廉至孝的人,但也包括一些弄虚作假、道貌岸然之辈,像汉朝就有童谣讽刺:"举秀才,不知书;举孝廉,父别居。"

如今,关于官员孝悌道德的考核也成为很多地方讨论的重点,河北魏县县委书记提出了"德孝治县"的理念,要求不得提拔不孝官员,这引起了广泛关注。他认为提拔干部必须有父母的德孝意见证明,无德不孝一律不考虑。

每周帮父母做一次家务;每月带父母理一次发,给父母洗一次脚;每年给父母的生活费用不少于月平均工资或收入……2012 年 10 月,在倡导仁义礼的中国先贤孔子的家乡山东曲阜,孝道如今成了对全体官员的硬性要求。曲阜市委书记李长胜在曲阜市打造"彬彬有礼道德城市"动员大会上说,要将孝道作为干部提拔使用的"红线",不孝者不得提拔重用!一石激起千层浪。

有人提出了质疑:不孝顺父母的人就一定不能当好官吗?人们常说"自古忠孝不能两全"。其实这里涉及一个取舍,在国家利益、集体利益和个人利益发生冲突之时,该如何选择。显然,古代仁人志士的选择给了我们答案。在涉及民族大义、国家利益之时,大多数仁人志士选择了民族大义,选择了国家利益。一代名相张居正一心为国事操劳,万历五年,张居正之父张文明去世,此时父子已经 19 年未曾见面,按礼法,张居正应该归丧,但张居正的改革正处于从政治到经济转变的关键时刻,他担心这一走,就会功亏一篑。所以,张居正最终没有为父亲尽到世人所谓的"孝道"。那么,如此就说张居正不能当官吗?非也,他并非不孝,而是舍小孝顾大孝。

官员成器,对父母是孝顺,是精神上的一种宽慰;官员贪腐,毁了自己,毁了家庭,才是对父母最大的不孝。

"修身、齐家、治国、平天下",这被传颂几千年的人生格言,包含着道德范畴与方法手段以及道德范畴内的主次关系,"修身"是首位,只有修好自身,才能齐家治国平天下。同理,"崇孝"是首位的,只有"崇孝"才能"仁义",才能不昧着良心做官。

为官考"孝",不仅仅是一个选拔好干部的"赛场",更是一个检验干部德的试金石。私德连着公德,家庭道德折射官德。现实生活中,有少数领导干部"不慈不孝",最终都因缺孝失廉成为贪官,跌入违法犯罪的深渊。百姓的孝道,是讲做人的良心;干部的孝道,则代表为官之本。把孝道作为选拔干部的一个重要方面,进行考察、教育和引导,值得提倡。只有品行端正、工作能力强、群众认可,才能配当领导干部。

对父母都不孝顺,说明对谁都好不了,是本性问题,何谈为人民服务?何谈为社会奉献?法律规定的义务都不承担,何谈社会责任感?

(二)养儿"防老"还是"坑爹"?

父亲不如西门庆——这是一个网站的名字!"在我向中纪委举报之前,我是初中、高中在校生,我现在已上大一,只有举报才能挽救我父亲改邪归正,重新做一个对社会有用的人"——这是网站的介绍。建这个网站的人姓王,是山东省一个女孩,3 年来她一直在举报父亲——省国土资源厅一位普通干部"包二奶",为此她两赴中纪委,并创办了名为"父亲不如西门庆"的网站。

2012 年 6 月,一则冰心墓碑被毁新闻刺伤了广大民众的心,作案者更让人觉得惊讶与疑惑。原来,冰心的孙子吴山因为与父亲吴平产生钱财纠纷,最后偏激的迁怒在奶奶冰心坟墓里。这个坟墓是冰心和丈夫吴文藻纪念碑,吴山在墓碑上用红漆涂上八个大字"教子无方枉为人表"。据闻,吴山曾要求吴平给予其两套房子和现金数百万元,但吴平拒绝给予现金。而且,吴山认为吴平在与自己母亲离婚之后也没有给予赡养费,没有尽到丈夫和父亲的职责。在利益面前,亲情变得如此廉价。

父女反目,父子成仇。

千百年来,我们一直遵照着"养儿防老,积谷防饥"的传统。谁能料到今天,"养儿防老"会演变成"养儿坑爹"?特别是这种现象发生在领导干部身上的时候。

在当下中国,有各种各样的"二代":从"富二代""官二代""红二代"到"星二代",其共同点就是享有特权,能与权力近距离接触,因此在谋求工作职位和签署商业合同时更加轻松。但是,这些"二代"无法无天的行为已经影响到了父辈,甚至直接导致他们下台,由此产生了一个新名词——"坑爹"。

这些出生在 20 世纪 90 代的青少年,由于成长在优越的环境中,过着衣来伸手,饭来张口,花钱无拘无束、出门有车接送的生活,在学校或社会上与同龄人碰在一起,就"比

爹”“拼爹”，炫耀自己的爹“官”有多大、“位”有多高，使农村出身、家庭生活困难的孩子望尘莫及。在他们的潜意识里早已深深扎下了高人一等、目无法纪、唯我独尊、盛气凌人的根子，加之学校、家长对其管教不严，为了达到某种目的，满足某种需要，便仗着老爹的权势、威望，去干出那些违法乱纪、伤天害理的坏事来，不仅葬送了自己的前程，而且也坑害了自己的老爹，使荣耀一生的老爹，没有倒在千辛万苦的工作岗位上，却栽倒在一个不争气的儿子身上。

2012 年 3 月，“坑爹的二代”成了两会热点话题，二代的教育问题受到各界关注。这种“坑”，最典型的就是这些“官二代”仗势欺人的事件被曝光的数量越来越多。

为什么“官二代”能如此飞扬跋扈，无视国家法律法规？为什么“官二代”在闯出祸端之后大言不惭喊出“我爸是××”和“谁敢打 110”的愚钝之言？显然，除了体制问题，我们还需要注意到这是“官二代”的教育弊端所在。俗话说：子不教，父之过。这句古训怎么身为政府官员的父母倒给忘记了呢？

为什么说这是家庭教育不周的问题？因为官员子女从小的优越感若没有好好地正确地利用就有可能演变为飞扬跋扈目中无人的傲慢性格。如果说物质生活上的优越是既定的，可是官员父母不应该忽视孩子的精神培养。深入来看，为何孩子在惹出祸端之后没有一点害怕之色反而大喊“我爸是某某”？很显然这是官权主义在作祟。

在一些地方，还是有严重的官本主义，他们认为官权是一家，这种思想不仅在大人心中根深蒂固，更让孩子对当官的认知产生了不良影响。抛开思想的影响不说，百姓对官员子女的盲目“照顾”也使得官员子女产生了他们父母是官员，唯他们是从的错误认识。

令人悲哀的是，现在幼儿园就形成了一股强烈的攀比之风，比比谁家官大，比比谁家有钱。久而久之，孩子不仅产生了依赖思想、不羁性格，更严重的是认识遭到了污染。这就像是一个恶性循环，百姓自己捧高官员，官员利用职权荫蔽孩子反过来伤害百姓的利益。这种循环何时了？

“你以为我想吗？在父母什么都为你做好的情况下，我已经没有了行动能力，所以只有遵循父母铺设的这条路走。”这是一个“官二代”的真实独白。

几句浅显之语透露了一个问题：官员父母该重视孩子的家庭教育、孩子的人格培养了！站在父母的角度来看，也许你能为孩子提供一个相对优越的环境，让他接受更好的教育是无可厚非的,但是你更应该明白,孩子真正的成长应该来自他自己的经历,而不是你为他铺设的人生轨迹。你更不应该让他有"你的职权能对他的生活带来很多便利"的认识。站在孩子角度来看,孩子应该自小就形成我与别的伙伴一样的认识,而不是"我爸是某某"的特殊立场。这对孩子形成与人为善的平和性格以及正确的道德观、价值观至关重要。

2011 年 9 月,安徽省 17 岁少女小周因拒绝"官二代"T 某的求爱,而遭到对方泼洒打火机油焚烧,惨遭毁容。T 某行凶后,曾阻拦周家人报警,还威胁女孩说,如果报警了,他父母是当官的,会很快把他搞出来,"我进去最多一个礼拜就出来了,出来之后,你和你的家人就等死吧!"

霸气何来?胆气何来?可能并非是一朝一夕炼成的,他们从小就体会到了权力的力量,在特权环境中成长很容易使他们养成嚣张个性。毋庸置疑,造成此类"官二代"自我膨胀的罪魁祸首,难以逃脱家庭教育之殇,自小成长的不良环境熏染。首先不可推卸的肯定是父母教育的失职,如果他的父母不是从小放纵,让他养成了纵情声色唯我独尊的恶习,他就不可能如此叛逆和自私,如此残忍和冷血。

据新华社 2013 年 1 月 13 日报道,经山西省纪委常委会议、山西省监察厅厅长办公会议研究,并报山西省委常委会议批准,决定给予山西省公安厅副厅长、太原市公安局局长李亚力留党察看一年处分,建议按有关程序撤销其山西省公安厅副厅长、太原市公安局局长职务。据调查,李亚力在处理其子违章驾车并妨碍交警执行公务过程中,违反规定,滥用职权,其行为已构成渎职错误。同时还发现其有违反廉洁自律错误和违反组织人事纪律错误。

如果我们仅仅把仇恨的目光投向官二代的身份,而忽略案件背后的教育缺陷和司法漏洞,官二代的问题就会更加严重,社会矛盾将会因族群歧视而更加激化。我们要反思的是,如何对孩子进行良好的管理和教育。

为了孩子的未来前程,希望他们能够珍惜父辈给创造的优越条件,努力学习,严以律已,遵纪守法,在正确的道路上健康成长。同时,各级领导干部也要从这些典型案例中吸取教训,好好研究一下对子女的教育问题,并下大力度切实做好。否则,望子成"龙"的期望就会落空,最终使他们蜕变成"熊",到那时,作为家长恐怕抱头痛哭都来不及。

(三)忠于配偶利于考德监督

夫,与妻结成配偶者;妻,与夫结成配偶者。夫妻,男女二人结成的合法婚姻关系。纵古至今,婚姻似乎成为人们一生之中必然要履行的程序,而夫与妻也是人们一生之中众多角色中既定的一个。想要演好这个角色并非易事,毕竟在之前的人生经历中并无此经验可循。而要想演好角色,让人生中的这个程序运行通畅,就要避免走错路,使自己与你的她/他始终保持同步,共同向前。

"诚知此恨人人有,贫贱夫妻百事哀"出自唐朝元稹的《遣悲怀》,这首乐府诗是为了悼念他的亡妻韦从所写。"虽然我知道这种阴阳相隔的悲恨人人都会有,但一想起我们做贫贱夫妻的每一件事情都会让我特别悲哀。"生离死别,固然是人所不免的,但对于同贫贱其患难的夫妻来说,一旦诀别,是更为悲哀的。

古时有糟糠之妻一说,是指贫穷时可以同患难的妻子。历史上,有不少帝王在此做出了很好的榜样。比如汉宣帝与许皇后,平民出身的汉宣帝不畏恩人权臣霍光的威逼利诱,拒绝娶其女而换后,可表情深;明太祖与马皇后,在马皇后死后,明太祖并未为她选择继承人——册立新皇后,名留千古。

古时帝王纵然能在那等环境中如此有情有节,不禁让我们替现代的一些领导干部感到汗颜。古时有语:富贵不能淫,贫贱不能移,威武不能屈。可偏偏有的人就是忘了"富贵不能淫",而在这上面栽了跟头。

2011 年 5 月,一封举报信递送到海淀区检察院。陈某举报丈夫多次收受下级公司钱财,并经常进行私销公报。检方根据举报展开调查核实工作。为何妻子要举报自己的丈夫呢?原来陈某举报丈夫的起因是发现丈夫在外面有外遇,长时间的冷战加上丈夫宿某突然将在京念小学的儿子带回济南老家,不让儿子与她见面,这坚定了她举报丈夫的决心。经查证后,宿某因涉嫌贪污罪,被检方审查起诉。

近年来,妻子状告贪官丈夫的事例并不少见。比如绍兴市房管处原主任周国强的妻子庄之兰、砀山县房产局原局长刘江辉的妻子张玉荣、徐州泉山区原区委书记董峰的妻子睢传侠。究其"后院起火"的原因,莫不是丈夫在外有了外遇,背叛了他们的婚姻。

婚姻代表着两个人的结合,是责任、是义务;夫妻更是人生漫长道路上相互扶持的伙伴,要谦让、要忠诚。现在一些官员经过多年艰苦的奋斗,取得了一些成绩,获得了一些认同,便不再追求服务人民、服务社会,反而开始追求起生活上的另类刺激,花天酒地、夜夜笙箫成了家常便饭,留下他们的妻子独守空房,以泪洗面。

这是对婚姻的不忠诚,他们被物质的欲望冲昏了头脑,忘记了最初夫妻间的相互扶持、忘记了妻子对他生活无微不至的照顾、更忘记了他对爱情的承诺,婚姻的责任。同时,这也是他们迈向罪恶深渊的源头,他们包养情人,一掷千金,发现透支了欲望的支票后便开始知法犯法、贪赃受贿。他们最后的结果莫不是落得个身败名裂、妻离子散,独留下家中妻子照顾幼儿,赡养双亲。

我国《婚姻法》规定,夫妻之间有相互忠实的义务。所谓忠实,即忠诚可靠、尽心尽力。婚姻的忠诚要求夫妻双方时刻谨记自己的责任与义务,绝不能越过雷池半步。面对诱惑要有坚定的忠诚感,要有十足的定力拒绝诱惑。夫妻间要相互尽心尽力,心往一处使,劲往一处用。福要一起享,难要一起扛!即使身处高位,荣华富贵,也不要忘了糟糠之妻,只因经得了患难,方可见真情。那些陪伴你历经风雨的人,才是你心中真善美的真谛。

"摇船摇过断桥边,月老祠堂在眼前,十世修来同船渡,百世修来共枕眠。"

王安石出任知制诰时,不到四十岁,仕途如日中天,正在上升之时。那时北宋京师汴梁生活特别奢靡,朝廷官员几乎家家妻妾成群。一日王安石回到府邸,夫人吴氏不在屋里,椅子上却坐着一位二十多岁年轻貌美的女子。王安石大吃一惊,问来者所欲何为?夫人吴氏告诉王安石这是她买来给王安石做妾的,并吩咐女子要好好服侍王安石。王安石听闻后,命该女子回到她的房间安歇。第二天一大早,立即命人将该女子送回家。终其一生,王安石只有一个夫人。此事之后,吴氏便不再给王安石买妾了。后来因变法失败,王安石辞官归田,妻子吴氏一直伴其左右,两人相互扶持,相敬如宾,直至终老。

曾几何时,"家里红旗不倒,外面彩旗飘飘""怕情人怀孕,怕群众写信,怕老婆自尽"更是成为嘲讽一些领导干部的段子……其实,如果能本着一颗敬畏之心,好好珍惜和对待彼此,这些段子自然悄然而灭。夫妻作为一个命运共同体,理应风雨同舟、祸福同当、相互扶持、共渡难关,携手到老,直至生命终结那一刻。这,才是婚姻的真谛。

二、有恩于我不可忘

——常怀感恩

感恩是一种生命拷贝的回放,人生快乐的源泉,智慧与德行交融的情怀,其他一切美德之母。感恩犹如心灵的流泉,滋润着心田,让生命充满生机,遍洒阳光,享受生活的美好和幸福。

感恩是一种美好的情感,是中华民族悠久的传统,是人性和人的高贵之所在,是人们精神生活中的重要主题。

中华民族是一个有着悠久历史传统的礼仪之邦。儒家讲求“忠、孝、节、义”引发出来感恩意识,并以此作为“人性”的根本。

中华民族是最懂得感恩的民族,流传着许许多多知恩图报的动人传说,展现了感恩的美德,展示着感恩的圣洁,诠释了淳朴的民风,广传着“恩欲报、怨欲忘、抱怨短、报恩长”(《弟子规》)的经典话语。五湖四海情为重,三教九流义当先。

“千金一饭犹思报,肯负高皇吐哺恩”。当年韩信穷得没饭吃,饿得受不了的时候,河边漂母连续几十天给韩信送饭。韩信做了王侯,用千金来酬谢漂母!可见韩信是个知恩图报的人。

感慨于斯,本书作者诗曰:

胯出忍辱能屈身,漂母乞食志犹存。
别项登坛群雄冠,陈仓暗度出奇兵。
一生不割天下鼎,九死只为明主恩。
淘尽长江国士泪,高风刘秀爽胸襟。

汉文帝刘恒即位后,常提醒自己,感恩上天垂爱,感激大臣拥护,促使他励精图治,成就伟业。

中国人为什么那么崇拜有过许多失误的关羽,历时1800年而不衰?与其说是由于他很英勇,不如说是因为他重情重义(主要是义)。关羽是个以情义、信义、道义著称的人,恩怨分明、欺强而不凌弱的人。

当年曹操施恩于关羽,忍让关羽过五关斩六将,可以说做到了君子的极致,此乃《三国演义》中最精彩、最感人的篇章。关羽正在落魄,没有什么能力回报曹操,曹操也落个施恩不图报之名,这正是曹操的过人之处。

赤壁之战,曹操兵败至华容道,一声炮响,为首大将关云长提青龙刀,跨赤兔马,截住去路。云长是个义重如山、知恩图报的人,想起当时曹操许多恩义,如何不动心?于是把马头勒回,谓众军曰:"四散摆开",冒死义释曹操,实现了"其有余恩未报,愿以俟之异日"的诺言。

后来关羽败走麦城身亡后,曹操痛哭,并为其收尸殓葬。这种君子之交、英雄相惜的情怀,让人刻骨铭心、记忆犹新。

朱元璋做了皇帝,回想起平定天下,来之不易,也有周颠的一份功劳,于是不惜巨资,在庐山锦绣峰顶,建筑"御碑亭",以感谢和纪念他。

感恩是思维上的理智和心灵上的和谐。曾国藩说,一个人"如觉天之待我过厚,我愧对天;君主待我过厚,我愧对君;父母待我过厚,我愧对父母;兄弟之待我过厚,我愧对兄弟;朋友之待我过厚,我愧对朋友,便觉处处皆善气相逢"。

感恩之心是滋润生命的营养素。只要你胸中常怀有感恩的心,就会不断涌动着温暖、自信、善良等美好的品格,自己与同志、亲友之间创造一种友善氛围。

一位即将不久于人世的老人,将自己的儿女唤到跟前,诉说了自己曾得人所助的故事,教导子孙们报答其人。虽然老人一生坎坷,遭受不少人的陷害,但他自始至终未提一句,只把感激与报答留给后人。这是一位老人留给世界最美的礼物。

明代洪应明说:"我有功于人不可念,而过则不可不念;人有恩于我不可忘,而怨则不可不念。"西方一位哲人说过:"别人爱我,我爱别人,这是小爱;我爱别人,别人爱我,才是大爱。"

感恩是一种生命拷贝的回放,人生快乐的源泉,智慧与德性交融的情怀,其他一切美德之母。感恩犹如心灵的流泉,滋润着心田,让生命充满生机,遍洒阳光,享受生活的美好和幸福。

如果有感恩之心,便能与他人分享自己的拥有,体会到愉悦的心情,脸上会洋溢着甜蜜和喜悦。一位哲人说得好:真正的幸福并非拥有的多,而是所求的少。幸福就在一种常常感恩、时时惜福的心境里。常怀感恩之心,会涌动着善良、自信、坚定等美好的处世品格;可以怡养性情,不会觉得组织、家庭、别人欠了自己什么,不会认为"对方应该、不应该",不会产生抱怨情绪。

感恩、感激的情感会刺激脑下垂体后叶激素的分泌,它会使神经系统放松,减轻压抑感,体内各组织的含氧量也会显著增加,就像经过了康复治疗一样。

当你忽视别人对你的付出时,当你把别人的施恩视为理所当然时,当你觉得自己获取的幸福不多时,当你发现自己或别人评价你变得苛刻、挑剔、怨恨时,就应想一想:自己是否淡化了感恩之心?春风不识面,何时变丑陋?如果抱怨太多,感激太少,即使拥有了财富与幸福,你也感受不到它们的存在和快乐,也不会感受到人生的多彩和美好。

忘恩会使人性"趋恶"。忘恩负义与狼心狗肺不二,一辈子都将受到良心谴责。战国时期的军事家吴起,在鲁国任将军。齐国进攻鲁国的时候,鲁国打算任命吴起为主帅,可是吴起的妻子是齐国人。有了这样的社会关系,鲁国人猜疑他,说不定是齐国的"卧底"呢。

吴起为了获取功名利禄,就杀死了有恩于他的妻子,以表明他不依附于齐国。吴起踏着妻子的鲜血,接过了鲁国的帅印,并指挥若定,打败了齐军。可是,鲁君却不再重用吴起,认为他实乃虎狼之人,说不定为了谋取更大的权利,弑君谋反的事也干得出。吴起只好远走他乡。

春秋时期,晋国的王子重耳,为逃避迫害而流亡国外,饿了好多日。他的大臣介子推从腿上割下一块肉,煮汤给重耳充饥。

19 年后,重耳登上国君之位,重赏当年伴随他流亡的功臣,功大的封地,功小的授爵,唯独忘了介子推。有人以龙、蛇为喻,作了一首谣谚挂在宫门上,提醒晋文公不要忘记介子推。

介子推并没有表白,同老母亲一起去绵山隐居。晋文公看到这首谣谚,马上想起介子推,于是亲自去找介之推,但没有找到。晋文公采纳了左右的馊主意:命人火烧绵山,想以此逼他出山。可介子推宁愿葬身火海,也不愿意与其相见,死在一棵老柳树下。树洞里留下一张血书,写着:"割肉奉君尽丹心,但愿主公常清明"!

晋国人思慕介子推,因为他是死于火的,所以竟不忍心生火,整整为他冷食一个月……这一做法流传开来,定清明节前一天为寒食节。

这件事最早见于《庄子》："介子推至忠也，自割其股，以食文公。文公后背之，子推怒而去，抱木而燔死。"

晋文公怎么会淡忘患难时，割身上之肉给他充饥的人呢？是不是身一阔、脸就变？我乃君主，怎么会对你感恩戴德？后来或许是迫于舆论压力，怕失于民心，才去找介子推吧？介子推在公子重耳最窘困的时候，一直不离开他，那是因为当时的重耳只有让他拥戴的德行；到重耳回国当上了国君，介子推反而离开了他，那是因为这时的重耳已没有让他拥戴的德行了。

《史记》载，陈胜年轻时，靠打长工种地为生，郁郁不得志。有一天，他扔下手中的锄头，茫然四顾，备感怅然，对乡亲说："苟富贵，勿相忘"！——如果将来我们中间谁富贵了，千万不能忘了其他人，共享富贵呀！他深知穷人致富，不能单打独斗，必须相互提携。正是："王侯无种英雄志，燕雀喧喧安得知。"

后来陈胜起义称王，那些伙伴便来找他，直呼其名："我们想见陈涉！"这些客人进了王宫，逢人便说自己与陈胜替人耕稼的旧情，还将陈胜当年可笑的往事抖搂出来。有人对陈胜说："这些客人与您称兄道弟、平起平坐，嘻嘻哈哈，专说些不知轻重的话，有损于您的尊严威望，成何体统！"陈胜竟然下令把这些人斩首。

陈胜过去的朋友见陈胜对昔日患难之际的布衣之交，如此绝情无义，都自动离去，再没有敢亲近他的了。军中将士见陈胜失信于人，寡恩薄义，纷纷侧目，人人自危，离心离德，加上陈胜用人不当，刑罚失度，最后竟被车夫庄贾刺杀，强盛一时的张楚政权分崩瓦解。

古往今来，有许多人忘记了感恩，忘记了那些帮助过、照亮过、爱过自己的人，甚至伤害他们。《西游记》第九十七回诗云："恩将恩报人间少，反把恩慈变作仇"，一针见血地描绘了现实人间的不道德现象。美国索尔·贝娄说："最受优待的人，最具天赋、最为狡诈的人，往往是最忘恩负义的人。"

忘恩的人只记得你的坏处，不念你的好处，纵使你对他鸿恩浩荡，也难以感动他的心。一些人丧失感恩之德，与嫉妒、虚荣心、溺爱有关。

忘恩的人是没良心的人，贪婪无度的攫取者，目中无人的傲慢者，总之是道德低下脸皮厚、离"人"字渐远的冷漠之人。德国哲学家康德说："没有比知恩不报的人更丑恶的

了。”莎士比亚在《李尔王》一剧中说:“海怪也比不上忘恩的儿女那样可怕!”

贾雨村并不是《红楼梦》中无足轻重的角色。他受甄士隐资助赴京赶考,名登金榜后回来当知府。被拐卖的婢女甄英莲是甄士隐的女儿。按理说贾雨村应该在审理此案时把英莲解救出来,以报答甄士隐。但贾雨村忘恩负义,自私冷酷,乱判此案,致使英莲父子永隔,有家难回,客死薛家。“因嫌纱帽小,致使锁枷扛”。贾雨村最后被撤职监禁,身陷囹圄。

不知从何时起,不少人的心变冷了,变硬了,变狠了,变贪婪了。格式化的笑越来越多,真诚的心越来越少;贪婪掠取的人越来越多,心存感恩的人越来越少。所以,我们需要回归人类的本性,去拥有一颗感恩的心。心中要充满阳光,才会感到温暖和快乐。

感恩是育人成才的基石和立身立世的坐标。每个人都无法建立一个自给自足的世界,都不可能像鲁滨逊那样孤独一人闯天下,都离不开天地的养育、社会的保障、家庭的关爱,都得到来自领导、同志、朋友、亲属的帮助。作为万物之灵,从呱呱落地到长大成人,父母的哺育之恩,老师的教育之恩,党的关爱、组织的培育之恩……这些都是人生成长、进步、成才的基础和前提,应该而且必须终生牢记!怎么能像有的人那样陶陶然而乐不思蜀呢?

有一首《感恩师》说:程门立雪情切切,颜子尊师意慈慈。辛苦园丁弥恳挚,成荫绿叶想恩师。徐特立曾经在湖南第一师范从事教育工作,做过毛泽东的老师。20年以后,当徐特立在延安过60岁生日时,身为中国共产党中央委员会主席的毛泽东,写信向他祝贺,说:“您是我20年前的先生,您现在仍然是我的先生,将来必定还是我的先生。”

“您觉得一个人成功的秘诀在什么地方?”一位听众请教台上的企业家。“保持一颗感恩的心。只要你对人对事对物保持一颗感恩的心,你一定会成功!”企业家的回答赢得了阵阵掌声。不知感恩,会妨碍我们成功。不知感恩而只知从别人身上得到好处,喜欢怨天尤人的人,往往成为不受欢迎的人,必定会走向败局,走向厄运。

据说,个头矮小的拿破仑登上阿尔卑斯山,他不无自豪地说:“我比阿尔卑斯山还高!”然而,他没有忘记,这是因为他身后有那么多忠心拥戴他的士兵。

困难有人助,恩情应记心。感激生育、抚养你的人,感激关怀、帮助、扶持过你的人,感谢别人的问候,感谢别人的微笑,才会关心、关爱别人,尽可能地去帮助他人,并以此为最大快乐。

感恩之心能够稀释心中狭隘的积怨和仇恨,逐渐谅解触及你心灵痛处的那些人。常怀感恩之心,会对自己的职业与该尽的职责有一份由衷的敬畏,会在心中形成一份神圣的使命感。

三、宰相肚里能行船

——学会宽容

宽容是鲍叔牙多分给管仲的绸缎,是光武帝焚烧投敌信札的火炬,是冬天皑皑雪山上的暖阳,是荆棘丛中长出来的谷粒,是留在踩扁紫罗兰的脚跟上的香味。

将军额上能跑马,宰相肚里可撑船。一个人的胸怀能容得下多少人,才能够赢得多少人。是否具有不计前嫌的胸襟,直接关系到他能否纳才、聚才和用才,更关系到他自身发展。

宽容、忍让,是力的作用,毅的展开,志的展示,胜的体现。“泰山不辞抔土,长江何拒细流”。“高怀同霁月,雅量含青风”。“富者能忍保家,贫者能忍免辱,父子能忍慈孝,兄弟能忍义笃,朋友能忍情长,夫妇能忍和睦”。(《六忍歌》)退让一步,不与之争,不与之斗,可以化解矛盾,寻来柳暗花明,可以回避冲突,出现海阔天空。宽容孕育智慧,乃天下通宝也。

老子曾提出“柔弱胜刚强”的思想。“柔弱”是柔中带刚,弱中有强。老子推崇“柔弱”,是以“柔弱”为手段,达到战胜“刚强”的目的。

领导者是名副其实的强者,对于不愿意服从自己的人,可否不急于展示自己的强悍,不要个人的权威,不宜与对方论一时之对错、争当众之高低,还是把架子放下来好,用一个淡淡的微笑,说一句轻轻地歉语,来显示包涵与谅解,让对方得到心理满足,使其敌对心理黯然失色。

对那些消极、散漫、桀骜不驯的人,不可随意指责、训斥,要发挥他们的长处,肯定他们的成绩,引导他们改正缺点,使他们心悦诚服。

《尚书》载,周公告诫周成王说:“小人怨恨你、骂你,则自己应当加强修养,放宽心胸,不要计较他们。”加拿大前总理特鲁多下野后,向邓小平请教复出的“秘诀”,邓小平的答案是："忍耐和信仰"。

学会宽容，乃是达到人和、成就事业的重要保证。对人宽容，才能促进和谐，才能掌管人、使用人。孟子认为，人和胜过天时地利。

泰山不拒土壤，故能成其大；河海不择细流，故能就其深；官者不却布衣，故能明其德。处事、待人宽容些，容人之过，谅人之失，以德报怨，看淡得与失，能因这份平和而获得宁静和从容，有时也可以避免得罪小人，而保护自己。

学会用要求别人的心要求自己，用宽容自己的心去宽容别人，其实是给自己留下来一片海阔天空。胸中天地宽了，就会常有渡人船，人生就不会有那么多的樊篱和栅栏。你宽宏大量，使你的精神进入一个新境界，你的形象也会高大些，会越来越受到人们的重视和拥戴。

刘秀能起兵反对王莽，削平割据政权，于公元25年称帝，建立东汉政权，完成统一大业，与他延揽英雄，务悦人心、宽厚待人密切相关。

刘秀消灭了占据邯郸的王郎之后，缴获了一些下属与王郎私人交往、辱骂刘秀的书信。刘秀不去翻阅，让人把那些书信全部烧掉。那些人感激涕零，一心一意跟随刘秀打天下。刘秀对敌军营垒中的人前来投诚，也能以柔克刚，赤心置人腹中，委以重任。刘秀统一全国之后，也没有像刘邦那样诛杀功臣。

严子陵与刘秀是同学。刘秀当上皇帝后，他就隐居于桐庐，垂钓于富春江。刘秀念及他的贤能，派人找到了披羊裘钓鱼的严子陵。虽然盛情礼待，严子陵却不以为然。司徒侯霸使人奉书致意，他口出狂言："怀仁辅义天下悦，阿谀顺旨要领绝。"——身怀仁爱，辅佐正义，天下就会喜悦；阿谀奉承，顺随旨意，脑袋就要搬家。

侯霸得到回信，封好呈给光武帝。帝笑曰："狂奴还是从前的样子啊！"刘秀即日乘车幸临他住的馆舍。子陵仍然卧而不起，皇帝就接近他的卧床，摸着他的肚子说："唉，真是奇怪呀子陵，你就不能帮助我治理国家吗？"严子陵过了一会儿才张开眼睛盯着刘秀，说："历史上唐尧把君位让给巢父，巢父都不愿接受。人各有志，又何必强求呢？"光武帝只好叹息而去。

后来光武帝又把严子陵引入宫中，叙旧论道多日。严子陵与刘秀同床而卧，把脚放在光武帝的腹上。刘秀动都不敢动，表示不摆皇帝架子。第二天，太史奏报有客星正在冲犯天子的星座。皇帝笑着说:“朕的老朋友严子陵与我同床而睡罢了。”光武帝拜授严子陵为谏议大夫,他不肯屈就,回到富春山仍以耕田为生。

李白诗云:“松柏本孤直,难为桃李颜。昭昭严子陵,垂钓沧波间。”毛泽东《七律·和柳亚子先生》中“莫道昆明池水浅,观鱼胜过富春江”之句,则是对柳亚子像严子陵一样当隐士的消极思想进行劝导,表示挽留他在京议政、参政之意。

感慨于斯,本书作者诗曰:

好个千秋严子陵,沧波江上笑云生。
不衔芳饵心如水,站拜帝皇节似冰。
刘秀推恩惜故友,清泉出岭念濯缨。
英髦垂钓清风冉,始信淡泊存高名。

学会宽容,此乃人生这棵大树上滴翠的绿叶,吐艳的花朵,是人的生命中一道亮丽的风景。一个人不小心犯了错误或者对他人伤害的时候,宽容往往会使他深深忏悔,找到自己的缺失,产生自信的动力。

要容人之短,更要容人之长。三国时,刘备请得诸葛亮出山之后,“食则同桌,寝则同榻”,终日共论天下大事,把孔明当作老师。关羽、张飞很不痛快,便对刘备说:“孔明年纪轻轻,有什么才学,大哥你待他实在是好过头了,又没见到他显示出什么本事。”刘备劝解说:“我得到孔明,如鱼得水,两位弟弟不用再多说了。”

在曹兵突然来犯时,兄弟俩对诸葛亮冷嘲热讽。诸葛亮胸怀全局,毫不在意,调兵遣将,仍然重用关张,在博望坡火攻曹兵,大败夏侯敦。这场漂亮仗,使关羽、张飞开始佩服诸葛亮。

吕坤说:“两个君子无争,相让故也;一君子,一小人,无争,有容故也;争者,两小人也。”(《呻吟语》)——两个君子在一起不会争斗,因为他们能互相忍让。一个君子、一个小人也不会争斗,因为君子能宽容小人。争得不可开交的,都是气量狭窄、思想境界不高的人。

“君子之交不出恶声”。一个有修养的人,绝不张牙舞爪,而是外圆内方,柔中有刚,无论发生什么情况,即使中断往来,也决不会口出恶声、诽谤对方。反之,只会陷入关系紧张、破裂的恶性循环,还可能付出很大代价。

细酌事理须豁达，何为计较烦此身。豁达、容纳是人际交往的“维生素”。谦让、涵容、洒脱，是待人处世、养心保身的第一要务。

人人都有自尊心，甚至连乞丐都不愿受“嗟来之食”。为人处世难得的不是事事精明、与人计较，而是容纳他人的缺点，宽容对方的过失，进退自如，绝不轻易得罪人，不宜当面撕破脸皮，绝不因为小节而贬低、嫉恨他人，不给自己树敌。

俄国屠格涅夫说：“不会宽容别人的人，是不配受到别人的宽容的。”如果希望自己活得不那么“累”，就应把不值得铭记的事情统统交给沙滩，让潮水卷走吧。倘若因你的过失而伤害了别人，你得及时向人道歉，这样可以消除对方的敌意，化解怨恨。与其等待别人报复，不如主动致意，尽释前嫌。有时你宽大容忍对方的小过失，他或许会以一技之长来酬答呢。

“厚德可载物，拙诚可信人”。(《处世悬镜》)遇到下属胡搅蛮缠、反对自己反对错了，动不动就怒发冲冠，或板起面孔训斥，或使用强权，效果都不好。应以平等身份与他们推心置腹地交谈，欣赏他们的长处，有时还要做适度的妥协与让步。特别要尊重老同志、老“搭档”，多为对方着想，不与下属争名争利。

西汉末年，清河的胡常与汝南的翟方进一同去学经。胡常比翟方进学得好一些，名声却不如翟方进，因此他嫉妒翟方进，经常同别人议论翟方进的短处。翟方进知道了这事，就在胡常集中门生讲课时，派自己的学生去胡常处旁听，并向胡常请教经书中的疑难问题，并认真记录。这样一直持续了很久。胡常明白了翟方进是在有意推崇自己，于是心中感到过意不去。从此以后，在士大夫中间，胡常没有不称颂翟方进的。

原谅别人的冒犯，就证明他的心灵是超越了一切伤害的。宽恕人家所不能宽恕的，乃是一种高尚的行为。唐代苏州高僧寒山问拾得和尚：“今有人侮我，冷笑笑我，藐视自我，毁我伤我，嫌恶恨我，诡谲欺我，则奈何?”拾得答曰：“子但忍受之，依他让他，敬他避他，苦苦耐他，装聋作哑，漠然置之。冷眼观之，看他如何结局?”你宽容他人，冰释前嫌，可以换来理解，换来和睦。

北宋太宗雍熙年间的宰相吕端一生贤明，参政两朝，饮誉天下。宋史《吕端传》用4个字描述吕端的长相：姿仪瑰秀，亦即身材魁梧，面目清朗，仪态端正。还称赞吕端有气量，宽厚豁达，喜欢与人交往和开玩笑，同时又轻财好施。吕端在仕途中曾数次降职，都不以个人得失为念。

毛泽东曾称赞叶剑英“诸葛一生唯谨慎,吕端大事不糊涂。”吕端“宽厚多恕”,对得罪他的人,从不介意。别人误会了他,把不相干的事加在他头上,到宋太宗赵炅那里告他的状,他也不加辩解,只是说:“吾直道而行,无所愧畏,风波之言不足虑也”。

宋太宗是个比较有眼力的人。早在吕蒙正为相之时,宋太宗就想重用善于处理政事的吕端。太宗和吕蒙正商量,吕蒙正说,吕端为人糊涂,不能为相。太宗立即说:“吕端小事糊涂,大事不糊涂。”太宗在皇苑大宴群臣,兴奋之中还作《钓鱼诗》云:“欲饵金钩深未达,磻溪须问钓鱼人。”以表明宰相这个职位非吕端莫属。几天以后,太宗就让吕蒙正改任参知政事,让位于吕端。

吕端入相不久,叛臣李继迁袭扰宋朝的西部边陲,当地军队抓住了他的母亲。宋太宗痛恨李继迁,准备将其母杀掉,就单独召枢密副使寇准相商,寇准没有不同意见。寇准回家时,被吕端瞧见。吕端猜到朝中有大事在谋划当中,就问寇准:“皇上是否提到找我商量此事?”寇准说没有。吕端说,边疆的一般战事,我不必知道,若是军国大计,我身为宰相不可不知啊。寇准便把此事告知吕端。吕端又问此事如何处理,寇准说皇上已下诏斩杀于军门处,以惩戒凶恶的叛逆。吕端说:“这不是好办法,请稍缓执行,容我向皇帝禀奏。”

吕端见太宗说:“昔日项羽得到刘邦的父亲,欲把他煮吃了,刘邦就表示烹熟后愿分饮一杯肉汤。这说明刘邦举大事不顾其父母亲情,何况李继迁属于悖逆之人呢?皇上今日杀了他的老母,明日就能生擒李继迁吗?如不能,那就只能坚定他的反叛之心啊。”

太宗问:“你看该如何处置呢?”吕端建议将他母亲安置赡养,以招降李继迁,即使李不能降,亦可拴住他的心。太宗听罢拍着大腿,连连称好,说:“若不是爱卿,差点误了大事!”后来,李继迁及其母亲相继去世,其儿子归顺了宋朝。

吕端在相位上任职几年后,主动奏请圣上将相位让给了寇准,由寇准接任宰相,吕端自己又做了参知政事那个有相职无权的谋事官职。后来寇准也做了参知政事,按理说吕端在前,寇准在后,其名次排列是没有什么争议的。可是吕端要求把自己列在寇准之后,并得到了恩准。

太宗病危时,宦官王继恩忌恨太子,怕太子继位后对他不利,与李皇后密谋,欲废太子而另立长子楚王元佐为太子。太宗驾崩后,吕端知事有变,立即软禁王继恩。然后来见皇后。皇后说:“立太子应立长子,这是顺理成章的,你以为如何?”吕端以先帝的名义和顾全大局的理由说服太后:“太子是先帝所立,先帝刚去世,怎么能违抗他的旨意呢?”于是拥戴太子赵恒继位。

是日,参见新君时,吕端率领众朝臣站在殿下不拜。问何故,吕端请求天子卷帘,他走上前去仔细辨认,确认是太子后,才下殿带领群臣进行参拜大礼。接着宋真宗对阴谋另立太子的那几个奸佞,驱除权力中心,流放到浔州。

宽容,是做人的学问和人格的涵养,是待人处世的艺术和事业成功的保障。对别人一些小失误,放过去无伤大局,那就没有必要较真,没有必要纠正,这既是顾及别人的面子(自尊),保持人际关系的和谐,也是为了自己避免不必要的烦恼和人事纠纷,体现你做人的豁达大度。

能受苦方为志士,肯吃亏不是痴人。清代左宗棠说得好:“凡小事精明,必误大事。”在一些小事上,他很少计较。胡雪岩的许多行为是左宗棠所不能容的。但左宗棠从未去计较,而是关注粮饷的筹集,从而保持了与胡雪岩的朋友关系,又保证了部队的供给。

吕坤在《呻吟语》中说:“你在冤屈的时候,心居广大,则无往而不泰然。”台湾作家柏杨为人忠厚,待人宽容,宁愿人负我,绝不我负人。他阐述了自己的感悟:在遭遇患难之时,内心却处在安乐;在地位卑微之时,内心却达到了富有;在受冤屈而不得伸张的时候,内心却是居于广大宽敞的境界,就自然会无往而不泰然处之了。心底无私念,天地自然宽。

林肯(1809—1865年)是美国第16届总统,深受美国人民爱戴,被人们当做圣人崇拜。林肯素以对政敌宽容著称,引起议员的不满:“你不应该试图和那些人交朋友,而应该消灭他们。”林肯微笑着回答:“当他们变成我的朋友,难道我不正是在消灭我们的敌人吗?”

有一次竞选到了关键时刻,罗斯福紧张过度,就去游泳放松一下,路易斯·豪竟在窗口指着他大骂:天知道你怎么会在这个时候想着游泳,上帝怎么不把你淹死!面对突如其来的骂声,罗斯福向其示弱,没有和他一般见识。罗斯福的确能够超出一般人的好恶用人。这恐怕正是暴躁的路易斯·豪40岁以前一事无成,而后来为罗斯福屡建奇功的重要原因。

霍普金斯曾一度反对罗斯福连任总统，想自己竞选，罗斯福没有感到这个背叛对自己是伤害，后来霍普金斯继续担任罗斯福左右手，直到生命的最后时刻。

列宁说得好："应把对共产主义思想的无限忠诚同善于在实践中进行一切必要的妥协、机动、通融、迂回、退却等等的才干结合起来。"为政者学会宽容，既能容亲近之人，也能容异己之士，才能从好政，履好职，才能把反对力量稀释到最低限度。

宽容是鲍叔牙多分给管仲的绸缎，是光武帝焚烧投敌信札的火炬，是冬天皑皑雪山上的暖阳，是荆棘丛中长出来的谷粒，是留在踩扁紫罗兰的脚跟上的香味。

宽容解开了胸中的心结，宽容融化了眉宇的忧伤，宽容集纳了人言的荆棘，宽容消除了内心的忧痛，宽容吹散了世俗的风尘，宽容增添了岁月的含金量，宽容蕴藉以柔克刚的坚韧，宽容包含着人际关系的温馨。

揭器求言

大禹

揭器求言[1]

【历史背景】

禹受禅后不久，担心自己因身居高位与民隔绝，不能看到天下所有发生的事，不能听到天下所有的声音，自己有缺失而不能及时补救，所以他希望倾听到来自四方远近的人的呼声，期望有识之士能以正直之言相告。于是他将钟、鼓、磬、铎、鞀五样乐器挂在外面，禹在里面，听见有哪一件声响，便知是哪一项人到，于是就令敲击者进见尽言。

禹王乃为大圣，其聪明固以过人，而又能如此虚心纳谏，这就是禹之所以为大，而有夏之业所由以兴也。

【原文】

夏史记：大禹[2]悬钟、鼓、磬、铎、鞀[3]，以待[4]四方之士[5]，曰："教[6]寡人[7]以道[8]者，击鼓，谕[9]以义[10]者，击钟，告以事者，振[11]铎，语[12]以忧者，击磬，有狱讼[13]者，摇[14]鞀。"

【张居正解】

夏史上记大禹既居帝位，恐自家于道有未明，义有未熟，或事务有不停当处，或有可忧而不知，或狱讼之未断，四方远近的人无由得尽其言。于是将钟、鼓、磬、铎、鞀五样乐器挂在外面告谕臣民说道：有来告寡人以道者，则击鼓；谕以义者，则撞钟；告以事者，则振铎；语以忧者，则敲磬；有狱讼者，则摇鞀。禹在里面，听见有哪一件声响便知是哪一项人到，就令他进见尽言。夫禹是大圣，聪明固已过人而又能如此访问，则天下事务岂有一件不知？四方民情岂有一毫壅蔽？此禹之智所以为大，而有夏之业所由以兴也。

【注释】

①本则出自《鬻子》。本文讲述了大禹虚心求言的事迹。

②大禹:就是传说中的治水英雄,大禹原是夏后氏的部落首领,也被称为夏禹。

③磬、铎、鞀:和钟、鼓一样,都是古代的乐器。磬是一种石制的打击乐器;铎为铜制,形似大铃;鞀形状类似拨浪鼓,有柄,两面有环,可摇动。

④待:等待的意思。

⑤四方之士:在这里指的是来自于四面八方向大禹提出意见的人们。士,古代专指的是武士,后来转变为贵族中的最低级者,在这里指的是人的意思。

⑥教:教导,指教的意思。

⑦寡人:古代在先秦的时候君王或者诸侯对自己的谦称。

⑧道:方法,这里是规律、事理的意思。

⑨谕:告、告诉的意思。

⑩义:公正无私的意思。

⑪振:摇动、推动的意思。

⑫语:诉说,陈诉。

⑬狱讼:类似于今天的打官司,在古代有关财物方面的争执就叫作"讼",以罪名相告的就叫作"狱"。

⑭摇:摇动。

【译文】

大禹在门外挂起了钟、鼓、磬、铎、鞀五样乐器,以等待四面八方的人们为他提出意见。当人们要求见他的时候,不同的事情就相应地敲打不同乐器中的一种,就可以了。他对百姓们说:"有来教导我如何为君的人,就击鼓;告诉我如何成为一个公正无私、行为正直的人,就敲钟;有政事要说的人,就摇动铎;有想要诉说忧虑的人,就敲磬;有冤屈要申诉的人,就摇鞀。"

【评议】

夏禹揭器求言的历史故事,阐述了执政者广纳群言、了解民情及政弊的重要性。夏禹以他那个时代特有的方式,广纳群言、了解民情及政弊,并以之作为进一步改善政务的有益借鉴,为后世君主及执政者做出了表率,成为千古传颂的历史佳话。由于他能善纳群言,洞悉民情及政弊,因而被后世奉为贤君。

这一历史典故,再次印证了开明君主都把及时了解民情民意,听取民众的呼声,作为改善政事的一种行之有效的措施。历史经验证明,执政者能否了解民情民意,民情民意能否顺畅地及时上达,关系到能否及时改革政弊以及民心向背的问题,它直接关系到政权能否巩固的要害所在,所以历代统治者对此皆予以高度重视。这一点,即使在当今社会,仍有积极的借鉴意义。

【拓展阅读】

大禹

相传禹治黄河水患有功,受舜禅让继帝位。禹是夏朝的第一位天子,因此后人也称他为夏禹。他是我国传说时代与尧、舜齐名的贤圣帝王,他最卓著的功绩,就是历来被传颂的治理滔天洪水,又划定中国国土为九州。后人称他为大禹,也就是伟大的禹的意思。

大禹是古代一位具有雄才大略的政治家、伟人。他治水是与治国养民结合进行的。在治水害的同时,他还指导人们恢复和发展农业生产,大兴水上运输,重建家园。每治理一个地方,他都主动团结氏族部落酋长,完善政权建设,使百姓安居乐业。史书记载,洪水退去后,一块块平原露出水面,他带领人们在田间修起条条沟渠,引水灌溉,种植粟、黍、豆、麻等农作物,还让人们在地势低洼的地方种植水稻。不仅治理水患获得巨大的成功,而且农业生产也取得了进步。大禹治水成功,使他建立了极高的威望。舜召集各氏族部落酋长开庆功大会,赐给他用美玉琢磨而成的玄圭,以示其丰功伟绩。当舜年老时,众人一致推举禹为部落联盟的首领。

1.分九州

禹为了巩固夏王朝,把全国分为九州进行管理,他还到南方巡视,在涂山(今安徽蚌埠市西)约请诸侯相会。禹为纪念这次盛会,把各方诸侯部落酋长们送来的青铜铸成九个鼎,象征统一天下九州,成为夏王朝之象征。

2.教化

东南地区古称"九夷",即九个较大的部落。禹为加强对其统治,几次出巡该地区,传播中原文化和礼教,受到当地百姓的尊敬和礼遇。他沿途向当地人询问习俗,鼓励农耕,告其农时,播种五谷,教育部族酋长们讲礼仪,知法度,不以强凌弱,和睦相处。同时又宣布,若有不听教化者,要以兵征讨,决不客气。当时,古越部落酋长防风氏,总想独霸一方,自称越人各部落之长,不听禹的命令。禹在苗山大会上当众命令将他处死,并暴尸三天。各地诸侯、方伯深知夏王朝的威力和禹的神圣,再不敢冒犯禹王。那些没有参加朝见禹王的氏族部落听说此事,也纷纷向夏王朝进贡称臣。由于禹是活动在崇山一带的夏部落的首领,故被称为夏后氏,他所建立的中国历史上的第一个王朝就被称为夏。

【镜鉴】

一、集思广益,从善如流

(一)兼听则明　偏信则暗

历史早已证明,多听听大多数人的意见,集思广益,才能得出比较客观、全面的看法;假如仅仅相信一个人单方面的见解,势必会产生偏见和片面性。因此,执政者一定要鼓励下属多说真话,善于纳谏,从善如流,这样才能做出正确的决策。

大唐盛世时期,唐太宗李世民就是善于纳谏的杰出人物。其部下魏征提出的"兼听则明,偏信则暗"的建议,更是放之四海而皆准的真理。李世民看到了隋末农民起义的巨大威力,认真总结隋朝灭亡的教训,认为其中非常重要的一点就是隋炀帝不听别人的意见。李世民认为人君即使是"圣哲",也当"虚己以受人",决心察纳雅言,让"智者献其策，勇者献其力”。

在诤臣魏征的辅佐下，李世民从善如流，勇于纳谏。他曾经征调兵役培修洛阳的乾元殿，用来做巡行视察的行宫，但被给事中张玄素劝谏之后，立刻表示“这是我考虑不周”，中书舍人李百药劝他放宫女出宫，他一下就放出了三千人；魏征曾请假去上坟，回来后问皇上：“人们说陛下您打算去南山，外面的行装都已经准备完毕，竟没有出发，是因为什么呢？”李世民笑着说：“当初确实有这个意思，后来想想又怕你责备我，所以没有去！”魏征的忠诚敢言，使李世民对他十分器重。魏征病重时，他送医送药，并和太子一起去他家看望。魏征死后，他思念不已，对左右的大臣感慨道：“夫以铜为镜，可以正衣冠；以史为镜，可以见兴替；以人为镜，可以知得失。魏征殁，朕亡一镜矣！”

作为人民的公仆，执政者应该首先学会听取和筛选不同的建议和意见。“兼听”就是既听正面的意见，又听反面的意见；既听赞扬的意见，又听批评的意见。

（二）得道多助　失道寡助

“得道者多助，失道者寡助”是孟子的一个著名论断。自古以来，很多历史事实都向我们证明了这样一个亘古不变的道理。“道”即为民也，得民心者得天下，因为无论什么时候，人民永远是所有人群中的大部分，能得到人民的心，才是一个执政者最大的能力。古代的君主凡是明白了这一道理，都能够顺应民心，采取利民的措施，因此才出现了“文景之治”“开元盛世”。

商代的亡国之君纣王荒淫无道，残忍暴虐。在朝时大规模修建离宫别馆、苑囿台榭；宠爱美女妲己，终日歌舞，令乐师新作“淫声”，有所谓“北里之舞”“靡靡之乐”；他还造酒池肉林，酗酒无度；大肆搜刮民间财物，粮食装满了巨桥的仓库，无数珍宝堆满了鹿台。他任用奸邪之徒，重用贪财好利和善于逢迎拍马的费仲，提拔善于挑拨离间的恶来，却大肆迫害正直的大臣，废除贬斥了受人们拥护的贤人商容，用酷刑残害了向他进谏的忠臣。向他进谏的叔叔比干被挖心处死，向他进谏的哥哥微子被逼得逃亡，另一个哥哥箕子虽然装疯也没能免遭囚禁。他还用“炮烙之刑”残害官民。纣王拒谏饰非，残害忠良，使得朝中王公大臣以及周边的诸侯方国都离心离德。西伯姬昌因看到纣王残暴，暗中叹息几声，便被纣王囚禁起来。为转移人民的视线，纣王发动对周边方国的连年征战，后又把全部兵力用于对东夷的战争。战争加重了人民的负担,激化了已经尖锐的阶级矛盾。商王朝已经危在旦夕,不可收拾。等到武王伐纣时,商王朝众叛亲离,奴隶组成的军队临阵倒戈,商纣大败之后逃回商都,于鹿台自焚而死。

一次,秦穆公乘马车外出,半路上马车坏了,驾辕的马脱缰跑了。秦穆公亲自去寻找那匹马,却在岐山的南面看到一些农夫们正在分食马肉。原来,那匹跑了的马被农夫们抓到了,由于常年没有肉吃,他们把那匹马杀了并烤肉吃。秦穆公看到自己的马被人吃了,不但没有指责他们,反而还关心地说:"只有肉,没有酒,怎么能吃得尽兴呢?"于是,就叫人拿来了酒,让他们喝酒吃肉。过了一年,秦国和晋国交战。晋兵在韩原这个地方包围了秦穆公的马车。晋国大夫梁由靡拽住秦穆公马车右边的马,晋兵举起长矛向秦穆公刺来,秦穆公的七层铠甲已经被刺穿了六层。正在这危急的时刻,当初曾经在岐山分吃马肉的农夫闻讯带了三百多人赶来,竭尽全力与晋兵拼死搏斗,终于保住了秦穆公。最后,秦军大胜,并且还俘虏了晋惠公。

"得道者多助,失道者寡助",一个有作为的人一定是懂得赢取正义力量帮助的人,清太祖皇太极就是这样一个俊杰。1618 年,努尔哈赤攻下抚顺时,范文程去拜见努尔哈赤,表达了投效之意。努尔哈赤得知范文程的曾祖父曾任明朝的兵部尚书后,故意问范文程说:"你为大明名臣之后,本该为大明效忠,为何却叛明投我呢?"范文程回答道:"明君无道,百姓苦难,我不是腐儒,自不肯愚忠一世了。"努尔哈赤见他见识过人,机智多才,十分爱惜,他对各贝勒说:"夺取天下,范文程这样的才俊当有大用。他不以我等为逆,说明他独具慧眼;我等征服中原,也不能视明人都为逆贼了,这样才能争取民心。这个道理,是范文程教我的,你们都要善待他。"

皇太极即位后,对范文程更为器重,让他随侍左右。1631 年,清军招降了守城的明官兵,其中已投降的蒙古兵又起叛心,想要杀害他们的将领,事情未果,皇太极震怒之下,想要把那些蒙古兵一律诛杀,范文程在旁说:"陛下以武力让他们暂时屈服,他们不真心归降也是意料之中的事。他们复叛,早将死亡置之度外,陛下杀他们泄了私愤,而对收取人心却害处多多,此事不可为也。"皇太极气犹未消,说:"征战沙场,杀人不可避免,若只施仁义,人不畏惩,岂不叛者逾多,士不奋战?"范文程争辩说:"明人不知我大清仁慈,反抗是当然的。陛下若能广施恩德,少杀多惠,人心渐渐就会归附于我。宽恕他们只能让敌军阵营分化,传陛下之美名,以此征伐天下,有百万大军之功效,陛下不可小视。”皇太极听之颔首,赦免了那些蒙古人的死罪。消息传出,坚守西山的明军斗志瓦解,范文程单枪匹马去劝他们投降,结果他们全都放下了武器。

范文程常向皇太极进谏征服民心之策。他劝皇太极养德修身,教化百姓,推行德政,皇太极须臾也离他不得,每有要事总是对大臣说:“范章京知道此事吗?”遇到范文程有病在家之时,皇太极便不急于处理一些朝政大事,直等他病好了再做决定。有的大臣嫉妒范文程,对皇太极说:“范章京终为明臣之后,身为汉人,他未必和我大清一心。他以收取人心为名,处处向着汉人,难道他就没有私心?陛下对他宠信太过,也该有所保留才是。”皇太极训斥他们说:“先皇和朕诚心对他,非逼迫使其效命,他的忠心绝无可疑。你们虽为满人,但又有多少皇亲国戚反对过朕呢?朕用心对人,然不识朕心者大有人在,朕能一再不予追究,施恩不止,这都是范章京所教之果,否则,你们这些嫉贤妒能之辈,还能站在这里和朕说话吗?”

清世祖即位之后,睿亲王多尔衮率领大军讨伐明朝。范文程担心多尔衮残忍好杀,于是连忙上书说:“中原百姓以为我大清为叛逆,势必拼死反抗。大王如果以暴制暴,以杀为能,中原就难以平定。从前,我们放弃遵化城,屠杀永平的百姓,已让中原百姓对我们深有疑虑了,如果今后不加约束,统一天下的大业就难以完成。大王应该严明纪律,秋毫无犯,让明朝官吏担任原职,恢复百姓的家业,录用有才能的人,抚恤那些处境艰难的人。用大公传达我朝的仁念,用行动解除世人的疑惑,这样安定了百姓,叛乱的人才有心归顺,我们遇到的抵抗才会减少。”明朝都城被清军攻克后,多尔衮采纳了范文程的建议,为崇祯帝办丧事,安抚战乱中的百姓,起用废弃的官吏,搜求隐藏和逃逸的名士,重新制定法令。这些措施和举动在收取民心上起了相当大的作用,为清朝最后平定天下奠定了基础。

得道多助,失道寡助,是永恒的真理。国民党统治时期,政治黑暗,官商勾结,鱼肉百姓,民不聊生。这种“失道”必然失去民心,走向失败。相反,中国共产党为人民谋生,得到人民的拥护,从而领导人民推翻了三座大山的统治,建立了新中国。中国共产党在执政过程中以全心全意为人民服务作为自己的宗旨,时时刻刻把人民的利益放在前面,为人民谋福利促发展,最终赢得了民心,赢得了天下。

(三)不竭泽而渔　不焚林而猎

早在先秦时期我们的祖先就已懂得不能只急功近利,而是要将目光放得更加长远。急功近利,贪得无厌,往往是害己又害人;世间万物,取舍有度,这才是长久之道。《吕氏春秋》中就明确写道:"竭泽而渔,岂不获得,而明年无鱼。"

纵观历史,治国理念就一直在"涸泽而渔"和"放水养鱼"之间摇摆。涸泽而渔,或许会一时变得强大,但绝对不能持久,可是当手中缺钱时,一些为政者总是按捺不住"增收"的冲动。痛定思痛,我们会发现,那些国富民穷的朝代,强大如秦朝,富裕如隋朝,莫不是因为"涸泽而渔"而土崩瓦解的;而历史上那些被后人称为"盛世""治世"的,如文景之治、贞观之治、开元盛世和康乾盛世等无不是为政者采取"放水养鱼"的政策,休养生息,轻徭薄赋,让老百姓先富起来,藏富于民。

司马迁《史记·循吏列传》中也有"使食禄者不得与下民争利,受大者不得取小"的思想。其实古代杰出的政治家都明白欲将取之必先予之的道理,所以治理国家都不约而同地采用了"藏富于民"的政策。历史已经反复证明这种政策的英明伟大,历史上没有一个国家能在民穷的基础上实现国强。一个民穷的国家,最多只能构筑起一个虚幻的海市蜃楼。

第二次世界大战后,日本之所以能从废墟上爬起来,快速成为一个世界强国,其根本原因就在于它走上了一条"放水养鱼"的民富之路,把民富的政策放到了空前绝后的战略地位。1960 年 12 月,日本政府通过国民收入倍增计划,这个计划大大改变了日本的国运。在实施国民收入倍增计划之后,日本国民工资的增长速度比美国快了 70%,到 1980 年就已经与美国持平了。日本在 1970 年时,由于民富,它的国民生产总值先后超过法国和德国,仅次于美国,跃居世界第二位。但是,从 20 世纪 80 年代末期开始,日本未能再继续走民富之路,日本也因此未能延续之前的发展神话。由此可见,日本的国民收入倍增计划,正是"藏富于民"的一个借鉴案例。

我们的老祖宗无疑是具有高超智慧的,他告诫我们"涸泽而渔,与民争利"是不可能长久的。无论从眼前的和谐稳定还是从长远发展来看,"藏富于民"的政策显然更有利于经济社会的持续稳定发展和长治久安。执政者应坚持科学发展观,从长计议,统筹兼顾,保持国民经济健康、稳定、持续的发展。

(四)东方朔巧谏汉武帝

汉武帝的乳母因在宫外犯了法,被奏报汉武帝,汉武帝听后龙颜震怒,以为乳母仗着他的权势在外胡作非为,就准备严加惩处。乳母被关入狱中,她得知很快就要行刑后又急又怕,托人请东方朔去见她。

乳母见到东方朔,流着泪请求道:“皇上不讲情面,竟然要砍我的头。先生一定要向皇上求情,救我一命!”

东方朔说:“朝中大事,都是皇上一个人说了算。现在皇上已经降下旨意,我再去说情又有什么用呢?”

乳母拉住东方朔的衣角不肯放手,边哭边说:“先生足智多谋,口才又好,有好多次大臣们都劝不了皇上,可先生一句话就能说服皇上。求您现在可怜可怜我吧!”

东方朔想了想,就说:“这件事不是用言语所能说服的。你要是希望得救,就一定要在临赴刑场时频频回头看着皇帝,切不可说话,这样也许还有一线希望。”

临刑那天,汉武帝为了表示不忘旧恩,就命人把乳母带到宫中见最后一面。东方朔在汉武帝身旁也被赐座。行刑的时间快要到了,士兵们押着乳母向刑场走去。乳母临行时,一步一回头,望着汉武帝。东方朔大声叱责道:“你看什么,老傻瓜!皇帝如今已长大成人,难道还要靠你的乳活命吗?”

他又对卫兵说:“快些把这个老不死的脑袋砍下来!”

“且慢!”汉武帝站起身来,对卫兵说,“寡人差点做了一件糊涂事!”

他走到乳母身边,亲自为她解开绑在身上的绳子,下旨赦免了她。

(五)博尔奔察妙谏乾隆

乾隆年间,有一位“善于讽谏”的侍卫处内大臣,他就是掌管侍卫亲军的博尔奔察。他随侍乾隆帝最久,颇受器重,遇事敢言。虽为领兵统帅,但他却“善嬉谑”,经常在与乾隆帝开玩笑时,把自己的意见婉转说出。

乾隆十六年(1751年)春,乾隆皇帝首次南巡,以笼络江南地主阶级,巩固清朝的统治。然而乾隆皇帝却远不及其祖父康熙皇帝,在南巡中大肆挥霍,恣意享受。同时,各级官员为了讨得乾隆帝的欢心,在接待中滥用民力,大肆铺张,这一切都给江南人民带来了沉重的负担。作为侍卫长官的博尔奔察此次也扈从南下。一路上他凡看到乾隆皇帝不问政务、贪图享乐,以及各级官员献媚的情况,都要在一旁讽谏,而且经常妙语惊人。

船至京口(今江苏镇江)时,两江总督黄廷桂命人放烟火相迎,当时有人被烟熏得咳嗽不已。博尔奔察就在一旁笑着对乾隆帝说:"此乃素被黄烟所熏怕者,故望而生畏也。"这是以黄烟寓指黄廷桂,讥讽其献媚,并提醒乾隆帝——黄廷桂此举是不该受到表彰的。乾隆帝听罢,只是苦笑而已。

乾隆帝在苏州观光时,见灵岩梅可合抱,甚为欢喜,大有流连忘返之意。此时,博尔奔察在一旁拔出刀来"作欲砍状"。乾隆皇帝大吃一惊,忙问何故。博尔奔察故作生气地说:"恨其不生于圆明园中,而使皇上跋涉江湖之险也。"乾隆皇帝明知他这是在批评自己,虽说有些不快,但其用心毕竟是好的,也没说什么,就转身而去。

有一次在检阅步兵射箭时,有一士兵不慎将弓落地,乾隆帝大为震怒,欲下令责罚。博尔奔察在一旁说:"此皆因引见,昨日射箭多,致臂病,不能引弓也。"就是说,为了迎接皇帝的到来,士兵们连日训练,当然会精疲力尽了。博尔奔察的一席话,终于使乾隆帝打消初衷,不再责罚士兵。

南巡中,乾隆帝游兴甚浓,有一天,他挥毫写了一个"福"字,然后得意扬扬地对身边的博尔奔察说:"汝识此中佳否?"博尔奔察立刻应声答道:"知之!上所书福,黑且亮也。"乾隆帝本想让博尔奔察说上两句奉承话,没想到他竟说出这种近乎呆傻的话。尽管乾隆帝心中不快,但毛笔写的字的确又黑又亮,禁不住大笑起来。

博尔奔察把对乾隆帝的谏言化在平时的玩笑之中,可谓聪明之举。这样既能使乾隆帝领悟其意,又能使其在笑声中逐渐接受,因此后人认为博尔奔察也属东方朔、简雍之流。

二、领导的沟通艺术:良好的沟通是实现领导管理目标的保证

(一)沟通可以解决一切问题

领导者在工作中,时常会听到员工这样那样的抱怨:认为个人的工作成绩没有得到应有的承认和肯定;其合理化建议没有得到应有的重视和采纳;工作环境压抑、人际关系紧张、甚至一个办公室内彼此间不相往来……其实,这些抱怨都会严重影响员工的工作积极性和工作热情,从而影响到企业的效率和效益。这些抱怨究其根源均在于沟通不够、沟通无效或沟通存在障碍。

诺基亚公司董事长兼首席执行官沙玛·奥里拉在自己的管理箴言中这样写道:"我觉得有两个技能很重要。第一是沟通能力,第二是人才管理的能力。但没有好的沟通能力,一切都无从谈起。"日本松下电器公司创始人松下幸之助也认为:"企业管理过去是沟通,现在是沟通,未来还是沟通。"

沟通是信息交流的重要手段,是管理的生命线,因此,对于企业领导者来说,沟通能力极为重要。领导者每天所做的大部分决策事务,都是围绕沟通这一核心问题展开的。领导者必须经常依赖员工的大力支持和合作,才能完成任务。有两个数字可以很直观地反映沟通在企业管理中的重要性,就是两个70%。

第一个70%是指企业的领导者有70%的时间用在沟通上。开会、谈判、谈话、做报告是最常见的沟通形式,撰写报告实际上是一种书面沟通的方式,对外各种拜访、约见也都是沟通的表现形式,领导者大约有70%的时间花在此类沟通上。

第二个70%是指企业中70%的问题是由于沟通障碍引起的。比如,企业常见的效率低下的问题,往往是有了问题后,大家没有沟通或不懂得沟通引起的。另外,企业里执行力差,领导力不强的问题,归根到底,都与沟通能力的欠缺有关。比如说领导者在绩效管理的问题上,经常对下属恨铁不成钢,年初设立的目标没有达到,工作过程中的一些期望也没有达到等。为什么下属达不到目标的情况会经常出现?在很多调研中都发现,下属对领导者的目的或者期望事先并不清楚，当然无法使其满意，也导致对年度的绩效评估不能接受。这不管是领导者表达的问题，还是下属倾听领会的问题，都是沟通造成的问题。

因此，卓越的沟通能力是领导者必备的素质之一。但是，现实中却有很多企业领导者不重视沟通管理，他们认为，领导者与被领导者之间不能有太多的平等，没有必要告之被领导者做事的理由。"民可使由之，不可使知之。"他们片面强调被领导者应无条件地服从，"理解的执行，不理解的也必须执行"，从而认为除了告知对方做什么、做到什么程度之外，再告之其他相关信息都是多余的，更不用说就对方的态度、情感，通过沟通达成理解和认同。

没有充分有效的沟通，员工不知道做事的意义，也不明白做事的价值，因而做事的积极性也就不可能高，创造性也就无法发挥出来。不知道为什么要做这个事，所以他也就不敢在做事的方式上进行创新，做事墨守成规，按习惯行事，必然效率低下。

一个希望有所作为的领导者，就绝不会轻视管理沟通工作。总结起来，沟通在管理中的作用主要有以下三点：

(1)良好的沟通是保证员工做好工作的前提。只有通过沟通让员工明白了他的工作目标要求、所要承担的责任、完成工作后的个人利益之后，才能使他确知做什么、做到什么程度，自己选择什么态度去做。

(2)良好的沟通是激发员工工作热情和积极性的一个重要方式。领导者与员工经常就其所承担的工作，以及他的工作与整个企业发展的联系进行沟通，员工就会受到鼓舞，就会使他感觉到自己受到的尊重和他工作本身的价值。这也就直接给员工带来了自我价值的满足，他们的工作热情和积极性就会自然而然地得到提升。

(3)良好的沟通是员工做好工作的一个保障。只有通过沟通，领导者才能准确、及时地把握员工的工作进展、工作难题，并及时为员工工作中的难题的解决提供支持和帮助。这有助于他的工作按照要求、及时、高质量地完成，进而保证整个单位、部门，乃至整个企业的工作协调进行。

良好的沟通能让人与人之间的了解变得畅通无阻，聪明的领导者会巧妙地利用沟通来增进对员工的了解。

(二)选择正确的沟通渠道

一般而言,企业内部的沟通渠道不外乎两种。一种是正式沟通,另一种是非正式沟通。所谓正式沟通,就是通过固有的组织和结构按照规定的方式交流和传达信息。比如,传递公文、通知相关信息、召开会议和谈话等。这种沟通方式由于对信息的传达途径、格式及对象有具体性,所以这种沟通的优点是效果好、保密性高、有较强的约束力,但是,这种方法又有过于刻板,沟通的速度很慢,而且缺乏相应的反馈和互动的缺点。而非正式沟通,包括除了正式沟通之外的所有信息交流和传达方式。员工往往会通过非正式渠道获取和反馈很多信息,而企业如果能在此时进行合理的利用和疏导,就可以帮助企业领导者获得许多从正式渠道无法获得的信息,借此解决潜在的问题,从而在最大限度上提升企业的凝聚力。没有沟通,就没有成功的企业,企业内部良好而正确的沟通文化可以使所有员工真实地感受到沟通的快乐和绩效。加强企业内部的沟通管理,既可以使管理层工作更加轻松,也可以使普通员工大幅度提高工作绩效,同时还可以增强企业的凝聚力和竞争力。

尼尔是一家医学软件制造商塞纳公司的首席执行官,他平时非常热衷于用电子邮件与人联络。有一次,尼尔很不满员工的工作道德,他迫切地希望表达他的不满,于是他选择了他最热衷地写邮件的方法。他写了一封言辞激烈的电子邮件给公司的几百名领导者。信中写道:“在目前的文化中,在本首席执行官实施其他的员工利益之前,我们必须彻底解决这些该死的问题……我们在堪萨斯城的员工大多数每周工作不到40小时。停车场早上8点还是稀稀疏疏的,在下午5点也是这样。作为领导者,你要么不知道你的员工在干什么,要么就是你不关心。你必须解决掉你面临的问题,否则我就炒了你……你们领导者的所作所为让我恶心。”

这封信中还建议领导者的工作例会安排到早上7点,下午6点和周六的上午;同意裁员5%,以及实行打卡上下班。信中甚至还提到,如果员工未经批准就缺勤,要在假期中补回来。

在这封邮件发出的几个小时内,复件就被放到了网站上。之后,仅仅3天,公司的股票价格就下跌了20%。尽管有人会为尼尔信中所讲述的行为是否应该而争论,但尼尔错误地选择了信息传递的渠道！这一点毋庸置疑。

错误的沟通渠道不仅不能让沟通顺畅，还会阻碍已有的沟通水平。因此，沟通渠道是否正确才是能否进行有效沟通的最大关键。

通过调查，沟通渠道的选择在表达信息的能力上会有差异。有的沟通渠道丰富性较强，能处理更多的信息，能及时提供反馈，而且极具人性化。比如面对面谈话，它能一次传递很多信息，并且能够迅速得到反馈。电话也是一种丰富性较强的渠道，但是它就没有面对面谈话来得丰富。再比如布告、一般的报告、电子邮件和备忘录等，它们的沟通都不够丰富。在现代信息经济时代背景下，网络沟通的渠道模式称得上是所有企业管理沟通渠道模式中一种较为理想的模式。企业在保持适合企业业务发展需要的组织管理结构下，向网络型管理沟通渠道模式靠近，从而使本企业适应经济信息化、知识化、全球化趋势，使企业的组织管理结构与管理沟通渠道具备更多网络型组织管理结构的特征，使企业能成为信息化企业。

研究结果显示，媒介的丰富性与过去 10 年内的组织趋势和方法相一致。越来越多的领导者利用会议的形式来沟通，同时走出与员工隔绝的办公室实行走动管理。但是无论是哪一种沟通渠道都有它存在的理由，正因为如此，才需要领导者在工作中能抓住一切机会，主动引导与下属的沟通，有意识地去促进成员之间信息交流的顺畅，重视和改善沟通管理，才能进行有效的沟通，创造出无限的价值。

(三)用适当的方式打开“闷葫芦”

遇事闷头思考一言不发的人常被人们叫作“闷葫芦”，由于想得过多，以至于很少甚至忘却了讲话，领导者遇到这样的员工常会感到头疼不已，甚至认为要让他们开口比让铁树开花还难。但其实，如果领导者使用适当的方式，就可以轻易打开“闷葫芦”。不但能让那些不善言辞的下属开口讲话，甚至是最沉默寡言、最害羞的人也会开口讲一长串话。除了能让不愿说话者开口之外，这些方法还有其他一些作用。打开“闷葫芦”的方法有 5 种，分别是：

1.赞扬加提问

即便是最害羞的人在听到赞扬时也会心花怒放。领导者要让不愿说话者知道，你很欣赏并感激他们所做的努力,认为他们的专业知识非常有价值。然后再让他们详细陈述他们的观点。领导者可以通过简短的提问暗示他们,只有那些有专业背景和知识的人才能回答这些问题。

哪怕是再沉默寡言、再吝啬词句的人,听到如此积极的反馈也会变得平易近人。因此在听的过程中,类似的“甜言蜜语”会使领导者得到想要的信息。

2.直截了当地提问

.少言寡语者,即那些只说“是”或“不是”的人会觉得说话越少越自在。领导者应该利用而不是抵制这一特点。领导者可以利用他们吝惜语言的特点,先弄清自己究竟想知道什么,然后直截了当地提出只需回答“是”或“不是”的问题,或者提出只需回答一两句话的简短而切中要害的问题。

3.引发议论

只要有合适的鱼饵,再难钓的鱼也会上钩。为了让不愿说话者打破沉默,作为领导者的你要用容易引起争论的陈述或问题做鱼饵。你可以围绕你想了解的主题,很有礼貌地对下属提出疑问,或者就现有的理论提出反对意见。当自鸣得意的观点遇到挑战,或有机会拆穿一个广为流传的谬误时,很少有人会无动于衷。

4.不要打断他的话

一旦领导者想方设法让“闷葫芦”开口了,那就要赶紧把自己的嘴闭上。如果领导者在他们说话时插嘴,陈述看法,就会使他们有借口停止说话。而此时,要再想让他们开口会非常困难。即使领导者想到一个重要问题,或有什么高见,也不要急着说出来,要等到不愿说话者已经说完之后再把自己的见解说出来。

5.适当做出反馈

要想让“闷葫芦”继续讲话,领导者需要告诉他们,他们说的细节非常有趣、非常有价值,非常希望他们能继续说下去。但注意,不要用语言来鼓励他们,这只会让他们分心。

领导者要运用身体语言,通过看得见的信号对他们做出积极反馈。如同意时点点头,赞许时微微一笑等。并且要在对方说话时有意识地盯着他的眼睛,就好像他在说一件你从未听过的、有意思的事。

如此一来,领导者就可以轻松打开“闷葫芦”,使沟通变得更顺畅了。

(四)少说、多听、常点头

领导者拥有一副伶牙俐齿,"口吐莲花",固然是一件好事。但是千万不要把这一本事用过了头,时时处处指手画脚,喋喋不休。常言道:"会说的不如会听的。"当你与下属沟通时,若能灵活运用"少说、多听、常点头"这一处世良策,管住自己的嘴巴,竖起自己的耳朵,少说多听,就会让沟通更为顺利。

"少说"不但可以"导引"下属多说,还可以避免流露出自己的内心秘密,更可以避免说错话,让下属难堪。少说,你就成为一个冷静的旁观者,一切都会在你的掌握之中。

"多听"就是多听下属说,听下属地做事经验,听下属的人际恩怨,听下属话语透露出来的有关周围环境的信息……领导者多听,下属就会因此而多说;下属说得越多,领导者知道得就越多。

"常点头",这并不是要领导者做个没有主见的应声虫,而是避免让下属认为你是一个高高在上只顾自己意见的人。也就是说,听下属说话时,领导者多点头,表示你的专注和附和,如果有不同意见,也要先点头再提出。无关紧要的事,不必坚持己见。这样,就没有走不通的道路。

"少说、多听、常点头"是沟通过程中一种非常好的方法,它一可以给人留下深藏不露、稳重含蓄的权威印象;二可以充分了解下情,掌握大量事实材料,有利于制定领导决策;三可以使你建立一个好人缘。

可见,领导者在与下属沟通时,管住自己的嘴巴,打开自己的耳朵是非常有利于沟通的办法。不过,要让"少说、多听、常点头"的沟通方式产生最大的效果,还应该努力遵守以下这些注意事项:

(1)对别人讲的话要感兴趣,要充分地关注对方。当你在听下属对你讲话时,要全神贯注。

(2)看着对方说话。你不要在房间里东张西望,或是看地板,或是望窗外。如果你的眼睛转来转去,这也表明你的心思也会是这样的。

(3)防止走神。要一心一意地注意下属在说什么。

(4)不要被个人好恶所支配。有时你可能不喜欢某人说话的方式,或是不喜欢某人的说话声音。这些偏见可能使你听不进正确的意见。作为领导者,你需要正确地理解意见交流中的内容,不应该让个人好恶妨碍你。

(5)努力理解难懂的想法或材料,不要回避难于领会的东西。

(6)努力理解对方言辞及其含意。仅仅懂得事实还不够,既要用耳朵去听,还要用心去听,这样才能明白别人说话的真正含意。

(7)提问题不要犹豫。要确保自己理解他人正在说的话。不要因外部干扰(如机器噪音,电话铃声,或别人向你打招呼)而漏过了话中的含意。当这种分心的事情确实打扰了你的时候,不要怕问问题。下属往往觉得与你谈话非常重要,因此,他们欢迎你表示兴趣和关心。

(8)不要轻易下结论。听取并接受下属所讲的话,要用心去听下属的言语和想法,不要轻易下结论或者准备反驳。

(五)多一些鼓励,少一些批评

无论年龄长幼,贫富贵贱,爱听鼓励的话是人的天性。然而在企业中,当员工工作执行不到位、消极怠工或者犯错误时,不少领导者都喜欢通过批评员工来树权威、要威风,更有甚者,还喜欢在员工犯错误时发脾气,殊不知这样弊远大于利。一味用批评和尖锐的意见面对员工,很多时候会扼杀员工的创新性,使员工产生挫折感。批评往往会使自己情绪恶化,员工会因此而产生逆反心理,会消极怠工,更会破坏工作场所的氛围。而且对于领导者而言,他们也会被认为是不合群、人际关系有问题。批评只是管理的手段而不是目的。光靠批评不仅无助于问题的解决,还会使问题恶化。员工在接受批评后会产生紧张感、挫折感,而这些负面情绪都不利于问题的最终解决。

一天,公司赵总突然接到刚工作不久的员工妮妮的电话,“我买了机票,我要去旅行,现在想向你辞职。”赵总接到这样的电话不免感到惊讶,但他还是尽量平和地说:“我给你两周的时间,旅行完之后再回来上班。”妮妮说:“不用了,即使回来,我也不想回到这里上班。”

赵总听到这样的回答感到很气愤,但他依然没有忘记反思问题出现的原因。他终于想起,前几天妮妮曾经交给他一份企划案,当时他看了十分不满意,还训斥她:“你怎么可以做出这样的东西,竟然还好意思交给我,你是大学毕业生吗?"

妮妮因为赵总的一句严厉的批评而辞职了。妮妮工作时间不长,很明显,妮妮抗挫折的能力比较差,赵总在跟她打交道时,有必要使用一定的技巧。员工犯错后,领导者应该做的是向员工提出解决问题的建议,避免他以后再犯。很多时候,新进员工犯错误都是由于领导者没有给他们正确的建议。

例如,某员工说:"我不想做了,实在是没有什么前途。"这说明他正处于情绪不稳定的状态,此时领导者最好的做法是采用迂回的策略,先让他的情绪稳定。领导者可以先把员工的话润色加以重复:"你的意思是,你觉得在这里的表现或者发展不是很满意,是吗?"然后稍等片刻,暗示对方你已经明白了他的意思。如果,员工的情绪依然低落,对你说:"是呀,我觉得这里很糟糕。"那么这时候领导者可以继续跟他聊,直到他平静下来。最后,员工可能会询问你该怎么办。这时领导者就掌握了谈话的主动,可以询问员工的想法。如果通过沟通发现他之所以会如此沮丧是因为对自己太过悲观的缘故,那么领导者有必要举例让他知道其实他已经做得非常好。

当然,这里说领导者应多些鼓励和建议,并不意味着对员工的错误视而不见。有时候,批评也是必需的,只是批评也要有艺术。

比如,如果一个员工之前的工作表现都很好,但是后来却怎么都没有办法达到领导者的要求。这时候批评就有必要了,但是作为一名领导者,如何批评才不会起反作用呢?

作为领导者,如果对员工提出质疑说:"你是怎么搞的,为什么没有把事情做好?"那在员工看来,就很可能会认为领导者讨厌自己,而不能就事论事。所以,一名优秀的领导者,在批评时一定要注意四点。

(1)要跟员工讲清楚事实,比如:"你这份企划书,为什么没有按时交给我?"

(2)要明确告诉员工你自己的感觉,比如告诉员工:"我对你现在的表现很失望。"

(3)领导者要明确自己的管理目标,让员工接收到肯定的词汇,而不是否定的词汇,比如:不说"你以后交企划不要迟到"而说"我希望你以后能按时交企划"。

(4)要运用"说服的艺术"。也就是用建议的方法而不是用意见。要说服员工做事,要让员工有自己判断的机会,所谓"晓之以理,动之以情"就是这个道理,要让员工知道你的建议是正确的。你不是在对员工的行为挑刺,指出他的错误,要用"诱之以利"的方式让员工认识到自己的问题,并选择正确的方式解决问题。

在企业管理中,领导者要做的是多些鼓励与建议,少些批评与意见。如果领导者能用真诚的鼓励和正确的建议对待员工,特别是一些有知识、有文化、有思想的员工,那么企业的管理水平肯定会有一个质的飞跃,员工在这种激励下能增强工作的信心,就可以在保证质量的情况下超额完成任务。一个聪明的领导者会从员工的立场出发,采用最恰当的方式,让员工接受并乐于服从自己的建议。

(六)乐意听取下属的抱怨

在管理过程中,每一个领导者都难免会面临下属抱怨满腹的状况。每个下属的利益需求不同,看问题的角度也不同。就算领导者做出的正确决策是为下属着想的,也还是会招来非议,引来很多抱怨。好心得不到好报,有时会让领导者很窝火。

如何对待下属的抱怨,考验着领导者的胸襟度量与管理水平。在有水平的领导者眼中,下属的抱怨是再正常不过的事情,甚至还是一件好事情,因为在他们看来,抱怨在一定程度上反映了员工们对公司各方面的看法,也是一种非正规的反馈渠道。他们可以根据员工们的抱怨反观自己的工作,并相应地做出调整。而且从另一个角度讲,抱怨有时也会变成动力,因为首先要不满于现状,然后才能谈得上对现状的改变。其实,员工的抱怨就好比是化解冲突的"安全活塞"。我们都知道,在压力容器上,比如高压锅上就一定会有个安全活塞,一旦压力高于承受力时,活塞就会自动排气,以防高压锅爆炸。下属的抱怨与此类似,能让不满情绪排泄掉,这就有利于避免上下级之间矛盾激化的现象出现。

在芝加哥,有一家制造电话交换机的工厂,厂里各种生活和娱乐设施都很完备,社会保险、养老金等各方面也都做得相当不错。但是令厂长感到困惑的是,工人们的生产积极性却并不高,产品销售也是成绩平平。

为了找出原因,厂长向哈佛大学心理学系发出了求助申请。哈佛大学心理学系随即派出一个专家组进厂开展了一个"谈话试验",就是专家们找工人个别谈话,规定在谈话过程中,专家要耐心倾听工人们对厂方的各种意见和不满,并作详细记录,而且专家对工人的抱怨不能反驳和训斥。这一试验持续了两年时间。在这期间,研究人员前前后后与工人谈话的总数达到了两万余人次。

结果两年下来,工厂的产量大幅度提高了。经过研究,专家们给出了原因:长期以来,工人对这家工厂的各个方面有诸多不满,但是却无处发泄。“谈话试验”使他们的这些不满都发泄出来,从而感到心情舒畅,工作干劲高涨。

这就是管理学中著名的“霍桑效应”:让员工发泄自己的情绪,虽然抱怨的内容不一定是正确的,但认真对待抱怨却总是正确的。抱怨是改变不合理现状的催化剂。由此可见,领导者对待抱怨的原则是:宜疏不宜堵。堵则气滞,抱怨升级;疏则气顺,心平气和,情绪高涨,下属的工作积极性和主动性自然提高,精神面貌为之焕然一新。领导者需要思考的不是杜绝抱怨或者压制抱怨,而是如何让抱怨更适当地发泄出来,达到化抱怨为工作动力的目的。

领导者在管理上的成功,不是做得让下属没有一句抱怨,也不是利用权力强行禁止下属抱怨,而是能正确对待下属的抱怨,善于化解抱怨。在日本松下电器公司,所有分厂里都设有吸烟室,里面摆着一个松下幸之助本人的人体模型,工人可以在这里用专门准备的鞭子随意抽打“他”,以发泄自己心中的不满。这为下属的抱怨提供了出口,使平时积郁的不满情绪都能得到宣泄,从而大大缓解了他们的工作压力,提高了工作效率。

在美国的一些企业中,也有一种叫作“发泄日”的制度,即每个月专门划出一天供员工发泄不满。在这天,员工可以对公司同事和上级直抒胸臆,开玩笑、顶撞都是被允许的,领导者不许就此迁怒于人。

员工宣泄不满,有所抱怨是正常现象,但是领导者也不能任由员工发泄而不予理睬,不想办法化解。面对员工的抱怨,领导者应该学好下面这几招:

(1)不能忽视。领导者面对下属的抱怨不能充耳不闻、视而不见,须知等到小抱怨变成大仇恨就会后悔晚矣!

(2)严肃对待。有句话说得好:“千里之堤,溃于蚁穴。”任由抱怨泛滥而不加理睬,就会毁了企业的基业,因此领导者要怀着如履薄冰的心情来认真对待。

(3)认真倾听。领导者应该认真地倾听下属的抱怨,并从中找到抱怨产生的真正原因。

(4)承认错误。领导者主动承认自己的失误并道歉,这是让抱怨最快消失的办法。

(5)不能发火。抱怨的下属本来就一肚子的火,领导者如果再发火只能激化矛盾。

(6)掌握事实。领导者只有把事实了解清楚了,才可能制定出正确的对策。

(7)别兜圈子。领导者正面答复下属的抱怨时,要具体而明确,要触及问题的核心。

(8)解释原因。如果下属的抱怨只是误会,那么只要耐心地摆事实、讲道理,下属就会理解的。

(9)不偏不倚。涉及下属之间的矛盾,公平处理最重要。

(10)表示感谢。下属抱怨说明他对工作负责、对团队关心,如此不该感谢吗?

(11)敞开大门。领导者应该对下属永远敞开沟通的大门,要让他们随时能找到你。

沟通是心灵的对话,是情感的交流。有效的沟通是管理成功的关键,这早已不是秘密。特别是在对待下属的意见、批评、抱怨这些负面情绪方面,如果领导者能与下属坦诚相见、沟通得好,就能形成战无不胜的凝聚力、战斗力和创造力!

(七)广开言路,听取反对呼声

"智者千虑,必有一失;愚者千虑,必有一得。"再精明强干的领导者,也难免有失误的时候。因此,作为一个领导者,统率一个集体,管理一群人时,不能独断专行,大家的事要发动大家想办法,大家来做。这样,领导者不能总是听"好话",更多的时候要听听周围人的反对呼声。反对的话虽然刺耳,但其中往往蕴涵着真理,蕴涵着合理化的建议,于人生有补,于事业有益,一如带刺的仙人掌,摸之刺手,用之却有巨大的药效。所以,对于领导者来说,正面意见要听,反面意见也要听。

脚踏实地的领导者应不为"好话"所陶醉,"好话"虽然好听,但听过之后便于事无补了;至于"恶言"中的那些反调,听起来虽然不太顺耳,但极有益处,亦如良药,虽然苦口却能治病。一个组织在不断前进的道路上,往往有绊脚石和荆棘,只有与集体休戚与共的人,才会思索如何回避这前进路上的障碍,他们的反对呼声,更多时候是出于对领导者的爱戴、对集体的赤诚与关心。明白了这点,领导者就应给唱反调的人予以保护,而不应当厌弃,更不应当给他们"小鞋"穿。

然而,现实工作中有些领导者,却对那些反对呼声不屑一顾,甚至还没听完就火冒三丈。这种现象不仅反映了一个领导者的素质和作风,而且对做出管理决策极其不利。他们容易被表面现象所迷惑,不容易发现工作中存在的问题,长期下去,势必会助长下属们报喜不报忧的不良风气,影响整个工作。其实,“兼听则明,偏听则暗”,支持和反对意见总是决策的左膀右臂,听听不同的意见,从反面思考一下,把问题考虑得更周全一些有什么不好呢?

常言道:“忠言逆耳,良药苦口。”反对呼声尽管听起来不顺耳,但只要仔细分析一下,就会发现有的确实反映了工作中存在的某些问题,有的可能是一种偏见,但无论怎样,只要以有则改之、无则加勉和宽容、大度的态度认真对待,对工作是有益无害的。因此,作为领导者,正确、明智的做法是不能总听好话,要善于听取反对呼声,全面地看问题。

广开言路,听取反对呼声,是防止片面性的一个重要方法,也是做出正确决策的必要之途。众所周知,人们对于真理的认识总是受多种条件的制约,很难在短时间内穷其究竟。听取反面意见能增加考虑问题的角度和参照系数,也就更接近真理。

柳宗元在《敌戒》中讲了这样一件事:鲁国的大夫孟孙平时很憎恶同为大夫的臧孙,后来孟孙死了,照常理臧孙是颇可庆贺一下的,从此自己少了一位提反面意见的人,可是臧孙却很悲痛地说:“孟孙死后,我如同丧失了治病的药,活着的日子也不会长了。”

一个组织的建设也是如此,领导者只有重视身边提反对意见的人,营造出“不唯上、不唯书、只唯实”的良好氛围,才能有畅所欲言的民主气氛,从而保证决策的科学性。

反对意见无非有三种情况:一种是正确的反对意见,这就要用虚心和求实的态度去加以接受;再一种是错误的反对意见,这种意见听听也是有好处的;更多的情况是,反对呼声中包含了多少不等的正确的和错误的成分。真理和错误往往并不是截然分开的。关键是决策过程中如何吸收反对意见中的合理成分,最终让反对者转变看法,在化弊为利上达成共识。正如文学大师泰戈尔所说“如果把所有的错误都关在门外,真理也要被关在外面了。”高明的领导者对待反面意见,总是采取冷静的、客观的、虚心的态度。

《史记·商君列传》中说:“千人之诺诺,不如一士之谔谔。”敢于提反对意见的人,往往善于思考,敢于挑错,不能一概认为是“对着干”和“拆台”。春秋时期的齐景公宠幸梁丘据,并称:“唯有梁丘据与我和好。”国相晏婴则说:“你与梁丘据只不过‘同’而已,哪能称得上‘和’。”晏婴认为,“同”就像做菜调羹那样有水有油、有酒有酱、有盐有醋,用以烹鱼烧肉,增加了美味;而“和”却像演奏音乐那样,相互协调,达到和谐。君说“可”,梁丘据也跟着说“可”,反之亦然,则不“和”。如果做菜调羹只是菜里加水,谁愿意吃呢?如果弹琴奏乐只是发出一个声音,谁愿意听呢?晏婴用做菜调羹和演奏音乐的比喻来说明“同”与“和”的区别,给人以启迪。

一个单位或一个组织,尤其对领导者而言,若是没有反对呼声,表面上看起来“团结”,实则“同”而已,很难达到“和”的境界。所以说,反对呼声虽不总是正确的,但乐于听取反对呼声却总是正确的。任何一个决策的诞生,在其出台之前,当其酝酿之时,反对呼声都是难能可贵的。既然有反对呼声,就必然有其反对的理由和根据。这些反对呼声不论最终是否被采纳,都像一面镜子,映照出决策是否有瑕疵,是否符合客观实际,是否具有科学性和生命力。如果某个决策提出后,没有任何不同意见,这本身就不正常,它预示着决策中潜藏着一种隐性危机。

下属之所以会对领导者寄予希望,不只是对个人生活的关心,还希望领导者能广开言路,倾听和接纳自己的意见与建议。

如果一个企业员工反映,“领导从不让我们讲话”,“我们只有干活的义务,没有说话的权利”,那意味着问题就很严重了。所以领导者应当注意,在制订计划、布置工作时,不要只是自己单方面发号施令,而应当让大家充分讨论,发表意见。在平时,要创造一些条件,开辟一些渠道,让大家把要说的话说出来。如果不给员工发表意见的机会,久而久之,他们就会感到不被重视,郁郁寡欢,工作也感到索然无味,丧失主观能动性。

有些人把企业内部的和睦定义为不吵不闹,没有反对意见,开会一致通过等表面现象。他们一般不愿看到下属员工之间发生任何争端,同样,这种领导者也不喜欢下属反对他的意见。如果一次出现多种不同的意见,他们就会感到不知所措。最镇静的办法也不过是说:“今天有很多很好的意见被提出来了,因为时间关系,会议暂时到此结束,以后有机会再慢慢讨论。”想尽办法去追求表面的和睦,这里的领导者恰恰忘了很重要的一件事:一致通过的意见不见得是最好的。

假如下属对方案没有异议,并不等于此项方案就是完美无缺的,很有可能是下属碍于情面,不好意思当面指出。因此,这时领导者切不可沾沾自喜,应该尽量鼓励下属发表不同的意见。

对于下属的反对意见,最重要的是倾听,并尝试猜测他接下来要说什么。领导者有必要让自己潜意识的情感指出大脑漏掉了哪些信息。如果下属说的某些东西让自己强烈地感到"错了","非常正确"或其他感受,而没有留意他究竟说了些什么,那么请仔细回忆一下一两分钟前发生了什么,很可能大脑并没有注意到。下属提出反对意见,领导者不妨这样应对:

1.当对方提出反对意见时,首先应辨清它属于哪一种形式

区别对方反对意见最简单的办法是提问。如"你这样讲的根据是什么呢?"对方提出的反对意见理由越不充足,就越会觉得你的问题难以回答。你从他的回答里了解的情况越多,就越可能发现他提出反对意见的真正目的,并及时对症下药,予以消除。

如果下属的反对意见是从偏见或成见出发,那你就不必急于反驳,尽量寻找形成其偏见的根源。然后,以此为突破口,证明他的见解不符合客观实际。如果他只是一般性地反对你的提议或者找借口,你也不要过于认真,只要恰如其分地解释就可以了。

2.把握好回答反对意见的最佳时机

在应对下属的反对意见时,时机是一个非常重要的因素。这不仅有利于避免矛盾冲突,还会增加说服效果。当对方在仔细审议某项条款,可能提出某种意见时,你可以早一步把问题指出来。这样,就可以避免在纠正对方看法时可能发生的争论,并引导对方按你的想法、思路去理解问题。如果对方提出的问题有一定难度,或是不适合立即回答,那么你也可以把问题岔开,待你准备好了或感到时机成熟时,再给予回答。否则,匆忙反驳对方的意见,会使对方再提出其他意见。当然,也会有一些意见,会随着业务的进展逐渐消失,这时,你可以不必回答。

3.冷静、谨慎、平和地回答下属的反对意见

如果你带着愤懑的口吻回答下属的问题,那么下属就会认为你讨厌他的意见,对他有不好的看法。这样,你要想说服他就更困难了。所以,回答下属时,平和、友好、措辞得当是十分必要的。

4.回答问题时要简明扼要,不要离题太远

如果你回答得啰唆烦琐,就很可能会引起对方的反感。一般地,你回答了下属提出疑问的疑点就行了,必要时,再加适当的解释和说明。

5.间接反驳下属的意见

有时直截了当地驳斥下属容易伤害到他,使他丢面子,所以间接反驳、提示、暗示都

比较好。在任何情况下,避免正面冲突,采取迂回前进的办法都是可取的。

(八)对员工傲慢是一种“犯罪”

领导者高抬着脑袋,用不屑的眼神扫过员工的脸孔,用透着鼻音的不屑音调跟员工沟通,不难想象结果如何。如此傲慢,得到的只是员工的怒气和反感。想让员工对自己说的话有所反应,就要收起这种傲慢,让自己先对员工的话有所反应。这就好比在别人说了一个笑话时,不管这个笑话好不好笑或者是否听过这个笑话,领导者都应该尽量报以真诚的微笑,这才是最合适的反应。

领导者对员工的行为及时做出反应就必须做到以下三点:

1.要合乎时宜

领导者对员工的行为做出反应要相机行事。如果员工刚刚受到挫折,那么领导者可以通过赞美来激励其斗志。但是如果员工取得了一些成就,已经被赞美声包围并对赞美产生抵触情绪时,为避免他骄傲,领导者应该给他泼些冷水,而不是一味赞美。

2.要雪中送炭

在日常生活中,难免会遇到挫折。而人们却往往只记得把最真诚的赞美给予那些功成名就的胜利者,然而这种胜利者毕竟是极少数,大多数人都是平凡普通的人,随时都可能遭受挫折。领导者所需要面对的人,很大程度上都是这类人。

因此领导者对员工的反应很可能对于他来说是雪中送炭。领导者适时地对员工做出反应,往往能够让他们把领导者当作知心朋友来对待。

3.要谦虚做事

领导者在进行管理的过程中,千万不要存在任何的优越感。领导者必须谦虚地做事情,即使自己取得了很大的成就,也要牢记这些成就是与员工们的努力分不开的,因此领导者不应该有优越于员工的表现。

用一种居高临下的姿态与员工交谈会让领导者很快陷入不利的境地,进而失去交往的机会。领导者并不比员工优越,在整个管理过程中,领导者必须和员工形成良好的关系才能将管理工作做好。

一些领导者认为自己的能力十分突出,甚至觉得自己的能力完全可以掩盖员工的能

力，于是在管理的过程中，总是喜欢滔滔不绝地发表意见，不断地和员工争辩甚至反驳员工的意见，这些都是认为自己有优越感的表现。殊不知真正决定管理是否有效的不是领导者的优越感，而是员工的配合。优越感太强的领导者是很难得到员工的认同的。

优越感太强的人往往容易虚伪，这样的领导者往往会制造出种种成绩来维护自己的优越感，以便将这种“比别人优越”的假象永远保持下去。殊不知在这种假象面前，他已经失去了员工的信任。也因此，我们说，对员工的傲慢就是一种“犯罪”。

（九）何时需要说服，何时需要命令

领导者在工作交流过程中对下属用得最多的方式，一是说服，二是命令。

说服就是恳切地引导对方按自己的意图办事的过程。说服有两种不同的结局：一是“说而服之”，二是“说而不服”。命令则是上级通过直接对下属发出行政指令的方式来完成工作部署和安排，具有强制性，没有商量的余地。

说到“命令”，人们很容易就会想起“军令如山”这句话。领导者下了命令，下属就不得不从。这一方式直截了当，有可能带来高效率。如果领导者认为某一项工作或决策必须得到贯彻执行，没有讨论的余地，则必须直截了当地发出“命令”，要求下属按章执行；其次，如果针对某一事项的讨论陷入僵持，无法达成统一意见时，通过命令的方式来结束讨论或许会是一个合适的选择。

再说说“说服”。生活中，人们看待问题的角度、解决问题的方法不尽相同，领导者要让下属重视自己的建议和忠告，就必须说服他理解和接受自己的观点，这样下属才能全心全意地去完成工作。

其实，“说服”和“命令”反映的是领导者不同的两种管理风格。一般来说，领导者针对下属成熟度的四种情景，即不成熟、初步成熟、比较成熟和成熟分别采用四种不同的管理风格。

（1）不成熟——命令式：这种管理方式的要点是进行详细的指示和管理。告诉下属应该干什么、怎么干以及何时何地去干。

（2）初步成熟——说服式：在传达指示之后进行说服并让下属思索具体方法，但重要部分必须按指令执行。

(3)比较成熟——参与式:和下属交换意见,充分协商,共同决策,推动下属执行。

(4)成熟——授权式:明确表示期望的结果,具体执行方案全部交给下属去办理。

在管理过程中,当下属的成熟水平不断提高时,领导者可以不断减少对下属行为和活动的控制,不断减少干预行为。

从上面的模式中可以大致看出命令与说服的分水岭,但"说服"与"命令"并不是绝对对立的,而是同一过程的两个阶段,一般情况下是先有"说服"后有"命令",但"沟通"环节不可以省略。要达成这两个过程的统一,寻求一种"中庸之道",也绝非易事。说服,自然有"服"与"不服"两种结果,在与下属进行"一对一"的沟通时,经常会碰到意见相左的时候,这时候再"命令"下属去执行可能就会适得其反,这样不但不能树立领导"民主、兼听"的形象,反而会在下属心中打上"专横"的烙印,更为严重的是会破坏双方的默契。领导者应有包容和接纳下属不同意见的胸怀。非得这样的话,与其在"说而不服"时发出"命令",还不如一开始就直接"命令",毕竟执行命令是下属的天职。

没有哪个领导者不希望高效地实现自己的目标,但是强迫手段带来的只是"被动地服从"而已。被动地服从导致实施决策目标时,带来的结果只能是低效,甚至无效、负效。只有"主动地支持",才能充分发挥下属的主动性、创造性,获得高效益。

比如著名的"南风法则",就形象地说明了温和的方式比强力更容易被人接受。温和的态度、友善的方式意味着对下属的尊重,必然会得到相应的回报。在日常工作中,领导应尽量少命令,多商量,尊重下属的人格尊严,使之乐于接受,并积极主动、创造性地完成工作。

有一个秘书曾这样评价自己的领导:他从来不直接以命令的口气来指挥别人。每次,他总是将自己的想法讲给对方听,然后问道:"你觉得这样做可以吗?"在口授一封信之后他经常说:"你认为这封信如何?"如果他觉得助手起草的文件需要改动时,便会以一种征询、商量的口气说:"也许我们把这句话改成这样,会比较好一点。"他总是给别人动手的机会,从不告诉下属具体如何去做事。

可以想象,在这样的领导者身边供职,该会多么的轻松而愉快!常言道:"与人说理,须使人心中点头。"心平气和,步步引导,耐心商讨,使别人易于接受。在领导说服下属的过程当中,有许多值得注意的地方。

1.调节气氛,动之以情

在说服时,要想方设法调节谈话的气氛。和颜悦色地用提问的方式代替命令,并给人以维护自尊和荣誉的机会,气氛就会是友好而和谐的,说服也就容易成功;反之,在说服时不尊重他人,摆出一副盛气凌人的架势,那么说服多半是要失败的。

2.善意威胁,消除防范

很多领导者都知道用威胁的方法可以增强说服力,而且还不时地加以运用。威胁能够增强说服力,但是,在具体运用时要注意态度友善,讲清后果,说明道理,适度威胁,消除防范。

3.投其所好,以心换心

站在下属的立场上分析问题,给他一种为他着想的感觉,这种投其所好的技巧常常具有极强的说服力。要做到这一点,"知己知彼"非常重要,唯先知彼,而后方能从对方立场上考虑问题。

4.寻求一致,引起共鸣

习惯于顽固拒绝他人说服的人,经常都处于"不"的心理状态之中,对付这种人,要努力寻找与对方一致的地方,先让对方赞同你远离主题的意见,从而使其对你的话感兴趣,而后再想法将意见引入话题,最终达到求得对方同意的目的。

但至今许多领导者仍认为以命令方式去指挥下属办事最快、效率最高,习惯于向下属发出各种各样的命令。人对命令多是反感的,一个经常用命令语气说话的领导容易被大家列入讨厌者的行列。但当确实需要用命令来向下属分配任务时,要注意几个方面。

首先,要注意下达命令的时候寻找最合适的气氛,比较重大严肃的任务要在庄重的场合下提出;

其次,要注意下达命令的合理性,命令表达要清楚、明确;

最后,在给下属下命令的时候要给下属提问的时间,让下属多问几个为什么,让他们对于新的任务有更多的了解,从而有益于任务的完成。

在工作中,让全体成员都围绕共同、明确而清晰的目标而努力是非常重要的。领导者需要有目的地引起组织成员思想的共鸣,比口号更重要的也许是灌输目标的方法和过程,这需要领导者多动脑筋,在实践中不断提高说服和命令的技巧。

（十）恰到好处地运用身体语言

领导者在与员工沟通的过程中，除了用有声语言外，还可以充分利用身体语言。凡是通过手势、姿态、眼色和面部表情来进行信息传递、思想沟通、感情交流的活动方式，都是身体语言。身体语言虽然并不是由口腔发出声音的语言，但是在沟通过程中却可以起到极大的辅助作用。领导者要实施自己的管理行为，准确有效地表达自己的意向和感情，就必然运用身体语言。这里我们着重介绍面部和手部的身体语言。

1.微笑

据统计，微笑是所有的交际语言中最有感染力的身体语言，是放之四海而皆准的人际交往语。领导者在交往中要学会笑，笑暖人心，又能体谅人心，给人以幸福感、自由感。

往往一个微笑就能令人如沐春风，放松神经，表达出你的善意、愉悦，缩短与员工之间的距离。因此有人说微笑是最廉价的宝物，它常常会让人有意外的收获。微笑就像一种情绪的调和剂，更是沟通过程中的一种润滑剂。但是领导者在运用微笑传情达意的时候，要注意做到以下几点：

（1）笑得真诚。

微笑既是自己愉快心情的外露，也是纯真之情的奉送。真诚的微笑让对方内心产生温暖，有时候还可能引起对方的共鸣，使之陶醉在欢乐之中，加深双方的友情。

（2）笑得自然。

微笑是发自内心的，是美好心灵的外现。要笑得自然，笑得亲切，笑得美好、得体。要注意不能为笑而笑，没笑装笑。

（3）笑的对象要合适。

对不同的沟通对象，应使用不同含义的微笑，传达不同的感情。不然，难免会有适得其反的情况出现。

（4）笑的程度要合适。

微笑是向对方表示一种礼节和尊重。但是如果不注意程度，微笑得放肆、过分、没有节制，就会有失身份，引起对方的反感。

（5）要笑在合适的场合。

对人微笑要看场合,否则就会适得其反。当你出席一个庄严的集会,或是讨论重大的政治问题,自然不宜微笑。当你同对方谈论一个严肃的话题,或者告知对方一个不幸的消息时,或者是你的谈话让对方感到不快时,也不应该微笑,或者要及时收起微笑。

2.巧用手势

在与下属沟通时,领导者除了要有自然流利的口才外,还要有与之相配合的体态和手势。手势的妙用在沟通中具有独特的作用,手势的运用是否恰当,会直接或间接地给语言以不同的影响。恰到好处的手势会让你的语言更具有说服力,也会使你的个人形象更具魅力。

经验表明,手势的运用也要恰到好处才能发挥作用。一般而言,手势必须是内在情感的自然表露,而不应是生硬的做作。做手势是为了帮助表情达意,如果达不到这个目的,就是画蛇添足、毫无意义了。有的领导者认为有手势比没有手势好,手势多比手势少好,何况手势还可以掩饰自己紧张的情绪。这其实是一种误解,令人眼花缭乱的手势只能显露出自己的慌乱和无礼,毫无任何意义。

一些人认为:“为了强调某个重要的观点,手势能缩短你和听众之间的距离。”领导者说话时采用的手势应与谈话的主题相适应,打手势也要注意空间的大小。而且,领导者应该明确对方手势的含意:手指敲桌子可以表示谢谢;平掌摇动通常表示不同意;双手搓动可表示高兴或着急。

领导者亦可以在谈话中借助手势加强语意。不过打手势时切忌幅度过大,过于夸张。

手势有多种复杂的含义。手向上、向前、向内时往往表达希望、成功、肯定等积极意义的内容;手向下、向后、向外,往往表达批判、蔑视、否定等消极意义的内容,如空中劈掌表示坚决果断,手指微摇表示蔑视或无所谓,双手摊开表示无可奈何,右手紧握拳头从上劈下表示愤慨、决心等。

关于手摆放的位置,一些专家还特意设计了不同的方案,不过在运用时,不能太拘泥,只要自然得体就可以了。但是切忌把手插到衣袋里,显得对人不尊重,而自己也好像“被捆住了一样”。以下是几种常见的手势,供参考:

(1)仰手式。

即掌心向上，拇指张开，其余几指微曲。手部抬高表示欢欣赞美、申请祈求；手部放平表示诚恳地征求下属的意见，取得支持。

(2)推手式。

即指尖向上、并拢，掌心向外推出。这种手势常表示排除众议，显示坚决和力量。

(3)覆手式。

即掌心向下，手指状态同上，这是审慎的提醒手势，能抑制听众的情绪，进而达到控制场面的目的，也可表示否认、反对等。

(4)包手式。

即五个手指尖接触，指尖向上，就像一个收紧了开口的钱包。这种手势一般是强调主题和重要观点，在遇到具有探讨性的问题时使用。

(5)切手式。

即手掌挺直全部展开，手指并拢，像一把斧子飕飕地劈下，表示果断、坚决、快刀斩乱麻等。

(6)啄手式。

即手指并拢呈簸箕形，指尖向着听众。这种手势具有强烈的针对性、指示性，但也容易形成挑衅性、威胁性，一般不要过多使用。

(7)伸指式。

即指头向上，单伸食指表示专门指某人、某事、某意，或引起听众注意；单伸拇指表示自豪或称赞；数指并伸表示数量、对比等。

(8)握拳式。

即五指收拢，紧握拳头。这种手势有时表示示威、报复；有时表示激动的感情、坚决的态度、必定要实现的愿望。

(9)抚身式。

即用手抚摸自己身体的一部分。双手自抚表示深思谦逊、诚恳；以手抚胸表示反躬自问；以手抚头，表示懊恼、回忆等。

另外，手臂的动作也可以是一种语言暗示。手臂交叉表防御；手臂交叉握拳表敌对；手臂交叉放掌表示有点紧张并在努力控制情绪；一只手握另一只手上臂，另外一只手下

垂表示缺乏自信,等等。

(十一)记住员工的姓名

俗话说:“贵人多忘事。”忘记了他人的名字实际上是令人十分尴尬的事,当被遗忘者说出这句俗话时,似乎他不挑理,其实,心里难免会有被轻视的感觉。

希望自己的名字被别人记住是每个人内心潜在的渴望。当你向别人报出自己的姓名时,当时没有人会把对方是否记住了自己的名字当回事,但如果过了几天对方再次与你相遇,并肯定地叫出你的名字,你会感到内心有一种难以言说的喜悦感,并一下子与对方的距离拉得很近。

领导者要懂得“名正言顺”,一个领导者能准确地记住并叫出下属的名字,是对下属的尊重和赞赏,能迅速拉近上下级之间心与心的距离。

一名新任局长到单位之后,上班第一天上午,就让办公室主任提供机关里每一个下属的信息,包括名字、职位、祖籍、性格、爱好等,并请他按照办公室的布局,让每个下属对号入座。接下来几天,他逐个在办公室走了一遭,在与下属一一握手时,当场叫出了每个人的名字。大家都很吃惊,转而敬佩起新局长,整个单位的气氛顿时活跃起来,对新局长的拘束和陌生感一扫而空。这位局长只是记住了下属的名字,却起到了四两拨千斤的效果,迅速得到了部下的好感与信任。

在人际交往中,谁都希望自己的名字能被他人准确无误地记住,这代表着被尊重和认可。如果张冠李戴地叫错了名字,对于双方来说,都是很尴尬的事情。

拿破仑三世(法国皇帝,拿破仑一世的侄子)曾自豪地说:尽管他日理万机,仍然能记住每一个参见他的人的名字。然而,对很多人来说,记住下属的姓名,并不是一件轻而易举的事,这需要下一点功夫,还得有一套方法。想记住大量名字,要掌握以下几点:

1.初次见面时就要聚精会神地记在心里

当下属介绍姓名时,要聚精会神,并记在心里。有的领导者虽然主动问下属的姓名,但下属介绍时却又显得心不在焉,不到一会儿,就已经忘记了他是谁了!有的人记忆力强,有的人记忆力差一点,这是事实。如果记忆力差,可以直接告诉下属:“对不起,我没有听清楚。”让他再说一遍,加深记忆。还可以在逐字听的时候,用每个字造一个词或者一个词组，帮助加深记忆。

2.记住每个下属的特征

人有多方面的特征，有外形的特征，如眼睛特别大、胡子特别多、前额很突出等；有职业上的特征，如他最擅长某一项技术，在某一项技术、学识上有受人称道的雅号等；名字上的特征，有的名字故意用些生僻的字，或者很少用来做名字的字，有的名字与某几个人的名字完全相同，这本来是没有特征的，但可把“同名共姓”作为一个特征，再把他们区别开来就容易了。只要记住他在外貌、职业、特长、爱好这些方面的与众不同之处，然后把名字与这些特征联系起来，这样就能对号入座，避免张冠李戴。

3.多与下属接触

百闻不如一见。有不少领导者，一有时间就深入到基层，同他的下属或一起干活，或一起玩乐，或促膝谈心，或共商良策。这样的领导者不但能叫出下属的名字，还能摸清下属的脾气性格。

能轻松叫出对方的名字，既在尊重对方的同时，又能受到对方的尊重和爱戴。人受到别人的尊重时也会对对方产生尊重。领导者更多的是要与普通职工相接触，记住对方名字，也是平易近人的一种体现，少一些官架子，自然会得到他人的更多尊重，并且还能让下属对自己产生爱戴之情。

4.准备一个小本子

如果是尊贵的客人，切不可当面拿出小本来，只能背后再记。但对下属，你可以说：“我记忆力差，请让我记下来。”下属不但不会讨厌，还会产生一种被尊重感，因为你真心实意想记住他的名字。为了防止以后翻到名字也回忆不起来，除了记下名字以外，还要把基本情况如单位、性别、年龄等记下来。这个小本要经常翻阅，一边翻一边回忆那一次会见此人时的情景，这样，三年五载以后再碰到此人，你也可以叫出他的名字来。

如果连名字都不记住，领导者对下属的赞赏又从何谈起呢？何况，记住名字这件事本身就是对下属的赞赏。正如卡耐基所说：“记住别人的姓名并容易地叫出来，即是对他进行了巧妙而有效的赞赏。”

（十二）给予每一位员工应有的尊重

马斯洛曾指出人类有五个层次的需求，其中一个层次就是：受尊重的需求。作为一个社会人，我们每个人都渴望从他人的尊重中感受到自己在社会上的重要性，从而增强信心。

你怎么看待别人，别人就能朝你期待的方向有所改变，你觉得他是优秀的，那他就是优秀的。一份尊重和爱心，常常可以带给人意外的惊喜，常常会产生意想不到的效果。在企业管理中，我们常常会强调“没有规矩不成方圆”，但是，我们却又常忽略一个事实：如果不能给予员工应有的重视，充分调动他们的积极性，那么规矩越多，管理成本就越高，人才流失也就越严重。

菁华在一家规模较大的广告公司做了几年的设计师，客观地说，这家公司工作环境不错，菁华在这里月收入近万元，加上年终奖、创意奖等，年薪20万左右。这对一个普通的打工者来说已经算是一笔不小的数目了。本应该很知足，并死心塌地为公司奉献，但菁华最近却打算辞职。

原来，就在几个月前，他们公司来了一家大公司的客户，想让他们做一款广告设计，并要求尽快拿出设计方案进行竞标。作为设计员，菁华在设计总监的带领下，绞尽脑汁地熬了好几个通宵，终于设计出了优秀的方案。他所设计的方案最终击败了公司其他几位设计总监，并得到了客户方的好评，竞标成功。老板很高兴，把他叫到办公室，当即给了他两万元的奖金，叫他继续努力好好干。

领到奖金的3天后，公司举行了庆功宴。菁华被安排在了一个靠后的角落里，而且，老板在庆功宴上的发言只字未提他的“功劳”，这让菁华很失落。整个晚宴，他都与公司其他普通员工坐在一起，也没有任何一个人问到他对设计方案的感想，更别提对他的赞赏了。此时的菁华心中不由生起一股被冷落的失落感。他闷闷地吃了几口东西就退席了。

回到家的菁华想到了离职，他不动声色地找到了新的东家。这个新东家给出的待遇跟现在的公司给出的待遇差不多，但是菁华却很满意。原来，菁华在面试时，就受到了公司人事经理及相关面试人员的高度热情有礼的接待，这让他从心里觉得自己是被重视和尊重的。面试成功后，他想要见见公司老总，人事部经理彬彬有礼地答应帮他安排。才过了两天，人事部经理就给他打电话说，自己与老总已经开车到了他现在工作公司对面的马路口，老总接他一起共进晚餐。他下楼走到车旁，比他年长很多的老总亲自走下车与他握手并欲帮他开车门请他上车。这一切让菁华受宠若惊。

到了预定的餐厅,菁华才发现,原来还有公司很多其他同事在场,财务部、设计部、人事部等一帮经理都来了。席间,老板和人事部经理将他郑重地介绍给同事,整个用餐过程气氛非常融洽。菁华当下更加确定了到这家公司工作的决心。

作为社会人,我们都需要并渴望得到别人的尊重,一个普通的打工者也同样如此,他们也希望能得到同事的认同,受到领导的尊重。现代管理理念越来越注重人性化的管理。人性化的管理就是要让管理更亲和,让领导者不是在表面上与员工拉近距离,而是要真正关心员工,关心员工的家庭、前途和未来。

前面提到的菁华在各项外在条件都不错的前提下却毅然决定辞职的事例,其实说的就是公司领导者不懂得如何给予员工应有的尊重。只想到"我花钱请你,你就要好好干活,你为公司创造了好的效益,那我给你奖金,如此就两清了",却完全没有意识到,对员工劳动结果的尊重、对他们个体心灵的尊重,其实远比金钱的"尊重"更有效果。不少领导者都在感叹:现在企业中的快乐员工越来越少了。但是他们却没有认识到这其中最根本的原因就是他们没有给予每一位员工应有的尊重:员工努力工作,却总是不能得到领导者的认同,在与员工谈话时,领导者总是一副高高在上的命令式。在这种环境下员工的工作效率和认同度可想而知。

世界上的扭亏高手温白克说:"一家企业要成功,关键是一定要爱护你的员工,并帮助他们,否则他们也不会帮助你的企业。对待员工一定要诚实,要有一致性,不能朝令夕改,一定要把你的心拿出来给他们看,要心心相印,只有在这种情况下,他们才会跟你走。"

从某种意义上说,企业管理就是人际关系的总和。人际关系的维系需要靠沟通,而谈话则是沟通的外在表现形式。领导者通过谈话,可以了解员工所需,及员工的个人想法和建议,员工也可以从中了解到公司对他的评价,对他的期望等。领导者与下级员工之间的对话应该是建立在平等、尊重的基础上的。当员工感觉到自己对于公司而言很重要时,工作就会变得有趣而充实。一个领导者,最重要的是要保持与下级员工之间的密切联系。公司不仅要尊重员工对公司的贡献,更要尊重他们的建议与想法。领导者只有尊重每一位谈话者,了解他的想法并理顺沟通,才能使员工觉得自己受到尊重。对于员

工好的建议和合理的要求，领导者要引起重视，并对此做出相应的决策。面对员工不合理的要求，领导者也要给予其应有的尊重，告诉他们，他们的意见和要求自己已经知道，然后和其他领导者讨论其要求的可行性，如果实在行不通，那也要让员工知道原因。

（十三）沟通需要从最小处做起

领导者与下属创造良好的人际关系的方法有很多种。虽然一些"微小平常"的事情会让人觉得微不足道，但有时却会起到举足轻重的作用。下面就简单介绍一下：

1.好意地接近下属

领导者讨厌下属，那么下属也不会对领导者有什么好印象。领导者喜欢亲近下属，下属也会乐于接近领导者。

这些就是领导者和下属建立人际关系的基础。如果领导者在个人感情上讨厌某位下属，那么在工作上就势必会被这种情绪所感染。所以作为领导者必须以真诚的态度，怀着善意积极地接近下属。

2.不要忘了打招呼

决定与下属建立人际关系，最基本的方法就是"打招呼"。

人们的对话先从"打招呼"开始。

上班时，如果领导者主动向下属打招呼，那一定是下属精神百倍、工作情绪高昂的主要原因之一。

明朗的笑脸是接受对方的表现。先一步、积极地向对方表达出你认可他的问候。

除此，领导者如果对下属不管是工作上或私事上，都能以温馨的语言表示关心，就一定可以抓住下属的心，创造彼此良好的人际关系。

3.回答要妥当

当对方把想说的"事"、想传达的"事"投过来给你时，领导者有必要接受这些"事"并经过处理再还给对方。

回答和打招呼一样，都是再平常不过的事了，但是在人际关系及沟通上，却同样都具备相当重要的功用。

当下属有问题或跟你打招呼时，你有必要用心回答。

4.花点时间与下属谈笑

很多人认为在工作时谈笑并没有什么好处，但是，当工作碰到困难、阻碍时，人们难免会想找人吐一下苦水。这时候，领导者可以说："我的头脑现在缺氧，反应迟钝，大家喝一杯咖啡、聊一下天如何？"缓和一下办公室的气氛，让大家恢复精神再工作。

午休时和下属闲聊，下班后邀约下属出去小聚一下，大家发发牢骚抬抬杠，可以缓解上班工作的紧张心情，加强彼此同为伙伴的情结，强化大家的协作意识。

面对激烈的市场竞争，现在的工作日趋紧张。员工更需每日兢兢业业，不敢稍有疏忽。而越是这样，就越需要利用时间和空间，让领导者和下属暂离工作，稍事休息。

5.收集相关信息及话题

身为领导者，必须切实掌握社会动态、时事和最新信息，保持员工的高度兴趣，因此平常就要用心于话题的收集。

所以在听别人说话时要很认真地聆听，平时也要为了自身的教养、知识而拼命地看书，多关注电视上的体育、艺术、综艺节目等，这都是和他人闲聊时的话题。

同时还要养成随时随地记笔记的习惯，不管是和别人的谈话、读书的内容摘要、从媒体中所获得的资料、亲身的体验心得等，都可以记在笔记本中作为备忘录。

领导者在与下属沟通时，往往需要从最小处做起。有句话叫："最伟大的事都是从最小的地方累积而成。"领导者从最小的地方做起并做好，才会在与下属沟通交往中获得最大的收益。

(十四)闲谈的作用不可忽视

一般来说，有效地交流和沟通，可以促进组织内部成员的相互理解和默契程度，是做好工作的必要前提。因此是否善于与内部成员交流感情，沟通想法，是领导者能力的体现之一。如果领导者除了和员工进行正式沟通之外，就形同陌路，这势必会影响公司运作。

在日常生活中，闲谈、聊天，不仅可以向对方倾诉自己的感情，让对方了解自己的想法，还可以了解对方的感情。这是最常见的沟通方式，也是人与人之间缩短彼此的心理距离，从而使"道具性"人际关系得以滋润的最佳方式。

闲谈之所以能够有效地增进了解，让沟通更顺畅，是因为它所营造的那种平和的气氛，可以使人精神上松弛，更容易接受外来的信息。

国外一些优秀企业，在营造企业气氛上想出了不少好点子。

奥田是丰田公司第一位非丰田家族成员的总裁，在工作中，他渐渐赢得了公司内部许多人士的深深爱戴。他有1/3的时间在丰田城里度过，常常和公司里的多名工程师聊天，聊最近的工作，聊生活上的困难。另有1/3的时间用来走访5000名经销商，和他们聊业务，听取他们的意见。

美国的迪斯尼制片公司规定，从董事长到一般员工，都只佩戴没有职称的标牌，为的是大家交谈时可以直呼其名，与平时的闲谈类似，以减少心理压力，使之轻松愉快。还有一家公司将公司餐厅里的小圆桌搬走，换上一种长条桌，目的是让素不相识的人增加相互接触的机会，而小圆桌则总是那么几个熟人坐在一起。

人们往往喜欢通过闲谈来反映某种情绪要求，那些不善言谈的人常对周围的人事变化、生活琐事一无所知。不屑闲谈的领导者，会被人冠以“难接近”“很清高”之类的名头。这是感情沟通的障碍，因为人们总是对严肃的人敬而远之。假如你在吃饭时与大家谈谈食品营养、各种菜式，与男同事说说桥牌、围棋、足球，与女同事谈谈环境、卫生、孩子教育，那么别人在感情上与你的呼应是非常明显的。

社会心理学家们通过调查证明，对强人、能人所表现出来的亲切随和，人们格外感兴趣。因为他们出色的工作已经产生了与众不同的影响，所以人们更希望能与他们在感情上有所沟通，否则就会产生相距甚远、不可企及的想法，逐渐产生隔阂。

美国前总统里根就是个人缘不错的人。他爱开玩笑，从不摆架子。一次有记者夸奖他的新西服很漂亮，里根说，不是新的，已经买了4年了。回到白宫，里根又打电话给记者：“我纠正一下，刚才记错了，不是4年，是5年。”他并不觉得为这样的琐事打电话有什么不好，而很多人却从这样的琐事和闲谈中，感觉里根很随和，容易接近。

作为领导者，并不是每时每刻都必须考虑工作才算尽心尽职，还应在闲暇时与员工沟通，向人们展示他不同的侧面，如生活、情趣、感情等。这样，人们才能与他产生共鸣。在这些展示中，闲谈是必不可少的。

寒暄也是闲谈的一种方式。寒暄式的交谈，既表现出对对方的关心，又表示出自己愿意与之保持良好关系的愿望。有些人为了在寒暄中表示亲近，花费大力气记住别人的姓名，结果自然容易得到别人的好感。

闲谈可能产生一些弊病，比如小道消息、捕风捉影等，但作为一种社会互动形式，它们是必然存在的。领导者应合理使用，扬长避短。

（十五）沟通时要善用幽默

在与人沟通中，幽默是一门重要的社会交往艺术，是人与人相处的润滑剂。俗语说，没有幽默感的人，不能成为领导者。幽默的领导者不但受下属爱戴，公司的气氛也会为之开朗，从而提高下属的工作意念。

有一位年轻人新近当上了董事长。刚上班第一天，他召集公司职员开会。他自我介绍说："我是安德，是你们的董事长。"然后打趣道，"我生来就是个领导人物，因为我是公司前董事长的儿子。"参加会议的人都笑了，他自己也笑了起来。他用幽默的口吻和"反语"的修辞手法来证明他是以公正的态度看待自己的地位，并对此有着充满人情味的理解。实际上他只是采取了这种委婉的方法表示：正因为如此，我更要跟你们一起好好地干，让你们改变对我的看法。我是靠自己的努力登上董事长位置的。

员工在一定程度上对于作为其上级的领导者是敬畏有加的。所以领导者在与下属沟通的时候，下属经常是唯唯诺诺，不敢多应声，或者是过于拘谨，不敢大胆地表达自己的意思。如果领导者再是一个不善于言谈的人，那么气氛就会很沉闷，沟通的效果就会非常差。

领导者在与下属交流的时候，需要注意使用各种方法。比如说先和下属谈论一些他们感兴趣的事，然后再转入正题，或者在场面僵化的时候，适当地幽默一下，整个谈话的气氛就会为之一变，员工的积极性也会被调动起来。

"二战"期间，艾森豪威尔曾前去视察一支陷入困境的部队。

那时，他还是欧洲战场的盟军总司令。

对于他的到来，美国士兵热烈鼓掌。

他讲完话后，准备下台时忽然摔倒在泥浆里，滚了一身的泥巴。

士兵们见状哄然大笑。

"泥浆告诉我,"艾森豪威尔站起来后风趣地说,"我对你们的巡视是极其成功的!"

虽然是即兴胡诌的一句话,却成功地打破了僵局。通过艾森豪威尔的幽默语言,让我们看到了他的聪明机智,以及处变不惊地应付僵持局面时而应具备的领导素质。

那么,怎样才能使自己成为一个幽默的领导者呢?你可以从以下几点做起:

(1)扩大自己的知识面,博览群书,只有知识积累得多了,与各种人在各种场合接触才会胸有成竹,从容自如。

(2)培养高尚的情趣和乐观的信念。一个心胸狭窄,思想消极的人是很难有幽默感的。幽默属于那些心宽气朗,对生活充满热忱的人。

(3)有意识地训练自己对事物的反应和应变能力。

(4)提高观察力和想象力,要善于运用联想和比喻。

(5)多参加社会交往,多接触形形色色的人,增强社会交往能力,也能够使自己的幽默感增强。

幽默的人往往更能受人喜欢,幽默的领导者也比古板严肃的领导者更容易与下属打成一片。有经验的领导者都知道,要使身边的下属能够和自己齐心合作,就有必要通过幽默使自己的形象人性化。然而做任何事情都要有度,幽默亦是如此,当领导者运用幽默时也一定要把握住幽默的限度,领会其必要的技巧:

(1)幽默要高雅。在生活中,许多人在开玩笑时往往难以把握分寸,结果弄得大家不欢而散,影响了彼此的感情。当你在与下属沟通时,幽默要尽量高雅,最忌把下属的缺陷作为笑料。

(2)幽默要适时表现,不可随意。幽默并不是随时随地都可以运用的,只有在合适的时候才能发挥作用。比如当员工疲劳快进入睡眠状态时,领导者如果能适时幽默一下,整个沉闷的气氛就会为之改观。或是在开会或聊天时,有人因口无遮拦伤害了他人,此时领导者也不妨以幽默而引入令人发笑的言语,设法转变话题,使大家脱离窘境。

另外,幽默还要在某些特定的场合和条件下才能发挥作用。例如:在一个正式的会议上,当下属发言时,如果你突然冒出一两句逗人的话,虽然大家都被你的幽默逗笑了,但是却会让发言者感觉你不尊重他,对他的发言不感兴趣。

总之,幽默是一种优美的、健康的品质,只有恰到好处的幽默才能体现出一个人的智慧。当你掌握了幽默这门社会交往的艺术时,你就会发现其实和下属沟通也是一件轻松而愉快的事情。

(十六)巧妙地让下属贯彻你的想法

在组织中,领导者的想法和建议能不能得到贯彻对工作的成败具有重大的意义。领导者应该采取公开的、私下的、集体的、个别的等多种方式让下属贯彻你的想法。

让下属贯彻你的想法,要具体问题具体分析,针对不同类型的下属采用不同的方法。在日常工作过程中,当你下达给下属一个目标任务时,经常会出现四种不同的状态和结果。其一,满怀热情地地承诺目标任务,但却未必能完成任务;其二,对下达的目标任务信心不足,但却有实力完成任务;其三,对下达的目标信心不高,但并非不能完成任务;其四,满怀热情承诺目标任务,同时也能够完成工作。

对于一项目标任务的达成,除了一个合理的目标定位外,还取决于下属本身的能力和意愿,即有没有能力干和愿不愿意干。而能力和意愿在很大程度上取决于下属所处的四种不同的工作阶段和不同的工作状态。领导者在让下属贯彻自己的想法时,对这四种状态的下属要区别对待,不能一概而论。

第一种通常为工作初始的下属,他们基本上意愿极高而能力较差。对于这类愿意干而干不好的下属在让其贯彻自己的想法时,领导者应多采用命令型领导风格:应设定下属的角色;提供明确的职责和目标;协助下属发现问题;明确指导并产生行动计划;明确告知所期望的工作标准;及时跟踪反馈;可使用一些单项沟通来解决问题和控制决策,如规定其定时向自己做深度工作汇报。这种高指挥、低支持的管理方法既对下属工作能力的提高有所帮助,同时又要适当约束下属的行为和冲动的头脑,更好地帮助、监督下属完成任务。

第二种通常为工作了6个月左右的下属,由于最初愿景和现实比较的落差,他们基本上处于意愿下降,而能力通过一段时间的锻炼有所提升的状态。对于这类没信心干而并非干不好的下属领导应多采用教练型领导风格:应设定下属的目标;确认下属的问题;说明决策的理由并征求下属的建议,倾听下属的感受,以促发创意;多赞美、肯定下属的成绩,指导下属完成任务。在贯彻自己想法的过程中征求其对完成任务的意见,可以为

组织输入新鲜的血液,促进组织质的发展。这种高指挥、高支持的管理方法既对下属工作能力的提高有所帮助,同时又可以提高下属的自信心,使有能力的下属发挥才智。

第三种通常为工作了 9 个月到 1 年左右的下属,他们对工作具有一定的能力但情绪上波动较大。对于这类能干却不愿意干的下属,领导者应采用支持型管理风格,巧妙地让下属理解自己的想法。让下属主动参与确认问题与设定目标;注意多问少说,倾听和激励并用,促使下属主动解决问题和完成任务,并承诺与下属共担责任;必要时领导者还应适当地提供资源、意见和保证;要与下属共同参与决策的制定,分享决策权。这种少指挥、多支持的管理方法既可给下属提供单独完成任务的机会,又可大大提高下属的工作意愿,使之心甘情愿地完成任务。

第四种通常为一些资历老、能力强的核心成员。对于这类能干好也愿意干的下属,领导者应采用授权式的管理风格。应多与下属共商办公室问题,共定目标;让下属自行制订行动计划,自己决策;鼓励下属接受高难度挑战;就下属的贡献予以肯定和奖励,提供成就他人的机会;定期地检查和跟踪绩效。这种少指挥、少支持的管理方法给下属充分的自主权限,分担了领导者肩上的担子。但授权不等于放权,尽可能地暗中观察,及时检测,使其基本按照预期路线完成任务,以免因自大、妄为等心理因素最终误了大事。

这些因地制宜、因材施教的管理方法可以在现实管理过程中,最大范围地满足下属能力和意愿两方面的需求。更重要的一点是,该过程中及时贯彻领导者的想法这一步骤,确保了组织工作前进的方向,有利于增强组织的凝聚力,使大家为了共同的目标而努力奋斗,不断创造辉煌。

此外,上下级之间的关系是一种平等关系。这种平等既表现为两者在真理面前的平等,又表现为在人格上的平等。在贯彻自己的想法时领导者要与下级商讨,谁的意见正确、谁的办法好,就照谁的办法去做。特别是当下级提出反对或难听的意见时,也要让他把话说完,然后加以分析,对方正确时要及时修正自己的意见;即使下级的意见不正确,也要耐心地听下去,然后给以必要的解释、说服和帮助。最后切记:领导者不能让自己今天的指导给明天的管理带来种种麻烦!

下車泣罪
大禹

下车泣罪[1]

【历史背景】

禹继承君位之后，不但以自己的精神使得各方部族来投向华夏部落，加强了对部族的管理。同时，更加关心百姓的生活疾苦。大禹十分重视教化的作用。他让治水时专司刑罚的皋陶制定了一些规定，各民族部落如有不听号令者，就要用刑罚来惩办他们。舜死后，禹守孝三年。为了巩固当时的夏王朝，禹把全国分为九州（即冀州、兖州、青州、徐州、扬州、荆州、豫州、梁州、雍州）进行管理，他还“南省方，济于江”，还用青铜铸成了九个鼎，以此来象征统一天下九州，九鼎也因而成为夏王朝的象征。禹在巩固夏王朝统治的过程中，还特别重视恩威并用，加强对民众的教化。传说西部有个部族叫有扈氏，喜欢征战而不愿服从夏的领导。禹就采取一边用兵征服，一边用德政教化的策略，结果收到了良好效果，使有扈氏终于服从了夏的领导。为加强对其南方的九个少数民族的统治，禹几次出巡这些地区，传播中原文化和礼教，受到当地百姓的尊敬。他沿途向当地人询问习俗，鼓励农耕，向他们传授种植庄稼的方法，教他们播种五谷，教育部族酋长们要讲礼仪和法度，不要以强凌弱，而要友好相处。同时又宣布，对于那些不愿听取意见的，要用兵征讨，决不客气。可见，大禹是一位有尊严的君主，也是一位圣明又有能力的君主。同时，大禹又是一位仁德广施的君主。

帝尧曾经说：“一民饥，我饥之也；一民寒，我寒之也；一民有罪，我陷之也。”这种自我批评的精神在大禹的身上也得到了继承。当了天子的大禹更加勤奋地为百姓谋利益，诚恳地招揽士人，广泛地听取民众的意见。有一次，他出门看见几个罪人，竟下车问候并哭了起来。随从说：“罪人干了坏事，您何必可怜他们！”大禹自我批评说是老百姓在尧舜统治的时候，都能够同心同德，相互友爱，到自己做了君主时，人心却都不一样了，他感到这是自己的罪过，于是很伤心。大禹很关心百姓的疾苦。有一次，他看见一个人为了生活就把自己的孩子卖了，禹就帮他把孩子赎了回来。看见有的百姓没有吃的，他就让后稷把仅有的粮食分给百姓，解除他们的饥饿。大禹在位的时候，时时刻刻都会想到百姓的利益，因而受到百姓和其他部落首领的拥戴。

大禹死后被埋葬在今天的浙江省绍兴市东南的会稽山，这里是大禹的陵墓所在地，被称为大禹陵，为国家级重点文物保护单位，全国百家爱国主义教育基地之一，是我国东南的一大名胜古迹。

【原文】

夏史纪：大禹巡狩[2]，见罪人，下车而泣之。左右曰："罪人不顺道[3]，君王何为痛之？"王曰："尧舜之人皆以尧舜之心为心[4]；我为君，百姓各以其心为心[5]，是以痛之。"

【张居正解】

夏史上记：大禹巡行诸侯之国[6]，路上遇见一起犯罪的人，心中不忍，便下车来问其犯罪之由，因而伤痛垂泣。左右的人问道："这犯罪之人，所为不顺君道，正当加以刑罚，君王何故痛惜他？"禹说："我想尧舜为君之时，能以德化人[7]，天下的人都依着尧舜的心为心，守礼安分，自不犯刑法。今我为君，不能以德化人，这百姓们各以其心为心，不顺道理，所以犯罪。是犯罪者虽是百姓，其实由我之不德有以致之，故我所以伤痛者，不是痛那犯罪之人，盖痛我德衰于尧舜也。"大禹不以罪人可恶，而以不德自伤如此，则所以增修其德，而期[8]于无刑者，无所不至矣。

【注释】

①本篇出自刘向《说苑·君道》。记述夏禹勇于自责的故事。

②巡狩：帝王离开国都视察各地称巡行。

③道：这里指律令。

④以尧舜之心为心：即是按照尧舜的德化要求及想法去做。

⑤以其心为心：即是按照各个人自己的意愿行事。

⑥诸侯之国:封建社会的地方政权。禹时并没有分封诸侯之事,这里实指部落联盟之内的各个部落。

⑦以德化人:用道德教化来教育感化人们。

⑧期:期望,希望。

【译文】

夏代史书上记载:有一次大禹离京出外巡视,看见一些犯罪的人,他下车询问他们犯罪的原因,并且为他们的犯罪感到自责伤心而哭泣。左右的人很不理解,发问说:“罪人们之所以犯罪,是因为他们不遵循法规律令,君王您为什么反而感到伤痛呢?”大禹回答说:“尧舜时代的人,都能够用尧舜的思想作为他们自己的思想,并认真去实行;我做君王,百姓们却根据自己的主观意愿作为他们的行事准则,各行其是,因此我感到内心伤痛。”

【评议】

大禹不仅是中国历史上治理水患,使民众摆脱水患折磨的英雄,同时,他更是一位圣明的君主,在这一点上尧、舜、禹通常被后代的人称为“三皇”,因为他们在统治上始终坚持为民服务的观点,而不像后世的其他君主,即使是圣明的君主,也仅仅是为了自己的江山稳固考虑。在这个故事当中突出的是大禹自责这个方面。在大禹的统治时期,大禹进一步加强了德育教化的作用,尤其是对远离中原的少数民族地区。可以说他的统治是令人无可挑剔的,但是当面对囚车的时候,大禹还是不禁潸然落泪,自责是由于自己的过失,才没有教育好自己的臣民,最终导致他们犯了罪。这里的重点还是要说明作者强调的道德教育力量,因为任何法律都只是强制地治理,而让人们真正摆脱罪恶行为的还是人们自身所拥有的道德。

敢于自责,最能够体现一个人真正的勇敢,因为人只有在能勇敢面对自己的时候,他才真正做到了拥有勇气。同时,这又是一种非常难能可贵的美德,也是一件很不容易做到的事情。

【镜鉴】

一、人生自律带秋风

——自律自治

一位哲学家说过:“人不一定能够使自己伟大,但一定能使自己崇高。”这里的崇高,包括主观世界的改造,严格自律。党员干部应把“常怀律己之心”作为从政履职和党性修养的座右铭,遵守党纪国法,提升思想境界。

先哲说过:“人,一半是天使,一半是野兽。”人性是有弱点的,何况不是生活在世外桃源。因此,自律自治是必不可少的。

自律就是通过自我约束、自我调整,把自己的行为限制在制度法规和伦理道德允许的范围之内。自律自治,管好自己,是党员干部的最基本的要求,是加强思想磨炼及思想改造的过程,是加强党性修养、提高道德水平的阶梯。

若想履行职责,带好队伍,有威有严,若想成就大事,使人敬重,首先必须律己身正,“言有物,行有格”,能肃敬,不轻佻,不苟且,不散漫。在做人做事、待人接物上,能自勉自爱,不致有所陨越。

一个不自检束一己私欲、不自律自治的人,纵然能力优异,才智卓越,其在人生征途中,终归要步入失败的道路。但丁《神曲》提示:“要当心做人,不要做无理智的走兽。”

曹植自幼天资聪颖。曹操读了曹植十几岁写的文章,竟怀疑是由他人代笔,因而甚为宠爱。曹操曾多次想立曹植为太子,继承自己的事业。然而曹植却恃才傲物、放纵任性、饮酒不节。

尤为严重的是,公元217年,他趁曹操离邺外出之机,违犯禁令,私开司马门,行驰御街之中。曹操看到曹植如此放荡,以为他不堪大业,就任命曹丕当了太子。

公元219年,曹仁被关羽包围,军情紧急。曹操任曹植为中郎将,兼征虏将军,派他去救曹仁。曹植却酩酊大醉,无法去接受任命,曹操只好改派别人,从此对曹植失去了宠爱。

公元220年,太子之争的胜利者曹丕代汉做了皇帝,从此,曹植便开始了自己悲惨的命运:朋友被杀,封地屡迁,一贬再贬,整天生活在曹丕鹰犬的监视之下。明帝曹睿继位后,他虽上疏数次以求任用,均被置之不理。曹植41岁时,终因困顿苦闷、抑郁成病而英年早逝。

古希腊哲学家柏拉图在《斐多篇》中说道,心灵就像一驾马车,它由驭者和两匹马三部分组成。那匹好马善于自制,那匹劣马纵欲无度。当驭者在那匹好马配合下,套住劣马的缰绳,心灵这驾马车便能在自律前提下健康奔驰。

自律自治就是"以责人之心责己,以恕己之心恕人",就是表里如一,有人在和无人在都一样,不做任何违犯道德的事。

郭子仪,唐朝名将,平"安史",破吐蕃,挡回纥,以一身系国家安危长达20年,官至太尉,中书令,享年85岁,历经玄宗、肃宗、代宗、德宗四朝。随着威望的提高,关于郭子仪的各种流言蜚语,传到唐代宗的耳朵里。

有一次,郭子仪的儿媳妇升平公主与驸马吵嘴。公主说:"你爹的官虽大,还不是我爹封的。"驸马郭暧见妻子摆出公主的架子,愤懑不平地说:"那是我爹不想当皇帝,才有你爹的份呢。"公主听到郭暧出此狂语,立即到宫中告御状,说郭子仪一家试图谋反。

唐代宗听了以后说:"要知道若不是郭子仪在战场上拼死抵抗,收复失地,我们李家很可能就丢了江山。如果你公公想当皇帝,早就当上了,天下就不是咱们李家的了。"接着又安慰到宫中请罪的郭子仪说:"不痴不聋,不做家翁。小两口的事,你又何必当真呢?"

郭子仪是唐朝名将,为平息安史之乱立了大功。在他看来,没有必要因为一些礼节之类的鸡毛蒜皮的小事,得罪像卢杞一类心胸狭隘的小人。与小人纠缠、与小人正面冲突,弄不好还会心力交瘁,吃很多亏,受不少害。

成吉思汗去世的前几天,把几个儿子召集到身边,语重心长地说:"如果汝等都想争汗位,互不想让,则必将遭遇我所讲过的那条多头蛇的下场。"兄弟数人清楚地记得,大汗多次讲述过:在一个大雪纷飞、北风卷地的夜晚,一条多头蛇为了御寒,想要钻进洞里去。可是由于惧怕寒冷,身上的每一个头都想尽先钻进去,结果互不相让,足足争斗了一夜。最后,这条多头蛇竟冻死在洞口。

《西游记》虽是神话，但神话乃是现实的折射。沙和尚作为昔日玉帝的侍臣，皈依佛门后成了唐僧的贴身侍卫，这一职守是心高气傲的孙悟空不屑干的，是憨直愚笨的猪八戒干不了的。孙悟空一路伏魔降怪，图名不图利。猪八戒一路花痴不改，图利不图名。而沙和尚忠贞不贰，谨守佛门戒律，具有团队精神，取经后被封为金身罗汉。

自律自治之所以为真正聪明人之随身法宝，不是没有来由的。因为它是抵拒外物引诱的防御物，乃一个人避免烦恼忧虑的唯一良策。一个人唯以情欲是依，悉一己好恶而行事，所得之快乐结算相抵之余，必然是得不偿失的。所谓：胜人者强，自胜者王。在千军万马之中，所向无敌，固属强者；但较之一个能够完全战胜一己情欲的人来，后者无疑更难。

如果一个人不能自律自治，则一切美好的理想，均属奢谈；一切完满的计划与周密的设施，亦将流于形式。人而不能自律，必多偷懒，遇艰难困苦时，辄会多方设法逃避其责任。

为官者不应为官而官，更不应为升官不择手段，全身心沉迷于其中。迷恋于权势，热衷于升迁，而迷失于道德，丧失了人格。进则兼济天下，实现抱负；退则独善其身，流连林泉。如果不注意节制自己而目中无人，趋炎附势，排斥异己，必然会遭到人们的反感乃至唾弃。

自律自治，就要摆正个人利益和整体利益的关系，把个人利益融入党和人民群众的利益之中。允许党员干部有自身的利益，这在革命导师的论述中和党章的条文里都有表述，但这个自身利益是在追求国家和民族的整体利益的过程中实现的。党员干部都有自己的个性、爱好、特长以及不同的生活需求。党的组织对党员干部在政治思想、作风等方面严格要求、严格管理，是很必要的，但不等于说不要党员干部考虑个人正当的利益、不能有个人的追求，而应予以承认、尊重和保障。

金须火炼方知色，人临利害乃见心。在个人利益和整体利益发生冲突的时候，党员干部必须坚持党性原则，无条件地服从整体利益，牺牲个人利益换取整体利益。工作多做一些不要觉得吃亏，待遇稍差一点不要感到委屈，要为党和人民的事业勇挑重担，以个人的辛劳换取人民的富裕，不向党讨价还价，不能搞所谓等价交换，更不能把权力商品化，搞权钱交易。

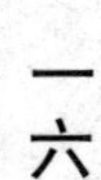

自律自治，应当以严格自律的态度对待个人名位，努力做到淡泊名位。1955年在中国人民解放军授衔前夕，装甲兵司令员许光达听说要授予自己大将军衔，向毛泽东主席写了一份《降衔申请书》，谦虚地从德、才、资、功方面，指出自己与大将军衔的不相称之处，并恳切地说："……不要说同大将们比心中有愧，与一些年资较深的上将比，也自愧不如。……现在我诚恳、慎重地向主席、各位副主席申请：授我上将衔，另授功勋卓著者以大将。"毛泽东高度赞扬这份《降衔申请书》，对军委其他领导人说："这是一面明镜，共产党人自身的明镜。"中央军委决定，仍授予他大将军衔。许光达不得不接受了衔级，但最后坚持给自己降低了一级薪金待遇。

成功者无不懂得自律自治。自律自治是立志成大事者必须具备的能力和条件。1988年，工作几经调动的孔繁森，已担任聊城地区行署副专员。山东省在选派进藏干部时，认为孔繁森政治上成熟，又有在西藏工作的经验，便准备让他带队。组织上问他有什么困难，他还是那句话："我是党的干部，服从组织安排。"其实，孔繁森心里很清楚，家里确有不少困难：年近九旬的老母，生活已不能自理；三个孩子尚未成年，需要有人照看；妻子动过几次大手术，体弱多病。自己一走，全家的生活重担又要压在妻子一人肩上。孔繁森心事重重地回家后，对王庆芝说："我带你和孩子们到北京玩几天吧！"王庆芝感到很奇怪：别说是去北京，就是在聊城，丈夫也从来没空闲陪自己和孩子们出过门，这一次是怎么了？

从北京回到聊城后，孔繁森一直在想怎样对妻子开口。一天夜里，他终于鼓起勇气说："庆芝，组织上又安排我进藏了……"话还没说完，王庆芝的眼泪已像断了线的珠子滚落下来。尽管心里难过，但她还是支持丈夫的选择。说："你就放心去吧，一个人出门在外，好好保重身子。"在孔繁森临行前的那些日子里，王庆芝一边为丈夫收拾行装，一边悄悄地抹泪。

孔繁森第二次进藏后任拉萨市副市长，工作繁忙，没时间回家，王庆芝就带着小女儿去西藏看他。刚到拉萨，不巧的是孔繁森下乡去了，在拉萨等待孔繁森回城的几天里，母女俩因从内地来到高原生活很不适应。用水要到楼下去提，女儿玲玲为此把腰扭坏了。王庆芝一急，急火攻心，胃又大出血，怎么也止不住。当地干部拍电报，催孔繁森回拉萨照顾妻子，等来的却是孔繁森简短的几字电文："庆芝，公务繁忙，暂不能回，保重。森。"

10多天后，自治区党委再给他拍了电报，他这才回来。在这十多天时间里，王庆芝和女儿本有一肚子的怨气，可是一见到丈夫，她的心就软了。他发现丈夫又黑又瘦，头发蓬乱，鬓角都已斑白，人苍老得不像样子，所有的怨气都烟消云散。她理解丈夫："他就是这样一个人，一个让人没法说的人，一个好人……俺总想，人要好到他这份上，还能咋好呢？好人在一块搞个全国大赛，他保证能当冠军……可好人好到这份上，是不是好疯了？是不是让人担心？"王庆芝不再担心自己的病情，反而担心丈夫的辛劳。

元旦到了，妻女难得来一趟西藏，孔繁森早早地下班和她们一起包包子，一家人守着暖融融的小屋，望着窗外飘落的雪花，享受着难得的天伦之乐。

王庆芝蒸好了一小笼包子，端到孔繁森跟前，说："尝尝，好吃不？是咱老家的风味吧？"孔繁森边吃边连声叫好。可是一个包子还没吃完，便与妻子商量：要过年啦，敬老院那些老人孤零零多冷清啊！咱们多蒸点包子，和他们一起过个年吧！王庆芝二话没说，重新和粉擀面，做好了大大一笼包子，跟着孔繁森来到了拉萨市堆龙德庆县一家敬老院。老人们平生很少见到内地的饭食，如今看到热气腾腾的包子，一人一个吃得津津有味。孔繁森和王庆芝看在眼里，心里像灌了蜜一样甜……

1994年11月29日，孔繁森去新疆塔城考察边贸的途中，在一场车祸中不幸殉职，时年50岁。噩耗传到阿里，传到拉萨，传到山东，人们简直不敢相信。据西藏老人们讲，西藏和平解放四十多年来，去世后反响和轰动最大的只有是班禅大师，另一个就是孔繁森。

严于律己，宽以待人，这是处理好人际关系、从事好工作的有效途径。刘少奇认为，共产党员的思想品质修养应当是：在同志关系上，吃苦在前，享受在后，把困难留给自己，把荣誉让给别人，严于律己，宽以待人；在党内团结上，光明磊落，襟怀坦白，平等待人，求大同存小异，反对吹吹捧捧，拉拉扯扯，结党营私，打击别人，抬高自己，拨弄是非，表里不一。他认为，为了维护党内团结的大局，可以"委曲求全"、宽容，受到"误解""冤枉""屈辱"也毫无怨言……这些谆谆教诲语重心长，在新的历史时期并没有过时，应当加强这方面修养。

"修身、齐家、治国、平天下"，"修身"是第一位的。人人都应该改造自我，然而，许多人不愿意或逃避改造自我。环境、经历、别人的过错和不配合……这一切都成了人们不愿改造自己的借口。人们习惯于保护自己的软弱、无知、肤浅、狂妄、懒惰、自满、狭隘……封闭的自我和不变的自我,成为惰性的避难所。

人们往往容易在自觉不自觉间追求个人利益的最大化,这就有一个对私欲约束的问题。如果一味追求个人利益最大化,自制力就会大大降低;思想动摇,心理的天平就会倾斜,接着就是行动上失去自律、约束,最后什么党纪国法、制度原则统统抛之脑后。

与人相处,若是处处以自己为参照物,便会出现唯我正确、唯我独尊。如果事事总是唯我独尊,原谅自己或文过饰非,就会常常把自己的过失推给别人,过分强调不利条件。因此,党员干部应当而且必须严格要求自己,有与人为善之心,无危害他人之意,成为"严于律己、宽以待人"的带头人。当别人误解、冤枉了你,使你感到委屈、受到伤害,当自己因做好事而招致非议,以至危及"仕途",你仍然要宽容对方,多从对方的立场看问题。

自律自治者不慕富贵,不会成为金钱的俘虏、权势的奴才。自律自治就是不纵声色,不至于拜倒石榴裙下。自律犹如江中的闸门,抵挡着似潮水般上涨的欲望。

自我监督是监督的一个不可缺少的环节。马克思说过,道德的基础是人类精神的自律。只有在自我不断的对照、反省、提示、督促下,精神境界才可能不断提高。云南省一位领导干部认为,领导干部担任什么职务、从事什么工作,是由组织决定,自己不能掌握。但是,做什么人、走什么路、怎样当官,是自己可以做到的。有些事领导监督不了,家属也监督不了,这就更要靠自身过硬,思想道德防线牢固,什么事能做,什么事不能做,一定不能含糊,千万不能迈出错误的第一步。

自我监督既是监控自身行为的警戒器,又是提高自身思想品德层次的催生剂。要经常按照党章和党纪政纪条规对照检查,经常从胡长清、成克杰等反面教员以及身边发生的典型案例中吸取教训,培养对特权的零容忍意识,绝不姑息、放纵特权,绝不把党和人民赋予的权力作为个人进行等价交换的商品,搞权钱交易。

从业当自律,永葆廉洁,不触"高压线";做人当正己,诚信守法,勿打"擦边球"。"不要把痰吐在井里,哪天你口渴的时候,也要上井边来喝水的"。(俄国克雷洛夫)

自律自治,方能立于不败之地;放弃自律自治,会使自己逐渐堕落。一位哲学家说过:"人不一定能够使自己伟大,但一定能使自己崇高。"这里的崇高,包括主观世界的改造,严格自律。党员干部应把"常怀律己之心"作为从政履职和党性修养的座右铭,遵守党纪国法,提升思想境界。

二、道德无根可树人

——怀德立身

道德不仅是维护社会秩序的一种手段，更是每个人安身立命的根本。道德决定着成功与幸福。道德是良好心态的源泉，是驾驭智谋的主宰。一个道德高尚的人，自可以威光照人，神采慑人。如果不能保持高尚的道德，就无法立身于世间。

党员干部往往是形形色色的社会人士关注乃至苦心经营、倾心"投资"的"潜力股"。道德防线一旦"决堤"，距离违法乱纪的深渊就已不远。

"诗书非药能医病，道德无根可树人"。人的高尚品德不是遗传的、天生有的，也不是自然生成的，而是通过后天的品德修养、教育而逐步形成的。

孟子强调人的天赋的善性也需要后天的培育，推出了"人皆可以为尧舜"的命题。这里，他并不认为人人都一定能成为尧舜那样的人，而是人人都有成为尧舜那样的圣人的可能。即使长着尧舜的面目，姓着尧舜的姓，也不一定能成为尧舜。只能像尧舜一样的行事，才能成为尧舜。

土堆积起来成了山陵，就有风雨兴起；水汇集起来成了深渊，就有蛟龙产生。好事不断地积累起来成为德行，就会产生崇高的精神品质。

古人云："树立道德的根本，莫过于正心。"心正而后才能身正，身正而后身边的人才能正，身边的人正而后官员才能正，官员正而后国家才能正，国家正而后天下才能正。

中华民族自古尊崇道德，谓之"德者，得也"。孔子创立了以"仁"为核心的道德学说，他自己也是一个很善良的人，富有同情心，乐于助人，待人真诚、宽厚。"己所不欲，毋施于人""君子成人之美，不成人之恶""躬自厚而薄责于人"等，都是他的做人准则。他的学生们也深受他的影响。

"君子"一词最早出现于西周初年。"君"的初始含义为"位尊而治民者"。孔子将君子描述为"有德之人"，而将之塑造成一个承载道德理想、躬行道德规范、可供人效仿的一个人格典范。孔子还说："文质彬彬，然后君子。"（《论语·雍也》）当为政者把外部的道德准则转换成国民的内在和自觉的道德需要时，才能构筑起坚固的多重防线。

子贡问孔子，为什么君子以玉为贵，以珉为贱？孔子说："虽有珉之雕雕，不若玉之章章。"——美石虽然光彩焕发，但不如玉的透明洁净，其寓意是外表美不如内地纯洁。

有一次，颜回跟孔子到北方去游玩农山，同子路、子贡辩论着个人的志愿。颜回说："我愿意遇见一个贤明的君王，帮他处理一切政事，教化做父亲的教育子女有情义，做母亲的要慈爱，做哥哥的要友爱，做弟弟的要恭谨，做儿子的要孝顺，并用礼乐去化导人民……"孔子听了他的一番话，很佩服地说："颜回的道德是何等的美满啊！"

感慨于斯，本书作者诗曰：

离鲁周游形似犬，鸿儒枉遭时人烦。

壮心不已修竹简，埋首却成大圣贤。

首创杏坛倡礼仪，善教弟子挹其源。

仁爱情怀诚为本，《六经》《论语》耀千年。

老子说，完善的人具备上等德行，像水一样甘居人下，滋润万物，使它们尽情生长，而不图回报，毫无所求，甘于让人，宠辱不惊，保持平静。

《尚书·洪范》将人生的大享受总结为"五福"："一曰'寿'，二曰'富'，三曰'康宁'，四曰'修好德'，五曰'考终命'。"五福中，"富"包括财富、地位、名望等方面；"康宁"指健康、平安；"好德"指乐于为善、品德高尚，古人认为唯有行善积德才能增加福气，所以干脆将此项直接列在五福中；"考终命"指善终、后世评价高等。

秦代黄石公说："福在积善，祸在积恶。""先莫先于修德，安莫安于忍辱。"唐书说："养性者，善言不可离口，善行不可离手，善德不可离身，善念不可离心。"在古代，道德的范围很广，包含善、仁、义、礼、智、信、忠、诚、实、良等方面。

孟子有个著名的命题："爱人者人恒爱之，敬人者人恒敬之。"——只有首先给别人爱，你才能得到别人的爱；只有首先对别人尊敬，你才能得到别人的尊敬。

一个人处处为人着想，处世遵循道义，谦恭有礼，很讲信用，别人就会从内心喜欢你，对你有一种崇敬之意。无论是年轻人还是为政者，都应把仁、义、礼、智、信等美德扎根于心里，付诸于言行。

德高的人，出言忠诚守信，充满仁义之举而面无夸耀之色，通情达理而语言谦和，信守原则，自强不息。古罗马奥维德说："使一个人伟大，并不在于富裕和门第，而在于可贵的行为和高尚的品德。"英国培根说："美德好比宝石，它在朴素背景的衬托下反而更华丽；一个打扮并不华丽却端庄严肃而又有美德的人，是令人肃然起敬的。”

五代时期的宰相冯道在宦海生涯中，灵活处世又能坚守道德，成为官场上的“常青树”。他在《偶作》中写道：“道德几时曾去世，舟车何处不通津。但教方寸无诸恶，虎狼丛中也立身。”他在《天道》之中也表示了他坚守道德、持心以正、为民办事的情操：“穷达皆由命，何劳发叹声。但知行好事，莫要问前程……”

德行的力量是很大的。德行可以融化冷酷之心，燃起希望之火；如同春风旭日，可以使坚冰融化，使枯木开花。

德高的人，得人心。《诗经·小雅·车舝》说：“高山仰止，景行行止。”意思说品德像大山一样崇高的人，一定会有人敬仰他；行为光明正直的人，一定会有人效法他。

“垂緌饮清露，流响出疏桐。居高声自远，非是籍秋风”。立身品格高洁而严守贞操的人，自然会声名远播。在中国历史上，品格高洁者的英名，总是不胫而走，传之久远，有的竟跨国界、越重洋。如屈原的人格就很高洁。“朝饮木兰之晨露兮，夕餐秋菊之落英”，正是他一生高洁的写照。

《易经》中说：“不恒其德，无所容也。”人不能永远保持高尚的道德，就无法立身于世间。没有好的道德修养做基础，虚伪欺诈，人格低下，缺少礼仪，不讲诚信，浑身江湖习气，即使当了官，官品、官风也不会正，从政肯定要跌跤子。因此，领导者要自觉培养高尚的品德，升华自己的思想境界。

马克思和恩格斯指出：“共产主义者是大公无私的人。”普列汉诺夫说：“道德总是以或多或少的自我牺牲为前提。”哲学家康德说，世上有两样东西最使他敬畏，那就是头上的星空和心中的道德律。刘少奇在《论共产党员的修养》中说：“共产党员应该具有人类最伟大、最高尚的一切美德。”

清德长昭官德正，高风且泽世风隆。在中国历史上，每一个社会转变期都出现卓越的宰相，如姬旦、管仲、商鞅等，产生深远的影响。周恩来是半封建半殖民地的旧中国转变为社会主义新中国的政府总理，他很好地把中华民族传统美德和共产党人的品质要求结合在一起，蕴含着高山仰止的魅力。

梁衡在纪念周恩来诞辰100年的文章中，评价周恩来有惊人之“六无”：死不留灰、生而无后、官而不显、党而不私、劳而不怨、去不留言。周恩来的六个“无”说到底是一个无私。他说:50年来周恩来亲手托起党的两任领袖,又拯救过共和国的三次危机。遵义会议他扶起了毛泽东。"文化大革命"后期,他托出邓小平。作为两代领袖,毛邓之功彪炳史册,而周恩来却静静地化作了那六个"无"。新中国成立后,他首治战争创伤,国家复苏;二治"大跃进"灾难,国又中兴;三抗林彪江青集团,铲除妖孽。而他在举国狂庆的前夜却悄悄地走了,走时连一点骨灰也没有留。

周恩来逝世后,联合国降半旗志哀。许多国家的元首不服气,质问联合国秘书长,为什么他们国家的元首得不到此殊荣?秘书长答道:"一个八亿人口的大国总理,银行无一分钱存款,膝下无一个子女,谁能做到,也享此殊荣。"

感慨于斯,本书作者诗曰:

星落长别泪满衿,常思笑貌慕高风。
危局苦撑拯救党,尽瘁鞠躬泽加民。
博大胸怀如瀚海,盖世功绩重昆仑。
古今相业谁堪比,风范楷模仰国魂。

人知砺其剑,更应砺其身。党员干部应站在时代的高度,从历史和传统中吸取精神的力量。加强道德修养,要吸取中华民族的传统美德,同时依照共产主义道德原则和道德规范而进行反省、检查、自我批评和自我解剖。加强道德修养不是简单地"闭门思过",使自己超凡脱俗,表现"清高",很重要的内容是在实践中砥砺,使自己沿着道德的阶梯去攀登浩然伟健的理想人格之制高点。

加强道德修养,应注重慎独。习近平曾经多次阐述领导干部的道德修养问题。2008年在宁夏考察时,他强调领导干部要培养和树立六种意识,包括"自省意识",即慎权、慎独、慎微、慎友。一个有道德的人,在独自一人、无人监督时,仍然小心谨慎,不做任何不道德的事。坚持慎独,即有人监督和无人监督一个样,不允许有任何狂妄的念头和邪恶念头萌发,不去做违反道德之事。

慎独也是自尊、自重、自爱的需要。慎独"是人生第一自强之道,第一寻乐之方,守身之先务也。"曾国藩如是说。他认为,"德成以谨言慎行为要"。

我们曾经看到过这样的报道:巴黎圣母殿门口用中文写着"请勿大声喧哗"。在美国珍珠港的垃圾桶上面用中文写着"请把垃圾丢到此"。在泰国的皇宫厕所里也是用中文写着“便后请冲厕”。不言而喻,是给我们中国人看的！还有一个朋友从英国旅游回来说,英国的草坪上也用中文写着“不要踏入草坪”,而出国人员中偏偏有人到草坪上照相,爬到雕塑上面照相。这哪是照相,这不是出中国人的“洋相”吗?

“慎独”既是修身的方法,也是修身的境界。一位西方学者说:“人是十分易于屈从罪恶和情欲的。因此在任何情况下都需要被限制,而在拥有权力时更是如此。”

党员干部应珍惜共产党员的称号,在无人监督的“隐处”,仍然按照党员标准,人前人后一个样,明人不做暗事,怕人知道的事就不去做,决不同党“分心眼”,决不越“雷池”一步。北齐刘昼说,做人做事要“独立不惭影,独寝不愧衾”,而不应“处显而修善,在隐而为非”。

隐暗处与明显处在一定条件下是可以转化的。远离组织的监督、群众的目光,不能律己,表里不一,发展下去,是很危险的。那种自以为背地里放纵自己,做出违反党的纪律和不符合党的标准的事无人知晓的想法,其实是自欺欺人。富兰克林说得好:如果自己对这些“没人看见”的小错假装没看见,那你就犯了大错。——因为,它已使你心灵染上了能迅速酿成苦酒的“酵母”。因此,我们要常怀律己之心,保持“慎独”,经常自省,不能任凭各种欲望无限增长,不让不健康的东西有藏身之地。

加强品德修养,应培育高尚的情趣。中华民族以儒雅文明著称于世,许多志士仁人和革命先辈积极追求健康、向上、高雅脱俗的情趣,体现了对人生真善美的追求和感悟。

戒酒防微

大禹

戒酒防微①

【历史背景】

其实,古代祭祀神灵,供奉祖先,宴会盛典,都少不了酒。但纵饮过度,不但会内生疾病,而且会外废政务,以致乱亡之祸势不可免。所以大禹谨始虑微,以此为警戒。结果不幸被他言中。他的末代子孙夏桀,荒淫无道,终日纵饮。这个暴君竭百姓之财,做琼宫瑶台,设酒池肉山。传说在酒池里还可以行船。糟堤十里,一鼓而牛饮者三千人!后来夏桀终于在醉生梦死中削弱了自己的统治,被商王朝的杰出领袖成汤取而代之。

传说大禹离家治水的时候,有一年春天,大禹那个叫游春的女儿,曾经在一次出行中被一股莫名的香气所吸引,于是她顺着香味一直找下去,就找到一个叫仪狄的人的家中。原来,仪狄是个会酿酒的师傅,能够用各种果品、粮食等酿造出让人留恋而不忍舍去的美酒。仪狄见大禹的女儿来到自己的家中,就用亲手酿制的美酒来款待她。大禹的女儿游春喝了这酒后,感到味道极其美妙,而且全身的血液好像都活动起来了,于是就把仪狄请到王宫里去酿酒,希望她父王大禹回来就能喝到。仪狄到王宫后就认真地酿起酒来。因为仪狄酿的酒十分美味,王宫里的人没一个不想喝的。有些人就趁大禹不在,经常偷偷饮酒,结果好些事情都被耽搁了。后来,大禹疏通了九条大河回来,他的女儿立即把仪狄酿的酒献给大禹喝,希望父亲能够高兴。大禹喝了进献的酒后,也觉得味道很好,便接连喝了好几碗,不一会儿就喝醉了。醉后就昏昏沉沉地睡了两天,影响了政务。大禹酒醒之后,发觉这样下去不是一件好事情。他感到酒喝多了会误事,于是马上把臣子们召集起来,然后告诉他们不要再喝酒以免耽误了大事,并且还说后世子孙一定会有因为这个而亡国的。于是,他下了一道戒酒令,不准人们再酿酒、喝酒。这也是中国历史上的第一道戒酒令。可是,仪狄回家之后,并没有放弃他那套酿酒的技术,仍然偷偷地酿酒,并一代一代将这种技艺传了下来。结果,恰恰是因为酒的缘故使夏朝灭亡了,人们这才感到大禹断言“后世必有以酒亡其国者”的英明。后人说:“禹王戒酒传天下,桀王酗酒失天下。”

【原文】

夏史纪:禹时仪狄[2]作酒。禹饮而甘之,遂疏仪狄,绝旨酒,曰:“后世必有以酒亡国者。”

【张居正解】

夏史上记:大禹之时,有一人叫作仪狄,善造酒。他将酒进上大禹,禹饮其酒,甚是甘美。遂说道:“后世之人必有放纵于酒以致亡国者。”于是疏远仪狄,再不许他进见。屏去旨酒,绝不以之进御。夫酒,以供祭祀、燕飨,礼所不废。但纵饮过度则内生疾病、外废政务,乱亡之祸,势所必至。故圣人谨始虑微,预以为戒。岂知末世孙桀乃至以酒池牛饮为乐,卒底灭亡。呜呼!祖宗之训可不守哉?

【注释】

①本文出于宋代刘恕《资治通鉴外纪》卷二。

②仪狄:相传夏禹时的一位善于造酒的人。

【译文】

夏史载:大禹在位时,仪狄善于造酒。他把造好的酒献给大禹品尝,大禹饮用后,认为这酒味道甘美。于是,大禹从此疏远仪狄,戒掉了美味可口的酒,他说:“后世一定会有因为过度纵酒而亡国的君主。”

【评议】

这个故事当中阐述了大禹谨小慎微、防微杜渐的重要意义。显示了大禹作为君主的自律,他做到了“遂疏仪狄,而绝旨酒”,为后人做了戒酒的榜样,这在历史上是很不容易的。而后人果然有夏桀因为酗酒失掉了江山,从而应验了大禹之言。中国人喜欢说“无酒不成席”,酒在人们的日常生活与社会交往中占据着重要的位置,发挥着独特的作用。这个故事虽然讲述的是有关戒酒,唯恐因为自己对酒不能有所节制,会对自身造成重大的不良影响的事情,但是,将这个故事中的道理推而广之,我们会得到做事情要有度,凡事要是超过了那个限定的度,就会产生不好效果的启示。大禹之所以下达禁酒令,就是担心超过了这样的度。这种防微杜渐的意识,在今天仍然具有实际的意义。

【镜鉴】

一、领导的道德力量:江山之固,在德不在险

(一)小胜凭智,大胜靠德

《菜根谭》中有句名言:“德者事业之基,未有基不固而栋宇坚久者。”意思是说,一个人有高尚品德是其事业的基础,如同建楼,不打牢地基就不能坚固长久。人格低下、品德不端的人,即使一时做出一些成绩,获得一些名利,也不会长久。优秀的领导者需要具备高洁的品德。

“小胜凭智,大胜靠德”,这是牛根生常挂在嘴边的话,因为“德”是制服人心的最佳利器。“想赢两三个回合,赢三年五年,有点智商就行;要想一辈子赢,没有‘德商’绝对不行。”

当初牛根生被迫离开伊利,卖掉伊利股票成立蒙牛时,原来跟随牛根生的兄弟便一起投奔到了牛根生的麾下。

牛根生在和林格尔竖起的蒙牛大旗之所以有这样的号召力,这与牛根生的“德商”有着最为直接的联系。

在伊利工作期间,牛根生曾因业绩突出,而受到公司嘉奖。公司奖励给他一笔足够买一部好车的钱,而他却用这笔钱买了 4 辆面包车——让自己的直接下属一人有了一

部车。

据与牛根生关系很“铁”的人介绍，当时牛根生还曾将自己的108万元年薪分给了大家。

2000年，和林格尔政府奖励牛根生一台凌志车，价值104万元，而当时比牛根生大8岁的副董事长获得的奖励是一辆捷达车。但是，此时的牛根生并没有打算享受这部豪华轿车，而是提出了与这位副董事长换车。

换车之后，牛根生的女儿很不理解父亲的作为，在很长时间内都用一种怀疑的口吻问牛根生：“这部车是不是真的给了邓大爷？”

这正是牛根生所追求的“德”，他想通过这样的行为来向人们传递出一个信息，“牛根生做企业不是为了个人赚钱和享乐”。

据牛根生介绍，在物质方面，自己的各项条件都要比身边的副手差。“我们有两位副总坐的都是奔驰350，我的副董事长坐的是凌志430，雷副总坐的是沃尔沃，而我是一辆小排量的奥迪。”

2005年1月12日，牛根生再次将自己的“德商”发挥到了极致。牛根生宣布将自己个人所得股息的51%捐给“老牛基金会”，49%留作个人支配。在他百年之后，将其所持股份全部捐给“老牛基金会”。并将这部分股份的表决权授予后任的集团董事长，家人不能继承任何股权，每人只可领取不低于北京、上海、广州3地平均工资的月生活费。

对此，有记者问牛根生，在很多人希望将原本不属于自己的东西占为己有的情况下，为什么要将原本就属于自己的财富散尽，难道你的理想就是要建立一个乌托邦吗？

牛根生的答案仍是那老套的4个字：大胜靠德。

不错，“小胜凭智，大胜靠德”，要想获得大的胜利，还需靠“德”！德即道德、德行。细化起来，各行各业都有其道德遵循。德是一种境界，是一种追求，是一种力量，是一种震慑邪恶、净化环境、提升思维、积累学业财源的动力，德能使自己内功强劲，无往而不胜。

（二）不要让贪杯误了你的事业

身为领导者，总是少不了要吃喝应酬，与下属聚会，招待上级领导，或进行业务上的往来，大家难免要同坐一个酒桌，吃吃喝喝。

这时，领导幽默活泼一点，活跃气氛是必要的，但是要注意言行检点，千万不要让贪杯误了事业。

又活泼，又守礼，才能使场面又热闹，又有序，使活动获得圆满成功。这样可大大加强领导与他人之间的联系，更能提高领导在众人心目中的形象。

中国的酒文化决定了只要是应酬就离不开酒。在交际场合，酒是一定要喝的，但要适可而止，切忌一醉方休。贪杯的后果往往是多生事端，常把好事变坏事，而且醉态本身也影响到旁人对领导的形象评价。

具体说来，领导者喝酒有三忌：

1.忌酒后失言，祸从口出

喝酒过多，酒精会对大脑造成暂时的麻醉，很多人因此而失去理智，管不住自己，只管胡言乱语，说话不堪入耳，让即便是平日对他敬服的人，此时也不免心中生厌。这将大大影响日后在他人心中的形象。

人们常说，“酒后吐真言”，一旦在醉意朦胧之下，不管面前是谁，最易说出心中的秘密，或是轻易答应别人的请求，日后后悔万分。正所谓“祸从口出”，这也正为醉酒者所忌。

2.忌酒后失态，有失大雅

醉酒之后，人的行为会不听使唤，站立不稳，东倒西歪，在明白人看来，有失雅观。有人喝酒过多，容易呕吐，有害健康，不利于环境，有人醉后如一堆烂泥，倒地不起；还有人醉后想起痛心之事，呜呜大哭。这些在酒后难以自持的行为发生在一般人身上，绝不会给人留下好印象，更不用说领导者了。

3.忌酒后近色，招惹闲言

众多的人在一起喝酒，往往有男有女。酒后若在男女关系之上有所闪失，更是关系到名誉的大问题。

纵酒易于纵情，纵情必易于纵欲，喝酒与近色往往同在。如果领导者酒后失态，坐在一女子身旁狎昵，女方或许不便回绝，他人或许会知趣躲开。对于此等风流韵事，一旦有人别有用心，加以利用，那就为害不浅了。

另外，酒席间的谈吐还应该符合当时的气氛，否则便不是一个成功的领导者。

身为领导，在酒桌上，言谈必须注意下面这些问题：

(1)不要说教，给别人一点空间，多听一点他人的意见，不要损害酒席上应有的气氛。

(2)不要长篇大论地谈论工作，这会使在场的人感到紧张和压抑。

(3)切忌谈论某人的缺点和弱处，使别人下不了台。

还需要注意的是，在酒席上肆无忌惮地高谈阔论，会招人反感，尤其是席间有女下属在场时，不要说带有轻侮女下属的话。

一个成功的领导者，在任何时候都能同下属打成一片。酒席上气氛活跃，领导要投入这种气氛中，比如向下属们敬酒，说一些祝愿的话，或者就这个机会对职员称赞一番，再加上适当的鼓励。比如说："前一段干得不错，再加把劲！""祝贺你为公司争得了荣誉，再好好干，来，干了这杯。"等，又或者和下属们聊一些大家都比较感兴趣的问题，易消除距离感。

二、世路无如贪欲险

——戒贪保廉

贪则昏，不谙事理，不讲情感，徒生烦恼，失去理智；贪则偏，只知其一，不知其二，以偏概全；贪则失节，不讲礼义廉耻；贪是隐形杀手……

我们在贫困年代，曾坚定信心：面包总会有的。今天，许多人有了面包、轿车、房子，更要提醒自己：靠诚实劳动从业、为政，不越雷池半步。莎士比亚有言："上帝把亚当贬落到人间后，所制定的戒律第一条就是：你要用自己的血汗换面包，勿用他人的血汗换面包！"

清廉而不贪，是人们的期盼，更是为政者及家人的福分。《楚辞·招魂》说："朕幼清以廉洁兮。"王逸对此注释："不受曰廉，不污曰洁。"孟子有句妙语："大丈夫应该住在天下最大的住宅——仁里，站在最正确的位置——礼上，行进在天下最光明的大道——义中，得志时与老百姓一道前进，失志时也能坚持自己的原则，富贵不能乱其心，贫贱不能夺其志，威武不能屈其节。"廉洁的人经常为无所求而快乐，贪婪的人总是为物欲不能满足而忧伤。

人的欲壑难填，就像普希金《渔夫和金鱼的故事》里那贪婪的老太婆：有了小别墅还不满足，想要大宫殿，有了大宫殿还想当国王……最后什么也没有得到。

《红楼梦》里王熙凤的人生目的，可用一字概括：钱。财迷心窍，贪得无厌，于是用心计，要手腕，不停地搜刮、敲诈、吞占、捞取。她扣着丫鬟们的月钱不发，拿出去放高利贷倒手盘剥；她"弄权铁槛寺"，不择手段，捞进三千两银子的"外快"……

老虎因贪羊而落入猎人设下的陷阱，鱼儿因贪诱饵而丢掉性命。不义之财拿到手，开始觉得很幸运，但以后终会成为灾祸。正如鱼和熊掌不可兼得一样，得到东西时，往往不可避免地伴随另一样东西的失去。不义之财是走进犯罪深渊的通行证。不遏制贪婪之心和非分之欲望，就可能犹如火之燎原，水之滔天，后果将会不堪设想。

波斯萨迪有句警言："国王如果在一个百姓的果园里摘下一个苹果，那么，他的臣属就会砍走一棵苹果树。"晋武帝穷奢极欲，荒淫无度，倡导奢侈享受，夸靡斗富，他的亲信和大臣多是恣欲纵行、奢侈无度之人。开国元老何曾，一天花在三顿饭的钱要在一万钱以上，其子比老子翻一番，可是还赶不上尚书任恺；而王济、王恺比任恺更为穷奢极侈，结果下场都很悲惨。

无形的财富比有形的财富更为重要。快乐并不是拥有很多，而是倍加珍惜拥有的，懂得享受拥有的。

庄子说："其嗜欲深者，其天机浅。"——食、色、其他的金钱物质享用，都是"嗜欲"。一个人如果欲望太多，他就缺少智慧与灵性，就会蒙受损失。因此，应努力做到去嗜欲以养心，寡酒色以清心，诵古训以警心，悟至理以明心。

"麝因香重身先死，蚕为丝多命早亡"。贪则昏，不谙事理，不讲情感，徒生烦恼，失去理智；贪则偏，只知其一，不知其二，以偏概全；贪则失节，不讲礼义廉耻；贪是隐形杀手，贪则自毙，这是必然结果。

官吏的贪污、行贿受贿，在中国古代社会多如过江之鲫。大到王公，小到吏卒，上贪下也贪，大贪小也贪，你贪我也贪。贪风一起，便视为正常，不知羞耻，不可遏止，相互攀比，相互"借鉴"，相互勾结，相互倾轧。《左传》中已有"大夫多贪，求欲无厌""政以贿成"的记载。

《晋书·隐逸·鲁褒传》载，西晋时期，不事权贵的鲁褒在《钱神论》中说："钱被一些

人当作神奇的宝物，像兄长一样亲近它。……钱可以使尊贵的人变得卑贱，让活的人死去。贵族、大官爱这孔方兄，爱得无法自制。”对金钱万能的腐败现象和拜倒在金钱脚下的腐朽思想，予以辛辣的讽刺和无情的鞭挞。

人来到世间时，犹如清澈的秋水，皎洁的皓月，只是被贪欲、愤恨染污，而呈现出善恶美丑等等种种表象。《淮南子·齐俗》云：“日月欲明，浮云盖之；河水欲清，沙石秽之；人情欲平，嗜欲害之。”——太阳月亮希望光芒四射，可是飘浮的云层遮盖了它；江河的水希望清澈澄净，可是泥沙乱石污浊了它；人的性情希望平淡节制，可是嗜好欲望损害了它。天下最大的过错是迷恋于贪，贪得无厌。这种过度的欲望使人目光短浅，给人带来烦恼，带来灾祸。

商代太师箕子（纣王叔父），有一次发现纣王用上象牙筷子，敏锐地预测到必然要配用上犀牛角、玉石做的杯子，必然要吃山珍海味，必然要盖楼堂阁馆。箕子说：“吾畏其卒，怖其始。”害怕它的萌芽，会带来祸害。如同箕子所料，过了五年，商纣王建造了肉林、酒池，酒糟堆成了山……骄奢淫逸至极，导致商朝灭亡。

宋代陈襄在《州县提纲》中，描述某些官员由奢入贪的过程：“夫平昔奢侈之人，一旦窘乏，必不能堪。窥窃之心，由是而起。猾吏弥缝其意，双从而饵之”，于是，走向贪黩也就成了势所必至之事。他郑重告诫说：“一陷贪墨，终身不可洗濯。故可饥、可寒、可杀、可戮，独不可一毫妄取。苟有一毫妄取，虽有奇才异能，终不能以善其后。”

19世纪英国政治家登宁说过：“资本害怕没有利润或利润太少，就像自然界害怕真空一样。一旦有适当的利润，资本就胆大起来。如果有10%的利润，它被保证到处被使用；有20%的利润，它就活跃起来；有50%的利润，它就铤而走险；为了100%的利润，它就敢践踏一切人间法律；有300%的利润，它就敢犯任何罪行，甚至冒绞首的危险。”

陆游诗云：“利欲驱人万火牛。”意谓在欲望驱使下，人就像有万条“火牛”在屁股后面顶撞着，疯狂地奔逐，拼命地追赶，哪怕是豁出命，也不在乎。用这种情境来描述贪欲，也是比较贴切的。

“火牛”是古代的一种军事进攻方法。战国时期，齐将田单集中了一千多头牛，牛角上缚以利刃，牛尾系上易燃物，聚集五千壮卒，各执利器跟随牛后，驱向军营中，点燃牛尾上浸油的扫把，牛群激烈奔逐，角刃所触，非死即伤，敌军惨遭败绩。

贪欲很强的人,得陇望蜀,欲壑难填,认为一般的坏事对自己没有多大损害而去做它,所以坏事做多了而无法回避罪责,罪恶大了也无法得到宽恕。一个人虽然没有必要活得像乌龟那么长,也没必要活得像上了钩的鱼一样短。《小窗幽记》云:“明犯国法,罪累岂能幸逃;白得人财,赔偿还要加倍。”

贪污腐败是个顽症,即使在康乾盛世,仍有索额图、明珠、和珅这样的大贪污犯。“对景伤前事,怀才误此身”。和珅在自缢前如是说,可惜他领悟的太迟了。

晋朝时,有人问弱冠而有美名的殷浩:“我要出任某一官职时梦见了棺材,快要得到钱财时梦见了粪土,这是什么缘故啊?”殷浩说:“官本来就腐臭,所以人要得官职就会梦见死尸;钱本来就是粪土,所以人要得到钱财时,梦见粪土。”此言把某些为官者的臭腐,攫取钱财的肮脏,揭示得挺到位。殷浩著有《唐书经籍志》《隋书志》等。

《国史镜鉴》载,魏惠王魏婴在范台宴请诸侯,请鲁共公举杯致祝酒词。鲁共公委婉地说:“从前,舜帝的女儿派仪狄造酒,把酒献给大禹。大禹喝了后感到味道甘美,于是疏远了仪狄,决心不再喝酒。说:‘后世一定会有因爱喝酒而亡国的。’齐桓公半夜厌食,他的幸臣易牙就煎炒烹炸,调和五味,做成菜肴进献给桓公。桓公吃饱了,睡到天亮以后才醒来。说:‘后世一定会有因为贪图美味而亡国的。’晋文公得到美女南之威,三天不理朝政。后来他就将南之威推到一边,并且从此疏远了她。说:‘后世一定会有因爱好女色而亡国的。’楚王登上强台(即章华台,在湖北潜江西南),远望崩山(即巫山),左边有长江,右边有洞庭湖,居高临下非常快乐,流连忘返,于是他发誓不再登临强台。说:‘后世一定会有因沉湎于高台水池之乐而亡国的。’现在,您同时占有这四种欢乐,能不加戒备吗?”魏惠王听了连声称好,有所收敛。

鲁定公三年,蔡昭侯访问楚国,送给楚昭王一块佩玉和一件皮袍。蔡昭侯自己也穿上另一件皮袍,佩上另一块宝玉。楚令尹子常很想得到这种皮袍和佩玉,蔡昭侯却不给他。子常一气之下把蔡昭侯扣留了三年。后来,唐成公又到楚国去,带去了两匹肃爽骏马。子常又想要,唐成公也不给他,他就又把唐成公扣留了三年。

蔡昭侯按蔡国人要求,将佩玉献给子常。子常得到心想之宝,怒气渐消。有一天,他上朝理事,看见蔡昭侯等人还在,就说:“蔡昭侯之所以在我国滞留这么久,都是因为你们没及时供给饯行的礼物。明天礼物再不备齐,我一定将你们处死!”

蔡昭侯回国后，请求晋国出兵帮助攻楚。许多诸侯国因为子常的贪婪过度、骄横无礼而联合出兵伐楚，大败子常，一度攻入楚的郢都。

发财与做官是人们所希望得到的，但是，绝不能不择手段地去追求金钱和地位而心安理得。

传说有一种似猴样的动物，专吃猛虎的脑浆，在老虎吃饱了打盹时，用爪子悄悄搔老虎的前额。老虎感到痒酥酥很舒服，睁眼看一下，此物便做出顺从奉承的媚态。老虎便任凭它搔。直搔到血出骨露，冷不丁一下子把老虎的脑子掏出来，几口吞下，老虎便蹬腿气绝了。这虽是一则寓言故事，却形象地描绘了先顺从对方心意，再从而制之的威力。

巴尔塔沙·葛拉西安说："你只要拿他最喜欢的东西去诱惑他，他就必定上钩无疑。"唐朝酷吏来俊臣相告："人有所好，以好诱之无不取。"厦门特大走私集团头目赖昌星曾心怀叵测地说："不怕政府有法规，就怕领导没爱好。"他从研究领导的爱好入手，"投其所好"：你领导干部爱好书画古玩，他就不惜重金买来送到你的书桌上；你领导干部爱好游山玩水，他就不吝时间陪你周游列国；如果有贪财好色这一"爱好"，那就更好，马上给你送上美女来。他出手非常大方，来"满足"一些领导干部的"爱好"并最终为其所用，使其手中的权力成了腐败分子疯狂掠取国家和人民财产的工具。

一些别有用心的人，用金钱、美色……迎和、满足某些掌权者的嗜好，使这些人在享乐中，渐渐麻痹，失去理智，被别有用心的人所利用，成为不法之徒腐蚀的缺口。河北省阳原县委书记张某好搓麻将，人称"麻将书记"，一帮势利小人经常奉陪左右，且故意输钱，久而久之，这些"麻友"都被他委以重任，成了他的"麻将常委"。

作为领导干部，要培养有益身心健康的情趣，把好兴趣关。生活情趣可不是小事。对自己的兴趣、爱好、习惯不能恣情放纵，而应当把它与官德的修养联系起来，对有利于官德修养的则育之，不利于官德修养的则弃之，介于有利与不利之间的则节之。

集邮是郑培民唯一的爱好。他对这个爱好，也绝对保密，生怕有人投其所好。他终生要求自己"大浪淘沙，警钟长鸣"，做到了"权为民所用，情为民所系，利为民所谋"。

身为领导干部的个人爱好，要比普通百姓面对更多的诱惑和考验，如果处理不好，就可能成为别有用心之人攻关的突破口。赖昌星腐蚀领导干部的一个重要手段，就研究干部的兴趣爱好，投机所好，拉人下水。

近些年,职务犯罪群体性特征突出,采用内部串通、内外勾结的方式合伙密谋,联手作案,包括亲朋联手——家庭性特征明显,有“全家上阵型”,有“夫唱妇随型”,有“情人、兄弟合伙型”。离退休前“捞一把”,属于“晚节不保”型,已到天命之年,拉了半辈子车,仕途到了尽头,赶快“捞一把”,结果走向堕落,身陷铁窗,拿金钱买刑期,一失足则千古恨。

从以上情况来看,违法违纪者不是智力低下,而是都有一种贪婪心理、攀比心理(怕吃亏)和侥幸心理。这种过度的欲望会给人带来烦恼,带来灾祸。贪是万恶之首,贪欲必须遏制。

曾经有一个古老的脑筋急转弯的问答题:树上有10只鸟,被枪打下一只,还有几只?假如有人回答还剩9只,定会引起一片哗然——枪声使得胆小的鸟拼命逃窜,这是常人的思维、常鸟的认为。而现实的一些“贪鸟”,便会遇事不惊——并不是“贪鸟”的脑子笨,而是它们的精力高度集中在对某种食物的贪欲上,达到对外界情况视而不见、听而不闻的程度。

“贪蛇勇行,必忘其尾”。当贪官在贪污受贿的道路上,一味“勇行”“只恨聚无多”的时候,确实是忘记了身后的退路,自以为神不知、鬼不觉。然而当他们醒悟的时候,面对的是恢恢法网和高墙铁窗,一切悔之晚矣!

成功的男人背后站着一个贤淑的女人,贪官背后往往站着一个贪婪的女人。她们或对丈夫腐败行为视而不见,或者同流合污,赤裸裸地帮助丈夫受贿、索贿、窝藏,把丈夫一步步推向深渊。李嘉廷的妻子王骁就是个典型的“贪内助”。对送上门去的一些礼品,只要王骁在家,不论礼品贵贱,她都是一番客套后一概“笑纳”,成了李嘉廷收礼受贿的“总管”和“代理人”。一个本应幸福团圆的家庭,在“贪婪”二字的驱使下,最终家破人亡。

人生最大的烦恼和痛苦,不在自己拥有得太少,而在自己贪欲过多。总是奢求,期望值太高,贪欲过度,犹如区区小蛇想吞掉西双版纳象群一样可笑。而放纵贪欲这匹野兽比冲出笼子的老虎还可怕。话说得重一些,放纵贪欲而不从正道弄来的钱财,那是凶钱,是送人走上黄泉之路的“冥钱”。老子说:人富贵了,就容易产生骄奢淫逸的心理,反而容易犯错误。此时应把富贵看得淡一些,要有几分山林雅趣。

我们党员干部队伍从总体上是好的、比较好的,但我们也要看到,与新形势新任务要求，部分干部的品行和能力素质有缺陷，经不起权力、地位的考验。从一些地区和一些单位发生的案件情况看，尽管各级党政组织三令五申，但贪污、受贿、违反财政法规等案件仍然时有发生，犯罪败露落马的干部较多，年轻干部违法违纪凸显，比例较高。

有的领导干部看着身边接触的人，一个个变成了“大腕”“大款”，由羡慕到追求，忘记了一名党员干部应有的操守与品行，忘记了自己肩负的职责，私欲极度膨胀，奢靡占了上风，被手中的权力、被阿谀、笑脸、奉迎、吹捧，弄得忘乎所以。有人送来大量贿赂，欣然笑纳；有人送来贵重礼品，一律全收；而这些人请托办事时，更是无原则地予以关照、协调；此时，因权力迎合贪欲，权力被熏染上了铜臭，而异化和失控，结果用权力的“双刃剑”砍倒自己。许多案件告诫我们：志莫移，志移身必斜；眼莫花，眼花心必乱；意莫贪，意贪德必失；手莫伸，伸手必被捉！

“以人为镜，可以知得失”。少数领导干部蜕变为腐败分子和反面教员，应当成为全体党员及领导干部明断得失的明镜。应当用这面镜子照一照自己，检查一下自己，是否放松了学习和世界观的改造，是否只讲人情不讲原则、只讲关系不讲党性、只讲义气不讲正气，树立正确的权力观、利益观，珍惜工作岗位、个人名誉、家庭幸福，增强拒腐防变能力。

贪得的人，身上富有了，内心却还有那么多的不知足；知足的人，身上或许贫穷，内心却很知足。“知”，是感性到理性的飞跃；“足”，既有物质方面的，也有精神方面的。知足，关键是可贵的“知”。不知足，是很容易的、自然的、下意识的；知足倒是不容易的、自觉的、勉为其难的。经常感到知足，才能真正享受生活本身的幸福和快乐，才是真正富有的人。正如一首诗所言：“心安茅屋稳，性定菜根香。世事静中见，人情淡此长。”

清正廉洁是赢得民心的重要法宝，也是党的干部永葆先进性的本质要求。胡锦涛说：“在和平时期，如果说有什么东西能够对党造成致命伤害的话，腐败就是很突出的一个。”为了防止出现人亡政息的危险，必须惩治腐败。职务意味着责任和义务，也意味着奉献和牺牲。因此，党员干部除了用权力为党和人民办事、正当享有自己的一份利益外，绝不能用自己手中的权力谋取不正当的利益。一定要经常思虑自己的责任，靠党性来调解自己的欲望，保持清廉本色，远离职务犯罪，不辱党和人民赋予的神圣使命。

三、奢侈淫逸必覆舟

——摒弃奢侈

奢侈淫逸是多发病灶，能滋生多种“疾病”。陷入奢侈淫逸泥潭，最终会革掉自己的命，是在败家、败国。奢侈之风是败家之风、亡国之风。成由勤俭败由奢，此乃千古以来的铁则，宜为朝夕省察之资也。

人，作为“自然人”的一面，有趋利避害、趋易避难、耽于享乐、满足私欲、追求官能享受的一面，概言之，人性是有弱点的。正如火总是向干燥的地方延伸，植物的根总是向着湿润的地方延伸一样，这是由人的生物本性决定的。

《红楼梦》里《好了歌》唱道：“终朝只恨聚无多，及到多时眼闭了。”不义之财潜伏着看不见的祸患。当人们无节制地去敛财聚富而没有人情味的时候，特别是穷奢极侈到了极点，往往就是灾祸的开端。

凡是奢侈之人必多欲；做官必然贪赃受贿。石崇因奢侈淫逸招来祸患，是个很典型的事例。石崇，西晋开国功臣石苞之子，曾任散骑常侍、荆州刺史等职，称霸一方。石崇的生活不仅奢侈而且淫逸。石崇与王恺斗富，皇帝暗中帮助王恺，仍斗不过石崇，然而石崇还不满足，仍贪得无厌。

螳螂捕蝉遭黄雀，黄雀身后挟弹人。石崇用假扮强盗抢劫来往商客的财宝设置金谷园，蓄养大群美女姬妾，整日泡在美女与美酒之中，骄奢淫逸。赵王伦的宠幸孙秀亦闻缘珠绝美，便向石崇索要，石崇不允，结果孙秀诬告石崇谋乱，石崇最后也因美女而致祸。

贪财好色，骄奢淫逸，要么为正义所讨，要么为同伙所嫉，要么在权势之争中遭诛，终究要自食恶果的。《左传》早有所言：“背离正道追随歧途，祸患就到来得快。”

骄奢淫逸大多是与政治上的腐败腐朽交织在一起的。为政者一旦尽情淫乐，就会不理朝政。荒淫好色者必然奢侈无度。奢侈淫逸是多发病灶，能滋生多种“疾病”。陷入奢侈淫逸泥潭，最终会革掉自己的命，是在败家、败国。奢侈之风是败家之风、亡国之风。成由勤俭败由奢，此乃千古以来的铁则，宜为朝夕省察之资也。权势—贪欲—奢侈，一胞二胎，恶果累累。贪欲与骄奢导致了对金钱的狂热追求和世风的沦丧，倘若“刹不住车”，还会导致国家的衰亡。

历览前贤国与家，崇尚节俭力戒奢。节俭是善行中的大德，奢侈是邪恶中的大敌。崇尚俭朴，力戒奢侈，是中华民族的传统美德。

“尚俭”不仅仅是消费观念问题，而是一种高尚的品德。节俭使人养冰操，而冰操亦可养节俭，两者相辅相成。荀子认为，俭就是用人的理智、理性来节制人的过分的感官欲望，节制人对物质消费过分追求。《左传》认为：“俭，德之其也；侈，恶之大也。”提倡一粥一饭，当思来之不易；半丝半缕，衡念物力维艰。

俭朴是为官之道，是统治的艺术。俭成奢败是历代兴衰的常规。商初大臣伊尹曾对刚继位的太甲提出建议：“慎乃俭德，惟怀永图。”只有节俭，示天下以节俭，才能号令百官，和谐四方，维持王业。节俭会营造整个社会良好的道德风尚，使社会保持稳定且具有凝聚力，有利于国家的长治久安。

孔子推崇俭朴的生活，“饭疏食”，“在陋巷”，“居陋室”，而不移其志，不改其乐。孔子阐述了俭与奢对人的品德之影响：“奢则不逊，俭则固。”奢侈挥霍会导致人的品格降低，狂妄而不谦逊；俭朴节约有时会显得简陋寒酸，但可以让人固守本心，不忘进取。因此宁肯寒酸一点，也不奢侈。

孔子把节俭上升到了政治高度，与国家兴衰、政权存亡联系在一起：“道千乘之国，敬事而信，节用而爱人，使民以时。”

春秋时代齐国的相国晏婴，最大的特点，以节俭为名。他的俸禄优厚，却一直过着俭朴生活，常常是粗茶淡饭，一件裘袍穿了 30 年，历史上称作“晏子裘”。

晏婴的住房低矮简陋，齐国国君要为他盖新房，被他婉言拒绝了。齐景公看劝不动他，就趁他出使鲁国期间，为他建造了一座堂皇华丽的新居。晏子回来后对眼前的事实非常痛心，停车在郊外，不肯回家。景公无奈，只得修复住房原貌，晏婴才肯回家。齐景公就派人给他送来壮马华车，晏婴拒不接受。他对齐景公说：“我节衣缩食，是为了给黎民百姓做表率，以防奢华浪费之风盛行。”

汉文帝为了给天下做个勤劳俭朴的榜样，他自己穿的衣服是用黑色厚帛做的。他最宠爱的夫人衣着也很朴素，不华贵也不排场。汉文帝珍惜百金的费用，停止露台的建造；把臣民上书的布袋收集起来，做成宫殿的帷帐。文帝、景帝在位共 39 年，政治比较清明，被后世称为“文景之治”。

东汉时期，刘秀是一个开明、仁慈的好皇帝。他在位30余年不喜欢饮酒，不喜欢珍玩，从不恣意放纵、豪华奢侈。

听见青蛙叫声，晋惠帝问："它们为什么叫？为公？为私？"听到有人饿死，他惊呼："没有饭吃，为何不吃肉酱呢？"像这样的傻瓜，位登宝座，势必大权旁落，形同傀儡。

司马衷执政的22年间，一如既往地吃喝玩乐。"政出群下，纲纪大坏，货贿公行"，忠贤无路，小人得志，得志的小人互相举荐，谋取官位。奢侈和无能颇似孪生姊妹。奢侈养护了无能，无能放任了奢侈。

隋朝是在北周的基础上建立起来的一个王朝。隋文帝统一中国，结束了自西晋以来近300年的社会动乱。隋文帝在北周这个破烂摊上，造就了一个强大的隋朝，其成功的秘诀就是：崇俭戒奢，励精图治。

隋文帝十分勤勉："每日所朝，日昃忘倦"，"自强不息，朝夕孜孜"。隋文帝厉行节俭政治，成为中国历史上又一位"节俭帝王"。他乘车使用的东西破了，随时修补，不做新的。吃食也很简单，平时不过一个肉菜而已。594年，陕西关中闹饥荒，他得知百姓吃豆屑杂糠，流着眼泪拿着这种食物让群臣看，沉痛地自责，让撤去常膳，将近一个月不吃酒肉。

隋文帝规定，宫中一般人士都穿普通绢布衣服，饰带只用铁铜骨角；后宫的人都穿洗了再洗的旧衣服，不允许宫女妃妾涂脂抹粉。连他最宠爱的慎夫人，穿的衣裙也不许拖地。为了保证节俭政治的施行，隋文帝执法如磐，对贪官污吏，一律严惩。

隋文帝在位24年，一直过着节俭的生活，"躬节俭，平徭赋"，出现了"开皇之治"的盛世。其儿子杨广即位后，花天酒地，断送了江山。

"静以修身，俭以养德。非淡泊无以明志，非宁静无以致远"。（诸葛亮《戒子书》）——潜心努力来提高自己，用俭朴的生活来培养高尚的品德；不能做到恬静寡欲就无法确立远大的志向，不潜心专一就无法达到远大的目标。

司马光给儿子司马康的信中说："我的家庭本来是清寒的，清白的家风世代相承。我的性格不喜欢豪华奢侈。小时候，大人给一件装饰有金银的华美服装，我就觉得害羞脸红，不愿意穿。穿着能御寒、吃饭能吃饱就够了。"他认为有德的人都从勤俭中来，这是因为生活上俭朴使人欲望少，就不会被身外之物所役使和支配，就能依正道而行。

节俭能使人对各种自发的物质欲望进行节制，从而奠定道德自律的基础。物质欲望的节制，可以使人追求高尚的道德精神境界；而奢侈和纵欲，沉湎于酒色之中，坚强意志和刚毅精神则荡然无存。范尧夫曾告诫他的子弟说："只有节俭，才能帮助你清廉；只有仁恕，才可以使你修养道德。"

一切政治的腐败往往是由生活的腐败开始的。只顾自己享乐，花天酒地，荒淫无道，多无好下场。春秋时，卫国国君卫懿公在位9年，纵情享乐，不理朝政，非常喜爱仙鹤。卫国人投其所好，纷纷前来献鹤领赏。懿公将整个宫廷花苑养得处处是鹤，而对百姓的冻馁，却全然不顾，引起百姓的不满。

公元前660年，狄人攻打卫国，卫懿公急忙敛兵授甲，命百姓受甲迎敌。卫国的百姓说："国君给仙鹤官位俸禄，你让仙鹤去迎战吧！"拒不受命，溃散而去。卫国在荧泽（今河北）被狄人打得大败，卫懿公被杀死，卫国灭亡。

汉灵帝派人修建了裸游馆，与美女们裸体游玩，然后饮酒纵欲。沉睡以后，天亮了还不知道。内监们便学鸡叫，来唤醒灵帝。汉灵帝选择宫女执篙划船，命人将船沉没水中，观看落在水中的裸体宫女们的玉色肌肤。

汉灵帝流连于聚敛财富的快乐中，迷恋于香艳女色的诱惑中，忘却了身为帝王的职责和尊严。宦官弄权朝廷，掠夺百姓，文武大臣也多为非作歹，全国一片奢华浮糜之风，使本已摇摇欲坠的汉王朝走向灭亡。正如史学大师翦伯赞所言：汉灵帝的这些看似荒唐可笑的做法，正是亡国之君的作风。

陈后主陈叔宝以淫侈亡国：通宵达旦地吃喝玩乐，沉溺于荒淫之中，宠幸张贵妃、孔贵人，荒废政事，身处危亡之境，却还高枕无忧。外敌压境之时，仍未醒悟过来，最后自投枯井，企图苟且偷生。像他这样求生，就算是平民百姓也是荒唐，让人耻笑。

陈叔宝到了隋朝，受到杨坚的礼遇。一次，陈叔宝应约赴宴，向杨坚建议修宫殿，以示文治武功。杨坚表面上没有说什么，等陈叔宝走远了，就对群臣说，他就是因为贪图享乐才落到今天这个地步，现在又来劝我学他那样。

如果事事讲奢侈，形成奢侈之习，就会煽动并膨胀着贪欲，贪婪聚敛的财富又在精神和物质两方面助长奢侈的泛滥，朝气锐气正气就会消损，甚至会由贪慕富贵、恣情挥霍而败家丧身。和珅当年为乾隆皇帝宠臣，二十几年任军机大臣，穷奢极欲、挥霍无度、招权纳贿,“积累”的财富几乎和国家差不多,但最后还是一条白帛结束了性命。正是:“忧劳可以兴国,逸豫可以亡身。”(欧阳修)“豪华尽出成功后,逸乐安知与祸取。”(王安石)

陈叔宝

“由俭入奢易,由奢入俭难”。对侈靡的追求是没有止境的。嘉庆皇帝在一个戒奢惩贪的谕旨中,特地用了“欲壑难盈”四个字,并且强调,那些“由于贪黩”而“身罹重罪”的高官,“如蛾投火,实堪悲悼。推原其故,总由恣情糜费,日事奢华,以致廉俸所入,不足供其挥霍,因而败检逾闲,多方婪索。伊等岂不知得受赃款,律有明条,而利令智昏,遂自蹈重谴不顾。”(《清仁宗实录》卷75)“总之大吏不能洁己率属,费用奢靡,取给无度。上司既有欲不刚,属员遂有恃无恐。种种弊端,皆由此起。”(《清仁宗实录》卷41)

清王朝的10万八旗劲旅曾席卷中原大地,为清王朝建立立下汗马功劳。入关后,八旗子弟刀枪入库,马放南山,安逸愚昧,贪婪骄横,沉醉于妻妾成群、荣馆戏院、财场妓院的寄生虫生活。清王朝短短二百余年一命呜呼,此可谓一大原因。

“修身以寡欲为要,行己以恭俭为先”。曾国藩曾告诫家人:“大富大贵,亦靠不住,惟勤俭二字可以持久。”正如方志敏所言:“清贫、清白朴素的生活,正是我们革命者能够战胜许多困难的地方。”

无数事实证明,从布衣人到为政者,应视俭朴为宝,奢侈为祸。只有俭朴才能保持廉洁,只有廉洁的人才能具有高尚的道德。节俭乃充分利用生命之艺术,崇尚节俭乃诸美德之本。清代钱泳说:“唯俭可以惜福,唯俭可以养廉。”婆罗门谚语:“俭朴是我们美德的可靠卫士。”法国孟德斯鸠说:“奢侈总是跟随着淫乱,淫乱总是跟随着奢侈。”宋代邵雍《奢侈吟》云:“侈不可极,奢不可穷,极则有祸,穷则有凶。”——奢侈浪费不能太过分,太过分就会招来祸患和灾难。这些好格言,令人深思,令人记取。

隋炀帝为太子时,曾嘲笑陈叔宝过于昏庸。一旦他做了皇帝,就忘了前车之鉴,重蹈陈后主的覆辙——奢侈荒淫,去贤用佞,口诵尧、舜之言,而身为桀、纣之行,使隋朝成了

短命王朝。

崇尚俭朴，不搞奢侈，日子就好过些；奢侈下去而不改弦更张，就意味着好日子快过到头了，千金散尽不复来，早晚会成为败家子倾家荡产。

官位高者奢侈无度，就会成为社会的大蠹，将是害莫大焉。许多王朝走向衰落，其重要原因则是君主们骄奢无度。

陈友谅，湖北沔阳人，渔家出身，少年聪慧，能文能武，元末南方红巾军领袖，1353 年自立汉王。史书上说他“性雄猜，好以权术驭下”。陈友谅当时兵力最强，自恃“老子天下第一”，不把劲敌朱元璋放在眼里，急匆匆称帝封妃，造宫享乐，追求奢侈腐化的生活。他在后庭聚集了数百个年轻美貌的女子，供自己玩赏。还用黄金雕龙刻凤造成龙床，与爱妃享用。

他还建一座“娱鹿山庄”，将百鹿披彩缎，颈套各色花环，命妙龄佳丽骑鹿追逐相嬉，其驾驭之妙者，必获汉王厚赏。时谚有云：“拼死争城夺地，不如骑鹿献戏！”

后来，朱元璋与陈友谅大战于鄱阳湖，陈友谅败死。朱元璋意味深长地说：“友谅被淫乐奢靡迷了心窍，只知观丽人逐鹿散心，却放松了与我逐鹿中原的大事，浑浑噩噩，寻欢作乐，焉有不败之理乎？”“珠玉不是宝，节俭才是宝。凡是兴建均应俭朴，何必雕琢奇巧而耗尽天下之力呢？”

张士诚当时拥有最雄厚的财力。他大造宫殿王府，修建富丽堂皇的景云楼、齐云楼、香桐馆、芳惠馆作为金屋藏娇、寻欢作乐之所，日夜以歌舞自娱。将部竞相效尤。张士诚之弟张士信拥有妻妾数百人，个个珠金玉翠，衣饰极为华丽。《明史·张士诚传》说：“士诚为人外迟重寡言，似有器量，而实无远图。……士诚渐奢纵，怠于政事……上下嬉娱，以至灭亡。”张士诚因奢侈腐化而败亡后，代王泽写下《姑苏感事》，诗云：“睥睨金汤徒自固，仓皇玉石竟俱焚。”

节俭在“修身”中有着最基本的作用。鲁迅一生俭朴。帽子破了照样戴，也不穿皮鞋。是因为鲁迅穷吗？显然不是。鲁迅一生总收入（含稿费），相当于今 392 万元以上，是个“中间阶层”，他的钱足够使他过上奢侈的生活。可他为什么要这样克制自己日常的用度？因为节俭是人格与品质的表现。

电视纪录片《毛泽东》有这样一个镜头，毛泽东的保健医生拿起一条毛泽东生前用的毛巾毯,上面满是补丁。他曾多次劝主席换条新的,都被拒绝了。这是毛泽东真实生活的写照。毛泽东在延安时穿的一套旧军装洗得发白,补丁就有 16 块。他的一双旧拖鞋,鞋底都出了洞,鞋帮绽了线,缝补好继续穿。他曾说:“一条毛巾毯我换得起,但共产党人艰苦奋斗精神丢不起。”

“事到知足心常惬,人至无求品自高”。法国作家雨果说过:“鸟儿在空中飞过,没有留下任何痕迹,但没有遗憾,因为它曾经飞过。”

解網施仁

成湯

解网施仁[1]

【历史背景】

成汤王为君宽仁,见有人正四面张着罗网捕鸟雀,于是对百姓们说:“人和禽兽一样都是自然界的主人,上天对它们也有好生之德。你们这样大肆捕捉,岂不使它们灭种了吗?以后不要这样做,最好只用一面网,只抓那些该当绝命的禽兽。”百姓们都叩头说:“小民们以后撤去三面网就是。”诸侯们听说此事,都感慨汤王的仁德,许多诸侯都派使臣来朝拜汤王。因此,天下更加太平和谐。

【原文】

商史纪:汤[2]出,见网于野者,张其四面而祝[3]之曰:“自天下四方,皆入吾网。”汤曰:“嘻!尽之矣!”解其三面,而更其祝曰:“欲左,左;欲右,右;欲高,高;欲下,下;不用命[4]者,乃入吾网。”汉南诸侯闻之,曰:“汤德至矣,及禽兽。”一时归商者,三十六国。

【张居正解】

商史士记:成汤为君宽仁,曾出至野,见有人四面张着罗网捕鸟雀,口里祷祝说:“从天上坠下的,从东西南北四方飞来的,都要落在我网里。”汤闻之不忍,叹息说:“这等,是那鸟雀一个也逃不出去了,何伤害物命不仁[5]如此!”于是使从人将那网解去三面,只存一面。又重新替他祷祝,说道:“鸟之欲左者左,欲右者右,欲高者高,欲下者下,任从你飞翔;只是舍命要死的,乃落吾网中。”夫汤之不忍害物如此,其不忍于害民可知。所以当时汉江之南的列国诸侯,闻汤这一事,都称说:“汤之仁德,可谓至矣,虽禽兽之微,亦且及之,而况于人乎?”于是三十六国,一时归商。盖即其爱物,而知其能仁民,故归之者众也。

【注释】

①本篇出自《史记·殷本纪》。记述汤不忍伤害禽类的故事。

②汤:子姓。商朝的开国君主,谥为成汤;又称商汤。

③祝:以言告神祈福。

④不用命:不听从劝告。

⑤仁:古代一种含义广泛的道德观念,核心是指人与人之间相亲相爱。

【译文】

商代史书上记载:成汤有一次外出,看见一个在野外张网捕鸟的人。那个人把鸟网四面张开,并且向神祷告说:"从天下四方飞来的鸟,全都钻入我的鸟网吧。"成汤见到这种情形说:"哎呀!这样不是要把天下的鸟捕尽杀绝了吗!"于是成汤让随从解开其中的三面网,只存一面,并命那个人改变他的祈祷内容说:"要往左飞的,就往左;要往右飞的,就往右;要向高处飞的,就向高处飞;要向下面飞的,就向下飞;不听从劝告的,就进入我的网。"汉江以南的列国诸侯听说这件事后,都说:"成汤的道德修养已经达到极点了,竟然能将恩德推广到禽兽身上。"一时之间,归顺商朝的诸侯国竟多达三十六个。

【评议】

商汤解网施仁,恩及禽兽的典故,被视为仁德君主的行为,所以在当时深得民心,远方的部落诸侯,在其仁德行为的感召之下纷纷归顺,使其力量不断增强,最后一举灭掉夏桀,成为商代开国君主。商汤能够得取天下,关键在于他获得了民众的支持,而其能推恩于禽兽的仁德之心,令人推之其对民众更应具有爱护同情之心。这则历史故事,说明了作为统治者一定要具有爱民之心,才能得到民众的支持。

【拓展阅读】

商汤

商汤因为以武力灭夏，打破国王永定的说法，从此中国历代王朝皆如此更迭，因而史称“商汤革命”。汤建立商朝后，对内减轻征敛，鼓励生产，安抚民心，从而扩展了统治区域，影响远至黄河上游，氐、羌部落都来纳贡归服。

放虎归山

夏朝末年，商部族逐渐强大，眼见夏桀暴虐，失去民心，汤决心灭夏。桀担心汤势力壮大而威胁自己，便将汤召入夏都，囚禁在夏台。商族又送桀以重金，并贿赂桀的亲信，使汤获释归商。汤的妻子有个陪嫁奴隶，名叫伊尹，汤差使他在厨房干活。伊尹很有才能，为了让汤发现自己，故意有时把菜做得很可口，有时却或咸或淡。有一次，汤就此事责问他，伊尹乘机向汤谈论了自己对治理国政的见解。商汤大为惊奇，就免除他奴隶的身份，任伊尹为右相。

兴商灭夏

商汤历数夏桀的暴虐无道，号召夏的附属小国背弃桀、归附商，对不听他劝告者，就先后出兵攻灭，如葛、韦、顾等夏朝属国，以剪除桀的羽翼。商汤越战越强，夏桀逐渐陷于孤立的境地。汤还迁都于亳，以此为前进的据点，准备最后攻灭夏朝。商汤还采纳伊尹的建议，停止朝贡夏朝以试探桀的实力。桀命令九夷族发兵征讨商，这说明桀还能调动九夷族的兵力，商汤和伊尹就马上请罪，恢复向夏桀的进贡。一年后，九夷族忍受不了桀的残暴统治，纷纷叛离，使桀的力量大为减弱，商汤和伊尹见时机成熟，就由商汤召集部众，出兵伐夏，在鸣条（今河南封丘东）一举攻灭了夏桀，建立了中国历史上第二个奴隶制王朝——商朝，定都亳。

【镜鉴】

一、仁者无敌

(一)仁者无敌:文王仁德葬尸骨

周文王派人去修整池塘,人们挖出了一具尸骨,官吏将此事报告了周文王,请求将其弃之荒野。周文王摇摇头说:“不能丢弃,要重新安葬他。”

“这可是一具没有主人的尸骨啊!”官吏说。“我难道不是他的主人吗?拥有天下的人是天下之主,而拥有一国的人是一国之主。”周文王一脸严肃地说。

“这个……”官吏顿时哑口无言了。于是,周文王下令用木棺将这具尸骨改葬在别的地方。

天下的人听到这件事后都说:“文王真是贤明的君王啊!就连死人的尸骨都受到了他的恩泽,更何况是活着的人呢?”这正如先贤孟子所说:“人皆有不忍人之心,先王有不忍人之心,斯有不忍人之政矣。以不忍人之心,行不忍人之政,治天下可运之于掌上。”诚哉斯言!孟子感慨道:“勇者无惧,智者无惑,诚者有信,仁者无敌。”

(二)赵文子釜底抽薪治盗匪

晋国盗匪四起,闹得人心惶惶,国无宁日。国君下令要用尽一切办法不惜任何代价捕捉强盗,严惩不贷。各级官吏也组织地方力量打击盗匪,可是收效甚微,强盗变本加厉,比以前更猖獗了。

有一个叫郤雍的人,他的眼光很厉害,光看相貌就能辨别谁是强盗。那些捕捉强盗的人,常常把郤雍带在身边,让他辨别到底谁是强盗,效果十分明显,没过多久,就抓了很多强盗,杀了他们的头。一时间,人民感到社会治安秩序比以前好了很多,而那些强盗因此也十分害怕郤雍。

晋国国君非常高兴,有一次他和赵文子聊天,谈到郤雍这个人,说:“他真是一个难得的人才，我因得到了他这个人，让一国的强盗都跑不掉，我没用多少人就把强盗消灭了。”

赵文子说：“你只是依靠窥视观察去抓强盗，虽然可以抓住很多，但却无法根除。因为强盗为了躲避抓捕，纷纷逃往山林之中，郤雍是不可能到那些地方去的，再说他们也在监视捕盗人的行动，会随时转移。而强盗的儿子因自己的父亲被杀，也会加入强盗队伍，替父报仇，与官府对着干，这样强盗就会层出不穷，怎么可能会灭绝呢？再说，你们杀了强盗，是因为有了郤雍，他们会想，要是没有郤雍这个人，那么……”

没过多久，强盗们在一起商议说：“我们之所以遭到官府的追杀，就是因为有了郤雍这个人，如果我们把他杀了，不就平安无事了吗。”于是大家想方设法将郤雍杀掉了。

晋国国君知道这件事后，十分震惊，立即召见赵文子，对他说：“果然不出你所料，郤雍已经死了，现在我该用什么办法对付那些强盗呢？”

赵文子说：“要想没有强盗。最好的办法就是任用贤人，施行教化，用好的思想道理去教育广大人民，使他们明白做人的道理，具有明辨是非的能力和羞耻仁义之心，一心一意勤劳守法，对那种偷鸡摸狗、打家劫舍的行为深恶痛绝，久而久之，就不会再有强盗出现了。”

晋国国君采纳了赵文子的建议，让随会来主持政事，选取仁人贤士施行教化。一时间全国尚学成风，强盗们逐渐金盆洗手，社会风气也慢慢好了起来。

（三）羊祜不战而胜

大凡用兵的法则，使敌国完整地屈服是上策，而出兵击破敌国就次一等；使敌人全军降服是上策，而出兵击破敌军就次一等；使敌人全旅完整地降服是上策，而出兵击破它就次一等；使敌人全卒完整地降服是上策，而出兵击破它就次一等；使敌人全伍完整地降服是上策，而出兵击破它就次一等。所以百战百胜并不是最好的制胜韬略，不战而使敌人屈服才算是最好的。

晋武帝司马炎称帝以后，有灭吴的打算。他任命羊祜为都督，治理荆州军事，统率大兵镇守，与东吴隔江相望。羊祜到了南方后，没有急于加强军事措施，而是实行怀柔政策，开设学校，安抚远近地区，很快得到江汉一带百姓的拥护。他还对吴国人开诚布公，凡是来投降的人，想要离开荆州，他绝不阻拦，去哪儿都可以。吴国的石城守备距离襄阳七十多里，常常来侵扰，羊祜用计使吴国撤销了石城的守备，使两地能够和平共处。这样

他就可以减少一半军兵,分出来去开垦了八百余顷田地,大获收益。羊祜刚到的时候,军队没有百日的存粮。后来,经过他的治理,居然积蓄了可供十年之用的储粮。皇帝下令撤销江北都督,设置南中郎将,把他们所属的在汉东和江夏的各军都归羊祜统领。

羊祜后来进一步占据险要地区,建造了五座城,收取了大批肥沃的土地,夺得了吴国人的资产,石城以西,尽归晋国所有。从此,吴国来投降的人络绎不绝。羊祜也更加提倡实施恩德信义,用怀柔政策来笼络刚刚归附的人。

羊祜每次和吴军交战,总是先约定好日期才开战,不搞突然袭击。吴国的将领陈尚、潘景带兵进犯,羊祜追杀了他们,但又称赞宣扬他们的气节,厚加殡殓。羊祜的军队出行,经过吴国的地段时收割地里的稻谷作为粮食,并计算好收割稻谷的数量,用绢偿还。每次会集部队在江沔一带游猎时,一般总是在晋国境内。如果禽兽为吴国人射伤而后被晋兵所得,他就让人送还给吴国人。于是,吴国人都对他心悦诚服,尊称他为羊公。

羊祜和吴国的将领陆抗相对垒,两军使者常有来往。陆抗十分称赞羊祜的德行和度量,认为即使乐毅、诸葛亮也不能与他相比。陆抗某次生病,羊祜了解了他的病情后,就派人给他送去药。陆抗高兴地服下,一点儿也没怀疑。有人怕药里有毒,进行劝阻,陆抗批评说:“羊祜哪里是个会害人的人!”

陆抗自然也清楚羊祜实行的是“不战而胜”的谋略。因此,他常常告诫他的部下:“如果羊祜他们专门施德,而我们专用暴力,这就会不战自败啊!现在只要各保自己的疆界就可以了,不要去追求小利。”吴国的皇帝孙皓听说吴晋边境和好,便责问陆抗。陆抗回答说:“一个小镇、小乡,尚且不可以没有信义,何况泱泱大国!我如果不这么做,就只会使羊祜的名声更大,对他毫无损伤。”

羊祜在对吴国军民实行“不战而胜”的谋略的同时,还修缮盔甲,训练士兵,做了广泛的军事准备。他上书给晋武帝司马炎说:“平定蜀地已经十三年了,现在吴国的孙皓暴虐无道,吴国的百姓困苦不堪,而我们晋军的力量比过去更加强大,应该抓住时机,平定东吴,统一天下,使天下安宁,人民和好。”他对灭吴的战略战术也提出了许多独到的见解。

后来羊祜卧病,回到洛阳。他又抱病向晋武帝当面陈述伐吴大计。此后,晋武帝还派中书令张华去询问他的筹划和策略。

羊祜的病情越来越重,他推举杜预接替自己,不久后病逝,享年58岁。当天大寒,晋武帝穿着丧服悲伤地哭泣,泪水流到鬓须上,都结了冰。荆州人在集市上听到羊祜病逝的消息,没有一个不号啕大哭的,集市贸易因而停止,哭声连成一片。吴国守边的将领知道羊祜已经去世,也都伤心地为他哭泣。

羊祜死后两年,吴国被平定,大家都为皇帝庆贺。晋武帝拿着酒杯流着眼泪说:"这都是羊祜的功劳啊!"

有人说,百战百胜未必好,不战而胜才最佳。这句话确实很有道理,试想,如果能够不费一兵一卒就使对手降服,那真是再好不过的选择了。

(四)感情投资很重要

"刘备摔阿斗"是中国历史上最成功的一次"感情投资"案例。东汉末年,当阳长坂之战是曹操、刘备两军的一次遭遇战,骁将赵云担当保护刘备家小重任。由于曹军来势凶猛,刘备虽冲出包围,家小却陷入曹军围困之中,赵云拼死刺杀,七进七出终于寻得刘备之子阿斗,赵云冲破曹军围堵,追上刘备,交还其子。刘备接子,掷之于地,愠而骂之:"为汝这孺子,几损我一员大将!"赵云抱起阿斗,连连泣拜:"云虽肝脑涂地,不能报也。"这就是《三国演义》中刘备摔阿斗的故事。

刘备的这一举措,是其爱惜赵云之才的真情流露。这样一来,无形中更令各位兄弟"肝脑涂地"也在所不惜了。

我们从来没有见到过记载刘备对阿斗有多深感情的句子,直到刘备白帝托孤的时候,他还告诉诸葛亮,阿斗能扶则扶,不能扶则取而代之。虽然刘备这话有试探诸葛亮的成分,但听来却完全不能体现一代枭雄的舐犊之情。

刘备在流浪不已的征战中,有过多次为保命而抛妻弃子的行为,以致妻儿多次被敌人俘虏。换句话说,他的家人若不是遇到了那个仁义的英雄时代,早已死过了多少回。可见,刘备是一个为了事业而不顾家人的人,因为只要他自己的命在,左膀右臂的命在,他才有屡败屡战的机会。

赵云投奔刘备的时候,刘备只有"桃园三结义"的资本,在公孙瓒手下混饭吃,手下最缺的就是人才。赵云一跟刘备就是十多年,对于缺兵少将的刘备来说,这简直是太难得了。在众人怀疑赵云投降曹操的时候,刘备的话就很能说明问题,刘备说:"子龙从我于患难,心如铁石,非富贵所能动摇也……子龙此去,必有事故。吾料子龙必不弃我。"这样的大将哪里去找?就连手下猛将如云的曹操都还求贤若渴,赵云对刘备的重要性就更不言而喻了。

当被曹操追杀得逞逞如丧家之犬的时候，刘备身边仅余几十人，想来他最明白“孤家寡人”的滋味。若非这几个老兄弟拼死杀出重围，刘备自身尚且难保，哪里还顾得了那个襁褓之中的阿斗了。

刘备起兵以来，到五十岁仍无所作为，事业无成，得靠这帮忠心耿耿的兄弟们去打天下。千军易得，良将难求。所以，在得与失的天平上，孰重孰轻是显而易见的。

刘备摔阿斗是刘备内部公关驭人术的一次表演，其精彩之处是既收买了赵云誓死随主之心，又教育和感化了当时在场的所有文武随从，起到一箭双雕的作用。刘备从一“织席贩履之徒”成长为一代风流人物，其内部公关驭人术的确有独到之处。因此后人诗曰：“曹操军中飞虎出，赵云怀内小龙眠。无由抚慰忠臣心，故把亲儿掷马前。”

《孙子兵法》载，兵圣孙武要求为将者应具备“智、信、仁、勇、严”五个方面的才能，强调将帅不仅要拥有威武之仪，还需要怀揣仁爱之心。唐朝诗人白居易也说：“动人心者莫过于情。”情动之后心动，心动之后理顺。仁爱兵卒，仁爱部下，无非也是要求为将者动之以情，统一军心，达到制胜的目的。刘备是深得《孙子兵法》真谛的，不然，就不会有这样惊世骇俗的“摔子”举动。

“绝缨会”是历史上又一桩著名的“感情投资”案例。楚庄王时，大臣斗越椒趁庄王率兵攻打陆浑时起兵谋反。楚庄王听后，赶紧带兵回国平叛，斗越椒武艺高强，箭法很高。庄王连打了几个败仗，还差点被斗越椒一箭射死。后来多亏一个叫养繇基的小军官一箭射死了斗越椒，楚庄王才算平了这场动乱。

平叛后，楚庄王大摆宴席庆贺，说：“今天叛贼死了，国内平安，我们这个宴会就叫‘太平宴’，大家尽情吃喝，玩个高兴。”大家一听十分高兴，就边吃边喝，边喝边说，直到日落西山，仍不尽兴。楚庄王一看，就叫人点上蜡烛，继续玩乐，并让自己最宠爱的妃子许姬，给大臣们敬酒。这时，忽然一阵风吹来，蜡烛被吹灭了，管灯的赶紧去取火。在这期间，宴席中有一个人见许姬长得很漂亮，就乘着酒兴，在黑暗中伸手拉住许姬的衣袖，许姬大吃一惊，赶紧用左手把袖子扯回，同时用右手把这个大臣帽子上的缨花拔了下来，吓得这个大臣赶紧放手。

许姬拿着缨花走到楚庄王跟前说：“我去给大臣敬酒，没想到有个人竟然对我无礼，趁黑扯我的袖子。我已经拔下了他头上的缨花，只要蜡烛一亮，您就知道他是谁了。”楚庄王连忙对大臣说:"今天这个宴会,大家都把帽子取下来,喝个痛快。"等到大家都把帽子脱下来,楚庄王才叫人把蜡烛点亮。这样,到底是谁扯许姬的袖子就不得而知了。

宴会散后,许姬责怪楚庄王不逮住那个扯她袖子的人,楚庄王笑道说:"酒后失态,是人之常情。今天我们是要图个高兴,如果因此而惩罚那人,就会伤大臣们的心,这就违背了我举办这个宴会的本意。当然,你也不要介意了。"许姬听了,暗暗赞叹楚庄王的宽广胸怀。这就是历史上的"绝缨会"。

后来楚庄王率兵攻打郑国,命令尹襄老为先锋,出发时,副将唐狡说:"我愿率领百名部下,提前一天走,为大军开路。"尹襄老同意了唐狡的请求。

唐狡率领这百多人,一直打到郑国城下。楚庄王听到这个消息,就把唐狡找来,要重赏他,唐狡说:"大王您有恩于我,我做这些都是报答您的。"楚庄王感到很奇怪,问:"我什么时候有恩于你的?"唐狡说:"绝缨会上,扯许姬袖子的人就是我,感谢您的不杀之恩,今天我舍命以报。"楚庄王听了,感慨地说:"如果当时我真的把你抓起来,能有今天这个结果吗?"

当天晚上,唐狡就不知跑到哪里去了,楚庄王知道后,叹息道:"这真是一个有骨气的义士呀!"由此可见,人只有心胸宽阔,懂得体谅别人,才能赢得别人的真心和友情。

官场如此,商场亦然。清末红顶商人胡雪岩非常注意对自己下属的感情投资。他诚心帮助郁四处理家务,他细心促成古应春和七姑奶奶的婚事,他撮合阿珠姑娘与"小和尚"的姻缘,他为漕帮解决困难……所有这些,都是在做感情投资。而这些感情投资收回的"利润",便是有了一大批眼光手腕都相当不错的人在全心全意地帮他。

胡雪岩深深懂得,要得到真正的杰出之士,只凭钱是不能成事的,关键在于"情""义"二字,要用情来打动他们。他就是用这样的手法,为朋友王有龄招揽了一名得力助手嵇鹤龄。

王有龄做官以来事事顺利,正当他春风得意的时候,却接到了一个意想不到的任务。新城有个和尚,公然聚众抢粮,抚台黄宗汉让王有龄带兵剿办。然而新城民风强悍,吃软不吃硬,如果带了兵去,说不定会激起民变。候补州县里有个叫嵇鹤龄的,主张"先抚后剿",主意很是不错,但是他恃才傲物,不愿替别人去当这送命的差使。尽管嵇鹤龄穷得叮当响,可他就是不谈钱,不哭穷。胡雪岩自觉非说动嵇鹤龄不可,刚好嵇鹤龄近悼亡妻,于是胡雪岩亲自前往拜访。

胡雪岩找到嵇鹤龄的家，声称来拜亡人，要嵇鹤龄出见。无奈嵇鹤龄以素昧平生为由，拒不出见。

站在庭院里的胡雪岩早已料到嵇鹤龄会采取拒人于千里之外的态度，但他还准备了一步棋。只见他款步走到灵堂前，捧起家人刚才点燃的香，毕恭毕敬地行起礼来。这一招确实够厉害的，因为依照礼仪规矩，客人行礼，主人必须还之以礼。嵇鹤龄无奈，只好出来，请胡雪岩入室相坐。

待一坐下来，胡雪岩便展开了他那炉火纯青的嘴皮功夫，说了一阵恭维、仰慕之类的话。嵇鹤龄听了这些话，清高的傲气也就消减了一半。接下来，胡雪岩把他当掉的东西赎回还给了他。

嵇鹤龄知道胡雪岩是王有龄倚重的人，刚刚见到他时还心生戒备，但等胡雪岩这一番事情做完之后，不仅戒备防范之心尽数解除，相反还对胡雪岩生出一种由衷地佩服。

数日后，嵇鹤龄在王有龄的安排下，亲赴新城，结果不负众望，大功告成。他协同地方绅士，设计擒获首要各犯，解送到杭州审讯法办。抚台黄宗汉已经出奏了保案，为有功人员请赏。作为首功之士的嵇鹤龄却只给了一个明保，胡雪岩深知其中有鬼，回去封了两万银票给黄宗汉的老家汇去，然后通知王有龄可以去见抚台了。抚台当面答应王有龄调任后的浙江海运局差使由嵇鹤龄接任。事情至此，难题终于破解，结局皆大欢喜。

（五）重情重义也是重要管理策略

治军如此，为官、经商亦然。

世事无常，每个人都会遇到困难。而人在困境时最需要的是鼓励和帮助，这时能够伸出援助之手帮人摆脱困境的人，才是真正值得交往的可靠之人。人总是会对雪中送炭之人怀有特殊的好感。

在别人最困难的时候伸出援手，胜于你在别人富裕时送给他一座金山。人类在互相的支持之下发展到了现在这个时代，作为现代的人，我们需要这种支持。我们把那些出现在我们最需要援助的时候给我们以支持的人叫朋友。在这个全新的社会中，友谊的内涵变得丰富、深刻，朋友的种类也繁多起来，但是朋友的重要性仍是非常明显的。朋友的某些内涵和古代并没有多大的差别，其最基本的表现就是当你有困难时，他会及时出现在你面前。我们总会在现实生活中遇到一些困难，遇到一些自己解决不了的事情，这时候如果得到别人的帮助,我们就会铭记在心,内心感激不尽,甚至终生不忘。在别人濒临饿死时送他一只萝卜和在他富贵时送一座金山,就其内心感受来说,是完全不一样的。我们要做的,不是在别人富有时送他一座金山,而是在他落难时,送他一碗面、一盆火、一碗水。雪中送炭,才能显出人性的伟大,才能显示友谊的深厚。

三国争霸之前,周瑜并不得意。他曾在袁术部下为官,被袁术任命为居巢长——一个小县的县令。这时候地方上发生了饥荒,粮食问题日渐严峻起来。居巢的百姓没有粮食吃,就吃树皮、草根,不少人活活饿死了,军队也饿得失去了战斗力。周瑜作为父母官,看到这悲惨情形,急得心慌意乱,不知如何是好。这时有人前来献计,说附近有个乐善好施的财主鲁肃,他家素来富裕,想必囤积了不少粮食,不如去向他借点粮。于是,周瑜带上人马去拜访鲁肃,刚刚寒暄完,周瑜就直接说:“不瞒老兄,小弟此次造访,是想借点粮食。”鲁肃根本不在意周瑜现在只是个小小的居巢长,他哈哈大笑说:“此乃区区小事,我答应就是。”鲁肃亲自带周瑜去查看粮仓,只见鲁肃家存有两仓粮食,鲁肃痛快地说:“也不用提什么借不借的,我把其中一仓送给你好了。”周瑜及其手下一听他如此慷慨大方,都愣住了。要知道,在饥荒之年,粮食就是生命啊!周瑜被鲁肃的言行深深感动了,两人当下就交上了朋友。后来周瑜发达了,当上了将军,他没忘记鲁肃的恩德,便将鲁肃推荐给孙权,使鲁肃也得到了干事业的机会。

鲁肃在周瑜最需要帮助的时候慷慨赠粮,两人因而建立起了真正的友谊,成为真正的朋友,后来周瑜被重用后推荐了鲁肃,使鲁肃也能一展才华,而不只是做个富翁。鲁肃能拿出自家一半的粮食帮助当时还只是陌生人的周瑜,使周瑜觉得他是可以信赖的朋友,这应该是周瑜推荐鲁肃的根本原因。

真正的朋友都是重情重义的。晋代时有一对读书人朋友,一个叫朱晖,另一个叫陈揖。有一天陈揖忽然得了重病,生命垂危。这天,陈揖的病榻前只有朱晖。陈揖说:“今生得兄弟知己,本当死而无憾。只是,身后之事放心不下。”朱晖答道:“兄弟家中之事我会全力相助,兄弟尽可放心。”“别的事我都放心,只是妻子已经有孕在身,尚不知生儿生女。生而无父,怕是难有所成啊。”陈揖说着,泪水从眼角流出。“兄弟的心事我明白。如果陈家得一男儿,我朱晖一定像教导自己儿子一样教他读书成才,绝不有半点偏心。”朱晖说着,想了一想又说:“只能让他强于我儿,绝不使他落在我儿之后。”几天之后,陈揖死了。

几个月之后，陈揖的遗孀生了个男孩，取名叫陈友。朱晖不忘朋友病榻前的话，自陈友懂事开始，就教他读书习文，确实像对待自己的儿子一样。陈友聪明好学，学业日益长进。转眼间十年过去，陈友与朱晖的独生子朱骈都成了很有学问的青年，在远近都有相当的名气。

这天，朱晖的家里来了一位南阳的客人。原来，朱晖有一个老朋友在南阳当太守，这客人就是南阳太守派来的，他带来一件大喜事：南阳太守要请朱晖的儿子朱骈去做官。这个信息不胫而走，许多人都到朱晖家来贺喜，陈友当然也来贺喜，并且如同自己当官一样高兴。

朱晖本来是满面笑容的，但陈友的贺喜却给朱晖贺出了心事。晚上在内室，朱晖的夫人问他："我看你好像有什么心事似的，是不是？"朱晖说："心事确实有一点，南阳太守派人来，要让骈儿去那里做官。"

夫人笑道："这是好事啊，怎么反成了心事？是不是你不愿意他离家。"

"那倒不是。我是想，推荐陈友，顶替骈儿去做官。"朱晖一字一顿地说。

"这是为什么？"

"因为，就是陈揖死前几天，在他病榻旁边，我对陈揖说过，要让他的儿子强于我的儿子，绝不使他落在我儿之后。"

"结拜兄弟临死前，说那话不过是为了宽慰他一下，何必当真呢？"

"不论什么情况下说的，说了就要算数。"

"十多年前的话，谁还记得？"

"除我自己，没人能记得。因为说话时只有我与陈揖两人在一起，没别人在眼前。"

"南阳太守是指名要骈儿去做官，又不是让你推荐一个人。骈儿去了，也不是让你自食其言啊！"

"你这话也有道理。只是，我说过'绝不使他落在我儿之后'。我的主意定了，我要到南阳去，当面向太守推荐。"

次日，朱晖就同那客人一起赶赴南阳，到了南阳，见到太守，朱晖先感激老朋友的关心之情，接着就说："做官的事，就不要用骈儿了。"

"怎么，不屑做这个官？"太守吃惊了。

"不是。"朱晖说，"我的意思是换一个人。"

“换人？换谁？”

“我已故的朋友有个儿子，叫陈友，他的才学也很好，做官也能胜任。”朱晖说着，又把自己如何对朋友许诺的事详细说了一遍。

南阳太守最后答应了他的请求，让陈友做了官。

朱晖在朋友临终时许下的诺言，过了十多年之后，在除了他以外无人知晓这句诺言的情况下，依旧信守了承诺，他没有给自己找任何借口推脱，也没有存私心让自己的儿子去做官，其精神真是难能可贵！

对生意人来说，不要把精力全部放在与对手斗智斗勇上，还需要体恤下属、关心员工。在这一点上，胡雪岩就做得很好。他在胡庆余堂专门设立了“阳俸”和“阴俸”。

所谓“阳俸”有点类似我们今天的退休金。胡庆余堂上自“阿大”、档手，下到采买、药工以及站柜台的伙计，只要不是中途辞职或者被辞退，年老体弱无法继续工作之后，胡庆余堂一律发放原薪，直至去世。

而所谓“阴俸”，如同现在的遗属生活补助费，是胡庆余堂的雇员去世以后，按照工龄给他们家属发放的抚恤金。另外，对于那些为胡庆余堂的生意发展做出过很大贡献的雇员，胡雪岩还规定，这一部分雇员去世以后，他们在世时的薪金，以折扣的方式继续发放给他们的家属，直至这些家属们有能力维持与该雇员在世时相同的生活水平为止。如此优厚的待遇，对于那些雇员们的影响，自然是可想而知了。

虽然“阳俸”和“阴俸”成了胡庆余堂一笔不小的开支，但它却解除了员工的后顾之忧，让员工能够安心做事，由此激发出的生产积极性和创造力远远超过了所支付的金额。俗话说“舍不得金弹子打不得金凤凰”，对于用人来说，道理也是一样的。

在胡庆余堂，为了激励人，胡雪岩对有功者特设一种“功劳股”。这是从盈余中抽出的一份特别“花红”，专门奖给那些对胡庆余堂有特殊贡献的人。“功劳股”是永久性的，一直可以拿到本人去世为止。有位叫孙永康的年轻药工就曾获得此项奖励。有一次，胡庆余堂对面的一排商店失火，火势迅速蔓延，眼看无情的火焰扑向胡庆余堂门前的两块金字招牌。孙永康毫不犹豫地用一桶冷水将全身浇湿，迅速冲进火场，抢出招牌，头发、眉毛都让大火给烧掉了。胡雪岩闻讯，立即当众宣布给孙永康一份“功劳股”。

在旧时代，企业主为了拢住雇员的心，一般都得施以小恩小惠，但唯利是图的本性又使他们大多有“吃我一餐，听我使唤”的心理，所以雇员年老体弱之后，业主普遍采取扫地出门的态度,任其冻饿不肯施以援手,而这会使在职人员心生前途渺茫、得过且过之感,因为眼下老弱者的下场就是他们将来生活的写照,所以胡雪岩特设“功劳股”的慷慨之举,对他的员工鼓舞很大,他们干起活儿就格外卖力,胡雪岩的生意也就不愁发展不快了。

重情重义、善待老员工的做法不仅解决了他们的衣食之忧,而且也让年轻员工的积极性倍增,工作热情空前高涨,企业的业绩自然会一日千里。重情重义,对员工永远心怀感激之情,是大商人共同的想法。李嘉诚也是这样的人,他从事地产投资后,将塑胶厂交给他人管理,自己不再插手。事实上,塑胶业务带来的赢利,在公司总赢利中根本微不足道,以致很多人以为他早就卖掉了塑胶厂,退出了塑胶行业。

有一次,一个著名记者发现李嘉诚还在生产当时早已过时的塑胶花,不禁大惑不解。他问李嘉诚,“长实”已经是一家著名的大公司了,赢利丰厚,就算已过时的塑胶花还有薄利,相对于长江地产的利润实在是九牛一毛,为什么还要维持生产呢?李嘉诚解释说,这是为了给跟随他创业的老员工留一个工作机会,因为他们大多是农民出身,没有别的技能,保留塑胶厂,就能保证让他们衣食丰足。李嘉诚如此善待老员工,令这位记者十分感动。

在一些企业主眼里,利益高于一切,感情是谈不上的。他们随时可能将那些陪他们辛苦创业的老员工一脚踢开。但李嘉诚认为,老员工是企业的功臣,他们为企业做出了重大贡献。他说:“如果说企业是一个家庭,那么老员工就是家庭中的长辈,我们作为晚辈,看到他们老了理应承担照顾他们的义务。”李嘉诚还说:“公司的钱是员工赚的,他们才是真正有贡献的人。”

李嘉诚品德高尚,深得员工爱戴,所以他的员工流失率很低,工作也很勤奋,这和他重情重义的品格有很大的关系。不抹杀员工的功劳,予以厚报,真正能做到这一点的能有几人?然而,但凡能做到这一点的则非一般人物可以比拟。这些人必能得到员工的倾力回报,从此获得非凡的成就。

以诚感人,人亦以诚感之。李嘉诚对员工的真诚与善待,令下属对他忠心耿耿,也使得长江实业上下齐心。

李嘉诚曾坦率地说:“在我公司服务多年的行政人员,有的已工作多年,有些更长达30年,什么国籍都有。无论是什么国籍,只要在工作上有表现,对公司忠诚,有归属感,经过一段时间的努力和考验,就能成为公司的核心成员。”他强调指出:“忠诚犹如大厦的支柱,尤其是高级行政人员。”他还补充说:“在我两个儿子加入公司前,我的公司内并没有聘用亲属。我认为,亲信并不等于亲人。”

洪小莲当年是李嘉诚的秘书,那时长江实业还未上市。她说:“如果当年我的老板不是李先生,就没有今日的我。”因为当秘书没什么消遣,洪小莲就用午饭时间来看报纸娱乐版。李嘉诚刚好走过,说:“看这些东西,没有益处的。”她当时想:“关你什么事,我是浪费自己的时间。”再细想,又觉得不无道理,于是开始工余进修,后来,她又鼓励下属进修。

一位长江实业的司机对采访李嘉诚的记者说:“我们喜欢我们的老板,他对我们非常好。公司的公积金投资在外面,因遭遇金融风暴而损失很大。老板填了那笔数,不让员工的公积金受损。”

对于公司,李嘉诚自有一套管理之道:“管理一间大公司,你不可能样样事情都自己亲力亲为,首先要让员工有归属感,使得他们安心工作,那么,你就首先要让他们喜欢你。”他提倡管理模式应该融合中外,既讲科学,又重感情。李嘉诚强调在自己企业内,人员的流失及跳槽率很低,主要是他重视员工向心力,让他们有归属感,“就算是退休的同事,大家都有难舍难分的感觉”。他认为:“美国科学化的管理有它的优点,可以应付急速的经济转变,但没有人情,业绩不太好时进行大规模裁员。我们不那样做,因为会令员工没有安全感,也会导致许多人突然失业。我们糅合两者的优点,以外国人的管理方式,加上中国人的管理哲学鼓励员工的干劲儿和热忱,我相信可以无往而不利。”作为公司的领军者,李嘉诚将公司上上下下团结起来,大家齐心协力,为了公司的前途努力打拼,因此长江实业公司才能一路乘风破浪,在众多竞争者中独占鳌头。

桑林禱雨

成湯

桑林祷雨[1]

【历史背景】

汤，据说是帝喾后代契的子孙，为商部落首领。商族兴起在黄河下游，相当于现在的河南、山东一带。商部落的历史可以追溯到母系氏族公社时期。这个部落的始祖叫契。传说契的母亲简狄洗澡时，忽然发现燕子下了个蛋，吃了以后便怀孕生下契。所以古代有"天命玄鸟，降而生商"的传说。契长大以后与大禹一起治水，后来在辅佐大禹治水的过程当中立下了功劳。于是虞舜就命令契出任司徒官，其主要职责是，如果父子、君臣、夫妇、长幼、朋友之间的关系不和睦，官员之间不团结，就要向这些人传布以宽厚为根本的五伦的教诲，对民众进行劝导。契侍奉了唐尧、虞舜、大禹三代帝王，作为历经了三朝的老臣，他最大的功绩就是突出表现在教导百官贵族这个方面。在契的教导下，百官贵族们，不再为自己的利益而斤斤计较，从此安定下了自己的心绪，为老百姓踏踏实实地办事情，进而进一步巩固了当时的统治，安定了当时的社会秩序。到夏朝末年的时候，商已经成为一个强大的部落了。其部落首领成汤是一个有远见、有才干而又具有仁德的人，他看到夏桀暴虐残忍，淫乐无度，民心涣散，于是就决心讨伐夏朝。

汤建立商朝后，减轻征赋，鼓励生产，安抚民心，使商的势力展至黄河上游，成为又一个强大的奴隶制王朝。汤为部落首领十七年，建商后称王十三年，名病死。

【原文】

商史记：成汤时，岁久大旱[2]。太史[3]占[4]之曰："当以人祷[5]！"汤曰："吾所以请雨者人也[6]。若必以人，吾请自当[7]！"遂斋戒[8]，剪发断爪[9]，素车[10]白马，身婴[11]白茅，以为牺牲[12]，祷于桑林之野，以六事自责[13]曰："政不节[14]欤？民失职欤？宫室崇欤？女谒盛欤[15]？包苴[16]行欤？谗夫[17]昌[18]欤？"言未已，大雨，方[19]数千里。

【张居正解】

商史上记：成汤之时，岁久不雨，天下大旱。灵台官太史占侯说："这旱灾须是杀个人祈祷，乃得雨。"成汤说："我所以求雨者，正是要救济生人，又岂忍杀人以为祷乎？若必用人祷，宁可我自当之。"遂斋戒身心、剪断爪发，素车白马，减损服御，身上披着白茅草，就如祭祀的牺牲模样，乃出祷于桑林之野。以六件事自责说道："变不虚生，必有感召。今天降灾异以警诫我，或者是我政令之出不能中节欤？或使民无道失其职业欤？或所居的宫室过于崇高欤？或宫闱的妇女过于繁盛欤？或包苴之贿赂得行其营求欤？或造言生事的谗人昌炽而害政欤？有一于此则宁可降灾于我之一身，不可使百姓每受厄。"汤当时为此言，一念至诚，感动上天，说犹未了，大雨即降，方数千里之广。盖人有善念，天必从之。况人君为天之子，一言一动，上帝降临，转灾为祥，乃理之必然也。

【注释】

①本则故事出自《淮南子·主术训》。在这篇文章里主要描写了成汤作为开明的君主，在灾难面前敢于挺身而出，担当责任，善于自我反思，以及对于民生疾苦的深刻关心。

②岁久大旱：意思是连年遭受旱灾。岁，在这里就是年的意思。

③太史：古代时候的官名，主要的任务就是负责记录天子的所言所行以及那个时代的天文历法。在古代的官职中地位很高，通常由比较有德行的人来担任。

④占：占卜，卜卦。

⑤当以人祷：就是要通过杀一个人来作为对神的牺牲的方式以进行祈祷。

⑥吾所以请雨者人也：我向上天求雨的原因就是要解救天下的百姓。者，在这里与后文的"也"连用，共同用来表示判断。

⑦自当：由自己来担当，在这里的意思就是那就杀死我吧。

⑧斋戒：古代的时候，在祭祀之前一定要沐浴、吃斋，使自己的身心整洁，以此来表示虔诚的敬意。

⑨断爪：在此处是修剪指甲的意思。

⑩素车：没有做过任何装饰的车子。素，在古代特指没有染色的丝织品。

⑪婴:作动词用,缠绕,披盖。

⑫牺牲:古代指那些用来献供的祭品。

⑬以六事自责:就是以六件事情来反省自己。

⑭节:适度,恰当。

⑮女谒:在宫廷之中嬖宠的女子。

⑯包苴:进贡的财物,这里指用财物行贿的意思。

⑰谗夫:进谗言的人,就是说别人的坏话的人。

⑱昌:同“猖”,肆意妄为,没有约束地胡乱行事。

⑲方:方圆,指范围所涉及的地方。

【译文】

传说,商汤在位的十三年当中曾经发生了连续七年的大旱,灾情非常严重,民不聊生。当时,太史官占卜之后,说:“想要缓解这样的灾情,就要杀一个人来祭祀桑林之神,否则上天是不会降雨的。”商汤听了太史的话,说:“我向上天求雨的原因就是要解救天下的百姓,怎么能杀百姓?如果一定要杀人才可以解决的话,那就杀我好了!”然后,商汤就开始沐浴斋戒,剪去头发、修剪指甲,用白茅草覆盖自己的身体,乘坐白马拉着的没有装饰的车子,将自己作为祭祀用的牺牲,进入野外的桑林中祷告上天。他还以六件事情反省自问:“上天不会无故降灾于我们,此中必有原因。难道这是上天对我的警告吗?是我的治理不当吗?是我用人无道,使百姓失其职守吗?还是我住的宫室过高,后宫的妇女太多了而过于奢侈了吗?抑或是社会贿赂风行、小人得志?如果上述有一件事同我有关,那么请上天将灾难降临到我的身上吧,千万不要使百姓受到无辜的伤害!”据说,商汤诚心的祷告,感动了桑林之神,他的话还没说完,天空就降下大雨。因此这一年庄稼获得了好的收成。

【评议】

成汤这种勇于牺牲的精神,受到人民的敬重和颂扬。在历史上我们似乎都能够看到凡是圣明的君主都取于在大难面前自责,并十分关心民生疾苦。往往有仁德的君主都会

把灾难看作是上天对自己统治不满的警告，每当这个时候他们都要反省“修德”，把导致灾祸的原因归咎于自己“失政”于民，以求得上矢的宽恕。在我国的传统中有一种说法叫作“以德配天”，就是这样的情况。成汤就是这样一位真心为民祈祷的君主，因为他的德行感动了天地，民众的疾苦才得以解脱。虽然从科学角度讲，降雨与他的祈祷未必相关，但他这种为了百姓勇于牺牲，敢于自责的精神，的确令人敬佩。

【镜鉴】

一、坚持“执政为民”的执政理念

（一）为什么说“执政为民”是我们党必须坚守的执政理念

“执政”是执掌政权、治理国家与社会的活动。执政活动的目的，即“为谁执政”，决定执政观的本质。

中国共产党治国理政，归根结底是为了谁？服务于谁？一切执政的活动，以谁为基点？以谁为归属？作为执政党，执政的本质是什么？答案是唯一的——为了人民。因此，“执政为民”就是我们党必须始终坚持的执政理念。

执政为民的主要意思是，中国共产党一切行动的出发点是为了人民的利益，而并没有自己的私利。实际上，这就解决了一个党的奋斗目标和政府的工作是“为了谁”的问题，即：说明了中国共产党的基本出发点和基本宗旨，说明了中国共产党的立党之本、执政之基、力量之源。

“执政为民”这一概括，是中国共产党深刻总结中国几千年优秀文化遗产及国外政党执政的正反两个方面的经验教训得出的科学结论。

几千年来的中国文化中存在着以民为本、民贵君轻的传统观念。从盘庚的“重民”、周公的“保民”和孔子的“爱民”到孟子的“民贵君轻”、荀子的“君舟民水”，再到汉唐以来主张的“民惟邦本”等民本思想均精深而富于哲理，对中国古代政治学说的发展和君主政治的实际运作产生过深刻的影响。

中国历史上不重“民本”、滥用民力而迅速招致灭亡最典型的是秦王朝。陈胜、吴广揭竿而起，“天下云集而响应，赢（担负）粮而景（影）从”。秦王朝迅速土崩瓦解。对此，杜牧发出了穿透千古的感叹：“呜呼！灭六国者六国也，非秦也。族秦者秦也，非天下也。嗟夫！使六国各爱其人，则足以拒秦。秦复爱六国之人，则递三世可至万世而为君，谁得而族灭也？秦人不暇自哀，而后人哀之；后人哀之而不鉴之，亦使后人而复哀后人也。”血的教训使汉唐以后的统治者不得不认真处理和人民的关系问题，主张“民惟邦本”，承认人民乃国家之本、政治之本，无民则无君。

历代王朝兴衰的历史反复证明，民心的向背是王朝盛衰兴亡的根本原因。在中国历史上人心向背定兴亡的事例中，明末大顺政权是最能震撼人心的。明朝末年，吏治腐败，赋役如山，加之连年灾荒，全国上下民不聊生，农民揭竿而起，迅速形成燎原之势。1644年，李自成领导的农民起义军攻占北京，结束了明朝的统治。然而起义军攻占北京之后，仅仅 43 天便又被迫撤离，从此走上了失败的不归路。当农民起义军进入北京时，家家户户门上贴了“天王万万岁”的喜帖，市民张灯结彩，夹道欢迎。然而 43 天之后，当这支军队的主力撤离后，未及退出的数千人都遭到京城人的“搜斩”，反差之大，触目惊心。这其中虽有复辟势力趁机报复的因素，但起义军迅速蜕变，一部分将领甚至站到人民的对立面，从而失去了民心是最主要的。这 43 天的反差是我们每一个中国共产党党员、特别是处于领导岗位的党员必须牢牢记住的。

中国的历史一再证明，一个政权能持续多久，取决于这个政权能够在多大程度上代表人民的利益，听取人民的呼声，人民对政权是认同还是否定，是支持还是反对。当今世界上一些长期执政的老党大党纷纷下台、失掉政权也证明了这个政权更替的基本规律。

中外历史证明，不管是统治者的统治还是政党的执政，都必须充分考虑民意，十分注意民心的向背。中国共产党把为民执政作为自己的执政本质，作为自己执政的归宿，既是对中外历史经验的深刻总结，也是对自己执政实践经验的科学总结。

始终站在最广大人民的立场上，是共产党政党性质的根本要求。“执政为人民”是中国共产党人的一贯主张。早在 1934 年，中国共产党还只是在江西苏区局部范围执掌政权的时候，毛泽东在江西瑞金召集的第二次全国工农代表大会的讲话中就指出：“对于广大群众的切身利益问题，群众的生活问题，就一点也不能疏忽，一点也不能看轻……一切群众的实际生活问题，都是我们应当注意的问题。”毛泽东要求凡是在共产党掌权的地

方，必须把人民的利益放到至高无上的地位，一定不能忘记共产党是在为人民执掌政权。1942年他在延安文艺座谈会上第一次使用了为人民服务的说法，1944年9月8日，在张恩德追悼大会的悼词中提出，“我们这个队伍完全是为着解放人民的，是彻底地为人民的利益工作的。”“共产党是为民族、为人民谋利益的政党，它本身决无私利可图。”在1945年4月党的“七大”会议上，他又在“为人民服务”前面加了“全心全意”四个字。提醒全党：“成千成万的先烈，为着人民的利益，在我们的前头英勇地牺牲了，让我们高举起他们的旗帜，踏着他们的血迹前进吧！”

全国解放以后，毛泽东经常强调，要树立一切为了人民的观点。1954年毛泽东组织制定的新中国的第一部宪法，明确规定“中华人民共和国的一切权力属于人民。”在改革开放的历史新时期，邓小平也一再强调，过去搞革命，要依靠广大人民群众；今天建设有中国特色社会主义，同样要依靠广大人民群众，群众路线和群众观点的传家宝决不能丢掉。他反复强调要把人民拥护不拥护、赞成不赞成、高兴不高兴、答应不答应作为衡量方针政策的标准。江泽民则进一步指出：“政治问题，从根本上说，就是对人民群众的态度问题和同人民群众的关系问题。”“全心全意为人民服务，立党为公，执政为民，是我们党同一切剥削阶级政党的根本区别。”胡锦涛也指出，领导干部要牢固树立正确的世界观、人生观、价值观，解决好权力观、地位观、利益观问题，最主要的是要解决好坚持立党为公、执政为民的问题。只有一心为公，立党才能立得牢；只有一心为民，执政才能执得好。要把实现人民的愿望、满足人民的需要、维护人民的利益，作为一切工作的根本出发点和落脚点。强调人民群众的支持和拥护是中国共产党的立党之“本”、执政之“基”和力量之“源”。对新世纪新阶段如何坚持执政为民进行了深入的理论思考和创新实践。

相信谁、依靠谁、为了谁，是否始终站在最广大人民的立场上，是区分唯物史观和唯心史观的分水岭，也是判断马克思主义政党的试金石。对于马克思主义执政党来说，坚持立党为公、执政为民，实现好、维护好、发展好最广大人民的根本利益，充分发挥全体人民的积极性来发展先进生产力和先进文化，始终是最紧要的。马克思主义政党的理论发展和路线方针政策以及全部工作，只有顺民意、谋民利、得民心，才能得到人民群众的支持和拥护，党才能永远立于不败之地。我们党80多年的一切奋斗，归根到底都是为了实现好、维护好、发展好最广大人民的根本利益。可以说，一部中国共产党的历史，就是一部密切联系群众、不断为广大人民群众谋利益的历史；一部中国共产党执政的历史，就是一部立党为公、执政为民、全心全意为人民服务的历史。

马克思主义执政党的最大危险就是脱离群众。当前党风方面存在的种种问题，归根到底就是脱离群众。我们应当清醒地看到，少数党员干部淡忘了党的宗旨，如有的“官本位”思想严重，入党就是做官，做官就是享受；有的宗旨观念淡薄，主仆颠倒，角色错位，不怕群众不满意，只怕领导不注意；有的权力观扭曲，“一朝权在手，便把私利谋”，等等。对此，我们决不能掉以轻心，必须围绕党的执政理念，联系思想，查找问题，分清是非，从根本上解决好“为了谁”“依靠谁”“由谁管”的问题。全党同志都要深刻认识坚持执政为民的极端重要性，不断增强坚持执政为民的坚定性和自觉性，努力提高执政为民的能力和水平。

（二）要把“执政为民”的理念落到实处

树立“为民执政”的正确执政理念，事关党的兴衰。实践证明，党长期执政后的最大危险是脱离群众，政权的稳定源于人心的稳定。民为邦本，本固邦宁；水能载舟，亦能覆舟。只有一心为公、诚心为民，与人民群众同呼吸、共命运、心连心，才能夯实执政基础，始终立于不败之地，才能永葆先进性，始终充满生机与活力。为此，广大党员干部要从全局和战略的高度，认真吸取历史教训，切实增强忧党意识，树立正确的执政理念，形成共同的理想追求，齐心协力为实践党的根本宗旨而努力奋斗。

树立“为民执政”的正确执政理念，重在教育引导。实践立党为公、执政为民，是各级党组织和广大党员的共同使命。为此，必须坚持用“三个代表”重要思想武装头脑，贯彻落实科学发展观，改造主观世界，教育广大干部牢固树立正确的世界观、人生观、价值观，牢固树立正确的权力观、地位观、利益观，从根本上强化党的宗旨观念。

坚持“执政为民”，不仅要有一个正确的思想认识，还要具备相应的执政能力，努力提高执政为民的水平。胡锦涛号召全党同志特别是领导干部，要切实领会“三个代表”重要思想的科学内涵和精神实质，着力掌握其科学态度和创新精神，努力提高马克思主义理论水平，全面贯彻落实科学发展观，不断增强科学判断形势的能力、驾驭市场经济的能力、应对复杂局面的能力、依法执政的能力和总揽全局的能力。只有这“五种能力”提高了，我们制定和实施方针政策的水平才能提高，人民群众才能得到最大的实际利益，执政为民才能落到实处，中国共产党的执政才能最终得到人民群众的拥护。

二、任何时候都不可忘记自己的职责

中国有句古话“天下兴亡，匹夫有责”。在现实生活中，我们每时每刻都在履行自己的责任，对家庭的责任、对工作的责任、对社会的责任、对生命的责任。可以说责任是与生俱来的，并伴随生命的始终。那么责任是什么呢？从字义上理解，所谓“责”，就是要求做成某事或行为，达到一定的标准和规范，而“任”就意味着担当、承受。责任就是指我们在社会生活中根据个人的社会角色和责任能力，自觉接受、应当完成并且自愿承担自己选择的行为的褒贬的处置后果的任务。简言之，就是对角色义务的勇敢担当。

（一）领导就是责任

责任是做人的基本，也是为官的准则。宋代范仲淹因为有“居庙高之高，则忧其民；处江湖之远，则忧其君”的责任意识，所以他为官能恪尽职守，“先天下之忧而忧，后天下之乐而乐”，成为令人称颂的一代名臣。是否有责任感还是对领导进行评价的重要指标。美国前总统卡特在营救驻伊朗大使馆人质的作战计划失败后，在电视里郑重声明：“一切责任在我。”仅仅因为这一句话，他的支持率就骤然上升了10%以上。

马克思主义认为，领导就是责任，领导就是服务。我们党历来强调领导就是责任，注重领导责任制的建立和落实。邓小平指出：“现在，各地的企事业单位中，党和国家的各级机关中，一个很大的问题就是无人负责。名曰集体负责，实际上等于无人负责。一项工作布置之后，落实了没有，无人过问，结果好坏谁也不管，所以急需建立严格的责任制。”这一思想集中体现了“领导就是责任”的观点。胡锦涛强调：“要实行严格的领导责任制，加强统一领导和分工协作。各级党政领导要保持高度的政治责任心和政治敏锐性，切实担负起领导责任。各级党委和政府都要建立和落实领导责任制、部门责任制、单位责任制。”大量事实说明，领导责任制落实得好，这项工作就能做得有声有色，就能不断开创新的局面。责任使人能够坚持，使人能够承受，使人奋争。

社会学家戴维斯说：“放弃了自己对社会的责任，就意味着放弃了自身在这个社会更好生存的机会。”党和人民在赋予领导干部权力的同时也赋予了他们相应的责任，而且权力越大，职务越高，责任也就越重。领导干部如果放弃对权力的责任，就等于放弃了成为领导的必要,还不如“回家卖红薯”。因此,领导干部要切记“领导就是责任”,在行使权力、享受待遇的同时,务必想到肩上沉甸甸的责任,想到党和人民的信任与重托,尽心尽力,尽职尽责,努力达到“鞠躬尽瘁,死而后已”的尽责最高境界。

(二)领导干部要始终明白自己的职责和任务

古人云:“在其位,谋其政;行其权,尽其责。”这是对领导者的基本要求。领导干部要不辱使命、不负重托,首先就要始终明白自己的职责所在、任务为何,只有对该干的事做到胸中有数,才能不当“糊涂官”。

要树立权为民所用的权力观。所谓权力观,是指人们对待权力问题的认识和态度。它包括对权力来源的看法,对权力性质的具体认识以及对如何使用权力的态度。有些领导干部认为自己手中的权力是上级给的,是靠自己的奋斗“挣来的”,是自己花钱买来的,是自己运气好注定的,和人民群众没有关系,因而一朝权力在手,便滥用职权,以权谋私,给党和人民的事业带来重大损失。毛泽东曾明确地提出和回答过“我们的权力是谁给的”这个重大问题。他说我国宪法明确规定:中华人民共和国的一切权力属于人民。既然一切权力属于人民,这就决定了权力的本质是公共的,而不是私有的。公共的权力只能是为人民服务,而不能成为谋取私利的工具。树立正确的权力观,就是要充分认识到自己手中的权力是人民赋予的,组织上委以一定“职务”才拥有相应的“权力”,“职务”意味着“责任”和“义务”,“权力”是完成“责任”和“义务”的保证,不存在没有责任和义务的权力。始终坚持领导就是服务,牢记自己是人民的公仆,一切从人民的根本利益出发,做到为官一任,造福一方。

树立与群众同甘共苦的地位观。领导干部要清醒地认识自己处于什么地位,自己的地位是怎样来的,有什么作用,应该怎样正确地对待、运用和规范自己的地位。在现实中,领导干部的地位与其所任职务是紧密联系在一起的。职务越高,所拥有的权力就越大,掌握的信息质量就越高,可支配的资源就越多,受其管理的群众就越众,个人的待遇也就越好,也常常被认为地位越高。缺乏责任意识的人,地位越高就越容易作风漂浮、脱离群众。树立正确的地位观,就是要充分认识到自己的职务就是为人民服务的岗位,自己的工作与其他人工作的区别只是分工的不同。领导干部的地位只意味着责任更大,而绝不意味比别人、比老百姓、比广大人民群众高出一头。做到人民利益高于一切,心里装着群众、时刻想着群众，把全心全意为人民服务的宗旨落实到具体的工作中去，勤勤恳恳地为群众办实事、解难事。

树立经得起历史检验的政绩观。政绩观就是对干部履行职责所取得的成绩和贡献的总看法。现在有些干部喜欢搞表面上光鲜耀眼、实际上劳民伤财的“面子工程”，重当前、轻长远的“速生”工程，而不愿做得民心、惠民众的“民生工程”。树立正确的政绩观，就是要把人民拥护不拥护、赞成不赞成、高兴不高兴、答应不答应作为评价政绩与否、政绩大小的最终标准，按照客观规律来谋划发展，一切从实际出发，立足当前，着眼长远，积极进取，量力而行，求真务实，扎实工作，在实践中创造“实绩”，让人民群众得到实实在在的利益。

清初思想家顾炎武曾讲：“不耻恶衣恶食，而耻匹夫匹妇之不被其泽。”就是说做官者不应以自己穿破衣、吃粗饭为耻，而应以百姓没能得到自己的恩惠为耻。领导干部明白自己的职责和任务，就是要时刻牢记党的性质和宗旨，时常记住权力是人民给的，把实现好、保护好、发展好人民群众的根本利益是作为自己的最大的职责和任务，忠于职守，勤奋敬业，真正做到“仰不愧天、俯不愧人、内不愧心”。

（三）认真履职，完成好任务

领导干部要切实履好职、完成好任务，非一朝一夕之功，而是一项基础工程、系统工程、长期工程。为此，必须在苦练“内功”上下功夫，不断提高自身素质。

要在增强责任意识上下功夫。“大事难事看担当，顺境逆境看胸怀。”责任意识是来自于对党的事业的忠诚，对祖国的热爱，对人民负责的工作态度，也是一种品质，更是一种追求。强烈的责任意识能够促使你把心思用在干事业上，把精力用在抓工作上，是领导干部履好职、完成好任务的思想保证。胡锦涛指出：“着力强化责任意识，切实履行党和人民赋予的职责。”当前，经济社会的改革发展已进入关键时期，经济结构深刻变革，社会结构深刻变动，利益格局深刻调整，思想观念深刻变化。这种空前的社会变革，给我们的发展进步带来巨大活力，也必然带来这样那样的矛盾和问题。在这种情况下，各级领导干部更要强化责任意识，明确自身所肩负的责任，把握机遇，直面困难，主动承担急难险重任务，积极化解各种复杂矛盾，做到事不避难，敢于担当，积极主动，创造性地开展工作，切实履行好职责、完成好任务。

要在培养良好作风上下功夫。十七届四中全会提出，执政党的党风，关系到党的形象，关系到党和人民事业成败。必须在全党大兴密切联系群众之风，大兴求真务实之风，大兴艰苦奋斗之风，大兴批评和自我批评之风。良好的作风能培养创造力，产生凝聚力，形成战斗力，是领导干部履好职、完成好任务的根本保证。世情国情党情的深刻变化，对领导干部作风建设提出了新的更高要求。要培养密切联系群众之风。“知屋漏者在宇下，知政失者在草野，知经误者在诸子。”领导干部要坚持党的群众路线，做决策、办事情都必须倾听民声、体现民意、集纳民智，提高决策的科学性和工作的有效性。要培养求真务实之风。胡锦涛反复强调：“坚持以求真务实精神去抓落实，并在抓落实的实践中不断提高坚持求真务实的自觉性和坚定性。”领导干部在工作中要坚持从小事干起、从细节抓起，不图虚名，不急功近利，不做表面文章，一步一个脚印，扎扎实实地把每件事情做细、做实。要培养艰苦奋斗的作风。“忧劳可以兴国，逸豫可以亡身。”毛泽东在全国解放前夕就告诫全党务必保持艰苦的作风。现在我们的经济发展了，社会进步了，生活富裕了，但是艰苦奋斗的作风不能丢，领导干部仍要保持吃苦在前、享受在后的思想境界，严禁奢侈浪费，把财力真正用在发展经济、改善民生上。要培养廉洁自律之风。“公生明、廉生威”。要时刻牢记立党为公、执政为民的执政理念，常修为政之德，常思贪欲之害，常怀律己之心，慎言、慎行、慎独，培养健康履职心态，持守高尚履职情操，塑造清廉的履职形象。领导干部只有不断加强作风建设，做到政治上要过硬，工作上要扎实，生活上要严谨，才能以自己的优良作风，带动群众，凝聚力量，完成好任务。

要在提高自身能力上下功夫。江泽民曾经指出：“我们党处在执政地位，肩负着重大的领导责任，要把我们这样一个十二亿多人口的发展中大国领导好，必须不断提高自身的领导水平和执政能力。”提高能力素质是领导干部履好职、完成好任务的基础。领导干部要提高学习思考的能力。21世纪是知识经济时代，科技发展日新月异，知识、信息的更新和增长速度空前加快。要善于学习、终身学习，不断积累新知识，建立一个不断演进的知识体系，努力站在知识和信息的制高点，用科学的理论去分析问题、解决问题。提高科学决策能力。当今社会，不稳定和不确定因素增多，不可预测和不可控制因素增大。领导干部要坚持科学决策、民主决策，在决策过程中正确反映发展的趋势和规律，准确把握发展的联系和过程，科学整合发展的要素和力量。在错综复杂的局面和瞬息万变的形势下，科学的比较，全面的分析，进行权衡得失利弊，做出正确的决策，防止决策不及时而贻误战机、“好心办坏事”等。提高贯彻执行能力。对于大多数领导干部来说做决策只是领导干部一时的任务，带领贯彻执行决策、落实决策要占用更多的时间和精力。领导干部要准确理解上级的精神和意图，根据本地区、本单位的实际制定行之有效的方案和计划，将党和国家的路线方针政策变为群众的实际行动，防止“歪嘴和尚把好经念歪了”。提高综合协调能力。领导活动的实践表明，领导者70%的时间是用在沟通上，任何团队或组织，都是由相互沟通的成员组成的人际关系网，处于这个网的中心的就是领导者，良好的协调能力是不可或缺的。领导干部不仅要有很高的智商，还要有很高的情商，要善于团结各种人，与人合作共事，激发广大干部职工的热情，塑造强大的战斗力，为着共同的愿景团结奋斗，避免孤军奋战。

三、党员干部应当不断增强党的意识

党的十七届四中全会通过的《中共中央关于加强和改进新形势下党的建设若干重大问题的决定》强调，要“引导党员、干部增强党的意识、宗旨意识、大局意识、责任意识，做到为党分忧、为国尽责、为民奉献。”这是党中央加强和改进新形势下党的建设提出的新要求。

所谓党的意识，是党对党的自身性质、责任、任务、使命以及人民期望的体认和领悟，也是党对党的性质、地位相一致的一整套权利、义务的规范与行为模式的自觉，这是党对整个社会的一种抱负和对自己角色的认知，也就是确认自己是个什么样的党，应当成为一个什么样的党。党的意识，也是党员对党的性质、宗旨、历史使命以及党的纲领和任务的自觉性认识，是党员政治觉悟和党性的集中体现。

党的意识是执政党带有根本性的问题。一名党员党的意识强弱，体现一名党员党性强不强，对党忠诚不忠诚，政治信念坚定不坚定；广大党员党的意识的强弱，反映一个政党的向心力、凝聚力和战斗力的强弱。如果广大党员没有党的意识，党就不成其为党。

树立党的意识是共产党员的立身之本，是我们这样一个大党维系自身团结和谐的一种重要精神纽带。我们党自成立之日起，正是因为广大党员具有强烈的党的意识，才战胜了前进道路上一个又一个困难，才取得了发展过程中一个又一个胜利，才以昂扬的姿态带领灾难深重的中华民族从屈辱走向自强、从贫穷走向富裕。

近年来，随着国际国内环境出现的一些新变化，少数党员甚至领导干部在党的意识方面出现了一些不容忽视的问题，主要表现为宗旨意识逐渐淡薄，热衷于搞形式主义，作风浮躁，不择手段追求个人名利；纪律意识日益淡化，目无组织、纪律松弛，在思想上行动上与党的纪律背道而驰；理想信念动摇，从根本上失去了对崇高事业的追求；执政意识有所弱化，缺乏政治敏锐性和政治鉴别力，缺乏科学执政的本领；危机意识严重丧失，放松对“艰苦奋斗”的精神追求，任由“享乐主义”思想肆虐。这些都极大地影响了党的凝聚力和战斗力，对党的事业和形象造成了相当大的负面影响，对党员干部自身的健康成长也造成了相当大的障碍。所以，党员干部只有不断强化党的意识，才能确保党领导的各项事业的健康发展，使党的执政地位得到巩固，执政能力得到提高，同时确保党员干部自身的健康成长。当前，广大党员干部要强化党的意识，切实增强党的凝聚力和战斗力，关键就是要切实做到在党言党、在党为党、在党忧党。

（一）党员干部一定要“在党言党”

所谓在党言党，就是指广大党员干部必须心中装着党，时刻想着党；始终牢记自己从入党的那一天起，个人的政治命运就已经同党的命运紧密联系在一起；始终牢记自己应该是中国工人阶级的先锋战士，是中华民族的先锋战士。

在党言党，就是要认真学习马克思列宁主义、毛泽东思想、邓小平理论和“三个代表”重要思想，深入学习实践科学发展观，自觉用党章和马克思主义中国化的理论成果武装头脑，牢固树立马克思主义的世界观、人生观、价值观，坚定共产主义远大理想和中国特色社会主义共同理想，从内心深处增强对党的理论和路线方针政策的认同感、对党组织的归属感、对承担责任义务的使命感。无论面对怎样严峻的考验，决不动摇自己共产主义的理想信念；无论从事什么样的职业，都自觉遵守党的章程。努力做社会主义核心价值体系的坚定践行者、科学发展观的忠实执行者、社会主义和谐社会的积极建设者和促进者。

在党言党，就是要树立牢固的政治观念，不断增强政治敏锐性和政治鉴别力，筑牢思想防线，自觉划清马克思主义同反马克思主义的界限、中国特色社会主义民主同西方资本主义民主的界限。面对一切破坏党的组织、损害党的形象的丑恶现象，不是置身党外和局外，而是要义正言辞地同他们做斗争；面对中央的路线方针政策和重大决策，不是去随意评头品足、指指点点，甚至随意指责党及其组织，而是站在党的立场上、坚持实事求是的观点，认真加以贯彻执行；面对社会上形形色色的物质利益诱惑，不是去一心琢磨发财之道，研究升官之法，甚至不惜以权谋私，违法乱纪，搞腐败、走黑道，而是始终牢记入党誓言的庄重承诺，充分发挥党员先锋战士的模范作用。

在党言党，就是要认真贯彻党的组织原则，加强组织性和纪律性。我们党是按照民主集中制原则建立起来的，是有严格纪律的战斗集体。民主集中制是党的根本组织制度，也是最重要的组织纪律和政治纪律。它有利于保证党在组织上的统一和行动上的一致，实现党的纲领和任务，提高党的战斗力。党员干部在党言党，就是要强化自己的组织性和纪律性，摆正个人和组织的关系，正确处理好民主和集中、自由和纪律的关系，积极主动地参加党的组织生活，自觉接受党组织的教育、管理和监督。坚持个人服从组织的原则，坚持慎独、慎微，切实做到党叫干啥就干啥。

（二）党员干部一定要"在党为党"

中国共产党是中国社会主义事业的领导核心。我们党的血脉在人民，党执政的根基在人民。所以说，党能不能长期执政，关键在于我们党服务于人民的本领高不高，执政的根基深不深。广大党员干部作为党执政的具体实施者，在党为党最好的体现就是执政意识强、执政的能力高。为此，党员干部一定要把提高领导水平和执政能力作为自己不懈努力的追求。要按照科学执政、民主执政、依法执政的要求，改善领导方式，使自己成为坚定贯彻党的理论和路线方针政策、善于领导科学发展的领导干部。在其位要谋其政，要勤谋政，谋好政。

在党为党，就是要始终注意加强作风建设。优良的党风是凝聚党心民心的巨大力量。要坚持人民是历史创造者的历史唯物主义观点，牢固树立全心全意为人民服务的宗旨，坚持群众路线，真诚倾听群众呼声，真实反映群众愿望，真情关心群众疾苦，多为群众办好事、办实事，做到权为民所用、情为民所系、利为民所谋。以求真务实作风推进各项工作，多干打基础、利长远的事。坚决反对形式主义、官僚主义，反对弄虚作假。倡导勤俭节约、勤俭办一切事业，反对奢侈浪费。中国共产党的性质和宗旨，决定了党同各种消极腐败现象是水火不相容的。坚决惩治和有效预防腐败，关系人心向背和党的生死存亡，是党必须始终抓好的重大政治任务。每一位党员干部都应当自觉地同各种腐败现象做坚决彻底的斗争。

在党为党，就是要永远不能忘记共产党员先进性的时代要求。党的先进性体现在每一个共产党员的行动之中。党是由党员组成的，党的先进性是通过一个个共产党员的具体行动加以体现的。一个党员是否体现党的先进性，不是看他嘴上怎么说，而是看他实际上怎么做。保持共产党员的先进性，关键看实践。党员干部要时时处处保持共产党人的先进本色，为了党和人民的事业，积极创新，埋头苦干，发扬艰苦奋斗和无私奉献的精神，永远保持共产党人的蓬勃朝气和浩然正气。

（三）强化党员意识就是要"在党忧党"

在党忧党，就是要有一种强烈的忧患意识。忧患意识是一种认知方式、思维方法，也就是居安思危，由安见危，在顺境中把握、预测各种隐含的问题、风险和危机。历史一再证明，没有忧患是最大的忧患；没有危机意识，恰恰说明处于危机之中；没有忧患意识，就没有进取意识和责任意识。我们党历来具有强烈的忧患意识。党的十七届四中全会通过的《中共中央关于加强和改进新形势下党的建设若干重大问题的决定》中指出："党的先进性和党的执政地位都不是一劳永逸、一成不变的，过去先进不等于现在先进，现在先进不等于永远先进；过去拥有不等于现在拥有，现在拥有不等于永远拥有。"这是我们党最具有忧患意识的生动体现。

当今世界正处在大发展大变革大调整时期，当代中国也正在发生广泛而深刻的变革。机会前所未有，挑战也前所未有。广大党员干部只有增强忧患意识，才能清醒认识复杂多变的国际环境，清醒认识改革发展过程中的各种困难和矛盾，清醒认识党的建设方面面临的挑战，并且正视发展中存在的矛盾和问题，以寻求化解矛盾、迎接挑战、突破困境的办法和路径。只有增强忧患意识，才能认清历史与时代赋予的崇高使命，认清人民对我们寄予的深切期待，并自觉地把为国排忧、为民解难作为自己肩负的神圣责任，才能增强促进国家富强、人民幸福的动力，主动捕捉发展机遇、规避发展风险。

增强忧患意识，居安思危，说到底，就是不能自满，不能陶醉于已取得的成就，不能有小富即安、坐享清福、贪图享乐的思想情绪。就是要明确党和人民的关系、权利和义务的关系，搞清"我的权力是谁给的"问题。要始终牢记：是历史选择了社会主义，是人民选择了中国共产党。但是，历史和人民都可以做出新的选择。因此，一旦执政党偏离了全心全意为人民服务的宗旨，经不起各种考验，就不可能永葆生命力。只有广大党员干部树

立牢固的政权意识，强化执政观念，使我们党始终保持旺盛的生命力，才能保证我们党在复杂的条件下立于不败之地。

党员干部居安思危，不是指仅仅思考某个部门、某个单位的发展问题，更不是指思考个人的出路问题和升迁问题，而是指要思考事关全局的重大问题，比如要考虑怎样根据新形势、新变化，把党的基本路线、基本纲领落实到实处，把建设中国特色社会主义事业全面推向前进。党员干部因此要常思己过，不断进行自我警醒、自我完善，不断提高自身综合素质和领导能力。要常怀忧党之心，恪尽兴党之责，为确保党在世界形势深刻变化的历史进程中始终走在时代前列，在应对国内外各种风险和考验的历史进程中始终成为全国人民的主心骨，在发展中国特色社会主义的历史进程中始终成为坚强的领导核心贡献自己的力量。

总之，不断强化党的意识，应当成为党员干部的自觉行为，需要终身坚守，毕生努力。每一名党员干部理当做到时时、事事、处处拥有党的意识，自觉做到在改造客观世界的同时不断改造主观世界，始终如一地增强党性，实践党纲，遵守党纪，端正党风，做一个堂堂正正、清清白白、老老实实的共产党员。

德灭祥桑

德滅祥桑

太學

商中宗

商中宗

德灭祥桑[1]

【历史背景】

商朝的第九代君王太戊,继其兄雍己而立。雍己在位时,商道渐衰,"诸侯或不至"。太戊即位后极力扭转衰落的局面,任用贤人伊陟与巫咸为辅助重臣,使商朝有所复兴。死后被追谥为中宗。

太戊当初继位的时候,年纪很小,不懂得如何治理国家,整天只知道贪图享乐。在他继位的第七年,王宫的庭院里长了一棵奇怪的植物,长得很大。这是一种不吉祥的征兆。太戊当时很害怕,他的大臣伊陟便借这个机会向他进谏,要他善政修道,以德治民,则祸害自会免除。太戊从中听出了道理,于是改掉自己以前的错误,勤于朝政,修德治国。于是那棵不吉祥的植物,就自己枯死了。据古书上记载太戊在位七十五年,是商王朝在位最长久的君王。太戊在位的时候,勤于政事,修养品德,治理国家,安抚百姓,商朝在这个时候得到了很大的发展。他还善于任用贤人,让伊陟、巫咸掌握国政,使得国政大好,当时的各个小国都纷纷前来归顺。据说当时远方的外国人,因为崇美商中宗的德行,经过很多重的翻译,专门来朝见他。归顺商朝的达到七十六个国家。商朝出现了中兴,所以后代尊称他为"中宗"。

商中宗病死之后,被葬在内黄,就是今天的河南省内黄县南三十里的地方。他的陵墓就是现在的商中宗陵。商中宗陵是我国古老皇陵之一,也是我国目前唯一的一处商王陵。汉代建陵,唐代续修,宋太祖开宝七年再次复修,明、清时期又多次修葺增建。商中宗陵坐北面南,占地达到百亩,四周筑起了高高的围墙,规模很宏大,布局也非常奇特,分前后区,前区是陵墓区,后区是祭祀区,中间甬道是中轴线,直通拜殿,甬道东边是太戊陵,西边是嫔妃墓。商中宗陵受到历代皇帝的祭祀,具有很大的历史文化价值。

【原文】

商史纪：太戊时有祥桑与谷[②]合生于朝，一暮大拱，太戊[③]惧。伊陟[④]曰："妖不胜德，君之政，其有阙欤？"太戊于是修先王之政，明养老之礼，早朝晏退，问疾吊丧。三日而祥桑枯死；三年远方重译[⑤]而至者七十六国，商道复兴。

【张居正解】

商史上记：中宗太戊之时，有妖祥之桑树与谷树，二物相合生于朝中，一夜之间，就长得大如合抱，中宗见其怪异，心中恐惧，以问其臣伊陟。伊陟说道："这桑谷本在野之物，不宜生于朝。今合生于朝，又一夜即大如拱，诚为妖异。然妖不胜德，今朝中生这妖物，或君之政事有缺失欤？君但当修德以胜之，则妖自息矣。"中宗于是听伊陟之言，修祖宗的政事，明养老的礼节，早朝勤政，日晏才退，百姓们有疾苦问之，有丧者吊之。太戊有这等德政，果然妖物不能胜。三日之间，那桑与谷自然枯死；三年之后，远方外国的人，慕其德义，经过几重通事[⑥]译语朝他的，有七十六国。商道前此中衰，至此而复兴焉。夫妖不自作，必有所召。然德在当修，亦岂待妖？观太戊之祥桑自枯，益信妖不足以胜德，而为人君者，不可一日不修德也。

【注释】

①本篇出自《史记·殷本纪》，又见刘向《说苑·君道》。祥桑：妖桑，有凶兆的桑树。本文记述太戊以修德行而使祥桑自灭的故事。

②谷：楮树，即构树，叶似桑。

③太戊：商朝君主之一。太甲孙。死后追谥为中宗。

④伊陟：伊尹之子。太戊时继父为相。

⑤重译：经过多重翻译。

⑥通事：口语翻译。

【译文】

商史中记载：太戊在位时，有一棵怪异的桑树和谷树合生在朝堂上，一夜之间长到两手合抱那样大，太戊感到恐惧。伊陟说："我听说，妖怪不能战胜德行。君王您的政令，大概有什么失误的地方吧？"太戊于是勤修先王的德政，彰明供养老人的礼教，早上朝，晚退朝，百姓们有病他去慰问，有丧事他去哀悼。这样做了三日之后，祥桑枯死，三年之后，远方及国外的人，通过多重翻译，前来归顺商朝的竟多达七十六国，商朝的治道得以再度兴盛。

【评议】

这个故事主要讲述了太戊实行仁政进而消灭了带有凶兆的桑树、榖树，主要强调了作为统治者要注意自身德行的修养，要关注百姓疾苦并且施德政于民，这样才能得到上天的保佑。太戊曾经不治理国事而贪图玩乐，各方国家纷纷脱离了他的控制而自立，在这个时候大臣伊陟及时进谏，太戊是一个聪明的人，听出了大臣的弦外之音，于是励精图治，改掉以前的错误，专心于国家的治理，注意德行的修养，使商朝出现了中兴的大好局面。在中古代的那个时候，人们讲究所谓的"天人感应"，所以一旦出现了什么诡异的现象，作为君主或大臣就要思考自己在施政方面是否出现了问题。在这里，太戊就遭遇到了这样的问题，所以决心改正自己，以免惹怒上天。总之，德政是中国历史上大多数圣君明主都特别注意的一个方面。

【镜鉴】

一、敬畏自然

(一)举头三尺有神明，人在做天在看

敬畏，人类从一开始就有。畏天畏地，畏神畏鬼，畏狼虫虎豹，畏因果报应；畏现世，

畏来生，畏不测……古人在门楣上常会写上两句话："出畏之，入惧之。"

中国有句古话："举头三尺有神明。"同时还有另外一种说法："人可欺，天不可欺。"都是告诫人们要正直做人、坦诚做事、心有所畏，时刻检讨自己的起心动念、所作所为。

佛家云：每个人身上都有两个神，一个叫"同名神"，另一个叫"同生神"。同名神是男的、是计善的神；同生神是女的、是计恶的神。我们任何一个起心动念是善是恶，他们都会记下来。所以，最好不要随便起心动念，以免造恶因；万一造了恶因，就要赶快回头，不要一直继续下去，触犯了戒律。

有一个故事，说的是清朝末年，一个县官初到任上，当地的豪绅大户纷纷登门拜访，并献上金银财宝，希望与县官搞好关系。面对财富，谁不动心？可此县官偏偏出身贫农，原本一心想做一个清官，但面对诱惑又难免心动，犹豫不决。一边是理想抱负，一边是金钱引诱，就这样激烈交锋，辗转反侧。就在他犹豫不决的时候，听到空中传来声音："你要又不要，把我的功过簿划得稀巴烂！"说完就甩下一个东西来。县官听到这些话吓得浑身发抖，赶快捡起来看，原来是一本"功过簿"，上面有他的名字：一个是贪官污吏，打叉划掉了；一个是廉洁奉公，千秋美名，也划掉了。两个不同的结果上，划来划去，把这本功过簿弄得一塌糊涂，连神都生气了。县官看后，心中自明，从此廉洁奉公，留下一世美名。

这则故事当然不可能是真实的，但不可否认的是，每个人心中都会有那么一尊神明。它不是玉皇大帝，不是耶稣基督，它是我们每个人都必须拥有的良心、良知。在各种影视剧中我们经常可以看到贪官污吏在行苟且之事之后，经常饱受良知的折磨。是的，多行不义必自毙，每一个龌龊的举动，必将伴随良心上的折磨。

平日里，人们在做一些见不得光的事时常说："天知地知，你知我知。"他们说这种话的意思是说：这件事只有我们两人知道，只要你我不说，别人是不会知道的。他们在此时完全忽略"天知、地知"的作用，也就是说，没有将天地间的神明放在眼里。

"举头三尺有神明"这句话给领导干部说明了一个道理：为官当自律，切不可动邪念，更不可肆意妄为；要时刻牢记全心全意为人民服务的宗旨，慎权慎行慎财慎友，立足本职岗位，成就一番事业。其实，人该不该敬鬼神，与人该不该讲道德几乎说的是一件事——人要有敬畏之心，知道有天地良心。举头三尺有神明，才能知道人在天地之间。上有天，有的是道德良心约束；下有地，有的是法规妖鬼惩处。上不敬天下不拜地，就不知道德为何物，没有了道德，人性就会丧失。

“见可欲，则思知足以自戒。”在日常工作、生活中，领导干部要严于律己，把自己置于党内、党外的有效监督之下，常存敬畏法纪之心，干踏实之事，做干净之人。

“头顶三尺有明镜高悬。”敬畏天意，尊敬神灵，是一道无声的道德律令，让人心存畏惧和惶恐，对自己的言行有所收敛、有所忌惮。从政，“手莫伸，伸手必被捉”；做人，不忘善有善报、恶有恶报。道德操守是一个干部立身的准则，在任何情况下，党员干部都要有“名节重于泰山，利欲轻于鸿毛”的气节，要有“财富人所羡，但须问来源”的自律。只有对道德操守心存敬畏，面对权力、金钱、美色诱惑时，才能不为物诱、不为利惑、不为色迷。

广州市道路扩建工程办公室下属拆迁公司管线处原副处长叶旭阳及其下属张凌海因涉嫌在地铁和BRT管线迁改等项目中收受施工方贿赂，双双在广州市越秀区法院受审。叶旭阳和张凌海都是投案自首的，叶旭阳说自己收钱后心里一直不安，又看到媒体上天天都在报道受贿的人落马，承受不住心理压力的他选择了自首。

现实中，有的腐败分子强忍着内心恐惧挨到被暴露被查处，有的忍受不住内心恐惧便走上了逃亡路，有的也像叶旭阳和张凌海那样，看到媒体上天天都在报道受贿的人落马，承受不住心理压力选择了自首。叶旭阳和张凌海选择自首，说明贪官受贿后承受着巨大精神压力，经受煎熬，度日如年，这当警醒着每一位官员。

举头三尺有神明，人在做天在看，说到底就是规劝人们有“担当”。作为人，因为有了担当，活着才有了意义和尊严。老话说，“躲得了一时，但躲不了一世”，人只要活着就会经历人生一次次的考验，就算一次能够侥幸逃避，那还有二次、三次呢？与其战战兢兢地生活着，在巨大压力下苟且偷生，不如坦然地面对，勇敢地担当，阳光地活在当下。

敬畏心中的“神明”，或许会让你有约束，或许会让你不能为所欲为，就跟孙悟空头上的紧箍咒一样。但是，有所不为，才是牢记责任、勇于担当、觉悟人生的正道，长期坚守，才会真正拥有内心的那份安宁。

（二）按客观规律办事，反思“人定胜天”

还记得电影《满城尽带黄金甲》最后演员周润发说的那句话吗？“我们现在吃饭的这个桌子是圆的，这个台子是方的，我们都生活在方圆之中，谁要是违反了规则，就会被淘汰。”

是的，正如《荀子·天论》所言“天行有常，不为尧存，不为桀亡”，社会发展有其自然、特定规律，我们必须在其允许范围内，充分发挥自己的主观能动性。

2012年7月21日，北京遭遇特大暴雨。一天内，北京市气象台连发五个预警，暴雨级别最高上升到橙色。“7·21”特大自然灾害暴露出首都城市建设中的一些问题，众多建设中不科学、不符合规律的问题凸显出来。为进一步改进工作、提高首都防灾减灾能力、避免和减小自然灾害造成的损失，灾害发生后不久，北京市委市政府召开座谈会。会上，北京市委书记郭金龙强调，在首都发展建设中要尊重自然规律，按客观规律办事，要按照科学发展观的要求，更加注重科学发展、注重人与自然的和谐发展。

“7·21”特大自然灾害给我们的教训非常深刻。

现在一些政府部门，还流行着“双过半”这样一个词，意思是时间过半、任务过半。在不少官员眼里，这是体现工作能力、水平、进度的一个重要指标，自然也成了不可或缺的政绩指标。正因如此，每年进入年中，各种确保“双过半”的口号总是铺天盖地，令人目不暇接。如果的确能做到“双过半”，则将为完成全年预定的工作目标任务奠定坚实的基础。从这个意义上讲，在年中这个时段动员一番，加把劲、努把力，很有必要。但是，经济发展有其自身的规律，有些经不起推敲的“双过半”，本身就不是科学的产物。

很多时候，“双过半”一旦与官员的政绩捆绑在一起，就容易走味变样，一些地方和部门的“双过半”甚至演变为“谎过半”。有的寅吃卯粮，让企业把未来的所得税“预缴”上来，而实际上这些企业近几年都没有盈利；有的拆东墙补西墙，同系统的几个单位不能“双过半”，领导就出面将这些单位的完成数统计到一个单位里，于是本系统名义上也有了“双过半”单位。更有甚者，干脆就闭门造车，政绩不够数字凑，弄虚作假搞浮夸，制造人为的“双过半”。虚假数字传递错误信息，错误信息导致决策失误。那些违背客观规律、华而不实的“双过半”，本身就不是科学的产物，造成的严重危害不言而喻。

“天定胜人，人定亦胜天。”这是《东周列国志》里的一句话。其中“人定胜天”可解释为：“人的智慧和力量可以战胜自然。人定，指人谋，即人的智慧和行动。”

洪荒时代，蓊蓊郁郁的森林中，人类砍倒了天然林中的第一棵大树，文明便宣告开始了。但早期的人类对自然充满了敬畏，于是有了泰山的封禅台，有了北京的天坛。可是在“人定胜天”的影响下，人类开始重新定位与自然的关系，变得一天天地远离自然，又一步步地胁迫自然，自然无处可逃，现代文明滚滚向前的车轮无情地憔悴了她的容颜。

如今，迷失在工业文明中的人类，会回头看看来时的路上自然所留下的爱的脚印吗？

人们由于种种原因,征服欲急速膨胀,漫步边际地相信自己拥有无限能力。从17世纪到18世纪,西方人一度绞尽脑汁寻找和设计"永动机",从第一类永动机尝试到第二类永动机,达·芬奇也曾设计了一个。但这些在设计者看来近乎完美的装置,竟像被施了魔法似的无法在实验中"永动"。后来人们发现了这个"魔法",即热力学第一定律和热力学第二定律。原来,这两类永动机都是违背自然规律的。因此,在1775年,法国科学院通过决议,决定拒绝审理有关表现永恒运动的任何机器。这些研究设计花费巨大,毁了很多家庭,本来可以为公众提供大量服务的技师们也为此浪费了大量工具、时间和聪明才智。

不管你愿不愿意承认,"人定胜天"的初衷已被篡改得面目全非,人类对自然的破坏仍在继续。看着自然弥漫天空的沙泪,听着自然冲破堤岸的咆哮,人类对自然的敬畏之心似乎有些复苏了……

到了21世纪,我们应该重拾"天人合一"的古老哲学,来重新思考祖训,想想"人"能否胜"天",想想"人"有没有必要胜"天"。

不管是有意的还是无意的,经过阉割和篡改,"人定胜天"变成了人类可以妄自尊大、为所欲为的幌子,而自然界则变成了终究要失败的敌人,人类可以战而胜之、取而代之。但是在制定发展决策时,千万别有这种想法,因为想问题、办事情必须遵循客观规律,按规律办事,才能达到双赢的最终目的。

勤劳勇敢的中国人充分发挥主观能动性,取得了显著成就,但我们也该看到成就过程中造成的负面后果,比如水资源问题和空气质量问题。面对这些问题,我们不得不再次思考"发挥主观能动性与尊重客观规律的关系"这一话题:到底是改造自然,还是与自然和谐其舞?

(三)天灾 or 人祸,"美丽中国"何时梦圆?

"把生态文明建设放在突出地位,融入经济建设、政治建设、文化建设、社会建设各方面和全过程,努力建设'美丽中国',实现中华民族永续发展。"党的十八大召开后,一时间,报告中的"美丽中国"这一个新词激起了社会各界的共鸣。

"美丽中国"应该是什么样子,我们为什么要建设美丽中国,建设美丽中国需要付出怎样的努力?当各界人士围绕生态文明建设各抒己见时,一场雾霾让这一美好"愿景"变得模糊难辨。

进入2013年,我国中东部地区陷入严重的雾霾危害中,中央气象台将大雾蓝色预警升级至黄色预警,1月13日10时北京市气象台甚至发布了北京气象史上首个雾霾橙色预警。从东北到西北,从华北到中部以及黄淮、江南地区,都出现了大范围的重度污染。

面对这场突如其来且让人透不过气来的雾霾,人们开始追问:雾霾是天灾还是人祸?谁需要为此负责?

"最近的雾霾天气对人们生产生活和身体健康都造成影响,我们应该采取切实有效的措施,加快推进产业结构和布局调整,推进节能减排,建设生态文明,用行动让人民看到希望。"温家宝总理的话,恳切地将原因和对策告诉了公众:产业结构的失衡,节能减排的欠账,生态文明的差距,是造成雾霾天气的"元凶"。雾霾看似是"天灾",其实根本原因还是人们对环境的破坏,是大自然开始用极端的方式报复人们的粗鲁。我们的粗鲁,无疑是指发展的粗放和鲁莽。高速的经济发展与城市化,的确给我们的生活带来"表面光鲜",但我们没有把握好一种平衡——关于环保与发展的平衡。

全国政协委员、著名作家冯骥才在谈及许多城市出现的雾霾问题时指出,这恐怕跟现在一些政府官员的政绩观有很大关系。凡是能跟他政绩挂上钩的他关心,跟他政绩无关的事情往往不关心或者放在一边,这使我们这个社会有很多问题都是在政府管理有漏洞的地方出现的。

北京的雾霾还没散尽,上海等地又紧接着上演环保闹剧。2013年3月,黄浦江松江段水域打捞起死猪近万头,而靠近死猪打捞地的黄浦江上游斜塘港,正是供水人口80万、供水面积80平方公里的上海市松江自来水公司取水水源所在地。于是,网上有了"沙逼北京"与"猪投上海"的戏称。

2012年以来,已有多地爆发出水资源污染问题,汉江、柳江等河流都被严重污染,地下水的污染也进入公众视野。"美丽中国"不应该只成为政府文件中的一行小字,而应该是经济发展的首要准则。这就回归到政府的职责问题上。敬畏自然、敬畏生命不仅关系到个人和企业,更是对政府和官员的要求。作为管理社会的权力机关,敬畏不仅是一种制度规范,更是一种精神追求。这意味着政府在行使权力的过程中,首先要具有人文主义关怀,能够科学执政、为民执政。

否则,淡薄的环保观念,让我们如何打造"美丽中国"?作为环保工作的有力推行者,官员们应该更多地担负起对环境的责任,不能头痛医头、脚痛医脚,说污染就解决环保问题,说发展交通就大力发展汽车工业。建设“美丽中国”,更需要顶层设计,需要通盘考虑。

2013 年两会期间,全国人大代表钟南山院士针对严重的雾霾,建议国家将治霾成果纳入官员政绩考核体系。全国政协委员施杰在提案中,建议彻底改变“GDP 至上”官员政绩考核体系,真正做到可持续发展。这样的建议,反映了广大民众的呼声,更是经济发展和环境保护为我们亮起的双“黄灯”。

把污染的治理和环境的改善作为各级政府官员政绩考核的硬指标,也许是可行的。这套制度可以包括牢固树立各级政府一把手是环境保护第一责任人的意识,并严格地实行责任追究机制,使官员不再仅仅追求经济的快速发展,而是将发展与环保并重。除了严肃问责、严格惩罚外,还要对那些在生态文明建设方面做出突出贡献的官员给予奖励。

此外,官员们更是要抵制“雾霾思维”。所谓“雾霾思维”,就是对于自身不经意造成污染的危害认识模糊,有冷漠颗粒、私欲颗粒、麻木颗粒在模糊意识中混杂,最终形成的一种“思维”方式。在这种思维的作用下,一些管理者对禁止污染排放喊得轰轰烈烈,做得偃旗息鼓;一些地方政府公车管理也是禁得信誓旦旦,行得肆无忌惮;一些公民的私车驾驶也是说得冠冕堂皇,做得我行我素。因此,要想减少雾霾天气,必须铲除“雾霾思维”。

在这茫茫大雾中,我们想要的美丽会清晰吗?也许这是我们必须交的学费,问题是:交了如此昂贵的学费,我们会改变吗?

雾霾的持续与泛滥,不仅是自然灾害,更是自然界对人类社会文明进程的一次警告。我们不能片面追求现代化而不顾环境的承载力,我们也不能不尊重自然界本身的客观规律,我们必须要重视雾霾对我们发展观念、发展方式的警示。

(四)“拿来主义”现实版:矿产资源过度开采

电影《阿凡达》在给我们带来无尽想象的同时,也为我们留下了无数值得思考的问题,其中一些情节隐喻现世的资源之战,充满了哲学意味的电影幻想,简洁地用好莱坞英雄救美式的故事,诠释了隐藏在文化心理深处那渐行渐远的原始情怀和自然人性。

这部电影可以说是对西方工业文明自身局限性的反思。与工业文明以过度砍伐、采矿这种索取自然资源的方式不同，纳美人与自然的各种物种和谐相处甚至可以和植物交流。在纳美人的眼里，自然是神奇的，也是神圣的。与纳美部落的这种生动和谐的原生态文明相比，西方的机械文明、工业文明反而显得如此野蛮、僵硬，而我们今天就生活在这样的工业文明之中。

我们要反思，我们是否习惯了对自然资源的“拿来主义”，是否还有对自然的一丝敬意，是否考虑过自然资源是否得到了合理保护？现实版的“拿来主义”猖獗得太久，也许是我们埋单的时候了。

资源型城市（包括资源型地区）是我国对以矿产、森林等自然资源开采、加工为主导产业的城市类型的总称。

据国家发改委《资源型城市经济结构转型》课题组统计，我国共有资源型城市118个，约占全国城市数量的18%，总人口1.54亿人。我国20世纪中期建设的国有矿山，有三分之二已进入“老年期”，440座矿山即将闭坑，390座矿城中有50座城市资源衰竭，300万职工下岗、1000万职工家属的生活受到影响。

经过短短几十年的发展，中国资源型城市逐渐受到资源枯竭的威胁，自然资源作为不可再生资源正逐年减少，而且一些地区在开发建设各资源城市时只考虑资源的开采，忽略了城市发展的条件和因素，导致了诸多问题。

2008年、2009年、2011年，国家分三批确定了69个资源枯竭型城市（县、区）。资源枯竭城市是指矿产资源开发进入后期、晚期或末期阶段，其累计采出储量已达到可采储量的70%以上的城市。资源枯竭型城市具有四大共性特点：一是随着资源枯竭，产业效益下降；二是产业结构单一，资源产业萎缩，替代产业尚未形成；三是经济总量不足，地方财力薄弱；四是大量职工收入低于全国城市居民人均水平。

如此多的资源枯竭型城市，毫无争议地告诉我们，我们的矿产资源被过度开采了。仅以稀土为例，就足见这一问题的严重性。

稀土，素有“工业维生素”之称，又因其储量稀少被称为“工业黄金”。中国是稀土资源较为丰富的国家之一。20世纪50年代以来，中国稀土行业取得了很大进步。经过多年努力，中国成为世界上最大的稀土生产、应用和出口国。

2012年6月，国务院新闻办发布《中国的稀土状况与政策》白皮书，再次为稀土这一行业进行“鼓与呼”。白皮书指出，我国的稀土行业存在资源过度开发、生态环境破坏严重、产业结构不合理、价格严重背离价值等问题。

根据白皮书介绍，中国稀土储量约占世界总储量的23%。然而与储量并不匹配的是，中国却承担着全世界90%的稀土供应量，满足了世界各国特别是发达国家高技术产业发展的需求。经过半个多世纪的超强度开采，我国稀土资源保有储量及保障年限不断下降，主要矿区资源加速衰减，原有矿山资源大多枯竭。包头稀土矿主要矿区资源仅剩三分之一，南方离子型稀土矿储采比已由20年前的50%降至目前的15%。同时，采易弃难现象严重，资源回收率较低，南方离子型稀土资源开采回收率不到50%，包头稀土矿采选利用率仅10%。

然而。与中国稀土持续出口相比，美日等发达国家却早早开始进行"储备"。20世纪80年代，日本就出台稀有矿产战略储备制度，有传闻表示日本储存的稀土已经够用20年。美国稀土储量居世界第三位，但美国早在1997年就封存了国内最大的芒廷帕斯矿区，该矿区已探明稀土储量达430万吨。

除了稀土资源，我国很多资源的利用都呈现急功近利的状态，毫不考虑自然的承受限度，不顾忌后辈人的利益。例如中国对水资源跑马圈地式的开发就令人咂舌。政府说开发水利事业，一声令下，很多大公司迅速瓜分各大江大河，水利项目立即上马，激增的水电设施使电力过剩，为了消耗这些电力，又不得不在周围发展耗电量极大的化工产业。产业过多也刺激产生更多的水电设施，如此恶性循环。这样的模式被戏称为"和面模式"，即"水多了加面，面多了加水"。这些工业园与过量水利设施给江河等水资源带来的破坏可谓灾难性的。初衷本来是利用清洁能源来满足人们需要，实行中却演变为了对资源的过度开发与破坏。

毋庸置疑，我们应该对自然保有一份敬意，心怀一份尊重，毕竟是自然供给了我们生存所必需的一切资源。如果你已经过得足够好了，请不要对自然资源再进行无节制的掠夺。"可持续发展"不是写在政府工作报告里的空话，循环经济与可持续发展才能让我们的未来生活更好。

《世界自然资源保护大纲》中有一句名言："地球不是我们从父辈那里继承来的，而是我们从自己的后代那儿借来的。"把更美好的地球"还给"子孙后代，已成为环境保护事业的核心理念。

(五)病是吃出来的:莫再嗜好各种山珍海味

经历过2003年的人都不会忘记那一年的白色恐怖——非典。非典的学名是"严重畸形呼吸综合征",又称"传染性非典型肺炎",简称SARS,是一种因感染SARS冠状病毒引起的新的呼吸系统传染性疾病。2003年,非典从广东向全国肆虐。人们不敢出门,学生停课,街道上弥漫着白色恐怖。由于迟迟找不到病因和对症的治疗办法,数千人死亡,早期治疗成功的病人最后也留下了终身难以治愈的后遗症。非典,镌刻着一代人的恐惧记忆。然而,最终发现的病毒源头却匪夷所思得令人哭笑不得——果子狸。由于误食果子狸,导致它们身上带有的SARS病毒传染到人身上,从而诱发非典。

就在非典10周年的2013年4月,我们又发现,原来"果子狸含冤10年,蝙蝠才是非典病毒(virus)元凶"。非典病毒的天然宿主是一种名叫"中华菊花头蝠"的蝙蝠,当初果子狸被冤枉了。

这或许是一出闹剧,但是不管如何,非典的教训却并没有远去。病从口入,疾病是吃出来。现代人嗜好各种山珍海味,从野生动物果子狸、穿山甲、大雁,到家养宠物狗、猫,凡此种种。在各个城市的餐桌上,飞禽走兽都成为人类的盘中餐,广东有一道名菜叫"龙虎斗",主要材料就是猫和蛇。这种口无禁忌的吃法,不仅为身体健康带来潜在的威胁,也反映出伦理道德方面的问题。

据《人民日报》报道,广州不少餐馆当街摆卖的野生动物中,不少是被列入"国家保护动物"名单并明令禁止猎杀食用的珍禽走兽。2012年11月底,广州市野生动物保护办公室突击检查酒楼,在多家饭店发现多种国家级保护动物,包括果子狸、海鸥、黑水鸡、夜鹭、水律蛇等。层层叠放的野味笼里,20多种动物开价最贵七八百元一只,最低也要数十元一斤。

有资料显示,野生动物与人类共患的疾病有100多种,如禽流感、狂犬病、结核、甲肝等,其中蛇的患病率很高。有专家认为,目前尚无证据表明野味比饲料喂养的肉类动物更有营养或滋补功效。野味并不像想象中那么神秘,它也只是一种动物性食品,营养含量无非是蛋白质、脂肪等,在营养上并不比普通的饲养动物更有优势。即使二者有一点细微区别,也绝不会达到人们期望中的程度。

广东市场上,野味畅销,除了传统文化上的因素外,另外一个重要原因就是野味也是公款吃喝餐桌上的"常客",少数政府机构和公务人员的默许甚至保护,助长了野味的消费。据一些地方官员透露,在公务接待中,不乏有政府部门知法犯法、请吃禾花雀和穿山甲等野生动物的行为。

毫无人道主义的胡吃海塞,非但伤害了自然生灵,还损害了我们自己的生命健康。病是吃出来的,除了山珍海味,无节制的大鱼大肉同样损伤了我们的身体。

在日常工作中,领导干部接待任务重,应酬多、饮酒多,可能是导致他们普遍患有高血脂、脂肪肝等疾病的主要原因。

2011年8月26日,武汉大学人民医院相关人士向《南方周末》的记者提供了该院曾收治的一名银行行长的病例。该行长的妻子称,1977年,丈夫从财政学校毕业分配到县银行计划股,很快当上计划股长、信贷股长,经常被企业请酒。后来他当了办公室主任,迎来送往要陪酒。后在副行长、行长位置上,又干了近8年,吃喝更推不掉。47岁时,他因慢性酒精中毒造成记忆力减退,弄丢了重要的银行票据,只好下岗回家。这位前行长的病历记录:"患者于3年前因应酬较多,经常在外饮酒,每次约一斤左右。后渐出现记忆力减退,忘记自己在哪,东西找不到,智力下降,有时糊涂,到处跑。"据其主管医生判断,该行长的病是因为酒精损害大脑后一步一步发展的。

米兰·昆德拉

有些病,就是吃出来的。在我们国家,有些官员把吃当作特权。吃多了有什么好处?饭桌上应酬太多了,把命都会送掉的。

米兰·昆德拉说:"对于人性,道德上的真正考验,在于如何对待那些需要怜悯的动物。然而在这方面,人类已经遭到了根本性的溃败,这溃败是如此得彻底,其他所有的败坏都由此而滋生。"

美国学者罗德里克·纳什的《大自然的权利》一书认为,大自然开始进入天赋权利的范畴之中,人类摆脱了民族主义、种族主义和性别歧视的枷锁之后,应该向"物种歧视主义"和"人类沙文主义"宣战。从天赋人权到自然的天赋权利,从种族歧视到物种歧视,无不是提醒人类要敬畏自然、敬畏生命。当我们把许多野生动物猎杀、贩卖、端上餐桌,其实也就是将自身置于道德的审判席，接受着自然道德和内心良知的拷问。今天动物的命运终究将落在明日人类自己的身上；人类今天对待动物的态度将决定明天受到自然礼遇的程度。

非典远去，但留给我们的思考和教训还在。当我们将一道道野味端上餐桌的时候，良心是否受到了谴责？不要把这些问题简单地看成是否有爱心的标准，这些问题的背后都是敬畏自然这个浅显易懂的道理。

二、领导的人格魅力：三分管人，七分做人

（一）先完善自己、管好自己，才能带好队伍

在一个组织里，领导的员工能力素养和业务水平是衡量一个部门的指标。领导者要想带好队伍，必须先完善自己。只有不断提高自己的业务水平和能力，才能带领下属创造一个又一个奇迹。

每个人都有争强好胜之心，每个人都希望得到别人的肯定，都想得到更好的发展。但是，要想实现这个愿望并不是无条件的，关键是看你有没有能力，有没有真本领。业务技能精湛是做好本职工作的基本条件，也是适应竞争的需要。

王浩如今是一家建筑公司的副总经理。五六年前，他是作为一名送水工被建筑公司招聘进来的。在送水工作中，他并不像其他送水工那样，刚把水桶搬进来，就一面抱怨工资太少，一面躲起来吸烟。他每一次都给每位建筑工人的水壶倒满水，并利用工人们休息的时间，请求他们讲解有关建筑的各项知识。不久，这个勤奋好学、不满足现状的送水工就引起了建筑队长的注意。后来，他被提拔为计时员。

当上计时员的王浩依然尽心尽责地工作，他总是早上第一个来，晚上最后一个走。由于他勤学知识，对包括地基、垒砖、刷泥浆等在内的所有建筑工作都非常熟悉，当建筑队长不在时，一些工人总爱问他问题。

一次，建筑队长看到王浩把旧的红色法兰绒撕开套在日光灯上以解决施工时没有足够的红灯照明的难题后，便决定让他做自己的助理。就这样，王浩通过自己的勤奋努力抓住了一次次机会，仅仅用了五六年时间，便晋升为这家建筑公司的副总经理。

王浩晋升为公司的副总经理后，依然坚持自己勤奋工作的一贯作风。他常常在工作中鼓励大家学习和运用新知识、新技术，还常常自拟计划，自画草图，向大家提出各种好的建议。

对于一名领导者来说，不仅要从业务知识方面提升自己，更要注意自身的个人修养，因为你的行为举止都可能被下属效仿。如果你希望自己的员工是什么样的，就要先完善自身，这样员工自然会跟着你走。

王浩的成功告诉我们，领导者自己严于律己、勤奋好学，不断提升自身的专业技能，才能够实现自身和企业发展常青的愿望。

在今天这个充满机遇和挑战的社会里，作为一名领导者，必须要求自己付出比其他人更多的勤奋和努力，积极进取、奋发向上，才能在复杂多变的工作环境中，带出一支优秀的团队。因此，不管我们现在从事什么样的职业，都应该在自己的岗位上刻苦钻研，努力让自己成为高素质的领导者。

(二)找出自身独特的“卖点”，做自己的“品牌经理”

我们经常看到，推销人员在说服顾客购买产品时，总是滔滔不绝地列举一大堆的产品优点，也即是吸引我们的产品“卖点”。我们每个人也一样，都有优点与特长，这就等同于产品销售时的“卖点”一样。

领导者应该根据自身的特征，从自己的优势出发，打造出个人品牌。有一个关于成功的寓言故事一直在各大公司之间广泛流传。这个寓言故事讲的是：

为了和人类一样聪明，森林里的动物们开办了一所学校。开学第一天，来了许多动物，有小鸡、小鸭、小鸟，还有小兔子、小山羊、小松鼠。学校为它们开设了5门课程：唱歌、跳舞、跑步、爬山和游泳。

当老师宣布今天上跑步课时，小兔子兴奋地一下在体育场跑了一个来回，并自豪地说：“我能做好我天生就喜欢做的事！”而再看看其他小动物，有噘着嘴的，有拉着脸的。放学后，小兔子回到家对妈妈说：“这个学校真棒！我太喜欢了。”

第二天一大早，小兔子蹦蹦跳跳来到学校。老师宣布，今天上游泳课，小鸭子兴奋地一下跳进了水里。天生害怕水的小兔子傻眼了，其他小动物更没了招。接下来，第三天是唱歌课，第四天是爬山课……以后发生的事情，便可以猜到了，学校里每一天的课程，小动物们总有喜欢的和不喜欢的。

这个寓言故事寓意深远，它诠释了一个通俗的哲理，那就是要成功，小兔子就应跑步，小鸭子就该游泳，小松鼠就得爬树。不管从事何种职业的人，都必须充分认识、挖掘自己的潜能，确定最适合自己的发展方向；否则就有可能虚度光阴，埋没才能。

人生中，每个人都具有独特的、与众不同的才能和心智，也总存在着一些更适合于他做的事业。在竭尽全力拼搏之后却仍旧不能如愿以偿时，我们应该这样想："上天告诉我，你转入另外一条发展道路上，一定能取得成功。"因为种种原因而不得不改变自己的发展方向时，也应告诉自己："原来是这样，自己一直认为这是很适合于自己的事，不过，一定还有比这个更适合自己的事。"应该认为另外一条新的道路已展现在你眼前了。

(三)一定要身先士卒

有一个动物园的管理人员做了这样一个实验：

工作人员穿上狮子皮伪装成狮子，进攻黑猩猩群。开始时，黑猩猩群觉得恐惧，不停地发出哀号。猩猩首领也很怕狮子，它看着对面随时准备进攻的"狮子"，又看看身后这些望着自己的猩猩们，一会儿，这位首领拾起身边的树枝，做出勇敢地向狮子挑战的样子。

尽管猩猩首领也很恐惧，但它却没有逃跑，而是勇敢地率先向狮子挑战。因为它深知在危难之际，自己的责任。此刻如果它选择临阵脱逃，一定会被同伴鄙视，再也不能做大家的首领了。

企业中的领导者也是如此。在竞争愈来愈激烈的今天，企业随时随地都会面临各种困难。当面临困境时，领导者能够率先垂范面对难关，这样的精神就会影响部下，让大家都能够勇敢地面对挑战。

在现实生活中，有些领导者平常说话豪爽，看似很有担当意识，一旦面临危机时，狼狈不堪的样子会在危急时刻所采取的行动中表露无遗。部下若是看见自己的上司，在紧要关头却表现出不知所措的模样，一定会让他们觉得非常失望。

下属期待的领导者，是在非常时期能够表现得与众不同，且能够断然地做出决定，迅速敏捷地采取行动的领导者。而一个企业领导者更应该以身作则，用自己的实际行动来带动下属。只有这样的领导者，才能强有力地领导部下。

例如,企业提倡5S的工作环境,地面上有一张纸,领导者看也不看,大踏步地走了过去,后面的人也会跟着走过去。如果你弯腰捡起来,看到你拣纸的人,以后再看到地面上有废纸,就有可能捡起来。所以领导者就要当拣纸的第一人。

在下属面前,领导者一定要身先士卒。例如,当一个部门工作比较紧张的时候,职员在加班,部门经理最好陪着员工加班。即便你不参与工作,也可以在职员遇到困难时,及时给予帮助。如果下属都在紧张地忙碌着,经理却准时下班了,试问加班的员工还有多少积极性呢?

因此,作为领导者,要使员工们信服并且满怀工作热情,最重要的是应身先士卒,自己带头做出表率。

(四)适当时候要"御驾亲征"

在封建社会,当国家发生外寇入侵等大事时,有时皇帝会亲自率军御敌,这种行为被称为"御驾亲征"。在现代企业管理中,领导者要树立自己在员工中的威信,在适当的时机,也不妨"亲自上阵"一次,该出手时就出手。东芝公司董事长士光敏夫"亲征"的事情,就给员工们带来了巨大的震撼。

一次,东芝公司的董事长士光敏夫听业务员反映,有一笔生意难度较大,多次登门拜访都见不到人,买方的课长经常外出。士光敏夫听了情况后说"请不要泄气,待我上门试试。"

业务员听到董事长要"亲自上阵",心里忐忑不安,他想:是不是董事长不相信自己的真实反映;万一董事长亲自上门又碰不上那个课长,岂不是很没面子!于是急忙劝说:"董事长,不必您亲自为这些小事操心,我多跑几趟总会碰上那位课长的。"

第二天,士光敏夫真的来到那位课长的办公室,仍没见到课长。他没有因此而告辞,而是坐在那里等候,等了半天,那位课长回来了。当他看了士光敏夫的名片后,慌忙说:"对不起,对不起,让您久候了。"士光敏夫却微笑着说:"贵公司生意兴隆,我应该等候。"

那位课长明知自己企业的交易额不算多,而堂堂的东芝公司董事长亲自上门进行洽谈,觉得很是赏光,故很快就谈成了这笔交易。最后,这位课长热情地握着士光敏夫的手说:"本公司以后,一定买东芝的产品,但唯一的条件是董事长不必亲自来。"

士光敏夫"亲征"不仅做成了生意,而且在全体员工面前做了一个亲力亲为的榜样,提升了作为领导者的形象，从而树立了自己的威信。某些场合，领导者不能只负责业务管理，而叫下属从事实际工作。纵使身为主任、股长或是科长，有时也要亲自操作实际工作。

有些领导者似乎没有认清自己的立场与任务，只会在口头上堆砌一堆大道理，却从来不肯在行动上率先示范。他们理直气壮地坐在自己的座位上专心从事管理工作。这样的领导者注定要付出与员工日渐疏远的代价。

事实上，只会指挥下属工作的领导者，根本不可能率先示范给下属看。在某些时候或某些场合，领导者必须要亲自行动。也就是说，上司在某些情况下也要从事第一线的工作。领导者不但要指导下属、管理下属的行动，有时候更要站在下属的前头，以一副"看好，要按照我示范的方法做"的态度率先示范。

另外，只会实际工作的领导者，同样也不能指挥下属。唯有伏案工作与实际工作双管齐下、平均分配，才是最佳的行动模范。

（五）做任何事情都要用心

作为一个领导者，应该时刻注意你的工作态度和行为举止，要知道你在工作中的一切言行，下属都在关注着。领导的言行举止，不管大小都具有很强的导向作用，是下属关注的中心和模仿的样板。

如果说"认真做事"是一种态度的话，那么"用心做事"就是一种品质。有时一个不经意的细节，往往能够反映出一个人的深层修养。国外某企业在招聘管理人员时，就巧妙地设计了下面的场景：

一家大企业招聘高级管理人员，很多的应聘者都较为自信地回答了考官的问题，得到的结果都是等通知，没有当场录用的。就在招聘临近结束时，一个年轻的小伙子走在最后，看到面试室门口处有一个纸团，他弯下腰把纸团捡起，准备扔到垃圾桶里。这时，其中一个面试官对他微微一笑说："年轻人，请打开纸团看一看。"小伙子打开手中的纸团，上面写着一行字"欢迎你加入我们公司任职"。

这位年轻人之所以被当场录用，就在于他捡起纸团这一细微动作，体现了比别的面试者更用心的做事态度，因此也赢得了面试官的青睐。迪士尼乐园有一句名言："每一天上班都是一场表演。"这句话的言外之意是：当你做事的时候要非常用心，因为有人在看你。

有些人总是抱怨没有施展才能的机会,其实你并不是真的没有机会,而是别人在看你的时候,你表现得很糟糕。如果抱着类似“无所谓,反正老板不在”的念头,你就错了。做任何事情,都要假设有人在看你,监督自己,谨言慎行,这样遇到机会才不会错过。

如果你是一个邮递员,每天送信都有很多人在看你;如果你是银行职员,每天柜台前都有很多人在看你;如果你是一个护士,每天医院里都有很多人在看你;如果你是一个交通警察,每天路面上都有很多人在看你……不管你做什么工作,只要有一个人发现你或者提拔你,你的命运就完全不一样了。从这个角度来说,只有用心做事,才能改变自己不满的现状甚至是命运。

严长寿是在台湾长大的浙江杭州人,被称为“台湾饭店业教父”。他并没有任何家族背景,只有中学学历,曾经是美国运通台湾公司送公文的小职员,后升任台湾地区的总经理,最后在 32 岁时,就成为亚都饭店的总裁。

严长寿能够在那么年轻的时候就获得成功,就是因为他做事非常积极,也就是说,他每做一件事都用心地把它做好,做每一件事都假设有人在看他。这样,他做事会更用心。

认真做事,才能把事做对;用心做事,才能把事做好。一个用心做事的人才是有潜力的人,他会全身心地投入到工作之中,全力以赴地对待自己的工作。也只有这样,才能做好一个领导者,带出优秀的下属,齐心协力地把工作做好。

希望我们都能把“用心做事”当成品质一样来培养,当作品牌一样来呵护,当成习惯一样来坚持。

(六)管理是一种让员工自愿跟从的能力

有些领导者滥用权力压制员工,漠视员工甚至越权指挥等,结果不但自己很累,更严重的是,员工流失率不断上升,甚至用心“培养”起来的员工也毫不犹豫地离开。结果致使员工得不到成长,自己得不到提升,团队拿不出业绩。

其实,管理不是独裁,从事管理工作应尊重人权,重视个体,友善地询问和关切地聆听员工的想法。伊索寓言中有一个小故事,意在讽刺一部分盛气凌人的领导者,依靠权力打压员工的工作热情。

一只山羊爬上一农户的高屋顶,这时有一只狼从下面经过,山羊以为自己居高位,野狼莫奈他何,便洋洋得意地开口骂道:"你这个傻瓜,笨狼。"狼于是停了下来,说:"你这胆小鬼,骂我的并非是你,而是你现在所站的位置。"

一个优秀的领导者应具备三种力:权力、实力与影响力,但此三力孰轻孰重?很多领导者会自然而然地将权力摆在最重要的位置上,以为管理就是管人,而管人就需要运用权力,至于实力和影响力,则并不是最重要的。事实上,权力在管理下属方面并不是万能的。

真正有智慧的领导者懂得运用自身的人格魅力来领导下属。他们极少生硬地动用权力去"镇压"或"指挥"下属,而是通过自身的言行态度,创造出一个和谐的氛围,让下属在这个氛围中感受到被尊重,因而更愿意为其卖命。

生活中的每一个人,心理上更倾向于跟从佩服其人格魅力或深受感动的领导,并对其价值认可和重视,这时,如果领导者通过其自身的影响力,让员工从内心自愿产生忠心跟从的心理,更能激发他们潜在的才能和工作热情。

因此,作为一名领导,你必须懂得如何加强人的信心,切不可动不动就打击部属的积极性。应极力避免用"你不行、你不会、你不知道、也许"这些字眼,而要经常对你的下属说"你行、你一定会、你一定要、你会和你知道"。

领导者在管理中要学会运用个人影响力,真心地尊重和关爱下属,以人为本,推行严格中不失人情味的管理方式,使下属随时感受到公司传递的温暖,从而去掉包袱,激发工作的最大积极性。

在中国这样一个历来重视情义的国度,若想让别人为你效命,只需对他付出关怀,让他感激你就是了。很多领导者为了管理下属,想尽了各种办法,却忘记了这个最简单实用的道理。

(七)不懂不是错,不懂装懂才是错

《论语》中说:"知之为知之,不知为不知,是知也。"这句话意在强调做学问时,应当具备诚实的态度,知道的就是知道,对不知道的东西,我们不仅应当老实地承认"不知道",而且要敢于说"不知道"。对企业领导者来说,也是一样的道理。

无论你是一名位居高职的领导还是普普通通的员工,遇到困难,解决不了不是你的错,只要你有一种积极学习的心态,你将很快成长起来。但如果你不懂装懂,才会真正让

人瞧不起。华为公司在招聘员工时尤其注重其学习能力。

华为公司每当在招聘结束后,任正非在新员工进企业第一天的大会上,就会告诉大家,文凭只代表你的过去,进了企业后,文凭就失效了,大家都站在同一条起跑线上,关键是看你后面的学习能力、成长能力。

在这个科技高速发展的社会,尤其是现代企业管理,企业老板越来越看重员工的学习能力、成长能力。甚至有知名企业老总在谈及用人时这样说:“学历不重要,学习的能力才重要。”

无论你知识如何丰富,学识怎么渊博,在工作中也不可避免地会出现某一方面的“短板”。我们常说第一次失败是悲剧,第二次失败就是笑话了。失败不要紧,做错事也不要紧,关键是你要能从失败和错误中吸取教训,取得进步,那就是一个聪明人。

这就要求你要有很好的学习能力,才能够获得各种你需要的能力,取得进步。不懂不要紧,只要你肯于学习,善于学习,你就能由不懂到懂。不懂不是错,不懂装懂就有错;不懂不表示你愚蠢,不懂还自以为是,不肯学习,那就是愚蠢。

可是在实际工作中,有些领导遇到问题,因为顾忌自己的面子,就是喜欢不懂装懂瞎指挥,结果不仅产生不良的后果,还闹出笑话。这样一来,在员工面前不仅没有挽回威严,反而失去了威信。

不懂装懂,是一种心虚的表现,是一种基于自卑心理的盲目自尊。“一桶不响,半桶晃荡。”作为一名领导者,要敢于承认自己的不懂,有时虚心地向同事与下属学习,这不仅不会被员工看不起,反而会因为你的诚实赢得大家的信任,同时也体现了你虚怀若谷的胸怀。

(八)“不言之教”:以身作则方能赢得拥戴

《道德经》有这样一句话:“圣人处无为之事,行不言之教。”意思是说,圣人做事,不以语言说教,而是身体力行,他们的这种无为行为还会在潜移默化中感染周围其他的人。在管理工作中,领导者不能总以自己的观点处事,而是要用以身作则的行为来赢得下属的信任和拥戴。

在企业中,领导者最大的职责自然是要管人,但从人的内心分析,人们永远喜欢管人,而不喜欢被管,这是每一个人的本性。但是,当人们从心底佩服某个人时,自然不会抵触这个人对他的管理,而会主动服从。

因此,有些领导总是习惯于向外寻找方式,制定种种的制度和规则,以此来达到约束人的目的。而聪明的领导者却能够从自身寻找办法,正人先正己,“行不言之教”,让员工心甘情愿地服从。

1942年,“二战”进行得如火如荼。盟军与德军即将在北非展开决战。盟军将领巴顿将军意识到自己的部队可能无法适应北非酷热的天气,一旦开战,盟军士兵的战斗力很可能因酷热的天气而减弱。

为了让部队尽早适应战场变化,巴顿建立了一个类似北非沙漠环境的训练基地,让士兵们在48摄氏度的环境下每天跑一英里,而且只给他们配备一壶水。巴顿的训练演说词就是:“战争就是杀人,你们必须杀死敌人,否则他们就会杀死你们!如果你们在平时流出一品脱(容积单位,大约合500毫升)的汗水,那么战时你们就会少流一加仑(容积单位)的鲜血。”

虽然人人都意识到战争的残酷性,但严格的训练还是让许多士兵暗地里抱怨不已。巴顿从不为训练解释,他以身作则,和士兵们一样在酷热的环境中坚持训练。当士兵们看到巴顿每次都毫不犹豫地钻进闷罐头一样的坦克车中时,再多的怨言也只能变成服从。

巴顿作为美军历史上最善战的装甲部队指挥官,如此能打仗的原因就在于:巴顿作为统帅人物,他用自己的个性成功地影响了整个部队。尽管部属们有时恨他。但仍然能够仿效他的言行,像他那样思索和战斗。

如果一个企业想要发展、壮大,乃至腾飞,企业的领导者也必须学会在管理工作中向内看,从自己做起。不能只依赖权力来指挥下属,不言之教才是指挥的高级阶段。

要管理好下属,一部分靠权,以权管理,名正言顺,这属于“硬件”,而另一部分就得靠己,这属于“软件”。一个领导者只有正人之前先修己,才能上行下效,使大家心甘情愿地听其指挥。领导者要以身作则,做出表率,才能最大限度地取信于员工。只有营造人人平等、公平至上的氛围,才能形成由上至下凝聚一心的无敌战斗力。

(九)解决问题,最简单的方法就是“带头往下跳”

领导者要充分发挥个人魅力的领导细节,激发团队的斗志,最简单的方法就是“带头往下跳”，自己不率先显现出一种气魄，又怎能去感染人？只有以身作则，显现出与常人不同的气质，用个人的魅力去感染人，达到一种“无声胜有声”的理解和交流，这比任何命令都来得有效！

单靠权力来带人，只会喊口号的领导者是最下等的领导，如果没有一点带头往前冲的魄力，很难得到员工真心的追随。最高明的领导则是身先士卒，通过自身散发出达到愿望与目标的热情。史瓦兹·柯夫将军说：“下令要部下上战场算不得英雄，身先士卒上战场才是英雄好汉。”

在战场上，最能鼓舞士气的莫过于将领身先士卒，带头冲锋陷阵。而在管理中，也是同样的道理。最有效的下达指令一定是“带头往下跳”的行为影响力，也就是真正领导的魅力。郭台铭就是这样一个随时站在第一线上的领导者。

在遇到问题时，要想尽快解决困难，最简单有效的方法就是，领导要“带头往下跳”。身先士卒比站着指挥更有效，“带头往下跳”是一种行为影响力，更是能说服和影响下属的执行力和行动力。

管理工作中，领导与下属之间，就是发出指令和执行的关系。好的领导者一定会对下属产生一种吸引力，下属会自觉地跟着你奋斗，这是领导者以身作则的力量，产生了影响员工行为的魅力，从而发出一种无声的命令。

（十）成功的领导不做领袖做榜样

一个领导者只要端正了自身，做到以“理”服人而不是以“权”来压人，管理的工作就容易多了。《论语》中说：“苟正其身矣，于从政乎何有？不能正其身，如正人何！”孔子认为领导者必须自身修正，如果自身不修正，只靠领导的权威，下属也是很难服从的。

但在实际工作中，很多领导者为了达到管人的目的，总是费尽心机制定出若干规章制度，要求员工去遵守，却把自己排除在这些制度之外。如果领导者能够率先示范，能以身作则地努力工作，严格遵守自己制定的各种规章制度，那么这种以身作则的精神就会感染其下属，从而在团队里形成一种积极向上的态度和良好的工作氛围。东芝之所以成为世界著名的企业，其主要原因就在于士光敏夫。

东芝公司董事长士光敏夫认为，领导不应只做企业领袖，更要处处为员工树立榜样的作用，以身作则不仅能为公司带来巨大的经济效益，而且还是企业培养敬业精神的有效手段。士光敏夫正是这样严格管理自己的,他几十年如一日,每天第一个走进办公室,从未请过假,从未迟到过。他这种以身作则的行为深深感染着东芝公司的所有员工,也像董事长一样严格要求自己。

领导的行为对下属产生着巨大的激励作用,正如俗话所说的,“强将手下无弱兵”。领导的表率作用永远是激励员工最有效的方法。

电视剧《亮剑》深受广大观众的欢迎。剧中主人公李云龙每次冲锋陷阵都在最前面,指战员们很担心他的安危而责怪他。李云龙却说:“如果我不带头冲锋在前,那么战士们怎么会毫不犹豫地奋勇作战呢?”李云龙正是以这种以身作则的激情去影响着每一个战士。

领导者能身先士卒,以积极正确的示范作导向,就可以调动员工的积极性,激发他们努力向上的干劲;相反,如果领导者持一种消极、观望的态度,自己不率先示范,只是督促员工的工作,势必削减员工的工作热情,使员工对领导的行为产生抵触情绪,进而对企业的发展前途失去信心。

很多领导者对下属的工作状态不满,每日为下属的状态发愁。与其天天为员工消极状态而愁眉不展,倒不如自己拿出激情,身先士卒一心一意地工作。只要自己尽全力专注地工作,带头遵守相应的规章制度,做好团队的榜样,那么,领导者必能感动下属,将工作的热情传递给下属,使他们积极地工作。

(十一)非权力影响力激发最佳管理效能

影响力是一个人在与他人交往的过程中,影响与改变他人心理与行为的能力,权力性影响力和非权力性影响力共同构成领导者的影响力。领导者合理地运用非权力性影响力,可以进一步提高管理效能。

子曰:“以约失之者鲜矣。”孔子认为只有严于律己,才能少犯错误。同样,作为领导者无论是在工作还是生活中都要时刻约束自己,谨言慎行,不放纵,不浮泛,这样做就可以少犯错误甚至不犯错误了。

国外某企业家认为,如果想知道一家企业的员工整体素质如何,只需要了解其中的管理人员素质就可以知道他的员工的素质是怎么样的。这话的确在理,每个领导者都是所有下属关注的焦点,也是员工积极模仿的对象,领导者产生什么样的行为、举动,都会直接影响到自己的员工。所以,假如你想你的员工严格要求自己,你就必须先严格要求你自己。

那么领导者在工作和生活中如何才能提高自己的非权力性影响力,来实施有效管理呢?

1.努力培养高尚的人格情操

“人以品为重,官以德立身”。领导者的非权力影响力既体现于真理的力量,也体现于人格的力量。一个人素质能力上有差距可以提高,但品质差距却是难以原谅的。人格品行不是建立在职位、权力基础之上的,而是在高尚的境界中产生的。领导者为人是否正直,为官是否正派,处事是否公道,是思想政治品德和能力的外在表现,也是塑造自我形象、树立非权力性影响力的关键。

2.具备宽阔的处事胸怀

宽阔的胸怀是产生向心力、凝聚力、感召力的人格力量,是领导者必备的素质。作为一个领导者,在处事时要具备坦诚相见的胸怀。对管理团队成员要胸怀坦荡,以诚待人,不怀疑、不嫉妒、不欺骗;对下级不虚伪、不偏私、不欺骗,做到言而有信、言行一致。在重大问题决策上,要充分发扬民主,集中集体智慧,不搞独断专行。

3.树立严格的自律意识

一个领导者威信的高低,并不仅仅取决于权力的大小,更多地要取决于他在权力运用中表现出的品格。领导者一定要严于律己,做好表率。

严于律己是律人的前提,只有做到自我管理才能要求下属去执行。优秀领导者应该严格要求自己,起到为人表率的作用,用实际行动来影响和带动身边的人一道去努力工作。

(十二)绝不可严于律人,宽以待己

有些领导者习惯以权威约束员工的行为,而自己却游离于这些约定之外,当然在员工心中很难树立威信,更谈不上做好对员工的有效管理。其主要根源,就在于领导者严于律人,宽以待己,缺乏榜样意识。

要成为一个好的领导者,首先要管好自己,为员工们树立一个良好的榜样。言教再多也不如身教有效。行为有时比语言更重要,领导的力量很多往往不是由语言,而是由行为动作体现出来的，聪明的领导者尤其如此。格力电器总经理董明珠就是个严格要求自己的人。

董明珠上任前，格力公司迟到早退、喝茶看报、吃零食聊天等情况屡见不鲜。而董明珠一上任，就狠抓内勤，把一些老员工都训得直掉眼泪。经营部女性多，公司对她们的服装、头发和走路姿势都做了明确的要求，要求大家最好剪短发，留长发的上班要盘起来，更不准带着一大堆饰品来上班。董明珠始终认为，没有严格的制度，就无法产生强大的战斗力，果然，不久之后的经营部焕发出全新的工作作风。

一天，一个不是格力的经销商想托董明珠的哥哥从格力拿货，承诺如果事情办成，会给2%的提成，这是一个不小的数目，他哥哥答应了。董明珠接到哥哥的电话后犹豫了，对身为部长的她，帮哥哥这个忙很容易，只是一句话的问题，而且没有违背公司的制度。

但是董明珠转念一想：如果为亲人谋利益就会伤害到其他经销商的利益，公平性就会出现偏差，如果这股风气蔓延的话，格力这个品牌就会受到玷污。最后她拒绝了哥哥的请求。

董明珠的拒绝伤了哥哥的心，他不再和妹妹来往，但是董明珠认为这样做是值得的："我把哥哥拒之门外，虽然得罪了他，但我没有得罪经销商。"

正是董明珠进行了一系列毫不妥协的"斗争"，对格力电器进行了一场"刮骨疗毒"式的治疗，使格力摆脱了停滞不前的状态，管理逐渐走向了规范。以至于后来，格力电器成为空调行业的世界冠军。

作为一个有成效的领导者，必须成为员工的角色榜样。领导者要在每天的言行中切实按自己所提倡的那样做，在员工们面前树立一个有成效的、负责的形象，以实际的行动来引领团队的进步。

领导者不仅要严格要求自己，为员工树榜样，还要带头把一些优秀人士当作榜样，号召大家学习。切忌领导者只号召别人学，自己却不学，甚至借着"树榜样"往自己脸上贴金。这样既是对榜样的不尊重，也会使员工失去学习热情，树了榜样也起不到应有的作用。

(十三)身教胜过千言万语

领导者在管理工作中要注重身教。俗话说："喊破嗓子，不如做出个样子。"聪明的领导者会通过严于律己的行为,来为下属做楷模。这种先进效应胜过"千言万语"。IBM 的创始人托马斯·约翰·沃森曾对公司的管理层说:"千言万语不如一个行动,管理最直接有效的方法,就是带着员工去做。"

1895 年 10 月的一天,托马斯来到美国现金出纳机公司办事,遇到了该公司的约翰·兰奇先生,他向约翰·兰奇先生表示:"我……我希望能当一名推销员。"约翰先生爽快地答应了。

两个星期过去了,托马斯走街串巷,一台出纳机也没卖出去。他再一次来到约翰的办公室,希望能得到这位前辈的指导时,约翰竟然破口大骂:"我早就看出你不是干推销的那块料。瞧你一副呆头呆脑的样子,还不赶快给我从办公室里滚出去!你呀,老老实实地回家种地去吧。"

托马斯听了这番话,真是无地自容。但他没有离开,只是默默地站在那里……过了一会儿,约翰放缓语气说:"记住,推销不是一件轻松容易的事。如果零售商都愿意要出纳机,他们就会主动购买,用不着让推销员去费劲了。推销是一门学问,而且学问很深。这样吧,改天我和你走一趟。如果我们俩一台出纳机都不能卖出去,你和我都回家吧!"

过了几天,约翰带着托马斯上路了。托马斯非常珍惜这个宝贵的机会。他认真地观察这个老推销员的一举一动。在一个顾客那里,约翰·兰奇静静地说:"买一台出纳机可以防止现金丢失,还能帮助老板有条理地保管记录,这不是很好吗?再有,这出纳机每收一笔款子,就会发出非常好听的铃声,让人心情非常愉快……"

托马斯睁大眼睛看着一笔生意就这样谈成了。后来,托马斯理解了约翰·兰奇那天之所以对他粗暴,是因为那是对推销员的一种训练方式——他先是将人的脸面彻底撕碎,然后告诉你应该怎样去做,以此来激发人的热忱和决心,调动人的全部潜能和智慧。

托马斯从约翰·兰奇那里学到了容忍的精神和积极处世的原则。1913 年,他被人诬陷而离开公司。那一年他已经 39 岁,但他决定东山再起,公司成立后经营并不顺利,最初的几年,公司是靠着大量借贷才熬了过来。但他还是靠着坚韧的意志坚持了下来,并成就了真正具有全球地位的 IBM 公司。

IBM 创始人托马斯·约翰·沃森告诉我们:领导者一定要用自己的态度和行动来作为新进员工的榜样,不能仅凭嘴说,并且经常强调有顾客才有大家的观念。当做给新人看了之后,最好让员工自己对工作做主,演示一遍,让他自己进行改进,以获得一种成就感。其实在某些时刻身教胜过千言万语。

(十四)管理有成效,要做领跑的狮子

在一场比赛中,一群狮子轻松地打败了一群羊,羊群很不服气,认为是领导的问题,于是它们各自交换了首领,变成由一只狮子带领一群羊和一只羊带领一群狮子进行比赛。羊带的狮群开始准备与狮子带的羊群战斗,当羊王来到狮群时,所有的狮子都不服气,自然羊王也没有办法发号施令。而狮王带领羊群的情况就完全不同,羊群很尊敬狮子,也都听从狮子的安排,训练进行得很好。新的比赛开始了,羊王带领的狮群被狮子带领的训练有素的羊群打败了。

一只狮子领着一群羊,胜过一只羊领着一群狮子,这个寓言故事说明了领导者的重要性。一个企业的成败虽然离不开团队力量,但更多还是取决于领导者本人。领导者是企业的一面精神旗帜,他们的一言一行都影响着企业的荣辱兴衰。因此,我们每位领导者扮演的角色必须是一只"狮子"。

领导者若是一只"狮子",即便他领导的是一群"羊",他的团队速度也一定比别的"羊群"快很多。惠普创始人之一大卫·帕卡德在公司发展初期,就担当了一个"狮子"的角色,引导了公司的文化理念。

1949年,37岁的戴夫·帕卡德参加了一次美国商界领袖们的聚会。他在发言中说:"对于一家公司而言,比为股东挣钱更崇高的责任是对员工负责。企业的管理层,尤其是企业的老板应该承认他们的尊严。"他认为,那些参与创造公司财富的人,也有权分享这些财富。年轻的帕卡德在如此高端的场合发表这种言论,很多人认为不合时宜,甚至一度引起商界前辈的嘲笑。

帕卡德后来回忆说:"我当时既诧异又震惊,因为在场的人没有一个赞同我。显然,他们认为我是异类,而且没资格管理一家重要的企业。"尤其在那个老板总是坐在私人办公室里发号施令的年代,有人认为帕卡德的观点不可理喻,很多老板都说他简直疯了。

当时的惠普是企业新秀,在美国商业界引起瞩目。惠普的办公室文化更为引人注目。帕卡德在惠普充分体现了尊重员工的理念。他认为自己首先是一个惠普的人,其次才能是CEO。于是,他和工程师们一起,在开放式的工作间里办公;与下属为友,与大家拧成一股绳子。在他的榜样作用下,惠普的管理层不仅为人谦恭,而且创造了一种奉献

式的企业文化，这种文化日后成为强有力的竞争武器，使惠普公司的利润连续40年攀升。

（十五）有私心正常，做到不利用私心不寻常

心理学研究表明，趋利避害是人行为的最基本的出发点。因此，无论是在工作还是生活中，“成功”的趋利避害行为成为生存的原始本能。对于一名领导者来说，有私心并不可怕，关键是要运用理性的思维，做到不利用私心为自己谋取私利。祁黄羊就是中国历史上一个不寻常的人物。

《吕氏春秋》中记载着这样两个故事：

晋平公要祁黄羊推荐南阳县令的人选，祁黄羊推荐自己的仇人解狐。这让平公觉得十分不解，以为他在搞什么新花样，便把祁黄羊召过来，责问其真实意图。祁黄羊回答道“国君，您只是问我谁可以担当这个职位，并不是问我的仇人是谁。”晋平公觉得他说得很有道理，便用了解狐当县令，举国上下都很称赞这个任命。

不久后，晋平公又问祁黄羊谁可以担任中军尉一职，祁黄羊这次推荐了自己的儿子祁午。平公一听，又觉得不解，认为他在贪私心，立即询问他为何会推荐自己的儿子。祁黄羊回答：“您只是问我谁可以担任中军尉一职，并不是问谁是我儿子。”平公很满意祁黄羊的回答，于是派祁午当了中军尉，后来祁午果然成了一名很好的中军尉。

作为企业领导者，应该向祁黄羊学习，千万不要因为某人和你不熟就不重用他，更不可由私人交情是否深厚来判断要不要重用一个人。一旦私心作祟，往往就会落人口实，影响自己的声誉和公信力。

对于私心，很多领导者还存在误解，认为只要不贪污、不受贿、不走后门，就可称得上没有私心。其实，私心往往存在于无形中，不易察觉，当领导者自以为公正的时候，自私的念头已悄然萌生。

领导者不能做不符合礼仪的事。一切行为都要符合原则，只有这样才能成为群众的榜样，才能在群众中建立起崇高的威信。作为领导者不要以自己的权力和地位来达到自己的个人追求，要用权为公，而不能以权谋私，搞权钱交易。

“心底无私天地宽”，这是领导者重要的品质表现。只有领导者具有巨大的影响力，我们的事业才会有顺利、成功的保障；而这影响力来源于正气、正义和正派的作风。为了树立自己负责、公正的形象,领导者必须保持高度警惕,在团队领导上多做周全考虑。

(十六)自律才能管理好他人

一个普通的人要想获得别人的尊重,就必须具有他人所没有的优秀品质。作为一个领导者更是如此,如果不具有独特的风格,就很难获得下属的尊敬,而在此特质中,最重要的就是领导者的自我约束。

在实际工作中,领导者往往不自觉地用各种规则、标准去约束员工,而很少会想到怎样管理自己。那么,试问领导者对自己的要求远甚于下属吗?偶尔领导者也会站在客观的立场上,为下属设身处地地想一番吗?要知道这种态度和涵养是身为领导者所必需的。其实律己才能律人,制度化管理首先要求领导者自己遵守制度。

一天到晚为自己打算的人,绝不是一个优秀的领导者,要知道在领导者做这些努力的过程中,他的一举一动都逃不过下属的眼睛,他的一切努力都不会白费。下属会从心里感觉到:“这位领导者看来是足以信任的。”“依此看来,他是值得尊敬的。”

但令人遗憾的是,多数领导者总是忽视或没有能力做到这个“自我约束”,遇事总是喜欢归咎于他人。

某公司准备开发新产品,需赶紧召开员工大会,一个无能的经理为自己大脑空空而坦然,却在抱怨别人:“这些家伙都是窝囊废,竟然拿不出一个新构想!”如果这样的话,下属们会怎样看你呢,你在别人眼中的形象将会产生一个多大的落差呢?别人会把你给看低了。

其实新构想不能全靠下属去构思,身为经理应该先动动脑筋,先制定个框架,或先指明方向,然后再要求下属全力筹划,这样靠着双方共同的努力把目标顺利达成多好啊!如果只是把全部责任推给下属,即使事情成功了,你也会失去一个在下属心中赢得信任的绝好机会。

要知道,如果你的下属对你没有好感,你就别想让他们很好地服从你。公司里有能力的下属表面是在为你拼搏,可暗地里却可能在想方设法取代你的位置。

有一句话叫作“善为人者能自为,善治人者能自治”。一个组织的业务能否在激烈的竞争大潮中得到发展,关键还在于它的领导者是否有正确的自律意识。领导者只有身体力行,以身作则,才能建立起人人遵守的组织制度。

如果领导要求下属遵守时间,领导者必须明白自己的职责,并对自己的行为负责。

领导者以身作则，才有说服下属的话语权，激发下属的自觉性，并影响他们朝着良性的方向发展。领导者自己做不到的事，就不要要求下属去做；要求下属改掉坏毛病，自己就要先改掉坏习惯。

当然，领导者约束自己的原则与方法不是一朝可成的。必须有"三军可以夺帅，匹夫不可夺志"的决心和毅力，在不断地尝试与努力中锻炼自己，促使自己一步一步地走向优秀领导者的境界。

夢賚良弼
商高宗
傅説
傅説

梦赉良弼[①]

【历史背景】

商高宗武丁继位后,勤于政事,常常恭谨沉默不语,苦苦思索治理天下之道。他的至诚终于感动了上天,睡梦中梦见天帝赐给了他一个忠臣傅说辅佐他,使殷商在政治、军事、经济、文化上出现了空前鼎盛的局面——“武丁中兴”盛世。

傅说以卑贱者一跃上升为地位显赫的宰相,而被赋予很大的治国安邦权力,这在上古奴隶社会,确实是殷商高宗武丁惊天动地的改革之举。

【原文】

商史纪:高宗[②]恭默[③]思道,梦帝赉良弼,乃以形旁求于天下。说[④]筑傅岩[⑤]之野,惟肖,爰立作相。命之曰:“朝夕纳诲,以辅台德。启乃心,沃朕心。”说总百官,佐成商家中兴之业。

【张居正解】

商史上记:商高宗初即帝位,在谅暗[⑥]之时,恭默不言,想那治天下的道理,于是至诚感动天地。一日梦见上帝赐他一个忠臣辅佐他,醒来就把梦中所见的人,使人画影图形,遍地里去访求。至于傅岩之野,见一个人叫作傅说,在那里筑墙,却与画上的人一般模样。召来与他讲论治道,果然是个贤人,于是就用他做宰相。命他说:“你朝夕在我左右进纳善言,以辅我之德。当开露你的心,不可隐讳,灌溉我的心,使有生发。”傅说既承高宗之命,统领百官,劝高宗从谏、好学、法祖、宪天。高宗能用其言,遂为商家中兴之主。详见《尚书·说命》三篇。

【注释】

①此篇出自《尚书·商书·说命》，又见于《史记·殷本纪》。赉：赏赐。弼：辅佐。记述商高宗从“梦中”寻得辅佐贤臣的故事。

②高宗：即武丁，商朝君主之一，被追谥为高宗。

③恭默：恭谨沉默。

④说：人名。后以地赐姓傅，史称傅说。曾是筑板的奴隶，被武丁提拔为相，佐武丁“中兴”，成为古代“贤臣”。

⑤傅岩：地名。故址在今山西省平陆县东。

⑥谅暗：在服丧期间。

【译文】

商代史书上记载：高宗即位之后，恭谨沉默不语，苦苦思索中兴商朝的办法。一天夜里，梦见天帝赏赐给他一位好的辅佐大臣，于是醒后让人根据记忆画成图像，按图像到各地去寻找这个人。这时傅说正在傅岩郊外筑墙，由于他非常像图画上的人，于是高宗就提拔他做了宰相，对他说：“你早晚在我身边进纳善言，辅助我增进德行。开启你的心，并以之来滋润我的心。”傅说统领朝中百官，辅佐高宗成就了中兴商朝的帝业。

【评议】

商王武丁是一位胸怀远大、有志励精图治的帝王。他即位之前曾生活在民间，比较了解社会底层的实际情况。即位以后，三年没有理政，国事交由家宰处理，他从旁观察，思索复兴殷商的方略。但三年过去了，他感到在贵族中找不到理想的得力助手，要完成复兴殷商大业，必须不拘一格选拔人才。但在贵族等级分明的奴隶社会，要从社会底层选取贤能，必然会遭到王公权贵们的极力反对。怎么办？商人十分相信鬼神，武丁于是巧妙地编了一个故事：上苍托梦引见一个可以辅政的圣人，并画了像派人到民间寻访。结果，在傅岩找到了一位容貌相像名叫“说”的贤才。

所谓“梦赍良弼”，在古代充满了神秘色彩，以现代看来其实是武丁“思贤”心切而产生的幻觉所构成的一种巧合而已，或武丁为掩人耳目，掩人口实，增强其“权威性”，便于说服不满意此举的某些贵族官员，故而杜撰出一段离奇经历。不论实际若何，武丁渴求贤才的良苦用心与实际行为，是值得后人肯定与赞颂的。

【拓展阅读】

武丁

武丁是商王小乙之子。相传少年时期遵父命行役于外，与平民一同劳作，得以了解民众疾苦和稼穑之艰辛。继位后，勤于政事，任用工匠出身的傅说及甘盘、祖己等贤能之人辅政，励精图治，使商朝政治、经济、军事、文化得到空前发展。

武丁中兴

武丁——商代第23位国王，盘庚的侄子，在位五十九年。武丁的父亲小乙排行老四，他根本没有想到自己能做国王，并且把王位传给儿子。盘庚去世时，儿子年幼，王位相继传给了弟弟小辛和小乙。武丁年幼时，父亲不让他留在王室里，而是让他到民间游历，广泛接触社会生活。武丁隐瞒了自己的王室身份，不仅学会了各种劳作，更重要的是深切地了解了民间的疾苦。相传他即位时“三年不语”，每天上朝，只听朝臣们念念叨叨，就是不说话，大臣们一个个都很害怕。其实，他意在摆脱佞臣的左右，寻找适当的机会，不拘一格地使用人才，恢复大商帝国的繁荣。后来，他设一妙计：一天上朝时他突然睡着了，还发出轻微的鼾声，大臣们谁也不敢叫醒他。一会儿，他伸个懒腰揉揉眼睛说：先王成汤给他托了一个梦，说上帝将派遣重臣辅佐国是。他让画师按照他描述的样子画出像来，到各地去寻找。最终，找到了他在民间结识的奴隶出身的宰相傅说。此后，商王朝达到鼎盛时期，史称“武丁中兴”。

扩大疆土

内政巩固之后，武丁就开始了大规模的征服。首先是迫使周边时叛时服的小邦完全臣服，接着攻打今山西南部、河南西部一带的甫、衔、让等小国，扩大了版图。这时西北的少数民族鬼方、羌方和土方日益强大起来，成为中原王朝的心腹之患，也成为武丁对外用兵的重点，其中对鬼方的战争就持续了三年。经过多年的战争，终于打败了这些国家，解除了威胁。武丁还征服了南疆荆楚地区的夷方、巴方、虎方等地方。到武丁末年，商朝已成为西起甘肃，东到海滨，北及大漠，南逾江汉，包含众多部族的泱泱大国。

为了控制广大被征服的地区，武丁把自己的妻、子、功臣以及臣服的少数民族首领分封在外地，被分封者称为侯或伯，开创了周代分封制的先河。

【镜鉴】

一、识人用人是领导工作的重中之重

（一）人才是当代社会的第一资源

作为一名领导者，他的重要职责之一就是识人用人。因为，领导者的事业绝不仅仅是他个人的事业，而是需要众多人士共同来从事的事业。这里所说的“人”，不是指一般的普通人，而是指具有一定专长的德才兼备的优秀人才。本章开宗明义，认为人才是当代社会的第一资源，识人用人是领导工作的重中之重。

1.人才是世界上最宝贵的资源

人才作为先进生产力和先进文化的重要创造者和传播者，是生产要素中最活跃、最重要的因素，是当今社会生产力发展的核心要素。在农业经济时代，土地曾经是第一生产要素；在工业经济时代，资本取代土地成为第一生产要素；在知识经济时代，人才取代资本成为第一生产要素。人才具有自我增值的巨大潜力，作为社会生产的第一要素，它正日益成为首要的财富和最重要的资本。

人才是人中之才，谋事之才。一代又一代的人才，在各自的历史时期里不辱使命，推动了人类社会与人类文明的发展。人类文明的问题，最终只能由人类自己来回答。在几千年的提问与回答中，人们听到了那些积极、坚定或是震撼人心的声音，那些声音的发出者便是人类社会的"人中之才"——他们发出倡导世界发展主流的声音,他们为国家昌盛献计献策,为民族振兴群策群力;他们为发展科学与文明而欢呼,为消除无知与愚昧而呐喊。他们在一个时代、一个国家留下了自己最鲜明的印迹。

所以说,人才是世间最宝贵的财富,是成就事业的最重要的资源。

国之兴,长于政;政之兴,在得人。政从"正"起,财从"才"来。社会是人创造的,财富也是人创造的;文化是人创造的,科学技术也是人创造的。人是一切事业的前提和根本。正因为如此,20 世纪 50 年代,当科学家钱学森返回祖国时,美国海军次长丹·金波尔歇斯底里地叫喊:"我宁可把这家伙毙了,也不让他离开美国!"因为"无论在哪里,他都抵得上 5 个师"。一个人可以抵 5 个师,这就是人才的价值!

在当代社会,人才的重要性更是日益彰显出来,世界各国的经济发展已经充分证明了这一点。第二次世界大战以后,亚洲"四小龙"的崛起、日本的复兴和欧洲原西德的复兴,在世界上引起了很大的震动。它们兴起的主要原因就是这些国家和地区都拥有大量的人才,并且每一个人才都得到了尊重和重用。原西德一直重视国民的教育,重视人才的培养。虽然在第二次世界大战中城市几乎全被炸毁,但是人才还在,科学技术还在,所以原西德能够很快复兴并且得到迅速发展。

在当今世界,人才不仅是宝贵资源,而且已成为最重要的资本。

把人才看作一种资本,这是社会经济不断发展的产物,也是人类对自身认识不断深化的结果。过去,人们只注重对物质资本的开发和积累;到了知识经济时代,人才资本在经济发展中所起的作用越来越大。对人才资本的投资往往可以带来几倍、几十倍的效益回报,远远超过其他资本所产生的效益。现在,世界上许多国家都认识到人才资本实质上是一种核心资本,并加紧投资开发。为争夺这种"最重要的资本",各国之间展开了激烈的人才竞争。我国作为一个人口大国,领导者应该认真研究人才资本理论和人才资本的实现形式,千方百计地促进人力资源向人才资本转化。

2.古人云:成事在人,得士者昌

一个优秀的领导者,最显著的特点和最重要的品质就是聚集人才,知人善任。自古以来,凡得人才者得天下,凡善用人者成就大业。人才确实是决定领导事业成败的关键要素。

从历史上看,中国古代先哲早就提出了识才举贤、得士用人的领导思想。墨子主张:

“选择天下之贤者，立为天子。”他认为，即使是出身贫贱的农夫、工匠，如果有贤能，也可以提拔任用，给以高官厚禄，托以大事。

宋代政治家王安石在一篇题为《兴贤》的文章中说：“国以任贤使能而兴，弃贤专己而衰。”贤能之士，什么时候都有，就看领导者对贤能之士使用与否。王安石在列举了商周以来的历史发展之后，强调指出：“有贤而用之者，国之福也；有之而不用，犹无有也。”

战国时期，齐威王与魏惠王一起到郊外打猎，惠王向威王问道：“你身为齐国之王，可收藏些什么宝物？”齐威王答曰：“没有。”魏惠王说：“像我这样的小国，我都藏有直径一寸大的珍珠10颗，这种珍珠所发出的光彩可以照耀12辆车子。你这千乘之国，何以连一件珍宝都没有？”齐威王回答说，“我有一些珍宝，但是与你所说的珍宝不同。我有一个臣子叫檀子，我派他驻守高唐，北方的赵人不敢来打鱼；另有一个臣子叫黔夫，我派他驻守徐州，能管理徐州那里四方来往的百姓7000多户；我还有一个臣子叫种首，我叫他防备盗贼，百姓可以路不拾遗、夜不闭户。像这样的珍宝，它的光辉可以照耀千里，何止12辆车子？”人才是最可贵的珍宝，齐威王的这一席话，道出了齐国之所以富强的原因。

中国有句古语：“得士者昌，失士者亡。”我国古代有些领导者本身并没有什么高超的本领，但因为能够拥有杰出的人才，从而能够成就一代伟业。真可谓得才兴邦，得才兴业。

这方面的例子举不胜举。

秦朝末年，楚汉相争，最终刘邦打败了项羽，统一了天下，建立了汉朝。一天，刘邦大宴群臣，在宴会上，他乘着酒兴问群臣：“你们知道我为什么能够夺取天下，而项羽那么多军队却失去了天下吗？”众大臣七嘴八舌，有的说：“您治军严厉，令行禁止；项羽过于妇人之仁了。”有的说：“您最大的特点是有功者赏，有罪者罚；项羽嫉贤妒能，有功者害之，贤能者疑之。”刘邦笑了，说：“你们只知其一，不知其二。我之所以能夺取天下，主要是因为我善于识人用人。要说运筹帷幄之中，决胜千里之外，我不如张良；管理国家，安抚百姓，做好军队的后勤保障工作，我不如萧何；统帅百万之众，战必胜，攻必取，我不如韩信。这三个人是人中之杰，我能大胆地使用他们；项羽有一个范增却不能用，这就是我能夺取天下而项羽失去天下的原因啊！”

作为领导者，不一定要有很高深的专业知识，但要掌握领导科学知识，特别是识人用人的知识。刘邦是个不爱看书不会武艺的市井之人，但其精通识人用人之道，最后夺取了天下。项羽出身于官宦之家，知书达理，武艺高强，但因其不会识人用人，最后出演了一幕“拔剑自刎”的惨剧。

唐太宗李世民是杰出的封建君王，治国成就赫赫，他总结其成功的主要原因就在于用人：第一，不妒忌有才能的人，看到别人的才能，好像就是自己的才能；第二，用人所长，避其所短；第三，敬重贤良，原谅犯错误的人；第四，褒奖正直，从不黜责一人。唐太宗深知人才的价值，正是如此这般地用人，他才实现了“贞观之治”，在中国历史上写下了显赫的一页。我国著名历史学家范文澜先生说：“纳谏和用人是唐太宗取得政治成就的两个主要原因。”

3.人才兴，国家兴：为政之本在于任贤

人才是治国之本，发展之源。古往今来，凡成就一番事业的领导者，都必然拥有众多的人才。古人云：“治国之道，唯在用人”，“为政之本在于任贤”。

领导者要想成就一番事业，就一定要爱惜人才，求贤若渴，用贤任能，把人才的积极性和聪明才智充分调动起来，激发出来。不会识人用人，不能辨才择才，就不是称职的领导者，也就没有赢得事业成功的可能。

纵观古今中外的历史，开创江山，治国天下，发展经济，昌盛文化，成就事业，无不依靠人才。

在《三国演义》里，刘备是作为理想中的明主而出现的，他懂得“举大事者必以人为本”，因而宽仁待民，注重义气，礼贤下士、求贤若渴。刘备在新野得徐庶；在徐庶举荐下，三顾茅庐，恭请诸葛亮。刘备礼贤下士、求贤若渴的赤诚之心，感动了有经天纬地之才、年仅26岁的诸葛亮，使之毅然出山。刘备排除了关羽、张飞的干扰，破格重用诸葛亮，尊其为军师，委其掌握兵权。隆中对策，诸葛亮为刘备精辟地分析了天下的形势，制订联吴抗曹、先夺荆州后进益州的战略。诸葛亮一出山，便使刘备取得了赤壁之战、夺荆州、进西川的胜利，成就了霸王之业，得以与曹魏、孙吴鼎足而立。显然，刘备得诸葛亮，如鱼得水，这是他一生事业转折的关键，是他成就霸业的重要原因。

唐太宗执政23年间，相传是我国历史上“道不拾遗，夜不闭户”的太平盛世，政治清明，社会安定，经济繁荣，文化艺术空前发展，究其原因，重要的一条也是唐太宗有一整套“用人如器，各取所长”的用人政策。

历史事实表明，人才兴，国家兴。领导者成就大业，离不开杰出人才。

在社会主义现代化建设的新时期，在改革开放的每个关键时期，邓小平总是站在治国、治党、治军的高度，从坚持党的基本路线一百年不动摇、保持社会主义事业万古长青、保持党和国家长治久安的战略高度出发，提出要把培养选拔德才兼备的年轻干部当作头等大事来抓。

邓小平认为，培养选拔年轻干部是确保党的政治路线长期不动摇的需要，是社会主义现代化建设的需要，是坚持和巩固社会主义制度、反对和平演变的需要。邓小平认为，培养选拔年轻干部是保证党和国家充满生机与活力的必要条件。

历史经验告诉我们，造就一代人是一项浩大的工程，所以必须着眼于长远，着手于眼前，着力于基础，扎扎实实地从早从紧抓起。这样才能保证党和国家在激烈的国际竞争环境中立于不败之地。

4.现代领导者应该具备的人才观念

现代领导者要做到以人才为本、知人善任，就需要树立一系列新的人才观念，切不可被陈旧落后的人才观念束缚手脚。

(1)人才是第一资源

领导者要树立同知识经济时代相适应的“人才是第一资源”的全新观念。如果认识不到“人才资源是第一资源”，那么组织和事业的人力资源开发就会永远滞后。人才是组织和事业可持续发展的根本动力，应成为领导者的共识。国内外大量的事实证明，人才是最主要的战略资源，是我们各项事业可持续发展的本钱。

人才是第一资源的观念，不仅强调人才是资源，而且认为人才不是凝固不变的，它还是可以迅速转化为资本的“活资源”。

(2)人人都可以成才

领导者需要树立人人都可以成才的观念。一方面，要求领导者突破传统的狭隘人才观念。过去那种认为只有具有高学历、高级职称的人才是人才的观念显然过时了，它与人人都可以成才的现代人才观念相违背，不利于选拔、发现人才和发挥人才的作用。领导者应该明白，三百六十行，行行出状元。那些各行各业的佼佼者，都是我们事业建设的人才。社会对人才的需求是多层次的，既需要高、精、尖的精英，同时也需要一大批中、初级技术骨干，更需要数以万计的有文化、懂技术、肯实践的普通劳动者和建设者。

领导者只有树立人人都可以成才的观念，才会积极创造人人都可以成才的空间，才会拓展识才、用才、育才的范围，打破人才的属地禁锢和所有制束缚，才会在具体行动中为每一个人创造施展才华的空间，实行有利于人才成长的政策、措施，营造有利于人才成长的环境，把每一个人的潜能和价值都充分发挥出来。

(3)凭实绩考量人才

领导者识人用人，不能只看文凭学历，也不能只看资历与社会背景，更不能光凭说得“头头是道”。领导者要把工作实绩作为衡量人才的根本标准，作为发现和识别人才的主要途径，不唯学历，不唯职称，不唯资历，不唯身份。要努力形成谁勤于学习、勇于投身创业实践，谁就能获得发挥聪明才智的机遇，就能成为对国家、对人民、对民族有用之才的社会氛围。

(4)人才需要关爱与激励

在市场经济条件下，人们已经认识到人才是第一资源，是最重要的生产力。认识到人才对事业发展的巨大作用，势必加剧对人才的争夺竞争。如果领导者不树立爱护人才、激励人才的观念，单位就留不住人才，就会造成人才流失。因此，领导者一定要关心、爱护人才，树立爱护激励人才的现代人才观念。要关心人才的工作和生活，帮助他们解决工作和生活中遇到的实际困难，解除他们的后顾之忧；要加强对人才的培训和开发，为他们量身打造适合自身事业发展的广大平台；要在组织内部营造尊重人才、重视人才的良好氛围，创造一种“鼓励成功，宽容失败”的宽松氛围。只有这样，组织才能充满活力和竞争力，实现可持续发展。

(5)人才的使用与培养并重

人类社会已进入知识经济时代，知识更新速度加快，周期缩短。任何人才都需要学习、培训，以便更新知识，否则就会落伍。一个组织如果不能及时地培养人才，将会跟不上知识更新的速度，而知识的老化必然会导致能力的老化，结果适应不了社会的发展。一个组织如果做不好人才培养工作，就会使人才能力的发挥缺乏动力和连续性，无法保证组织的可持续发展。

领导者如果能树立以上五个方面的人才观念，那么，不仅能及时认识和发现人才，而且能科学地培养和使用人才，从而使自己的事业得以持续发展。

(二)识人用人是领导者的重要职责

1.什么是领导者的识人用人

识人与用人是两个相互联系的、既统一又有区别的领导职能。

首先,识人是一项重要的领导职责。领导者使用人才的前提是识别人才。

人才的识别,是领导者对人才的政治觉悟、思想品质、知识、工作能力、性格、精力和体力状况等方面进行全面的历史的考察与评价。识人既是人才管理的重要内容,又是对人才合理使用和科学管理的前提条件。可以说,识人是坚持公道正派、任人唯贤的基本保证。没有识人的"慧眼","近己之好恶而不自知",领导者就不能坚持公道正派、任人唯贤的原则。识人是对人才实施科学管理的重要环节,同时也是激励人才奋发进取的有效措施。

其次,在识人的基础上,用人是一项重要的领导职责。

1977 年 12 月,叶剑英在中央军委全体会议上的报告中指出,选配领导班子时要做到"知人善任"。所谓"善任",就是正确地使用人才。

任何一个组织,任何一位领导者,都必须知人善任。一般而言,哪个组织的人力资源丰富、质量高,而且安排得当,使用合理,哪个组织的事业就会蒸蒸日上,兴旺发达。

著名军事家刘伯承对军事人才管理之道可谓深知熟谙。在戎马疆场几十年的实践中,他对手下每一个指挥员的长处短处、脾气秉性都了如指掌。所以,他用人得心应手,恰到好处。抗战时期,刘伯承在一次闲聊中得知,一位学经济的大学毕业生从抗大毕业后被分配到鲁西北当副排长去了,刘伯承马上详细询问此人的情况,并派人追了几百里,硬是把他追了回来,随后将他分配到师供给部工作,使其发挥了的专长。

实践证明,不会用人,不懂得如何使用人,就不能成为成功的领导者。"只有无能的领导者,没有无用途的人才","垃圾是放错了位置的人才",这些话已成为现代领导者用人的名言。

2.以人为本:识人用人的核心

识人用人的核心在于以人为本,以人才为本。

树立以人为本的思想观念,就是要把促进人才健康成长和充分发挥人才作用放在首要位置,努力营造鼓励人才干事业、使人才干成事业、帮助人才干好事业的社会环境。以人为本的观念指领导者明了人才工作的目的与任务，是科学人才观的根本出发点和最终落脚点。

(1)充分理解人才

由于不同的人才需求不同，禀性各异，因而领导者要充分理解人才的特殊禀性，合理满足各类人才的需要。随着我国改革开放进程的不断加快和社会主义市场经济体制的逐步完善，人才的价值观念也出现了由单一到多样、由封闭到开放、由传统到现代的转变。领导者要以宽容的心态对待不同的人才，善于与其交流和沟通，积极创造一种理解人才的社会环境。

(2)充分尊重人才

党和国家提出了“尊重劳动、尊重知识、尊重人才、尊重创造”的重大方针，这四个“尊重”的本质就是尊重人才。领导者要尊重人才的人格，尊重人才的个性，尊重人才的选择，尊重人才的需要，尊重人才的劳动，尊重人才的创造。领导者要努力创造条件，营造良好环境，一视同仁地为各类人才提供服务，实现人才的自我价值和社会价值的统一，使各类人才有实现自身价值的满足感，有贡献社会的成就感，有得到社会承认和尊重的荣誉感。

(3)选拔使用人才

人才的作用要通过使用才能发挥出来，人才的价值必须落实到使用上。以人为本做好人才工作，最终应体现在用好人才上。然而，重使用轻开发、重学历轻能力、重资历轻实绩、重关系轻公论的用人模式在一些地方还较为普遍，这就需要领导者打破用人的陈腐观念，不拘一格地选用人才，对于德才兼备的优秀人才要敢于破格使用，对于有特殊个性的人才不能求全责备。同时，领导者还需要建立并完善科学的选拔任用机制，坚持用公开、平等、竞争、择优的原则来选人用人，使晋升的人心里坦然，降职的人心里服气，这就可以减少内耗，增强活力。

(4)关心爱护人才

做好人才工作，首先要带着感情来关心人才，以深厚的人情味和亲和力感召人才，用感情的力量营造出一个“拴心留人”的环境，包括充满希望的工作环境、和谐融洽的人际环境、民主活泼的学术环境、舒适安全的生活环境和受人尊重的社会环境等。其次要正确对待人才的正当利益和合理需要，关心人才的事业和利益，想人才之所想，急人才之所急，帮人才之所困，多办实事、多办好事，不断改善人才的工作条件和物质待遇；要加强对人才的监督管理，从政治上、思想上关心人才，建立人才自我监督管理、组织监督管理、社会监督管理相结合的监督管理机制，保障人才的健康成长和发展，从根本上关心和爱护人才。

(5)依法保护人才

保护人才包括领导保护、权威保护、组织保护、法律保护和社会保护等多种方式，其中法律保护是人才权益保障的根本方式。长期以来，我国人才管理主要以内部规章、文件为调整依据，在人才培养、使用评价、奖惩、待遇、纠纷处理等各个环节缺乏稳定、系统的法制保障，导致人才市场信用关系不健全，人才市场主体，特别是人才个人权益得不到有效的保护。在人才工作中，领导者应制订和完善与国际接轨的人事人才法规体系，在人才管理的各个环节加强对人才权利的保护，包括经济权利、政治权利以及人身安全、受尊重等精神权利，特别是知识产权的保护，促进形成公平竞争、保护创新的良好社会环境。

(6)待遇留住人才

光靠大道理是留不住人的，事业留人、感情留人都非常重要，但待遇留人也要引起领导者的高度重视。从实际出发，实事求是，要看到少数人可以凭觉悟留住，但多数人要靠待遇才能留住。要调动一切积极因素，特别是人的积极性，说到底还是要抓待遇，给干事的人以实惠。

总之，以人为本，必须建立在尊重人的基础上。人才是最重要的资源。机遇难得，人才难得，各级领导者都要重视对人才的关心、关爱和尊重，重视对人才价值、尊严和合法权利的保护，充分尊重人才的才能和个性，积极帮助他们创造发挥作用的条件，切实使用好人才。

3.领导者需要识别、使用好六种人才

人才多种多样，每一种人才只要放在适当的岗位上合理使用，就能发挥其作用。从目前看，以下六种类型的人才是当今组织务必用好的人才：

(1)专家型人才

专家型人才就是精通业务，具有高深的专业知识和技能的人才。对务实型领导者来说，专家型人才是十分重要的。虽然务实型领导者本身应具有专家影响力，但作为领导者，毕竟不可能样样精通，而领导者要做好工作，必须依赖专家型人才来保持组织的正常运转。

专家型人才对于专业知识范围内的问题所提出的意见往往具有权威性，这种权威性足以发挥较大的影响力，受到各方面的尊重。因此，领导者必须放下架子，认真、谦虚地听取专家型人才的意见。

专家型人才最可贵的品质便是谦虚平和，这种谦虚平和的品质和其在业务上的才华相互配合，必定能做出一番大事业，领导者更应该尊重专家型人才。

但是，也有许多专家型人才恃才自傲，他们往往觉得自己比别人强，自己的专业别人理解不了，也干不了，所以就认为自己应该高人一头；还有些专家型人才太钻研于业务，以至于不通世事，看不惯别人不懂装懂，更看不惯有些领导盲目干涉瞎指挥，于是直来直去陈其弊，而没有以委婉的方式提出来，所以也被认为“自傲”“清高”。

针对专家型人才的“自傲”和“清高”，领导者要以宽容的心态去对待，尊重他们的思想成果，必要时帮助他们正确认识自我，以便其更好地融入团体当中。

(2)智囊型人才

智囊型人才就是为领导者出谋划策的人才，他们往往多谋略，善策划，考虑周全，深谙世事人情，有着惊人的洞察力。任何一个想成就一番事业的领导者都离不开智囊型人才，智囊型人才可以弥补领导者的智力不足。一个领导者可能有胆识、有气魄、有决断力、有远见，但他绝不可能什么事情都能预料和通晓。而智囊型人才一般都智力超群，胸有奇谋，往往能令领导者茅塞顿开，帮助领导看清当前的形势格局，看清未来发展的基本趋向，并能帮助领导采取最恰当的办法，使事情朝着有利的方向发展。

由于智囊型人才过多地介入领导者的决策过程，很容易为权倾倒，利欲熏心，生出许多不安分的想法。领导者不但要尊重、信任智囊型人才，而且要采用一定的方式方法来安抚智囊型人才，使其忠心耿耿地为领导者出谋划策。

(3)组织型人才

组织型人才就是那些善于内外交际，善于做好接待、洽谈、交流、合作等组织事宜的人。领导者之所以需要组织型人才，是因为这种人善于处理人际关系，因而能够活跃和调动组织的气氛，对内部的工作统属关系起到某种润滑的作用，从而激发组织成员的工作热情，提高办事效率。

组织型人才不仅能促进组织与外界的信息沟通，而且在组织内部也善于协调各方面的关系，处理各种人际问题。许多职位，如办公室主任一职，就需要组织型人才来担任。

但是，组织型人才的最大缺点就是不够安稳、油腔滑调，因此，领导者不但要教育他们以正确的态度对待工作，而且应该在组织内营造一种良好的氛围，引导组织成员踏踏实实，干好本职工作。只有用战略性的眼光看待工作，踏踏实实从身边的小事做起，才能取得不断地进步。

(4)管理型人才

管理型人才就是具有较强的管理能力的人才，他们能够把人、财、物等各种要素有条不紊地结合起来，使工作变得有条有理、层次分明；他们往往还比较细致，善于发现和解决工作中的各种实际问题。管理型人才是领导者管理活动中主要依靠的力量。

领导者需要管理型人才，不仅仅在于他们能够使领导的决策化为现实，还在于这些人是整个组织的关节点，控制了他们，就可以以点带面，牵一发而动全局，掌握整个组织的行动。从领导科学的角度看，领导者不可能实现对所有下属的直接控制，他必须通过划分领导组织层次与领导宽度来进行分级管理，通过直接控制少数人去间接控制大多数人。这部分少数人就是管理型人才，领导者如果没有管理型人才的支持，不仅无法做出实绩，而且会导致组织的失控。

虽然管理型人才拥有管理和理财的特长，但是他们的最大缺点是易起妄念，容易出现越权指挥和贪污现象。因此，对待管理型人才，领导者一定要有所控制，要求他们在处理重大事情时先请示再处理，或者处理以后一定要汇报；在把任务交给管理型人才时，要随时掌握事情的进展，以便及时纠正执行中的错误，并根据执行效果对决策进行修正；同时要教育管理型人才不贪权、不贪财，充分发挥自己的管理能力为组织效力。

(5)开拓型人才

开拓型人才就是具有开拓精神、敢于创新的人才。他们往往具有超常人的勇气和勇往直前的闯劲，目光敏锐又充满自信，喜欢冒险和刺激，能够开创前人所未曾涉足领域的事业，能够独当一面地开展工作，并且往往事业有成。开拓型人才是领导事业取得更大发展的关键所在，任何希望干出一番事业的领导者都需要开拓型人才。

开拓型人才不仅能够帮助领导者开创事业，还能振奋组织的精神，鼓舞人们去改革、去创新。因此，那些有远见卓识的领导者都非常注重发掘和培养开拓型的人才，以改变部门内部不思进取的安逸之风,使事业再上新台阶。但是,正因为开拓型人才具有开拓进取、不断创新的资本,他就有可能因为自己有功劳、有实绩而骄傲。

对于开拓型人才的骄傲情绪,领导者一定要教育他们注意自己的姿态,不能居功自傲,而是要自重。领导者也应辩证地看待开拓型人才的功劳,既要表扬,也要告诫、教育,使其谨慎地对待自己的成绩,有功而不傲,有成而不骄,做一个踏踏实实的人才。

(6)实干型人才

实干型人才就是注重实干,强调奉献而不求索取的人才。实干型人才是领导决策的最忠实、最基本的执行者,他们用辛勤的汗水在平凡的岗位上创造了巨大的社会财富;他们默默无闻,无私地奉献着自己的青春和热血。没有这些平凡的实干型人才,领导者的工作是不可能取得实绩的。

实干型人才通常倾向于服从,他们既不会提出理论的质疑,也不会发动一场僭权的阴谋,他们只知道忠实地理解和执行领导意图与决策方案,把它们切实地贯彻下去,转变为现实。实干型人才在组织中还有重要的表率作用,代表着一种务实主义。领导重用或表彰那些勤恳踏实的"老黄牛"型的下属,其实就是要提倡一种正气,树立一种风格,引导其他成员向这些人学习,把各项工作做好。

但是,在实际领导工作中,实干型人才是最容易被领导者忽视的。虽然他们创造了真正的业绩,但是许多实干型人才是不为领导者所知的,他们默默无闻地做着最平凡的工作。作为务实型领导者,应该充分认识到实干型人才的价值,虽然他们服从领导者的指挥,不会对领导权力构成威胁,是组织中最稳定的人群;但是,这些实干型人才却在群众中具有一定的威信,比较受他人的敬重,如果领导者忽视了他们的"苦劳",就会在群众中失去支持和拥护。因此,领导者应当充分重视实干型人才,依靠实干型人才,这样就等于争取到了群众的支持和拥护。

(三)将识人用人变成一门领导艺术

1.艺术地识人用人是领导者的才能展示

领导者做出正确的决策只是通向成功的第一步。但是,还必须有第二步——识人用人。因为决策是靠人去贯彻落实的,如果没有人去很好地落实,或者落实的人没有高尚的思想道德素质和较强的工作能力,那么这种落实的结果就会使决策的落实走样、变质,使领导者的决策意图无法实现。

用人与决策一样,是每个领导者的主要职责。用人与决策往往是不可分割的。领导者做出决策之后,有一系列实施工作要做,而用人就是实现决策目标的决定性环节。正如邓小平所说:“任何事情都是人干的,没有大批的人才,我们的事业就不能成功。”

卓越领导者无不具有识才之智、爱才之心、用才之艺、容才之量。他们无不重视人才问题,无一不把识人、选人、用人作为领导者的第一要务。

首先,领导者要有知人之明,求贤若渴。人才的表现形式各不相同,有的出众,一目了然;有的湮没在人群之中,不易发现;有的恃才自傲,不会同流合污,更不会趋炎附势。领导者应当能够从实践中知人,从细节中知人,从心理变化中知人。领导者除了要有知人之明的智慧,还要有求贤若渴的精神。如果领导者无求才之渴,人才是不会自动来的。领导者要广纳贤才,既凝聚一般人才,又凝聚高层次人才。

其次,领导者要扬长避短,广用各种人才。

每个人都有优点和缺点、长处和短处。了解了这些,领导者就可以充分发挥人才的长处,尽可能规避其缺点,并能将不同类型的人才作合理的配置,使其尽可能产生最大的整体效应。

清末中兴之臣曾国藩是我国历史上广用人才的典范。曾国藩之所以能成就一番事业,一靠自己的以德感人;二靠广用人才。网罗人才是他最大的储蓄,使用人才是他最大的投资。他的那些军事人才绝大部分是他或识之于风尘,或拔之于微末,或破格委之以重任。用之任之,不猜不疑,这正是曾国藩用人识人的本领,起用下属使之感激涕零,重用下属使之八仙过海各显神通。

曾国藩一生始终未曾放弃过对人才的选拔和任用。前期有塔齐布、罗泽南、李续宾、胡林冀;后期有彭玉雕、杨岳斌、鲍超、左宗棠、李鸿章、曾国荃。他们都不负众望,成就了曾国藩的伟业。

人世间有数不清的人才,识人用人是领导者的一切才能中的才能。

2.领导者应该掌握的识人用人艺术

对于领导者来说,由于识人用人十分重要,因此,每一位领导者都应掌握识人用人的艺术。

领导者识人用人的艺术,主要体现在以下四个方面:

(1)有"识才之眼",决不"无视"人才

领导者要有"识才之眼",善于发现人才、识别人才和挖掘人才,决不可对人才视而不见,更不能埋没人才。如果领导者无识才之眼,即使人才近在眼前,也会错过。

所谓领导者的识才之眼,是指领导者要有伯乐的睿智眼光,能够透过表面现象看清人的本质。人们常说识才如识璞,实际上识才比识璞还难。人的内在本质在很多时候会给人以假象,很难被看透。庸才往往更卖力地表现自己,尽量展示其外在的"金玉",而掩盖败絮其内;歪才更是阳奉阴违。有的人才往往"真人不露相",大智若愚,比平凡者还要平凡,甚至有意无意地远离领导者。这就要求领导者必须具有敏锐的观察能力和高度的鉴别能力,看得全、看得远、看得透。领导者在识别人才时不能限于表面的、抽象的认识,要通过具体的、多视角的、全方位的考察看其本质。对人才的识别应该是动态与静态相结合,既要全面、客观、历史地看,又要具体、比较、发展地看;不但要看工作实绩,而且要看品德作风;不但要了解其在单位的表现,而且要了解其在社会生活方面的情况;不但要观其言,看其说得怎样,而且要察其行,看其做得如何;不但要看一时一事,而且要看其一贯的表现。

(2)有"举才之德",有当"人梯"的精神

领导者应有举荐人才的美德。这种美德主要表现在以下两个方面:一是要当好伯乐,要善于将优秀人才推荐到上级或者其他更适合的岗位上去。这种举贤荐能的做法不仅会使人才更快地脱颖而出,而且会使人才的才能在更大的空间得以发展,而不至于使"英雄无用武之地"。二是当领导者自己不如下属时,要有勇气让贤。领导者千万不能压制人才,不能害怕下属在水平、能力上强于自己、胜过自己。领导者要有教师那种"燃烧自己,照亮别人"、甘当"人梯"的无私奉献精神,以下属能超过自己为荣。

(3)有"用才之能",善用有个性的人才

用才之能,就是要求领导者要知人善任。对人才要用其所长,用其所好,用其所能,大才大用,专才专用,扬长避短。卓越的领导者不仅能慧眼识人才,更能有效地发挥优秀人才的才能,而且能够根据下属的特点、才能,做到人尽其才,才尽其用,使下属的各种潜能得到最大的发挥。只要领导者善于用才,人才的积极性就能得到充分发挥,小材就可做大用,歪才也可以做正用,收到事半功倍的用才奇效。

领导者要敢于、善于使用个性突出、不唯唯诺诺的人才。领导者的用才之能,应更多

体现在对才华横溢而又个性突出的人才的驾驭能力和水平上，而不是体现在使用“庸才”“奴才”上。领导者还要善于使用同自己意见不同，甚至反对过自己的人才，真正做到出以公心、不拘一格地用人才。

(4)有“容才之量”，决不迁就人才

金无足赤，人无完人。领导者容才就是要容得下既有才能又有缺点的人才，还要容得下在某方面超过自己的人。用才不容易，容才更难。人才有所长，也必有所短，往往是优点越突出，缺点也越突出。

领导者既要善于用人所长，又要能容其所短。领导者必须要具有宽广的胸怀，能像磁铁一样把各种锋芒毕露的人紧紧地吸引在自己的周围；又能像润滑剂那样在人才之间周旋，使各种人才协同高效地发挥作用。领导者要以博大的胸怀接受人才，以湖海的胸怀容纳人才，以宽宏的态度对待人才。

领导者的容才之量，还体现在容许人才犯错误、容许人才改正错误上。

当然，要求领导者要有容才之量，并不是对人才的缺点错误迁就、放任不管，而是要教育、引导、启发其自我批评、自我警醒、自我约束、自我完善、自觉改正错误、尽量少犯错误。

3.领导者需要走出识人用人的误区

当前的一些组织、个别领导者在选拔任用人才过程中还存在一些模糊认识，从而给领导工作带来了一定的负面影响。因此，领导者必须走出识人用人的四个误区。

(1)走出由主要领导者说了算的用人误区

在一些单位中，党委研究任用人才，实际上就是主要领导者说了算；会上集体讨论，无非是走个形式。另外，还有个别基层领导者认为：上级领导使用我，是看得起自己，提升以后要好好地为上级领导出力，存在着“谁用我，给谁用”的错误思想。

领导者要走出这个误区，必须自觉做到“三个增强”：一是要增强党性修养，树立正确的权力观，消除人才任用上的私欲心理，从源头上杜绝少数领导者在个人成长进步上搞感情投资、人身依附等不正之风现象的发生，把人才的注意力吸引到靠素质、靠能力、靠实绩争取个人进步上来。二是要增强民主参与意识，决定人才任免事项，领导者要事先征求对人才调整方案的意见和看法，不搞临时动议；要积极引导其他组织成员畅所欲言，不搞个人说了算；组织的其他成员，要积极“参政议政”，不能随声附和，更不能熟视无睹，对熟悉了解的人才，要敢于发表自己意见，以便党委慎重行事，正确决策。三是要增强人才选拔任用的透明度。组织的优劣和是非功过，群众看得最清楚，也最有发言权，因此要逐步推行考前公示、任前公示、公开选拔、择优任用等做法，畅通民主渠道，进一步扩大广大群众对人才考核任用工作的知情权、参与权与监督权。

(2)走出一碗水端平的误区

当前，这一认识误区主要表现为论资排辈的思想，认为按照资历、阅历选拔任用人才比较稳妥，能一碗水端平。

领导者要想走出这个误区，必须解放思想，更新观念，用“三个突出”的要求来衡量和识别拟任用的人才：其一，在把握人才的能力素质上，要突出经济建设的需要，强调人才在政治素质、知识文化、科技决策、创新思维和心理承受等方面的能力和水平，把培养和选拔一批复合型、统揽型、专家型、创新型的高素质人才作为经济建设的重中之重抓紧抓好。其二，在衡量人才的标准上，要突出工作实绩这个“硬”尺度，通过建立实绩档案或考核档案，对人才履行职责情况实施量化管理和跟踪了解，以此作为选拔任用人才的主要依据。其三，在人才的优劣短长识别上，要突出辩证的思维，对人才的优缺点，要善于通过现象看本质，区别主次，量才使用；特别是对那些有争议的年轻人才，要用发展的眼光，看主流，看潜质，要用其所长，避其所短。

(3)走出“老好人”思想的误区

少数领导者在评价人才时，还存在以下两种思想表现：一是“多栽花、少种刺”的老好人思想，谈人才的优点，夸夸其谈，言过其实，好话一大篇；谈人才的缺点，或避重就轻，或千人一面。二是“互给方便”的利己主义思想，为了个人的进步，在考核时多打几个“优”，互说好话，使上级领导难以通过考核掌握到人才的真实情况。

领导者要走出这个误区，必须自觉加强组织内部的思想、作风和制度建设，把“三个坚持”贯穿于组织生活之中。首先，在思想建设上，要坚持实事求是的思想路线；其次，在作风建设上，要坚持运用批评与自我批评的有力思想武器；最后，在制度建设上，要坚持责任追究制度，凡出现荐才不当、用人失察乃至造成危害性后果的，要追究领导者的责任。

(4)走出“人多力量大”的误区

有个别领导者认为，自己选拔、培养、推荐了不少人才，也可以说是有政绩了吧？其实也是个误区。领导者要走出这个误区,就要处理好以下“四种关系”:一是要着眼人才队伍的成长规律,处理好人才使用与培养的关系。人才培养既是当务之急,更是长期任务。只有把人才的政治思想素质、科技文化素质等搞扎实了,人才建设才真正有坚实的发展基础。二是要着眼于创造优秀人才脱颖而出的良好环境,处理好人才个体强势与整体优势的关系。三是要着眼于人才与各地区、各单位经济建设的有机结合,处理好按编配备与适当储备的关系;防止出现因人设位、人浮于事的现象。四是要着眼培塑“淡泊名利、无私奉献”的操守,正确处理好个人成长进步与服从组织安排的关系。领导者要切实把个人成长进步的强烈愿望转化为兢兢业业干工作的实际行动,以自身的模范带头作用带出一支高素质的人才队伍。

领导者只有真正走出识人用人的误区,才能保证党和国家的事业真正后继有人。

二、领导者要有高超的用人智慧

高超的领导智慧,根植于领导者自身的优秀素质。没有博大的胸怀,就难以出于公心地任人唯贤;没有宽大的气量,就难容各有所长的人才;没有卓越的远见,就不善培养与造就人才;没有出色的领导艺术,更不可能做到人尽其才,才尽其用。因此,唯有先修其身,而后才能在用人上尽显其智。作为领导者,拥有高超的用人智慧,是做好领导工作的内在的、本质的要求。

(一)领导者要有博大的用人胸怀

1.胸怀博大才能广纳贤才

领导者的胸怀是领导者的才识、品德和道德诸方面的综合体现。作为一名领导者,要担负起统帅全局的重任,必须要有博大的胸怀。一般来说,有多大的胸怀,才能掌多大的权。“将军肩上能跑马,宰相肚里能撑船”,就是领导者胸怀的最好体现。

博大的胸怀是一个人取得成功不可或缺的内在力量。拥有大气量方能成大事,小肚鸡肠者难成大事,古今中外,概莫能外。刘邦有容纳天下人才的气量,才使自己夺得天下;项羽虽武功盖世,却因“自矜功伐,奋其私智”,而专横跋扈,不可一世,结果自刎乌江,了结一生。

胸怀还能够反映领导者的精神境界。胸怀越宽气量越大，见识就越高，涵养就越好。

在我国战国时代的赵国，有一个“将相和”的故事，其中的蔺相如就有大气量。他不惧声威煊赫的秦王，却甘受本国大将廉颇的羞辱。而他之所以一再忍让，倒不是怕廉颇，而是因为他有“以先国家之急，而后私仇也”的思想。也正是这种以国家利益为重的精神和宽宏博大的胸怀，才使廉颇感动得“肉袒负荆”，上门请罪，二人最终言归于好，协力抗秦，护卫了赵国的安宁。

宏大的胸怀与气量，使蔺相如站得高、看得远，能够为国家争志气，不为一己闹意气。这正是他的力量所在。

领导者的胸怀主要体现在这样几个方面：有容人的雅量，不计自己对他人之恩，不计他人对自己之怨；对待群众的批评，乐闻直言，从善如流，能以谦虚的态度认真听取，有则改之，无则加勉，即使别人批评错了，也不打击报复。

拥有宽阔胸怀的领导者，不仅善于团结志同道合的人，还能够团结与自己意见相左的人，特别是反对自己的人。因此，在他们的身边，总是聚集着良才共同地推动着领导事业的蓬勃发展。

2.胸襟开阔才能拥有高境界

重事业、淡名利，不计较小事，是领导者胸襟开阔的实际表现，也是领导者用好人才的重要条件。所谓计较小事，就是在个人名利、待遇、面子等非原则问题上，以至于在鸡毛蒜皮的琐事上，争长竞短，斤斤计较。为个人争名、争利、争权、争面子，反映了不健康的权欲、名欲和私欲，对团结、对工作、对个人的成长危害不小。因此，要通过加强理论学习和党性修养，牢固树立“立党为公，执政为民”的思想，摆脱名缰利锁的羁绊，从而开阔自己的胸襟，跳出名、利、欲的诱惑。“计利当计天下利，求名应求万世名。”只有把名利看得淡一些，把事业看得重一些，胸怀大志、思想超脱、行为坦荡，才能摆脱因个人私欲难以满足所带来的苦恼，才能全身心地投入工作、事业中去，才能达到“心底无私天地宽”的境界。

实践证明，凡是事业上取得成就者，绝非那些心胸狭窄之人，而是那些胸襟开阔者。毛泽东之所以能成为一代伟人，一个很重要的原因，就是他有着开阔的胸襟。

如果领导者胸襟狭小，便不能用人之才，便不能容纳各种风格、各种能力的人成为一个整体，使下属八仙过海，各显神通。这样，就会失去自己的魅力，使自己的世界变得狭窄起来;同时还会失去一部分人的支持,尤其是对人才无法产生强大的吸引力、凝聚力,也就不利于广纳群贤。领导者要是胸襟狭小,便不能容忍冲撞和误会,便会涣散团结,疏远感情,破坏关系,影响工作。

所以,领导者只有严于律己,宽以待人,拥有开阔的胸襟,不计较个人得失,善于团结他人一道工作,才能赢得他人的敬重和信赖,才能够产生巨大的感召力。

作为一名领导者,开阔的胸襟是一种底蕴,是一种境界。法国作家雨果曾说:"世界上最宽广的是海洋,比海洋更宽广的是天空,比天空更宽广的是人的胸襟。"人世间的事情,总是有得有失,有沉有浮。得失也好,沉浮也罢,关键是要有"海纳百川,有容乃大"的胸襟。

3.领导者要拥有一颗宽容之心

由于人的性格千差万别,要想与不同的人处理好关系,这就要求领导者必须要有一颗宽容的心。

领导工作很重要的一部分就是协调好各种关系,而一个组织中往往又有着各种各样性格的人,因此难免会有这样那样的矛盾产生。而矛盾的焦点最终都要有解决与释放的突破口,这个突破口就应该是领导者本人。如果在你的组织中,你就是这个突破口,那么恭喜你,至少你的组织具备了一个良性运作的基础;反之,如果这个突破口在其他方面得以释放,那是很可怕的。

第一次世界大战前,德国著名首相俾斯麦与国王威廉一世是一对有名的搭档。有一天,威廉一世回到后宫中,气得乱砸东西、摔茶杯,连一些珍贵器皿也都砸坏了。

皇后问他:"你又受俾斯麦那个老头的气了?"

威廉一世说:"对呀!"

皇后再问:"你为什么老是要受他的气呢?"

威廉一世:"你不懂,他是首相,一人之下,万人之上,下面那么多人的气他都要受,他受了气哪里出?只好往我身上出啊!我当皇帝的气又往哪里出呢?只好摔茶杯啦!"

威廉一世不在当场把情绪发泄在俾斯麦或其他人的身上,而是在独处的时候自我调适,这不仅需要有个清醒的头脑,还需要有极高的自制力与包容心。德国当时会那么强盛,不仅因为有俾斯麦这个首相,同时也是因为有这么一个宽容大度的好皇帝威廉一世。

宽容是一种极其优秀的品质,它能够唤醒人们的内心,自觉矫正人生的方向。领导者在工作中往往会遇到许多问题,有的是原则性的问题,而更多的则是非原则性问题。

当遇到非原则性的问题时,领导者应该以宽容灵活的方式来处理,应该随时敞开胸怀,而不要让矛盾在私底下释放。反之,领导者若是多疑闭锁的个性,和周围的人斤斤计较鸡毛蒜皮的小事,没有宽容豁达的心态,就会给组织和下属带来难以估量的损失。

我国明朝的崇祯皇帝,虽一直想中兴大明,但由于生性多疑,刚愎自用,中了敌人的反间计,错杀了国家的栋梁之材,结果使自己落得个国破家亡的下场。

俗话说得好:有多大的心胸,做多大的事业。心胸小,本事大,容不得人的领导者是很危险的。所以,领导者只有拥有广阔的胸怀,才能树立个人的威信并得到大家的认可。

"海纳百川,有容乃大。"宽容别人会展示领导者为人的博大胸怀和行事的恢宏气度。再杰出的人都会有出错的时候,能容忍别人的错误,就会海阔天空,别有洞天。人才必有其特长,发挥他的优势,领导者会得到他的真诚和信任;金无足赤,人无完人,容忍别人的缺点,领导者就会得到他的感激与报答。当然,凡事皆有度,容忍不等于纵容,无原则的宽容只会导致鄙夷和失败。

4.用人不疑,信任你所任用的人

用而不疑,是一条重要的用人原则。当然,这条原则是与疑而不用的用人原则联系在一起的。在思想上、道德品质上有疑点的人,在能力上不胜任的人,凡是经过考察、认真研究觉得不可信任的人,领导者则一定不要用。如果失之斟酌,盲目错用,就会自食恶果。反过来讲,对于经过慎重考察而任用的人才,就要推心置腹,充分信任,大胆放权,决不干预。领导者只有对人才信任,才能放手让人才独立自主地行使职权;人才只有有了独立自主行事的权力,方可充分发挥其各种才能。只有信任,才能赢得人才忠心不渝地献身于组织的事业。

现在人们常说的一句话:现代社会中的竞争的制高点是人才,而用人不疑是发挥人才作用的重要原则。用而不疑起码要做到以下三点:

(1)相信受任的下属人才能完成任务

古人云:既任须信,既信须终。对于任何任务,领导者在选人时要三思而后行,但一旦确定人选,就不要轻易地更换。千万不可一方面让其担当某项重任或参与某项工作;另一方面又怀疑其完成任务的能力。

领导者在把某项工作任务交给下属后,一定要相信下属能够完成任务。当然,也必须对下属提出明确的目标要求，实行一定的监督检查，进行适当的指导帮助，而这一切都是为了帮助下属更好地完成任务，绝不是干扰、妨碍下属的工作，束缚下属的手脚。即使下属的能力略低一些，也不可疑首疑尾。

(2)相信下属人才对组织利益的忠心

组织成员之间应当精诚团结，同心同德，为完成共同的目标而奋斗。尤其是领导者对待下属人才，更要以诚相待。切忌对张三怀有戒意，对李四放心不下，满腹狐疑，最后闹个互相猜疑，分崩离析。

在历史上，凡是因社会关系等原因随便怀疑下属的领导者，十之八九要失败。曹操在赤壁之战中大败而回，其中一个重要原因就是他犯了用而怀疑的错误。曹军中多是北方士兵，不习水战，他起用了荆州降军中蔡瑁、张允为水军首领，周瑜巧妙地运用曹操对蔡、张二人的怀疑心理，借"蒋干盗书"加重曹操对二人的怀疑，结果蔡、张二人被杀，使曹操在水战中失去得力助手，终于遭受火攻而败。

(3)给受挫下属人才以成功的机会

世间任何人的经历，都不会一帆风顺，常胜将军是不多见的。人在孩提时学走路摔跤、学游泳时呛几口水，都是常事。在完成任务的过程中，由于种种意想不到的原因，下属任务完成得不好，或出现了失误，领导者一定不要大惊小怪。失误了只要正确对待，帮助下属认真总结经验教训，下属必然会产生有负领导者重托的自责感和将功补过的决心，势必为今后的工作开展打下良好的基础。

下属受挫的原因是多方面的，主观的、客观的，有时还有领导者决策指挥的原因。如果一出现失误，领导者对受挫者只是一味地指责、埋怨、批评、训斥，不给丝毫的温暖和善意的帮助，就会冷了下属的心，甚至会激化演变为敌对情绪和叛逆心理。

5.能够任用曾经反对过自己的人

领导者的宽大胸怀还体现在对事不对人上，对反对过自己的有才能的人，要敢于使用。

春秋时期的齐桓公，不计管仲曾射过自己一箭的前嫌，大胆起用管仲为相，结果成就了九会诸侯、一匡天下的霸业。

三国时期曹操在容才方面是很值得称道的，他手下的许多勇将谋士都来自敌对营垒。被称为"建安七子"之一的陈琳很有才气，他在袁绍营里时曾作过一篇伐曹檄文，不但历数曹操的罪恶，而且把曹操祖宗三代都骂了个狗血喷头。当檄文传到许昌时，曹操正患头疼病，卧床不起，见到檄文后，毛骨悚然，出了一身冷汗，不觉间头风顿愈，从床上一跃而起。后来曹操消灭了袁绍，陈琳被俘，左右都劝曹操杀了他，曹操爱其才，不但不杀，还让其当了书记官。

齐桓公

齐桓公和曹操，都是历史上有名的政治家，都是创立过赫赫业绩的一代雄才。大度容才，是他们成就事业的一个重要原因。

毛泽东在团结大多数人一道前进的问题上曾经指出，一个心胸宽广的革命者，不但要团结和自己意见相同的人，而且要团结和自己意见不同的人，还要团结那些曾经反对过自己并且被实践证明是反对错了的人。以毛泽东为首的无产阶级革命家，在对待曾经反对过自己的人的态度上，是襟怀坦白、与人为善、宽宏大量的。在新中国成立后妥善安置、大胆起用一大批原国民党军政人员就是一个证明。但凡有作为的领导者，对于曾经反对过自己的人，都是不记小仇而用其才能的。

当今社会的领导者们在对待反对过自己的人的态度上，应当更胜前人一筹，切不可对反对过自己的人耿耿于怀，誓不两立；而应求同存异，正确对待。对于反对自己的人要做具体分析，如果人家对，则要心甘情愿地接受；若是自己正确，也要给对方认识和改正的机会。更何况在若干情况下，只是对问题的具体看法不同产生了分歧而不是对本人有什么看法。所以，千万不可一有分歧就分道扬镳。作为领导者，应该高姿态，宽心胸，从爱护人才的高度出发，主动去团结反对者。这样，不仅能把工作干好，还能赢得更多人的拥护。

(二)领导者要有科学的用人策略

1.用好的作风选拔作风好的人

坚持用好的作风选人、选作风好的人，是对领导干部选拔任用人才提出的新要求。用好的作风选人是选作风好的人的前提，领导者只有坚持好的作风，才能真正选出作风好的人。

在新的历史条件下，领导者应当以什么样的好作风选拔人才呢？

(1)坚持任人唯贤，不准任人唯亲

任人唯贤是一条重要的用人原则。贤者，乃有德有才的人。不同时期的"贤"有着不同的内容，不同时期的"贤"有着不同的要求。我们今天所说的"贤"，指的就是德才兼备。德才兼备是我们党一以贯之的选人用人标准。怎样把握这一标准呢？"要大力选拔靠得住、有本事的优秀干部。""靠得住，有本事"是党的德才兼备干部标准的具体化，是积极应对国际、国内形势新变化，对干部素质所提出的基本要求。

"靠得住"就是要在思想上、政治上无条件地与党中央保持一致，坚决执行党的基本路线方针政策，全心全意为人民服务，勤政廉洁，求真务实，公道正派。

"有本事"就是不仅要具有渊博的学识、现代化的意识、较高层次的科学文化素养和较高层次的知识水准，还要具有高超的领导艺术、强烈的事业心和创新精神，并且要具有较高的决策、管理、组织领导和处理种种事务的能力。

"靠得住"与"有本事"是相辅相成的。它们是一个整体，不能分割，不能孤立。

"靠得住"的"没本事"和"有本事"的"靠不住"，都将对党的事业造成损害。如果"靠得住"而"没本事"，只会占了位子，耽误事业；如果"有本事"而"靠不住"，只会败坏党的名声，损害党的形象。

要坚决清除任人唯亲的封建用人思想。任人唯贤与任人唯亲，虽然只有一字之差，却反映了两种不同的领导路线；它们之间的对立形成了尊重、信任、帮助人才和排挤、压制、迫害人才的斗争，这种斗争延续了整个人类历史。

以"亲"和"疏"来决定用人与否，是任人唯亲用人路线的实质。非"亲"不选，非"亲"不用，是领导干部队伍建设的大敌。

历史发展到了今天，任人唯亲的风气始终未能杜绝，应引起我们的高度重视。

(2)坚持"五湖四海"，不准搞小团体

坚持"五湖四海"地选用各级干部，是由我党的性质和宗旨决定的，是保证党的事业胜利所必需的。选拔任用干部应开阔视野，拓宽渠道，从全局着眼，在较大范围内遴选。干部不管来自哪个地区、哪个单位，都要一视同仁，通盘衡量。应从不同单位、不同籍贯、不同行业的干部中广选人才，不要用亲情代替党性，用随意性代替原则性。不能只从自

己熟悉的单位、熟悉的干部中挑选领导干部，不搞本位主义、门户之见和亲疏厚薄，这是做到任人唯贤的重要条件。

(3)坚持公道正派，不准拉关系、徇私情

公道正派，是领导干部和组织人事部门职业道德的起码要求。实事求是、客观公正地评价干部，合理地使用干部，一切以党和人民的利益为重，坚持在用人标准上做到一视同仁，这是坚持任人唯贤的重要前提。要做到公道正派，还要有坚强的党性原则，敢于说真话、说公道话，敢于排除各种不正之风的干扰，宁可得罪某些人，也不能损害党的事业。

(4)坚持集体讨论，不准个人或少数人说了算

重大问题坚持集体讨论研究，统一口径，一经决议，决不容随意变动。领导者在选人用人问题上，要态度鲜明，敢于负责，对不合理的要求要进行理直气壮的批评。

(5)坚持按程序办事，不准临时动议

用人工作中的问题，大多数是在违反规定程序、搞临时动议的情况下发生的。为防止和克服干部人事工作中的不正之风和腐败现象，关键是要严格按照规定的程序办事。在《党政领导干部选拔任用工作条例》中对干部选拔任用工作的程序做了明确规定的，要严格遵循。选拔任用党政领导干部，必须经过民主推荐、组织考察、集体讨论决定，做到多数人不赞成的不提名、未经组织人事部门认真考察的不讨论、集体讨论时多数人不同意提拔任用的不通过。

2.善用互补定律，实现人才效应最大化

在一个科学、高效的人才结构中，各种人才因子之间都有一种相互补充的作用，包括才能互补、知识互补、个性互补、年龄互补、综合互补。领导的作用就是组织起一个和谐的“大型乐队”，实现人才互补以及群体的最优化。

实践已反复证明，人才结构中的互补定律可以产生十分巨大的互补效应。因此，领导者在用人过程中，熟悉掌握人才之中的互补定律是十分必要的。

(1)才能互补

人有不同的才能，领导者用人首先要了解人才中的才能互补定律。

丹麦天文学家第谷有着杰出的观察才能，他日积月累，得到了大量的天文观察资料。虽然如此，他的学说仍然没有摆脱托勒密地心说的羁绊。1600年，第谷请来一位助手——德国天文学者开普勒，此人虽然观察才能不及第谷，但长于理论分析和数学计算

才能。他们两人密切合作，但不久第谷就去世了。依靠第谷丰富的观察资料，开普勒进行了大量的理论分析和研究，大胆地提出了火星轨道为椭圆形的开普勒第一定律，接着又提出了第二定律（行星与太阳的连线在相等的时间内扫过相等的面积）和第三定律（行星公转周期的平方等于它与太阳距离的平方）。开普勒行星运行三定律的发现，是第谷观测才能与开普勒理论计算才能互补效应的结晶。

（2）知识互补

人的知识结构是不同的，领导用人还需要了解人才中的知识互补定律。

德国的席勒与歌德，是18~19世纪两位杰出的诗人。歌德听说席勒要写《威廉·退尔》这个剧本，就把自己搜集到的资料、素材全部交给他；当席勒知道歌德在写《威廉·麦斯特》这部长篇巨著时，他也积极参加了写作。这一对诗友之间，不仅在所追求的理想上是互相一致的，而且在知识上是互补的。

（3）个性互补

在任何一个人才结构里，人才因子之间不但存在着个性差异，气质、性格也各有不同。例如，有的脾气急，有的脾气缓，有的做事精细、耐心，有的办事麻利、迅速。这些不同的个性特征都可以从不同角度对工作发挥积极作用。如果全都是一种性格、一种气质，反而不利于把工作做好。

个性互补，有利于把工作做好，这在中国女排的崛起中得到了充分的体现。原女排教练袁伟民总结经验时说过："一个队十几个队员应该有各自的个性，这个队打起比赛来才有声有色。如果把他们的棱角都磨平了，那这个队也就没有希望了。"这话讲的是很有道理的。

一般而论，人才都有着极明显的个性特征，如果抹杀了他们的个性特征，也就抹杀了人才，只有把他们组织在一个具有互补作用的人才结构中，才能充分发挥他们的巨大作用。

（4）年龄互补

年龄互补也是领导用人不可缺少的一大定律。老年人有老年人的特长和短处，青年人有青年人的特长与短处，中年人有中年人的特长和短处。无论从人的生理特点还是从成才有利因素来讲，都是如此。因此，一个好的人才结构需要有一个比较合理的人才年龄结构，以使得这个人才结构保持创造的活力。明朝皇帝朱元璋取得政权后采取的是

“老少参用”的方针。他考虑的是:“十年之后,老者致休,而少者已熟于事。如此则人才不乏,而官吏使得人。”显然,朱元璋主要考虑的是执政人才的连续性和后继有人的问题。这里还有更深一层的理论意义,老少互补对做好工作,包括拓展思路、处事稳妥、提高效率等都具有重要意义。

(5)综合互补

综合互补的用人之道在领导用人决策中占有越来越重要的地位。工程规模越大,越需要在其人才结构中体现这一原则。

曾经有五位诺贝尔奖获得者试图解决超导微观理论的创立问题,但是都未能如愿以偿。而这项成果的夺魁者,却是巴丁、康柏和施里弗三人。他们三个人组成了一个具有互补作用的人才结构:巴丁老马识途,指引方向;康柏年富力强,思维敏捷;施里弗善于创新,方法灵活。这是一个多边综合、多边互补的范例。

3.合理用人,充分发挥个人的聪明才智

领导者要正确合理地用人,充分发挥人的聪明才智,就必须要讲究用人艺术,努力做到以下几点:

(1)因事用人,避免人浮于事

一些组织因人设事,机构臃肿、人浮于事,往往使领导者伤透脑筋。尤其令人头痛的是,那些空闲人唯恐领导者看到他们闲着,因而总是争着找事干;结果,许多毫无实际意义的会议、报表、材料、总结、讲话、指示便应运而生了。在这种虚假的、徒劳的忙碌之中,很多人做的都是无用功。

因此,决不能因人设事,而必须因事用人。

所谓因事用人,就是指在选用人才时,应该尽量满足实现目标对选才、用才的需要。如果将整个管理活动用一条清晰的轨迹线条描画出来,就不难发现,指向各个分目标的运行轨迹和指向总目标的运行轨迹在方向上、路线上是完全吻合的。这就意味着,根据管理活动的总目标(整体规划)制订的各个分目标(局部规划)没有一个是多余的,或者是起反作用的。领导者只要严格按照管理活动的总目标以及各个分目标的要求来物色各种人才,就可以断定,所选用的下属肯定没有一个是“多余的人”。

(2)扬长避短,适才适用

俗话说,尺有所短,寸有所长。用人的要诀首先在于用其所长,领导者应该认真分析每一个下属的优点和缺点，分析下属的长处和短处，尽可能地将其放在最能发挥其优势的岗位上。实践证明：一名优秀的县委书记，未必能胜任一所大学的校长；一位德高望重的劳动模范，不一定是一个称职的领导者；一位成果卓著的科学家，不一定能管好一个科研所。每个人都有其所长，有其所短。如果把合适的人安排在合适的岗位上，发挥其长处，就会使其成为有用之才；如果放弃其长处，而用其短处，即使再有才能的人，也会成为庸才。清代一位诗人曾经生动地写道："骏马能历险，犁田不如牛；坚车能载重，渡河不如舟；舍长以就短，智者难为谋；生才贵适用，慎勿多苛求。"现代领导者的用人之道，就在于用人之长，避人之短，适才适用。

(3)因人制宜，区别对待

每一个人都有不同的个性心理特征，并且不同的个性心理特征在人的能力、气质、思想状况和嗜好、兴趣以及处事、与人交往等诸多方面都会有不同的表现。领导者在用人时，应根据不同的个性特征，因人制宜，区别对待，这对于激发和调动其积极性会大有益处。

(4)用养并重，不断"充电"

领导者或选拔人才，或使用人才，都是为了充分利用现有的人才资源，这当然十分重要。然而，作为有远见卓识的领导者，不仅要善于选拔和使用人才，还要重视培养和深造人才。如果只注重使用而忽略培养，那无疑是涸泽而渔，久而久之，人才就会枯竭。《汉书·李寻传》说："马不伏枥，不可以趋道；士不素养，不可以重国。"就是说，如同马需要驯养才可以上路奔跑一样，有能力的人要有平时的育养才能为国家发挥重大作用。人才的使用有一个才能的服务和输入的过程。任何一个系统，如果只有输出而没有输入，那么这个系统就无法维持，就会逐渐丧失应有的功能。当今社会正处在知识经济时代，现代科技发展日新月异，知识陈旧、老化的速度越来越快。因此，领导者要使自己和下属能适应形势，做好工作，就必须创造学习型组织，为各类人才更新知识、不断"充电"提供良好的条件。

4."授任必求其当"，做到能职匹配

古人曰："君子所审者三：一曰德不当其位，二曰功不当其禄，三曰能不当其官，此三本者，治乱之原也。"由此而知，能当其任是领导者任人的重要原则，是因事择人的首要前提。而欲能当其位，首先要求授任必求其当。

领导者“授任必求其当”的核心是能职匹配。“授任必求其当”中的“当”,具体地说,是指以下四个方面的内容:

(1)用人必须适人适位

每个人都各有所长,任用人的要点,在于必须使人的长处适应事的需要。

有一次,武则天问狄仁杰:“联欲得一贤士,你看谁行呢?”狄仁杰说:“不知陛下需要什么样的人才?”武则天说:“朕欲用将相之才。”狄仁杰说:“荆州长史张柬之是天才,可以任用。”武则天却任命张柬之担任洛州司马。过了几天,武则天又求贤,狄仁杰说:“臣已推荐张柬之,怎么还没有任用?”武则天说:“朕已经提拔他任洛州司马!”狄仁杰说:“臣向陛下推荐的是宰相之才,不是司马之才!”武则天于是又把张柬之提拔为侍郎。后来又任用为宰相。

就选贤而论,不能说武则天无任人唯贤之德;但是,就能当其位而言,武则天则无任人之明了。而恰恰在这点上,狄仁杰却有其高明之处,即宰相之才不可任为司马。

(2)授任应避免“功能过剩”

能职匹配,一方面要考虑是否胜任其职;另一方面要防止“功能过剩”,即避免“大材小用”。因为,“大材小用”势必造成一个人能力的部分浪费;势必造成“高位”无才和“低位”人才堆积的情况;势必挫伤“大材小用”人员的积极性,使其“骑马找马”,另图高就,难安其心。

(3)用人须考虑负面条件

能职匹配,除要考虑其与事情相适应的条件以外,还应考虑其负面条件。所谓负面条件,就是指与某种职业特点不相适应的条件,比如,如果这件工作必须长时间接听一些抱怨性质的电话,就不能挑选一个脾气火暴的人。

不管哪项工作都有其负面条件,无一可免。如果把事情考虑得过分乐观,哪怕所择之人符合了事情的正面条件的要求,也有为负面条件所斥退的可能。

(4)用人应当“当用其时”

社会实践表明,各类专门人才都有其一生中的“黄金时期”,这就是其“最佳年龄期”,即人的精力最充沛、脑力最发达、对事物认识较深刻、劳动创造的数量和质量进入高潮的年龄阶段。领导者应当充分利用每一个人才的“最佳年龄时期”,使人才在精力最充沛、才华横溢的时期发挥最佳效用。

5.深入了解用人对象，做到权变用人

领导者用人是领导者、被用人才和环境三者交叉作用与交织影响的一个活动过程。用人之道除了随环境而变外，还要考虑使用对象这一重要因素，也应该随对象的不同而不同。日本的片方善治指出："不了解对象，就不可能发挥领导作用。"领导者要学会利用自己的用人经验，经常改进用人方式，使自己随时适应新的下属和新的用人情况。

不同的使用对象的素质、能力以及相关的情况均有不同，这种使用对象的差别性要求领导者的作风及方式具有可变性，随对象不同而有所不同。使用对象的差别性往往会使不善权变的领导者捉襟见肘，显得无能。要想得心应手，左右逢源，有效地组织、调度、指挥使用对象，领导者必须了解对象、熟悉对象、善于权变，善于根据不同对象采用不同的作风、方法和手段。

能权变的领导者即使是对待同一单位从事同一类工作的对象，也会因为其身份不同而采用不同的调度使用方式。比如：

①对直接下属人员——指挥。领导者对直接下属的使用多采取指挥的方式，可具体安排其为完成某项任务而采取行动。

②对间接下属人员——指导。领导者在非直接的下属面前只适宜以指导的方式出现，对其行动给予一些参考性的指点和引导。

③对左右助理人员——支派。像协助工作的秘书之类的人员，领导者可以随时随地不拘形式地支使其去办一些事。

④对身边参谋人员——商量。在领导者要求参谋人员出主意、想办法时，只能是以磋商的方式予以进行。

权变用人观还把工作行为、关系行为和使用对象的成熟度结合起来考虑，主张根据使用对象不同的年龄、不同的成就感、不同的责任心与能力等条件采取不同的行为方式。随着使用对象年龄的增长、技术的提高，由不成熟逐渐向成熟发展，用人行为也应该按照这样的顺序逐渐变化推进：高工作低关系、高工作高关系或高关系低工作、低工作低关系。这就是说，当使用对象成熟度较低时，领导者可以采取高工作低关系的领导方式，直截了当地给使用对象布置任务，告诉其干什么、怎么干；当使用对象的成熟度处于中等水平时，领导者适宜采取高关系高工作或者高关系低工作的领导方式，通过说服教育或参与管理来调动使用对象的工作积极性；当使用对象的成熟度达到较高水平时，领导者只宜采取低工作低关系的领导方式，通过充分授权、民主协商的办法，组织使用对象完成任务，实现目标。

另外，即使是同一下属，在不同的时候也会要求领导者有不同的领导行为。当工作任务模糊不清、使用对象无所适从的时候，这些人就希望领导者以高工作的领导作风出现，对工作做出明确的规定和安排。处于例行工作或者内容已经明确的工作环境中，使用对象则希望领导者能有高关系的领导作风，使下属得到个人需要的满足。如果工作任务已经明确，领导者还在喋喋不休地发布指示，下属就会觉得厌烦，认为是对其不信任。

6.一职一官，让被用者责任明确

用人是一门艺术，早在公元前 3 世纪，我国伟大的思想家韩非子就有了关于如何用人的精辟论述。他主张在选用主要领导者时要“一职一官”，想要管理好朝廷内外的事，最好每个官职只设置一个官员。

首先，他认为一个鸟窝如果有了力量相当的两只雄鸟，它们就会天天争斗；一个家庭如果有两个当家人，那么，做事就难以决断。“一栖两雄”“一家二贵”和“一职二官”一理同然。

其次，他认为下属的忧患在于不能专任一职。原因何在？因为一职多官会责、权不明确，必然会互相扯皮而使下属的潜力无法得以发挥；同时，一职多官，难以考核下属的个人业绩，而且功过难分，这样就难以激励下属建功立业的积极性。如果每个职位只配置一名官员，那么，他的是非功过就会暴露无遗。一职一官，责任明确，从而功过分明；而功过分明，是实行准确赏罚的前提。

可是，在现实的领导活动中，一职多官的现象却不胜枚举。这样的组织架构必然会出现混乱。

首先，是机构臃肿；其次，同一层次上纷争增多。在这些职务中，一旦有一人来一个“肠梗阻”，“卡”一下，那么，好事也会办成坏事。再次，好办的事、有名有利的事、人人争着揽；反之，有困难的事、无利可图的事、有风险的事，尤其是风险大的事，就互相推诿，谁也不想染指，更不愿意负责。

当然，强调一职一官，也要强调一官一职。也就是“一人一职，专职专任，不兼职，不兼事”。既然已经委派了下属任务，便不要让他去兼任其他职务。下属已承担了相应的岗位职责后，就不宜再去兼管与本职务无关的其他工作。

做到一职一官,有利于领导者和组织成员集中精力抓好本职工作,使组织能正常、顺利地运转。

(三)给人才提供最能发挥才华的舞台

1.给人才一个独立发挥才能的空间

很多人才与领导者相处时,总会感到紧张不安。人才总想让领导者高兴,却不知如何做才好。当领导者离开时,人才反倒能全身心地投入工作之中,并能从中自娱自乐。没有领导者在场,人才能更好地做出决定。

因此,作为领导者,适当的时候,可以离开一会儿甚至一段时间,尽量给人才留一些机会。当领导者回来时,就会吃惊地发现人才已经取得了令人满意的成绩。

给人才一个独立发挥才能的空间,有利于领导者的成功。如果领导者已经能够培养人才按照自己所喜欢的方式去做,如果领导者让人才真正承担起自己的责任,如果领导者能让人才自主行事,那么,当领导者不在的时候,所有的一切都可以照样圆满地完成。

作为领导者,只需为人才指引方向,而且这一方向不应在短时期内改变;即使出现问题,人才也可以像领导者一样妥善处理。当然,如果是十分重大的问题,人才便不可自行其是,必然要请示领导者。

当领导者不在时,人才或许有些不大习惯。当领导者回到人才身边,人才会向领导者展示自己所实现的业绩。因此领导者的回归,又变成了人才表现自己及证明领导者的权威的机会。

领导者充分相信和认可人才,给人才一个独立发挥才能的空间,这样就能够激励起人才的工作热情,提高工作效率。

2.创造条件,让人才做他想做的事情

在条件允许的情况下,领导者应尽可能根据被使用对象的兴趣、爱好和个人志愿来合理安排人才的工作,与违背人才的意愿、单纯运用行政手段强迫其去从事某项工作相比,这将获得好得多的人才效益和社会效益。

创造心理学原理告诉我们,人才的创造性思维和创造才能在很大程度上受着人的心理状态的影响和制约。当人才受到良好的外在因素的刺激(诸如提供必要的工作条件和物质条件,满足他的成才意愿和目标选择等)时,其心理生活就能保持积极的状态,其心理活动也能稳定地处在理想的质和量的水平上，这就是人们所说的产生最佳心理。人才的最佳心理是其顺利从事创造性的社会活动和生产活动的基本条件。要想合理使用人才，领导者必须认真考虑的重要问题就是怎样尽力使其产生最佳心理。

领导者在安排人才工作时，一方面要保持相对的稳定。这是因为，一个人总希望在一个比较稳定的岗位上工作，因为这可以满足他内心要求的稳定性，并有利于人才积累经验、提高技术水平、提高操作熟练程度、提高劳动效率；同时由于其经验的积累和程序操作的熟练性的提高，其劳动强度会相应减少。但是另一方面，由于组织中各个部分对人才能质、能级的要求在不断提高，同时，人才自身的各方面状况也在不断变化，所以又要求领导者要不断调整有关人员的工作。从岗位要求来说，岗位的能质、能级要求不断提高，要求调整和补充相对应的能质、能级的人员，并淘汰不适应的人员。从人员角度来说，每个人的能质、能级都处在变化之中，或者能质发生变化，需要换另一种工作才能充分发挥其潜力，激发其工作热情和兴趣；或者能级提高，大大超过原来岗位的能级，需要调到较高能级的岗位上以充分发挥其积极性。

因此，领导者选用下属时，要在保持人才能、位相对稳定的大原则下，根据人才能质、能级的发展变化，把那些能、位相差悬殊的人及时调到新的岗位上，以适合下属的个人能力和意愿，从而使下属感到自己在做自己喜欢的事，从而激发其干劲。

3.不论资排辈，给年轻人以用武之地

不少单位的人才分布总有这样一个特点，那就是处于领导阶层的、居于重要环节上负责任的大多是年龄大的人，年轻人好像只有听话的份，只能从较低的位置一点一点地往上爬。其实，在实际工作中，很多领导者都有这样的体会，组织里某几个年轻下属着实才华超众，对于这种年轻下属，若不及时给他们一个担当重任的机会，就会大大妨碍他们的成才。

对于真正有才能的年轻下属，应该一开始就把他们当成能独当一面的人，对他们委以重任，让他们有机会去表现自己的能力，即使任务稍重也无妨。总之，这一切责任都要由他们一肩挑起，如此，才容易促进下属成长。

大多数年轻人对失败不畏惧，打不败，压不垮，初生牛犊不畏虎，勇气可嘉。在他们的心目中，没有哪一种失败是不可挽回的。因此，他们从不推卸责任。所以，作为一个领导者，应多给年轻下属以重任，激发他们的积极性，使其在磨炼下迅速走向成熟。

领导者还要给犯过错误的年轻下属以用武之地,这更加考验领导者的用人能力。

对有过错的年轻下属,如能放手使用,常会收到一石三鸟之效:一是能使其更加感激领导者的尊重和信任;二是能使其痛悔自己的过错;三是能使其拼命工作,以便将功补过。

4.助才成长,敢于提拔有潜能的人

领导者在选拔任用各类人才时,要敢于把那些具有一定潜能的人才提拔上来,这样不仅有助于人才的成长,更有利于领导工作。

提拔有潜能的人才是聪明领导者的用人艺术。伯乐常有而千里马不常有,这是指人才难求。可张瑞敏却反其道而行之,他认为,中国缺的不是人才,而是出人才的机制。对领导者来说,重要的不是怎样去识别人才,而是应该建立一个出人才的制度,创造一种出人才的氛围。为此,在创立海尔之初,张瑞敏在人才的选拔使用上提倡“赛马”而非“相马”。他在企业内部推行了“人人是人才,赛马不相马”的人力资源开发理念以选拔人才、创造人才,并配合“三工并存,动态转换”的人才管理方法,使所有员工都处于一个动态的管理机制下。

海尔的赛马机制是全方位的开放式的,所有的岗位都可以参赛,岗岗是擂台,人人可升迁,而且其升迁机制对全社会开放以实现公平、公正、公开。在海尔不分身份、年龄、资历,只要有技能、水平、活力、创新精神和奉献精神,都可进入赛场竞争。一般员工只要有能力就可以升迁到管理人员,甚至平凡的有才华的农民工也可以走上领导岗位。海尔的局外人都会被一种竞争向上的氛围、一种朝气蓬勃的气息所深深感染。海尔集团为了保持干部队伍的勃勃生机,对干部队伍实行动态管理,公司经常根据员工的业绩选拔、吸收和提拔有相应专业知识、管理水平和领导能力的干部,不断调整干部队伍的知识结构和年龄结构。对于缺乏必要知识和能力、不能胜任现在职务的干部要坚决调离;对于有较高知识水平和能力、能胜任较高职位要求的,要大胆晋升上去;对于年龄偏大、精力已经不能胜任现在职务要求的,则调到较低的职位或者退养。

海尔集团在三个方面实现着管理的动态化:

能者上。海尔集团公司借鉴美国的“能力待遇”和日本的“年功序列”,提出了海尔集团公司“破格提拔”与“阶梯晋升”相结合的原则。如果员工的工作业绩突出,素质能力能够胜任较高的位置,个人就可以对照标准提出申请,经过逐级审核后向事业部公布结果。员工在进入人才库、竞争上岗后享有相应的待遇。

庸者下。海尔集团的"三工并存,动态转换"(三工:优秀员工、合格员工、试用员工)有上转和下转,如果在考核期间未能完成生产任务或者有违纪行为,则进行下转,或者退到劳务市场,严重者会被公司淘汰。在海尔集团每月都有新的人员走向更高的工作岗位,也有一些员工因不适应企业的要求而被淘汰。

平者让。对于年龄偏大、知识能力水平已经不能够胜任职位要求,但又在自己的岗位上为企业的发展做出了贡献的员工,海尔集团就鼓励这些员工去第三产业中担任管理职务。这些工作一方面对专业知识、技术水平要求不太高;另一方面能使年龄较大的员工的工作多样化、丰富化,从而调动员工的积极性,提高人力资源的利用效率。

海尔集团全方位的人员管理,使每位员工施展才能的空间加大,创新的机会增加。

海尔集团的这种"赛马不相马"的选拔方式可以说是最符合中国客观实际的一种领导用人方法,也是助才成长的一种方式。它真正体现了一个优秀领导者用才、拔才的高超智慧。

(四)领导者卓越用人的超凡智慧

1.给卓越人才以特殊待遇

当领导者发现下属中有表现卓越的人才时,应立刻善加运用,否则,就会给组织造成损失。

发现卓越下属后,应注意以下几点:

(1)鼓励下属公开讨论自己的观点和建议

此举的目的是通过显示下属的建议已受到领导者的重视来增加下属对领导者的信任以及对组织的归属感。为了有所表现,下属必会更乐于创新。

(2)赞美下属的杰出表现

不要害怕下属会被宠坏,在下属有杰出表现之后,加以称赞和鼓励。因为领导者的冷漠会使敏感的下属以为他在嫉妒自己。

(3)给下属明确的目标和富有挑战性的工作

卓越人才做事有点天马行空,但又会有出乎意料的成功。领导者给了下属明确的目标和富有挑战性的工作,下属会因感到被看重而满怀工作激情。

(4)推荐下属参加学习和培训

"学如逆水行舟,不进则退。"如果领导者将卓越下属的工作编排得密密麻麻,那么,下属就根本没有时间学习新事物。领导者应为下属留出时间,推荐下属参加学习和培训,及时充电。

(5)对下属额外的贡献给予赞赏鼓励

领导者对卓越下属进行赞赏和鼓励是非常必要的。如果卓越下属对于公司做出了额外的贡献,却没有获得特别待遇,其动力自然会减弱。

2.能者多劳,让"快牛"跑得更快

让"快牛"快跑和让"能者多劳"的意义相同,凡从事领导工作的人对此都不会陌生。正是有这种"快牛"或"能者"的普遍存在,一个组织才能充满活力,事业也蒸蒸日上。因此,让"快牛"跑快,是组织事业发展的客观要求和必然选择,也体现了对人才的尊重和人才价值的实现。这是体现其积极效应的一面。同时,领导者又必须清醒地看到,让"快牛"快跑作为一个组织的特殊现象,如果引导不当,相关的关系处理不好,不可避免地会产生一些消极效应。诸如,让"快牛"快跑往往使被称为"快牛"的人才遭到嫉妒,从而挫伤他们的工作积极性,并导致干部、群众之间的不团结;正是"快牛"跑得快,而大多数人则不肯跑,乐得清闲,从而导致多数人吃少数人的饭,组织内部的成员苦乐不均;"快牛"越是跑得快,出差错的机会就越多,而不跑者则永远不会犯错误,因而也就永远高人一筹,永远有资格对"快牛"评头论足,对工作指手画脚;"快牛"跑得越多,越显其能,而不快者越是不跑,越是难快,人才队伍的素质就会参差不齐,两极分化就愈加明显,最终导致组织内人才匮乏,事业后继无人。

让"快牛"快跑,不仅仅是一个工作量或劳动量分配是否得当的问题,而且是一个涉及领导者用人导向的问题。怎样通过让"快牛"快跑,既发挥"快牛"的作用,又调动广大成员的积极性,应当是值得领导者关注和着力解决的问题。从领导实践看,关键是要给"快牛"良好的自下而上的环境,树立正确的用人导向。具体地说,领导者要做到以下几点:

(1)创造更多的锻炼机会,让"快牛"会跑

让"快牛"会跑,应是让"快牛"快跑的首义。会跑,就是有跑的本领。否则,就是鞭打,"牛"也跑不起来,更不用说"快跑"了。"快牛",一般是指一个组织的业务骨干、"台

柱子”、担“纲”的人。但他们的能力又在于培养。对这种人才的培养，组织的领导者不应仅仅定位于办事员，始终要求他们仅能按照自己的意图做一些小事、杂事，对他们的培养目标应当定得更高一些，要站在对组织和党的事业负责、对人才本身负责的高度，把他们作为重点人才和后备干部精心培养。这就要多给“快牛们”压担子、给位子、换脑子，有意识、有目标、有计划地加强多岗位锻炼培养，让他们学会独立思考，善谋大局，逐步成为专业技术拔尖人才或优秀领导人才，并走上合适的专业技术岗位或领导岗位。否则，就会造成人才浪费。

(2)营造良好的工作环境，让“快牛”能跑

“快牛”有了跑的能力，会跑了，还要有良好的工作环境，让他们能跑起来。“木秀于林，风必摧之。”“快牛”快跑、多跑本应多加激励，值得赞扬，但如果一个组织的氛围不好，工作环境不佳，“快牛”则容易多面受敌，招来飞短流长，他们最终也会锐气尽消，棱角皆逝，甘于平庸。这倒不是他们自甘堕落，而是组织环境使然。一个组织如果缺乏一种创大业、干大事的环境，没有一种“创业有功，守业有愧，败业有过”的氛围，哪怕“快牛们”的能力再强，贡献再大，在一些庸人眼中，他们快跑、多跑都是为了图表现、出风头、逞英雄、有野心，是故意与人们拉开工作差距，心存不良。面对此景，“快牛们”即使是想跑得快一些、多一些，也不得不收敛一些，或者为了保护自己，不得已而随大流；或受到中伤之后，心如止水。况且，“快牛”既然不是圣贤，就难以避免犯错；既然要快跑、多跑，就总会有失误的时候，如果一个组织的正气不足，放任一些闲人、庸人去找“快牛们”的碴儿，“快牛们”就更是想跑也不敢跑了。

(3)建立合理的激励机制，让“快牛”愿跑

一个组织应当建立完善、合理的激励机制，讲求多劳多得、奖勤罚懒，以体现“快牛们”的价值和对他们的尊重与肯定。如果“干与不干一个样、干多干少一个样、干好干坏一个样”，甚至“干的不如看的”“人人都来当评论家”，就势必会伤了“快牛们”的心。讲多劳多得，不仅仅是指“快牛们”需要得到一定的物质利益，而且是指他们更需要精神激励。当他们接受任务时，要多给一些鼓励；取得成绩时，多给一些肯定；出现失误时，多给一些理解；遇到困难时，多给一些支持。这些东西往往要比多给一些物质奖励的效果好得多。说奖勤罚懒，一方面是奖励成绩大、贡献多的人；另一方面是处罚那些不愿跑、懒惰消极的人，真正体现“干与不干不一样，干多干少不一样、干好干坏不一样”，使“快牛

们”跑得更快,使懒人奋起直追,从而推动组织的事业走向繁荣。

领导者若能做到这些,让“快牛”快跑就会成为组织的一面鲜明旗帜,进而形成一种正确的用人导向。在单位中,不仅“快牛们”会快跑,更多的人也会感到不跑的压力,体味到快跑、多跑的快乐滋味,自觉努力挤进“快牛”的行列,形成“比、学、赶、帮”的奋发向上局面,从而提高组织人才队伍的整体素质,促进组织工作效率的提高。

3.爱护实干者,让实干者干得舒心

作为领导者,能否真正关心、爱护和保护真正踏实肯干的人才,关系领导目标能否有效实施和最终实现。所以,让实干者干得舒心,是领导者用人艺术的现实选择。

让实干者干得舒心,可以采用这样一些途径:

(1)合理使用

举凡实干者都有这样一些特点:事业心强,富有负责精神,工作热情高,肯吃苦耐劳,不计较个人得失。基于这样一些优点,领导者往往对实干者另眼相看,给他们压的担子重一点,调动、使用他们多一点。相对而言,实干者做出的贡献和做出的牺牲比其他人也要大一些,发挥的作用也较其他人明显一些。这一切本是正常的,但领导者也要合理使用实干者。

(2)公平对待

任何一个组织的工作都会有明确、合理的分工,每一个岗位的工作量都应大体相当。实干者不用鞭打就会“奋蹄快跑”,领导者对他们多给点任务、多压点担子也是必要的,而且是难免的。但领导者千万不要在脑子里形成能干者就应该多干、干是他们的本分、他们也愿意干的观念,而对其他人则放松尺度,采取宽容放任的态度,听任他们藏奸使滑。如果这样做,实干者就会感到被愚弄,心理上就会失去平衡,最终就会丧失工作热情和工作积极性。

(3)公正对待

一个组织既然有实干者,自然就会有务虚者。他们各有所长,也各有所短。实干者虽然优点明显,但其缺点也不可否认,如有的不重视建立私人感情,不善于协调联络。这种缺点恰好就是务虚者的优点。因此,领导者可能在个人感情上对务虚者垂青过甚。其实,一个会用人的领导者应在工作上向实干者倾斜,随机应变的事则偏向务虚者;把实活儿、事务性工作交给实干者来干,面上的事、交际协调的工作则由务虚者来做。若实干者只有苦干而无名,而务虚者名利双收,不仅会影响实干者的全面锻炼和提高,让他们吃亏、受气,让务虚者占尽便宜,久而久之还会从根本上动摇和瓦解工作的中坚力量,使组织形成虚妄不实、搞个人亲疏的不良风气,影响工作的开展和成员的健康成长,最终贻误事业。公正的做法是,领导者在自己的心目中给实干者以应有的位置,对他们做出公允的评价,在利益上切实向他们倾斜。

(4)容忍

干得越多,工作中出现的失误也就会越多。那些什么事都不干的人永远都不会犯错误。实干者吃得苦,耐得劳,品质纯正,心胸开阔,有正义感,但他们的一些个性也会相应地突出一些。诸如,他们爱较真,不唯命是从或言听计从,在行为上则表现为不顾或很少顾及形式和领导意图,敢于与领导者的意见相左,甚至有时会与领导者"顶牛";有时说话办事不讲时机,不分场合,让领导者有失体面,下不来台;在人际关系处理方面,常常与领导者保持一定距离,这让领导者认为他们不靠近自己,甚至使存有不正常心态的领导者误认为他们与别人靠得近;时常与某些人格格不入,不太注意别人怎么看、怎么想等。领导者应从本质上去认识实干者的这些个性,以宽阔的心胸去包容他们的"莽撞""不通情理",谅解他们的幼稚,并重视改善他们的工作环境。

(5)切实保护

由于种种原因,实干者容易遭到各种误解和打击。

①实干者工作成绩胜人一筹,令人生妒。一些心术不正的人往往会冷嘲热讽,贬低挖苦,刻意毁损实干者的威信和形象。

②实干者受领导者赏识或重用,常常使人眼红,心理失衡。有些人有时会不择手段地寻求心理平衡,对实干者恣意攻击和中伤。

③人们出于争强好胜的心理,以己之长来比实干者之短。他们夸大实干者的弱项,并以此抹杀其长处,惑人耳目,损害其在领导者和干部群众心中的地位和形象。

当然,实干者有时也会因不善于自我保护,而轻易进入别人为他们设置的圈套,受到伤害。

领导者应当从有利于事业发展的角度出发,弘扬正气,自觉保护好实干者,坚持与不良现象做斗争。

(6)主动关心

实干者对工作和事业高度负责，不计较个人苦累、得失和荣辱。他们做了大量的工作，付出了许许多多的心血；他们不会去刻意追求回报，但这绝不意味着他们不需要回报。作为领导者，应当主动地给他们应有的回报，想方设法地让他们得到应该得到的东西，补偿他们因为实干而失去的东西，着实让实干者不吃亏、不寒心。这样做不但能够引导更多的实干者成长起来，也会引导那些纯粹的务虚者实干起来，真正发挥实干者的导向作用。

领导者如果能做好以上六个方面的工作，就能让实干者干得舒心，竭尽全力地为组织服务，让领导者的事业越干越红火。

4.领导者超凡用人的七大怪招

科学上从无捷径可走，领导实践也是如此。所谓用人的奇招、怪招，不过是无数领导者在用人过程中对成功经验的总结。下面这七种用人方法可为很多组织领导者借鉴参考。

(1)让b级人做a级事

让b级人做a级事是活用人才的一种成功做法。意思是让低职者高就，目的是压担子促成长。我们的传统做法是量才使用、人事相宜，什么等级的人就安排什么等级的事。让b级人做a级事这种做法既不同于人才高消费，又有别于人才超负荷，比较科学，恰到好处，即使员工感到轻微的压力，但又不至于感到压力过大。工作职位稍有挑战性，有助于激励员工奋发进取。

(2)业绩最佳时立即调整

业绩最佳时立即调整是一种打破常规的做法。人才成长是有规律的，人的才能增长是有周期性的，通常一个人在一个岗位上工作的时间以3~4年为宜。前三年是优点相加，后三年就是缺点相加。因此，经历也是一种财富，与其给庸才不如给人才。适时地调整那些优秀人才的岗位和职位，对于他们不断提高、继续成长大有益处，这是造就复合型人才的有效方法之一。

(3)评选优秀的比例必须达到70%以上

长期以来，无论是机关、事业还是企业单位，每逢总结评奖的时候，优秀的比例一般都在30%以内，实施公务员制度以来，每年年度考核中定为优秀的人数一直控制在15%以内。这种做法似乎成了社会的惯例，得到了广泛的认同。就在这样一种社会背景之

下，我们发现却有少数单位反其道而行之，他们每年年终评为优秀的人数始终保持在70%以上。经过深入了解后发现，他们的立论依据是：应当以多数人的行为为正常行为，把70%以上的员工都评为优秀，有利于激励多数，鞭打少数。

(4)员工想干什么就让他们干什么

有人说，员工想干什么就干什么，这还了得，那还不乱了套？这里说的完全不是这个意思。众所周知，在计划经济条件下，就业要求是干一行爱一行。如今在市场经济条件下，择业应当是爱一行干一行。企业就是要营造一种宽松的社会环境，在可能的情况下，尽力去满足员工的兴趣、爱好和志向，喜欢干什么就让他们干什么，想干多久就让他们干多久，自主择业，心情舒畅，才能各展其长，充分释放自身的能量。

(5)走动管理

走动管理是当前西方比较流行的一种管理新方法。走动管理有两大好处：①可以掌握下属的第一手材料；②可以增强下属的责任感和自豪感。

(6)饥饿疗法

所谓饥饿疗法，指的是让下属吃七成饱，使他们始终保持一种饥饿的状态，这有助于增强员工的内在活力。俗话说，惯子出不孝，肥田收瘪稻。温室里培育出来的花朵是不可能长久的。经常给下属创造一些危机感和饥饿感，可以增强他们艰苦奋斗、努力拼搏、不畏艰险、知难而上的精神。得之愈难，爱之愈深。患难之交，情深似海。"幸福递减律"讲的就是这个意思。

(7)做头脑简单的领导

领导者具备一些特殊的素质对活用下属很有必要，例如"懒惰""简单"等。这里所说的"懒惰"，指的是领导者遇事不必事必躬亲，该谁干的事就让谁去干，各司其职，各负其责，给下属一定的自主权。领导太勤快，下属有依赖，这似乎已成规律。这里所说的"简单"指的是领导者要注意发挥下属的积极性和创造性，在部署工作时只需要告诉他们做什么即可，不需要告诉他们怎么做，给下属发挥创造才能的机会。如果领导者想得太复杂，下属就会很简单，这是一种相辅相成的关系。

5.点"才"成金，发挥有成就欲者的才能

在组织中，往往有一些成就欲很强的人，他们总是追求崇高，渴望成功，而且具备成功的各种素质，聪明能干，自信自强，具有不凡的创新意识和勇于创新的胆识；这种人不论做什么事，总是竭尽全力（当然首先要他们愿意），而且一般都能完成得非常出色。他们喜欢设定特殊的目标，同时也能圆满地完成这些目标。时间的紧迫、外界的干扰、个人的挫折或情绪的变化通常难以影响他们优异的表现。他们勇于接受挑战，越是没人能干、敢干的事，他们越是有干好的欲望。

拥有这类人才，可以说是组织的一大资产。但要管理好这类人，并能最大限度地发挥他们的能力，是一件极为不易的事。

正因为他们是一个特殊群体，和他们特殊才能相映衬的是他们的特殊心理、特殊处世方式以及特殊的个性。他们自以为是，相当自负，不会轻易改变自己的观点；他们从来不喜爱受人操纵和受人支配。对待领导，他们不喜欢那种指手画脚的命令，虽然他们本身更注重内容，办事也讲实质，但他们却很注重自己的形象，也要求别人尊重他们的形象。他们最在乎的是别人的认可，最希望得到的是领导的信任，而薪水高低有时他们却并不在意。

对于这些有卓越成就欲的人，领导者们容易犯一些错误，走进一些管理误区。有些领导者怕出乱子，不会轻易放手让他们大刀阔斧地干一番；也有些领导者好嫉妒，总感觉这些人是对自己的一种威胁，他们的能干能衬托出自己的无能，所以想方设法地压制他们，不轻易地给他们机会；还有些领导者有着强烈的支配欲，想方设法地体现自己的地位，企图软硬兼施地控制他们。

要驾驭这类人才，首先，可以试着给他们一些特别的指标，而且要尽量订高一些的指标，这会让他们感到一种信任和挑战；然后限定日期，这是压力，以期充分发挥他们的才能；同时给他们一些特殊优惠、特殊的权力，这是一种特别的重视，更能激发他们的斗志。在平时要给机会让他们发表自己的观点，给他们表现的机会。但要记住，要经常冷静地指出他们观点中的不足，这样就能更好地驾驭他们。当然在工作中，不要忘了经常对他们的出色表现给以及时的、诚恳的赞扬。

（五）扬长容短是领导者用人的大艺术

扬长容短用人方略的运用，重点在于充分扬长。因为人的长处决定着一个人的价值，能够支配构成人的价值的其他因素。通过扬长能够强化人的才干和能力，使人的才干和能力朝着用人目的所需要的方向不断地成长和发展。

1.用人所长是领导者的用人高招

领导者正确的用人之道，就是用他的长处，使他的长处得到发展，短处得到克服。

人的长处与短处不仅有长短伴生的同一性，而且具有长短相抑的斗争性。这种斗争性表现在矛盾的长短双方相互抑制、相互排斥和相互否定。

如果从人的长处着眼，为使用对象提供和创造良好的条件，让他的长处得到充分的发挥，那么这个人日益增长的长处优势就会抵消短处的影响，或者填补短处的缺陷，或者抑制短处的劣势。

如果不是从人的长处着眼，发挥人的长处优势，以长补短、抑短，而是反其道行之，用人的短处而不用人的长处，那就会使人的长处被短处所排斥和否定，不能充分发挥人的作用，出现用人的失误。

清代人申居郧说："人才各有所宜，用得其宜，则才著；用非其宜，则才晦。"这里讲的"所宜"，就是指要根据人的长短相抑的规律，正确地用其长不用其短。用了人的长处，就能有效地抑制其短处，其才能就会显得更加突出；若用了人的短处，就会使长处受到抑制，其才能就可能暗淡消失。因此，春秋时期的管仲指出："明主之官物也，任其所长，不任其所短。故事无不成，而功无不立。"也就是说，明智清醒的用人者懂得用人之长，不用人之短，这样办事才会成功。

"君子用人如器，各取所长。"用人所长就是着眼于人的长处和优点，让英雄有用武之地，并在工作过程中帮助其克服自身的弱点。着眼于人的长处和优点，就能发现人才，敢用人才，而且留得住人才。只有这样，领导工作才能够左右逢源，得心应手，出现众贤竞归、英才迭出的局面。反之，如果求全责备，着眼于人的短处和弱点，随意挑剔，"因瑕掩玉""因疵废人"，偏爱那些四平八稳其实平庸的下属，而对真正的人才视而不见，就会导致人心离散，贤者出走。

下属的才能和气质总是各有长短的。扬长补短，下属就能各得其所、各尽其能；抑长用短，不但浪费人才，也势必会损害事业。

用人所长，核心是量才适用、职能相称，做到"人尽其才"，使之各安其位，切忌大材小用或小材大用。若使才智低者处上，才智高者处下，则必然造成才智高者积极性受挫，难以实现抱负；而才智低者因自愧不如而不愿或不便胜任，使工作不能正常进行。甚至可能会使双方产生敌对心理和行为，才智低职位高者以权力相对付，才智高职位低者则以才智相抗衡,使领导者整日陷于矛盾纠葛之中。

2.领导者用人所长的五大要诀

用人所长,有一定的方法可循,下面简单介绍几种:

(1)按特长领域区别任用

主观和客观的局限性,决定了任何人都只能了解、熟悉和精通某一或某些领域的知识或技能。因此人在知识和技能方面的特长具有明显的领域性特征。一个人不管他在知识和技能上发展得多么突出,成长得多么卓越,也只能在他所适应的领域内发挥特长,一旦离开他适应的领域,这些知识或技能上的特长就可能不会显示出优势,进而失去特长的意义。

领导者用人必须根据人的特长领域性,坚持区别对待、因人而用的法则。用人时应该注意先了解和弄清楚使用对象的特长是什么,这种特长适用于哪个领域,按照人的特长派用场,使工作领域与人的特长对口。工作领域和人的特长二者中,应把考虑的重点放在人的特长这一方,要因人而用,不要唯用责人,更不要削足适履,人为地强求下属改变或放弃自己的特长勉强去适应工作。善于用人的领导者,总是针对人才的领域特长安排适宜的工作,分派适合的任务,以发挥人才的特长优势。

朱元璋打天下的时候,从浙东得到“四贤”,他根据他们各自的特长,予以不同的使用。刘基善谋,便让他留在身边,参与军国大事;宋濂长于写文章,便叫他搞文化;叶琛和章溢有政治才干,便派他俩去治民抚镇。

朱元璋

按照特长领域去用人,常常会收到更佳的用人效果。

(2)按特长的变化而用

人才的特长虽然只适用于一定的领域,但也不是一成不变的。人才的特长还具有转移性,可以从这一领域向另一新的领域发展,发展的结果往往是新领域特长超过原领域特长。这种特长转移的现象在人类的创造发明活动中可以找出许多的例子,如新闻记者休斯发明电炉,兽医邓洛普发明充气轮船,律师卡尔森发明静电印刷术,画家莫尔斯发明电报,软木塞的经销商人吉勒特发明安全刮脸刀,记账员伊斯曼发明新的照相技术等。

这些特长转移的人才往往是难得的优秀人才。他们之所以发生特长转移是因为创造性思维活跃,敢于冲破习惯的束缚,善于进行创新活动,具有一般人所不能及的开拓精神和创造能力。

发现人的特长转移之后,领导者要及时调整对人才的使用,要尽可能地重新把他们安排到适合新特长发挥的工作领域,为保护新特长的发展、促进新特长的发挥创造良好的环境和条件。

(3)把握最佳状态,用当其时

人才的特长随着人的年龄变化、精力的变化有可能增长,也有可能衰退。这种特长的增长或衰退就是特长的衰变性。它的变化轨迹呈曲线,一般是开始时向上增长,当增长到峰值期的时候,特长不再增长,保持一个阶段之后就向下衰退。

由于每个人的情况不同,各人的特长衰变速度有快有慢,衰退期的到来有早有迟,特长峰值期的持续时间有长有短。

了解了人的特长的衰变性,用人就要讲究用当其时,要在人才的特长上升增长阶段和峰值期予以重用,以便充分发挥他们的特长作用,不要等特长进入衰退期了再用。到了那时,人才的特长发展阶段和高峰保持阶段已过,再用就很难起到扬长的作用了。

(4)善于开发、挖掘和培养人的特长

人的特长具有用进废退的性质,越是运用,它就越能发展,越能增进自身的优势。相反,如果不用它,废置一边,那它就得不到增进发展的机会,久而久之,就会退化萎缩。

领导者用人应懂得人的特长用进废退的道理,要善于在使用中开发人的特长,挖掘人的特长,促进人的特长发展。通过使用,在实践中培植人的特长,养育人的特长,开发人的特长。发现和看到人的特长而不使用,不仅是最大的人才浪费,而且也是对人才的一种可怕的压抑。

(5)强中更有强中手

一个人的长处是相对其他人来说的,是通过比较才被承认的。说某人在某方面优异、能干只是相对地说比其他人表现得更好些、更突出些,并不能就此把某人的长处看作是某一方面最完美、某一领域最穷尽的事物。所谓“山外青山楼外楼”“强中更有强中手”,就说明了特长相对性的道理。

认识了人的特长相对性之后，领导者在挑选任用对象时就要坚持择优原则，做到以特长取人，谁的特长更突出，谁的才干最好，谁的能力最强，就任用谁。

领导者只要把握了用人特长的五大法宝，就能真正用好人，让人才的长处发挥到极致。

3.容人所短，求全责备要不得

领导者在用人所长的同时，要能容其所短。短处包括两个方面：一是人本身素质中的不擅长之处；二是人所犯的某些过失。一方面，越有才能的人其缺陷也往往暴露得越明显。例如，有才干的人往往恃才自傲；有魄力的人容易不拘常规；谦和的人多胆小怕事等等。另一方面，错误和过失是人所难免的。如果对贤才所犯的小错误也不能宽恕，就会埋没贤才，世间就几乎没有贤才可用了。西汉文学家东方朔在向汉武帝的奏疏中说："水至清则无鱼，人至察则无徒。"水太清，鱼就养不活；对人过于苛求，则不可能有朋友。其实用人识才也是如此。

领导者用人切忌求全责备。求全责备是指领导者在选拔和使用人才时，不是着眼于长处，而是着眼于不足，专挑毛病，百般刁难，宁肯用碌碌无为、四平八稳的庸才，也不愿用有某些小过的干才。

司马光在上书朝廷论述"人之才或长于此而短于彼""中人安可求备"的道理时，说过两句极其简洁深刻的话："若指瑕掩善，则朝无可用之人；苟随器授任，则世无可弃之士。"鲁迅曾尖锐地指出："倘要完全的书，天下可读的书怕要绝无，倘要完全的人，天下配活的人也就有限。"德鲁克在《有效的管理者》一书中指出："倘要所用的人没有短处，其结果至多只是一个平平凡凡的组织。所谓'样样都是'，必然一无是处，才干越高的人，其缺点也往往越明显。有高峰必有深谷，谁也不可能是十项全能。与人类现有博大的知识、经验、能力的汇集总和相比，任何伟大的天才都不能及格。世界上实在并没有真正的能干的人。"他还说："一位管理者如果仅能见人之短而不能见人之长，因而刻意于避其所短而非着眼于展其所长，则这位管理者本身就是一位弱者。"领导者在任何时候都不能因为一个人有缺点就埋没他的才能。

"金无足赤，人无完人"。这个道理人人都懂，但做起来却是另一回事。把这个尽人皆知的道理融会在生活实践中往往需要付出代价，甚至需要血的教训。林肯在起用格兰特将军之前，曾先后选用了三位将领，使用标准都力求所用之人必须无明显缺点。其结

果，虽然北军拥有人力物力的绝对优势，而1861~1864年间，不仅战争毫无进展，相反却屡战屡败。不少人认为，林肯的这种选人标准使美国南北战争多打了5年。林肯是从血的教训中悟出用人重在求其所长而不可求全责备的道理的。

领导者常常错误地认为，选用人才的首要任务是看被选者有无过错，领导者习惯于先看不足，然后再决定是否起用。这样往往会误人歧途，物色的对象往往是最不至于出差错的人选，其结果，要么是平平庸庸的人入选；要么是完人难觅，空叹人才难求。要防止这种悲剧，除了要更新人才观念、改革人才管理体制之外，还要对人才选拔、任用的程序进行必要的调整。在选拔人才时，要先看被选者能干什么，就是说要注意对方有什么长处，然后再看其不足。

4.容短、护短，领导者要容短有招

要获取理想的容短护短效果，不仅需要严格掌握"临界线"，灵活掌握选择"度"，还需要巧妙运用各种有效的方法，恰到好处地将"用意"传递给下属，使下属既能"明白"领导者为什么要"偏袒"自己，以此极大地激发起其积极性和创造性；又能使下属在不感到"难堪"的情况下愿意"接受"领导者的"偏袒"，从而最大限度地保护下属的自尊心和自爱心。在这方面，领导者可选择的行之有效的容短护短方法有很多，其中比较常见的是：

①当下属偶犯过失，懊悔莫及，已经悄悄采取了"补救"措施时，只要这种过失尚未造成重大后果，性质也不甚严重，领导者就应该佯作"不知"，不予过问，以避免损伤下属的自尊心。

②在即将交给下属一件事关全局的重要任务之前，为了让下属放下包袱，轻装上阵，领导者不要急于"结算"下属过去的过失，可以采取"暂不追究"的方式，给下属一次"将功补过"的机会，甚至视具体情节的轻重，干脆宣布"减""免"对下属的处分。

③护短之前，不必大肆声张；护短之后，也无须用语言来"点破"，更不要主动找下属谈话，让下属感激自己。唯有一切照旧，若无其事，方能收到最佳效果。

④当下属在工作中犯了错误，受到大家的责难，处于十分难堪的境地时，作为领导者，不应"落井下石"，更不要抓"替罪羊"，而应勇敢地站出来，实事求是地为下属辩护，主动分担责任。这样做，不仅拯救了一个下属，而且将赢得更多的群众的心。

⑤关键时刻护短一次，胜过平时护短百次。当下属处于即将提拔、晋级的前夕，往往会招致众多的挑剔、苛求和非议。这时候，作为一个正直的领导者，就应该站在党性的立

场上，奋力挫败嫉贤妒能、压制“冒尖”的歪风邪气，勇敢保护那些略有瑕疵的优秀下属。

在用人实践中，容短护短的方法千姿百态，多种多样。它既是领导者的智慧结晶，又体现了每个领导者特有的风格和个性。面对着错综复杂的用人环境和各个不同的用人对象，领导者应本着因人制宜、因地制宜的精神，灵活巧妙地选择最有效的容短护短方法，尽力获取最好的用人效果。

（六）巧用偏长，对特殊人才要特殊任用

1.为什么要选用偏长人才

所谓选用偏长人才，就是指在用人行为中，领导者面对若干个可供选择的下属，有时候宁可选用在某“一”方面有长处的下属，也不选用在“各”方面都大致不差的下属。显而易见，选用偏长原则和扬其所长原则有一个共同点：都十分强调发挥人才的长处。

作为一条用人战术，选用偏长人才毕竟只适用于用人过程中遇到的某一种情况、某一个特定的对象。

针对人才群体的不同类型，通常可以分为核心群体、职能群体和外围群体三种类型。每种类型的人才群体，对成员拥有偏长的标准以及有特长的成员的比例都是各不相同的。领导者在选用偏长时，就应该充分注意人才群体的类别差异。

（1）核心群体

如各级领导班子、科学技术领域的攻关小组、文化体育领域的骨干组织等。这类人才群体对群体成员的素质要求比较高，通常要求每个成员都具有某“一”方面的专长。

（2）职能群体

这类群体是为了完成某一特定的职能而设的，一般说来，它从属于核心群体，为核心群体服务，因而它的重要性略低于前者。这一群体性质，决定了它对群体成员的基本素质的要求，既要求体现分工上的差异，又要求拉开层次上的档次，即：只要求一部分成员具有某“一”方面的专长，其他成员即使没有明显偏长也无妨，他们可以从事较低层次的辅助工作。显然，在组建职能群体时，领导者只要根据工作需要，重点挑选若干名具有偏长的业务骨干即可，对于其他辅助人员，选用标准可适当放宽。

（3）外围群体

这类群体层次较低，结构松散，人员素质也比较一般。在整个管理体系中，它们或者

依附于核心群体和职能群体，或者以独立的组织形式出现，作为前两者的外围和基础。显而易见，在这类群体中，除了少数成员需要有一定的偏长外，对于绝大多数成员来说，只要求他们能够从事某些简单的重复性劳动即可。领导者在组建这类群体时，通常感兴趣的并不是把有偏长的人才调入这类群体，而是从中发现具有发展前途的有偏长的人才，及时将他们调出这类群体。

根据上述三类人才群体的不同特点，灵活把握选用偏长的标准和比例，着重选配好核心群体和职能群体的主要成员，是各级领导者取得用人主动权的关键。

2.科学判断偏长的能级和能质

领导者在用人过程中，考虑问题的角度是经常变换的。有时候，需要为适当的工作岗位物色适当的人；也有时候，需要为适当的人物色适当的工作岗位。决定工作属性的，不仅在于工作岗位的种类，还在于工作岗位的能级和能质；决定人才去向的，不仅在于他有无偏长，还在于他的偏长的能级和能质。领导者用人的根本宗旨，就在于使下属的能级和能质与所在岗位的能级和能质相对应。

从理论上说，人才的能级和能质肯定大于人才偏长的能级和能质，因为前者几乎包括了人才全部内在素质的能级、能质之和。但是，在用人实践中，当领导者执意使用某个下属的偏长时，这个下属的偏长能级和能质是否和工作岗位的能级和能质相对应，就成为领导者重点考虑的关键问题了。

以著名数学家陈景润的偏长为例。

当陈景润在北京市一所普通中学担任数学教师时，从表面看上去，他的偏长似乎得到了充分发挥，其实则不然。原因是陈景润的数学偏长的能级远远高于普通中学数学课程的岗位能级；他的偏长的能质也与岗位的能质明显不符。因此，让陈景润担任中学数学教师，确实是大材小用了。后来，当他调到高层次的科研单位专门从事数学研究工作时，他的偏长的能级和能质才与工作岗位的能级和能质相对应，从而使他很快就取得了事业上的巨大成功。

在领导实践中，令领导者最伤脑筋的不是对岗位能级和能质的评估，也不是对人才偏长的发现，一般说来，要做到这两点，还是比较容易的。关键在于对人才偏长的能级和能质的准确判断，即某下属的偏长究竟有多大能量？能挑多重的担子？放在现有的工作岗位上合适吗……要做到这一点就比较难了，因为这不仅需要领导者自身具备较高的内在素质，诸如非凡的见识水平、合理的知识结构和超群的组织管理能力，而且需要领导者去做艰苦细微的调查研究工作，力争在较短时间内取得对某一专门知识领域的发言权。唯有这样，才能准确判断人才偏长的能级和能质，不至于发生大材小用或者小材大用的用人失误。

为此，有经验的领导者在分析判断下属的偏长时，通常很少单凭自己的主观印象去做结论，而是尽量多听听群众和有关专家的意见。这样一来，效果也就好得多。

3.活用“能耐人”：宽容与约束并重

在实践中，一些具有专业知识与技能的人往往由于过度自信而显得趾高气扬，凡事自以为是，不愿接受组织规章的约束。这就是人们通常所说的“能耐人”。

当然，领导者为了借重这类“能耐人”的特殊技能，往往对其加以宽容，殊不知如此只能更增加其气焰。

事实上，这些“能耐人”不外乎存有两种特质：一种类型为富有强烈工匠意识的人，这类人经常致力于本身的技能成果，于是难免与现实的行为原则脱离；另一种类型则为精通实务、强调行动的人。对于前者，领导者若能给予适当的工作，让其获取某方面的成就，不但其本身深感心满意足，对组织而言也是一大贡献。对于后者，领导与其施行管理，不如成为他的顾问，放手让他去做，往往可产生意想不到的效果。

组织是一个团体，团体中的每一个成员都应该有互相协作的精神。然而有的下属自认为才高八斗，对同事甚至对上司也不屑一顾，独来独往。这是另外一种类型的“能耐人”。

对付这样的下属，既不能随便解雇，也不能让其长期如此；否则，便会损害整个团队的工作效率。

有能耐的下属即使具有相当的实力，也极易造成领导者在管理工作上的负担。面对这种类型的下属，须先好好地分析其性格倾向，等到有一番了解后，再加以管理。领导者应对其多加以约束，让其能耐既得以施展，又不会太过自由。

（七）领导者用人要杜绝任人唯亲

1.反对任人唯亲是科学用人的根本要求

任用人才的第一条原则就是唯才是用，而不是唯亲是用。

反对任人唯亲，这是对领导者的基本要求。唯有不徇私的态度，才能获得其他下属的接受、协助。

所谓任人唯亲，就是任用人不管德、才如何，只是选择那些和自己感情好、关系密切的人。其表现形式有以下三种：

①“以我划线”。谁赞同他、拥护他、吹捧他，就提拔谁。“顺我者存，附我者升”，把自己领导的组织搞成“一人得道，鸡犬升天”的“封地”。

②“唯派是亲”。凡是帮朋派友，不管是否有德有才，都优先加以考虑。

③“关系至上”。

在中国这个封建主义传统非常浓厚的国度里，任人唯亲又往往同重用亲朋好友连在一起。这个问题处理不好，反对任人唯亲就会成为一句空话。

要做到科学用人，就必须要坚持任人唯贤原则，坚决反对任人唯亲。

毛泽东曾经指出：“在这个使用干部的问题上，我们民族历史中从来就有两个对立的路线，一个是‘任人唯贤’的路线，一个是‘任人唯亲’的路线。前者是正派的路线，后者是不正派的路线。”毛泽东在处理这个问题上堪称一代楷模。早在抗战初期，毛泽东就在党的六届六中全会上批评了张国焘的任人唯亲路线，强调在干部政策问题上要反对不正派、不公道的作风。

毛主席在反对任人唯亲方面起到了表率作用。

毛泽东的至亲，即他夫人的哥哥杨开智想要进京工作。当时新中国刚刚成立，百废待兴，正是用人之际。有许多老干部的家属、亲朋都来走关系、要工作，只要是历史上没有什么问题，一介绍也就参加工作了。可是毛泽东说，别人的亲朋可以来，他的不能来。作为中央人民政府主席、共产党的主席，他要树立一种风范。毛泽东对秘书说：“我们共产党的章法，绝不能像蒋介石他们一样搞裙带关系，一个人当了官，沾亲带故的人都可以升官发财。如果这样下去，就会脱离群众，就会和蒋介石一样早晚要垮台的。”他还说，处理亲友一般来信的原则是，“凡是要求到北京来看我的，现在一律不准来，来了也不见。凡是要求我给安排工作的，一律谢绝，我这里不介绍、不推荐、不说话、不写信”。

毛泽东这“四不”的基本精神，就是反对任人唯亲的例证。

2.领导者不能以个人好恶为用人标准

一个领导者，是否坚持公道正派、任人唯贤，是关系人才命运的大问题。

汉高祖刘邦在这方面给后人树立了榜样。

郦食其见刘邦，自称“贱民”，兵卫通报说来人形状像个大儒，身穿儒者的衣服。刘邦说：“正忙着天下大事，没空见儒生。”郦食其改而让兵卫再去通报说：“就说我是高阳酒徒，不是儒生！”这样一来，刘邦马上赤着脚站起身，请他进去。郦食其后来立了奇功，凭一张嘴收降了齐国七十余城。刘邦以前不喜欢儒生，有儒生来，他总要解下儒生的帽子在里面撒一泡尿，以此来污辱儒生。但在见了郦食其以后，刘邦开始重用儒生了。

领导者在用人过程中，最忌讳以个人的好恶为标准。事实上，凭个人好恶看人用人的情况还不同程度地存在着。有的人喜欢听恭维话，把善于逢迎的人当成人才；有的人热衷于搞小圈子，对气味相投的人倍加欣赏；有的人看重个人恩怨，凡对自己有恩惠的，则想方设法予以重用；有的习惯于自己的“老一套”，偏爱于听一些“顺心”“顺耳”的话。上述情况的存在，一方面容易使某些德才平庸、善于投机取巧，甚至有严重问题的人得到重用；另一方面又必然使一些德才兼备的优秀人才被埋没，甚至遭受不应有的打击。

应当说，凭个人好恶用人，其主要原因是私心在作祟。但是也有一些人本无其他用心，但由于思想水平不高和思想方法不对头，结果同样不能坚持公道正派、任人唯贤的原则。宋朝宰相张浚初次见到秦桧，觉得他言词刚正，表情严肃，认为这个人一定正派，便起用了他，结果铸成千古大错。张浚的教训就在于以言貌取人，并没有了解秦桧的本质。在现实生活中，也会时常看到张浚式的人物，如有些领导者在看人用人上往往受主观主义、官僚主义、偏见和感情用事所左右。有时这种问题并无挟私因素，所以较之有意识的打击报复、拉帮结伙的错误，更容易得到一般人的谅解和容忍。

3.讲究方法，处理好亲戚关系

目前，在用人问题上主要存在着三种庸俗关系：其一是利害关系。主要表现在一些领导者不顾政策、原则，以对象与自己的利害关系程度来决定是否提拔使用。凡与自己有利害关系的，就提拔重用；与自己无利害关系的，便靠边站。其二是裙带关系。注意提拔使用自己的子女、亲友，在组织内部形成以血缘关系为纽带的关系网。其三是依附关系。千方百计地寻找保护伞，以人划线，依附于某个上级领导。

任何人都不可能脱离裙带关系，特别是亲戚关系。人非天生，谁能无亲？亲戚关系是任何人都无从摆脱的人际关系。无论是普通人，还是领导者，面对亲戚，有的人讲感情而不讲原则，讲义气而不讲正气，甚至坠入犯罪的深渊；有的人则因坚持原则、主持正义而被称为“不近人情”“无情无义”。

亲戚关系会影响领导者的用人工作。那么，作为一名领导者，在用人工作中，怎样才能处理好亲戚关系呢？

(1)明确认识

亲戚关系是领导者无法摆脱的社会关系，不管你是否愿意，它都是与生俱来，而且是始终存在的。对此，每一个领导者都应有清醒的认识。唯有正视亲戚关系的存在，才能更好地处理亲戚关系。

(2)坚持原则

对待亲戚，每一个领导者都应讲究原则，把握尺度，千万不能视亲戚的利益高于一切、亲戚的事情大于一切，进而失去原则和尺度；不能为满足亲戚在用人上的非分要求，借公权谋私利。

(3)掌握方法

领导者在用人工作中，要处理好亲戚关系。在坚持原则的前提下，要讲究一定的方法，做到既坚持了原则，又不破坏亲戚关系。

①以诚换诚法。领导者与亲戚之间应推心置腹，相互信任，尤其要设身处地地为对方着想。要以适当的方式与亲戚交换意见，使人感到自己通情达理。

②以攻为守法。由于领导者的特殊地位，在领导者家中经常会出现一些前来请求安排工作的亲戚。对此，领导者最好的办法就是主动出击，以攻为守，率先发动感情攻势，动之以情，晓之以理。

③冷处理法。对亲戚违反原则的用人请求，可采取保持距离、适当回避的办法来处理。

④以李代桃法。对亲戚托办的违反原则的事情，最好的办法是在讲明道理之后，帮助想一些别的好办法作为替补。因为一般人都有一种补偿心理，结果虽不如预期的理想，但见对方已尽了力，心理也就得到了满足。

泽及枯骨
周文王

泽及枯骨①

【历史背景】

周王朝的奠基人姓姬名昌，曾被商纣王封为西伯，故又称西伯昌、伯昌、周伯昌，死后谥号周文王。在封邦建国的时代，"文王"的谥号只能赠给具有"经天纬地"功勋的统治者。文王即位，继承其先辈的优良传统，崇仁敬老，礼贤下士。据说，为了接待来访的人，他忙到中午还顾不上吃饭，因此有识之士都愿归附于他。相传虞、芮两个小国的君主互相争田，久而不决，后来他们决定一起赴周，请文王评断。两人进入周境，看到的是"耕者让畔，行者让路"，"士让为大夫，大夫让为卿"等种种谦让之风，心里既感动又惭愧。他们说："我们所争的，正是周人以为耻的。我们是小人，不要再到君子的朝廷去献丑了，去了也是徒取羞辱啊！"于是他们悄悄出了周境，回去以后互相让田，不再争了。还有后来泽及枯骨的故事被传开，汉南诸侯归附的达四十国之多。后来，文王又在渭水之滨访得政治家姜尚，并立其为师，从此如虎添翼。在纣王十九年时，文王伐崇侯虎胜利，把都城迁到丰邑。文王在丰邑建立一座灵台，还挖凿了一个大的人工湖——灵沼。

后来又归附的有三十国。至此，文王就取得了当时所谓天下的三分之二。这个故事，就是"为人君止于仁"的典型，也就是帝王施行仁政的典型。所以，封建史家认为，这是一切统治者都应当效法的。

周文王姬昌被封为西伯时，国家就建在岐山下，他在治理的时候注意实行仁政，对百姓和周围的诸侯国也都实行仁政，因此他得到人民的爱戴与尊敬，也得到了当时天下诸侯的敬重。于是崇侯虎就向纣王进谗言，文王因而被商纣王囚禁在羑里，后来才得以释放，让他回到自己的诸侯国。回到自己的诸侯国之后他大行仁政，下定决心要讨伐昏庸的君主，周文王一生都提倡笃仁、敬老、慈少、礼贤下士的治国之风，国家也因此获得了巨大的发展。据说在被商纣王囚禁的时候，文王在狱中写下了《周易》一书，也就是《史记》中记载的"文王拘而演周易"。

《周易》是中国古代的一部极其重要的文献,被后世称为《易经》。相传在上古时期,伏羲氏创造了先天易(也叫先天八卦),神农氏创造了连山易(也叫连山八卦),轩辕氏创造了归藏易(也叫归藏八卦)。后来经过周文王姬昌的精心钻研,将其进一步发展,最后演绎成了六十四卦和三百八十四爻,有了卦辞、爻辞,被后世的人们称为《周易》。它运用不是很复杂的图像和数字,遵循阴和阳对立变化的规律。来解说庞杂混乱的社会现象,周朝时的文王八卦,利用所谓的卦象,实际上诉说的是人在顺境与逆境之中的正确态度和行为准则以及处事方法,后来经过历代文人学者和统治阶级的传承,文王的《周易》就成了中国的圣经,成为中国文化的源头,以至人们的日常生活都与其有着很密切的联系。

【原文】

周史纪:文王[②]尝行于野,见枯骨,命吏瘗之。吏曰:"此无主矣。"王曰:"有天下者,天下之主;有一国者,一国之主。我固其主矣。"葬之。天下闻之,曰:"西伯之泽及于枯骨,况于人乎?"

【张居正解】

周史上记:文王初为西伯时,一日出行于郊野之外,见死人的枯骨暴露于外,因吩咐吏人以土瘗埋之。吏人对说:"这枯骨都是年久死绝的人,已无主了。"文王说道:"天子有天下,就是天下的主;诸侯有一国,就是一国的主。今此枯骨,我就是他的主了。何忍视其暴露而不为掩藏之乎?"乃葬而掩之。时天下之人,闻文王行这等阴德[③],都说道:"西伯的恩泽,虽无知之枯骨亦且沾及,况有生之人乎?"夫文王发政施仁,不惟泽被于生民,而且周及于枯鲁。所谓"为人君,止于仁"者,此类是也,岂非有天下者之所当取法哉?

【注释】

①本文出于《资治通鉴外纪》卷二。泽:恩惠。本文记述了周文王推行仁德而能推广到枯骨的故事。

②文王:即周文王。姬姓,名昌。商纣王时被封为西伯,即西部诸侯(方国)之长。

③阴德:在暗中施德于人。

【译文】

周代史书上记载:周文王曾经去郊外,看到死人的枯骨暴露在荒野,他命令随行官吏把枯骨掩埋好。随行的官吏说:"这些都是没有哀主之人的枯骨。"周文王说:"拥有天下的人,就是天下的主人;拥有一国的人,就是一国的主人。我本来就是这些死者的哀主。"于是便把枯骨埋葬了。天下的人听到这件事,都说:"西伯的恩泽既然能推及至无主的枯骨,更何况对于活着的人呢?"

【评议】

这个故事说明了以实行仁德来治理国家以及争取民心的重要作用。周文王在做西伯侯的时候,为了积聚力量来反抗残暴的夏朝的统治,十分重视施恩于民。大力争取其他诸侯国的支持和民心的归顺。周文王很明白只有得到了人民的拥护,才能得到天下,而失去了民心就会失掉天下的道理。在周文王治理自己的诸侯国的时候,就很在意对人民疾苦的关注与施仁政于民。经过文王的努力,只用于几十年的时间便得到了来自各方的大力支持,以及当时百姓的热烈拥护。最后,终于战胜了强大的商朝,建立了自己的国家。

中华民族的历史是多姿多彩的,在历史的长河当中,统治者最重要的治国信条就是要争取民心,重视实行仁政来收取百姓的认同。而仁政最重要的就是仁德,这是对统治者个人品德修养要求的一个最重要的方面。作为一国的国君,如果不能将恩德广泛的施予自己的百姓,无法让百姓感受到自己的恩惠,那么,他就不能算是一个成功的君主。所以,古代的历代明君都会在自身的品德方面进行修养,并且将自己的仁德真正施予人民,使人民在生活中得到切身的感受。

【拓展阅读】

周文王

周文王,又称伯昌。在位五十年。商纣时为西伯侯,建国于岐山之下,积善行仁,政化大行,因崇侯虎向纣王进谗言,而被囚于羑里,后得释归。益行仁政,天下诸侯多归从,其子武王得天下后,追尊为文王。

勤政爱民

文王仿效祖父古公亶父和父亲季历制定的法度,实行仁政,尊老爱幼,礼贤下士,治理国家。在治理国家期间,对内奉行德治,提倡"怀保小民",大力发展农业生产,采用"九一而助"的政策,即划分田地,让农民助耕公田,纳九分之一的税。商人往来不收关税,有人犯罪,妻子不连坐等一系列的惠民政策,即裕民政治,就是征收租税有节制,让农民有所积蓄,以刺激劳动兴趣。对外招贤纳士,许多外部落的人才以及从商纣王朝来投奔的贤士,他都以礼相待,予以任用。如伯夷、叔齐、太颠、闳夭、散宜生、鬻熊、辛甲等人,都先后归附在姬昌部下称臣。姬昌自己生活勤俭,穿普通人衣服,还到田间劳动,兢兢业业治理自己的国家。岐周在他的治理下,国力日渐强大。

羑里之厄

西周国力增强壮大,引起商王朝的不安。商纣王的亲信谗臣崇侯虎,暗中向纣王进言说,西伯侯到处行善,树立自己的威信,诸侯都向着他,恐怕不利于商王。纣王于是将姬昌拘于羑里(今河南汤阴县)。他在囚禁中,精心致力"演易之六十四卦,各为彖"。周臣闳夭等人为营救文王出狱,搜求美女、宝马、珠玉献给纣王。纣王见了大喜:"仅此一物(指美女)就足够了,何况宝物如之多!"于是下令赦免文王出狱。并赏给他弓、矢、斧、钺,授权他讨伐不听命的诸侯。这就是历史上的文王"羑里之厄"。

文王访贤

文王出狱后下决心灭商。有一天,他出去打猎,在渭水河边巧遇年已垂老、怀才不遇的姜尚在河边钓鱼。文王同他谈话,相互谈得很投机,文王了解姜尚确有真才,便让姜尚与他同车而归,立为军师,共同筹划灭商策略。

【镜鉴】

一、怎样才能成为好领导

既对上负责又对下负责，是组织对领导干部的基本要求。也就是说，领导干部除了要做让上级放心的好下属之外，还要成为使下级称赞的好领导。因为，领导干部履行好职责、实现有效领导需要有追随者，离不开良好的干部群众基础。

那么，如何才能成为下属心目中的好领导呢？

(一)真正了解下属心目中好领导的标准

缺乏目标的行动必然是盲目的行动。要成为一个好领导，必须首先真正了解下属心目中好领导的标准。实践证明，好领导大致有以下几个标准：

1.有强烈的责任感和进取心，能够用事业凝聚下属

具有强烈的责任感是成为一个好领导的基本要求。一个民族如果没有了责任感，那么这个民族是可悲的；同样，一个领导者如果没有了责任心，那么这个领导者是可耻的，他永远都不可能得到下属的承认和尊敬。领导者只有具有强烈的责任感，才能把集体利益放在个人利益之上；只有具有强烈的责任感，才能把下属和群众的冷暖时刻放在自己的心坎上；只有具有强烈的责任感，才会有廉耻之心，才能甘于过俭朴的生活；只有具有强烈的责任感，才能有强烈的进取心，才能带领下属锐意创新，不断开拓事业的新天地。概而言之，一个富有责任感的领导者，才能正确运用自己手中的权力，才会给下属带来实实在在的利益和切实的安全感，才会在遇到事情的时候从容不迫、处变不惊，才会让下属感觉到自己的领导是可以依靠和信任的人。这样的领导者谁又不乐意追随呢？

2.公道正派，不凭个人好恶用人处事，不拉帮结派

古人云："其身正，不令而行；其身不正，虽令不从。"这句话意思是说要能够领导好下属、管理好下属，首先就得自身公正。领导者自身如果缺乏公道正派的品质，其他办法再多也必将无济于事。在实际工作中，有一些领导者对待下属时，完全没有原则，纯粹凭自

己的爱好,表现出浓厚的主观色彩,做出许多厚此薄彼的事情来。应当明白,每一个下属都对自己的领导者在待人处事的态度方面都是十分敏感的,如果领导者习惯于把某个人当成自己的心腹,又把另一些人当成了外人,长此以往,就会使那些被你当成“外人”的下属失去工作的积极性和主动性,失去对你的信任。

领导者只有牢固树立公道正派的理念,明确公道正派的要求,坚持公道正派的原则,成为公道正派的表率,始终把公道正派作为自己从政的准则,对下属做到公正合理、一视同仁,才能调动干部工作积极性,才能做好工作,推动事业发展;也只有这样,才会让下属感觉到自己有合理的地位和权力,才会把你看作是自己的好领导、好上司。

3.坚持人格平等,充分发扬民主作风

尊重下属,执行好民主集中制,这是赢得下属尊敬的一个必要条件。每个人都有自身的尊严,都渴望获得别人的尊重,人格在上。哪个下属愿意把看低自己的人作为自己的朋友呢?但是,有些领导者就是喜欢把下属看成低自己一等甚至几等,他往往有很强的唯我独尊意识,喜欢“居高临下”,批评下属时态度粗暴、言语尖刻。工作中喜欢搞一言堂,不愿意听取下属的任何意见和建议,无视下属的合理要求。这样就容易伤害下属的自尊,拉开他们与你之间的心理距离。

事实上,领导与下属之间,本来就只有分工的不同,没有人格的差异。所以,无论下属犯了什么错误,你在批评下属时,如果坚持人格平等的原则,让下属觉得领导的批评是真的为他好,而不是通过批评下属来抬高自己,或显示自己的权威,那么你就一定能够获得下属的信任。如果你在工作中发扬民主作风,能认真倾听下属的心声,这样就必然能够让下属感觉到他们自身的价值,也可以为工作安排打下良好的基础,这样的领导,又有哪一个下属不愿意和他共事,又有哪一个下属不愿意敞开心扉和领导走到一起,共同进步共同发展呢?

4.有爱心,不算计下属,肯为下属着想

有爱心是成为一个好领导的先决条件。有爱心的领导者,一般都会主动为下属着想。何况,只有肯为下属着想,把下属的利益看作和自己的利益一样重要,把下属的困难当作自己的困难去努力克服,才有可能团结人、凝聚人。这样的领导者所获得的,也一定是下属最诚挚的尊敬。那些缺乏爱心的领导者,他想到的往往只有他自己,因此,不仅不会主动为下属着想,而且还看不得下属的好,从而会千方百计去算计下属。

要知道，没有一个下属喜欢没有爱心只会要求的领导，也不会有哪个下属会给只知道要求不知道付出的领导努力工作的。正如俗话所说："种瓜得瓜，种豆得豆。"你为下属做了什么，你在工作中为下属付出了什么、奉献了什么，下属就会为你结出什么果。

5.有能力，有谋略，困难面前敢于担当

有人说"一头狮子带领的羊群胜过一头绵羊带领的狮子"，这句话不无道理。作为下属，从来就不希望自己的领导者像一头绵羊，而是希望自己的领导者像一头雄狮一样坚强有力，敢于担当。所以，领导者的工作能力强不强，同样关系到他在下属心目中的地位高不高。身为领导者，如果自己不学无术，热衷于吹牛拍马，只知道在那里发号施令，搞瞎指挥，做出一大堆劳民伤财的事情，肯定会招致下属和群众的怨恨。相反，如果你不仅是业务方面的行家里手，而且领导能力也十分强，工作起来游刃有余；尤其当工作处于困难和逆境时，不是在那里畏首畏尾、躲躲闪闪、焦虑急躁、束手无策甚至是推卸责任，而是能够在纷繁复杂的矛盾中抓住主要矛盾，敢于承担责任，并且带领大家一道，努力寻找解决困难和问题的办法，积极挽回一切损失，这样的领导者，不可能没有追随者，也不可能不受下属尊重。

6.善于"借助"每一个下属的力量，工作起来有"法则"

所谓有法则，是指领导者开展领导活动有方法和准则。没有方法和准则，就必然缺乏工作效率，就无法取得令下属满意的工作成绩。理论和实践都说明，领导工作最大的法则中就是要善于调动下属的积极性，最大限度地集中大家的智慧和力量。民间有句俗话，叫作"浑身是铁也打不了几根钉。"领导过程也是这样的。一个领导者即使有再大的本事，也不可能解决所有的问题。在一个单位或集体中，领导者虽然掌握着最高权力，但在很多事情上却不一定全了解，即使知道，也可能鞭长莫及；而另一方面，下属对许多事情可能了解得比你要全面得多透彻得多，他们是工作的实践者，也是问题的经历者。所以，领导者要有豁达的胸襟，能尊重下属的选择，能与下属建立起真诚的伙伴关系，拉近与下属的距离，避免形成下属与领导之间的对立局面；要有较强的协调能力，尤其要选好人才，把握住关键人才，发挥他们的带头作用，最终同心协力完成工作，这样的领导者才能让下属感觉到可以信赖，值得尊敬。

(二)如何使自己成为下属心目中的好领导

明白了好领导的标准,就明白了自己的努力方向。具体来说,要成为一个好领导,还应该从以下几个方面去努力。

1.要有成为一个好领导的内在要求

应该说,现实生活中,人人都想成为一个好领导。但是,有的领导者不仅没有成为下属心目中的好领导,反而还被下属和百姓所不齿,这是什么原因呢?根源在于有些人对于成为一个好领导,也只是偶尔想想而已,可是由于内在要求并不强烈,意志不是十分坚定,一旦遇到困难和社会上一些不良因素的干扰,便失去了耐心,甚至放任自己。作为领导者,首先应该明白,阻碍自己成为下属心目中好领导的,不是别的任何原因,而是自身的主观因素。这正如孔子所说的"仁远乎哉?我欲仁,斯仁至矣"。意思是仁德难道离我们很远吗?其实不远啊,只要我想达到仁,仁就来了。仁德全靠自身的努力,靠道德的自觉,要经过不懈的努力,就有可能达到仁,不能依靠外界的力量。这里,孔子强调了人进行道德修养的主观能动性,对于我们成为一个好领导仍然具有很大的启发意义。领导者一定要有当个好领导的强烈愿望,要把成为一名好的领导者作为自己不懈努力和奋斗的方向,这样才能最终实现自己的目标。

2.要学会换位思考,真心实意地为下属着想

要成为下属心目中的好领导,就必须有一颗推己及人之心,善于换位思考,能够站在下属的立场上看问题,真心实意为下属着想,帮助下属解决实际困难。现实中,无论你的领导是多么成功,你的团队业绩是如何地好,每个人的收入是如何的高,但是总会有人有各种各样的苦恼,也许是经济上的,也许是精神上的。这个时候,作为领导者,你就要站出来,发挥你的作用,为下属解决实际困难。在他们身处逆境的时候,给予支持和鼓励,让他们振作起来,在下属的心目中,这就是领导对他们最大的关心和信任,他们会更加努力工作来回报你的付出。

3.要不断加强自身人格修炼,真正做到扬长补短

好的领导,无一例外地都具有完善的人格,他们用自己的能力说话,时时处处展现出既权威又有亲和力的领导风范。因此,一个领导者,如果他自己不能做到修身养性、完善人格,那么他就不可能做一个好人,更不可能成为一个好领导。并且,下属总习惯于向上

看，领导者的一举一动都逃不过下属的眼睛。当领导者的地位达到一定水平之后，领导者的言行就会被自己的下属散播出去，甚至是遭到超现实的模仿。所以，领导者一定要注意自己的人格培养，让人格完善起来。比如，要有正确的世界观和人生观，做事要讲信任，待人要诚恳，处理事情要公正、谨慎，要尊重你的下属，信任他们并且给他们发展的机会，等等。

4.注重学习，不断总结，提高领导工作的综合能力

没有人天生就善于当领导，更没有人天生就是一个好领导。领导工作是一门理论性和实践性都十分强的工作，这就决定了领导者必须勤于学习，善于学习。孔子针对他那个时代的领导者曾经说过这样一段话："先学习礼乐而后再做官的人，是原来没有爵禄的平民；先当了官然后再学习礼乐的人，是君子。如果要先用人才，那我主张选用先学习礼乐的人。"意思是，那些先当官，即原来就有爵禄的人，在为官以前，没有接受礼乐知识的系统教育，还不知道怎样为官便当上了官，这样的人是不可选用的。而那些本来没有爵禄的平民，他们在当官以前已经全面系统地学习了礼乐知识，然后就知道怎样为官，怎样当一个好官。在孔子看来，学习是为官从政的基础，不学习做不好人，更加做不好官！正如毛泽东所说，有了学问，好比站在山上，可以看到很远很多的东西；没有学问，就好像在暗沟里行走，容易到处碰壁。并且，情况是不断变化着的，今天学到的知识明天就有可能过时了，要使自己的思想适应新的情况，唯一的办法就是经常学习，不断学习。一个好领导，往往会自觉地挤出时间用在提高自身的能力上，他们会抓紧一切时间努力学习新的知识和技能，提高自己的含金量，同时也提高在下属心目中的分量。

二、注意把握领导工作的特点与规律

应当说，哪里有人群，哪里就有领导。社会拥有的所有资源都是通过管理来发挥其最大效用的。根据社会分工，领导应当是一种职业，只不过是一种特殊的职业而已。客观上讲，无论从事什么职业，无论做什么工作，都有一个争取主动权、掌握主动权的问题。只有真正掌握了工作的主动权，才能够较好地履行职责，完成各项工作任务；才能够工作有章法，有序推进事业发展；才能够始终保持清醒头脑，不断提高能力素质，做到和谐发展、可持续发展。要真正掌握工作的主动权，必须熟悉领导工作的特点，把握领导工作的规律。

(一)什么是特点、什么是规律

所谓特点,就是指人或事物所具有的独特的地方。所谓规律,是物质运动本身内在的、本质的、必然的联系。无论是自然界的物质运动,还是人类社会的制度变革,世界上任何事物的发展变化都有规律可循。规律具有稳定性、重复性、普遍性和客观性,人们虽然不能任意创造、改变和消灭规律,但可以认识和利用它来改造自然、改造社会,为人类造福。规律是看不见、摸不着的,只有通过对十分丰富的感性材料进行分析和综合,使认识由感性上升到理性,才能够把握。规律和特点是紧密相连的,一般来说,认清了特点,就比较容易把握规律。

(二)领导工作的特点与规律的内涵及作用

有的同志喜欢这样说,领导工作、领导活动应该是一种经验式的判断,是凭一直觉来开展这项工作的,这个话有失偏颇。在《贞观政要》里面,讲了很多唐太宗治国的故事,有一个故事讲到,有一次,国外一些使臣送了很多弓给唐太宗,古人有一个思维定式,判断一个弓箭的好坏,主要看弓硬不硬,弓越是硬越拉不开,弓越好,这是自古以来就形成的一个思维定式,唐太宗手下好多人都没有拉开,唯独唐太宗上去以后,因为他从小就舞弓弄箭对弓箭非常娴熟,就把弓给拉开了,唐太宗龙颜大悦,但是在边上有两个人,是宫廷里面负责制造弓箭的工匠的首领,站在一旁,缄默不语,唐太宗还是一个听得进各种不同意见的人,他就过去问这两位行家,你们认为这个弓好不好?这两个人就说了,陛下,你是要听真言还是听颂言呢?唐太宗还是能够纳谏的,他说当然听真心话,于是两个工匠跟他说,弓是用弓弦跟弓柄制成的,弓柄是用木头做的,你这个弓看上去很硬,但实际上做这个弓柄的木头,木心不正,纹理皆歪,所以,你射出去的箭步十发而九不中,唐太宗不信,试之,果不其然,十发九不中,于是,唐太宗就狠狠把弓往地下一摔,长叹一声,举一反三了,他说,我这个人自幼与弓箭为伍,很熟悉弓箭,但是恰恰是我最熟悉的东西,我最不熟悉。依此类推,他又进一步发挥了,他说,弓箭尚且如此,何况天下大事乎?因为一国之君,他是治理国家的,也是担当领导与管理事务的,领导管理应该是很熟悉的,但好比弓箭一样,最熟悉的东西恰恰是最不熟悉的。这里面蕴含着内在的特性和机理。

从唐太宗这个故事当中能引出一些怎样的思考呢？领导者每日每时都在从事现代领导管理活动各项工作，都在思索怎样做好这个工作，这里面，不是光凭经验、光凭直觉就能办好，要善于总结，去探寻领导工作发展的内在联系性、内在的规律性。我们要推动社会经济的全面、协调、可持续发展，构建和谐社会，建设中国特色社会主义社会，需要"进一步把握共产党执政规律、社会主义建设规律、人类社会发展规律，提高运用科学理论分析和解决实际问题的能力"。只有把握了领导工作内在发展的规律，工作才能主动，才能事半功倍；否则，工作就会被动，就会走弯路，甚至出问题。

21世纪是知识经济时代，是信息革命时代，是纵横交错的网络时代。当前网络时代领导工作呈现许多新的特点和发展趋势，主要表现在领导活动四要素都发生了深刻的变化。领导的要素包括领导者、被领导者、群体目标和客观环境，这四个要素之间良性互动作用就构成了领导活动的过程。网络时代，最突出的表现就是领导四要素的内涵都相应地发生了变化。

1.领导环境的虚拟化和扩大化

领导环境是指制约和推动领导活动展开的各种自然要素和社会要素的组合，是政治、经济、文化和自然要素影响领导行为模式的社会氛围和外在条件。知识经济时代领导环境最大的变革就是虚拟化。虚拟环境为领导工作带来了新的便利：领导者不必每天把下属召集到会议室或办公室面对面地安排任务，而可以利用网络带来的虚拟环境，轻松部署工作。同时，领导者可以通过网络，把每个下属作为自己的连接终端，减少了中间管理层次，改变了传统上一个领导只负责几个下属的局面，延伸了被领导者的外延，使领导者的协调组织作用得到有力发挥。

2.被领导者进一步的自主化

技术进步和社会发展促使被领导者向知识型、综合型方向发展，他们越来越不满足于在领导活动中被动受命的地位，要求更多地参与组织的决策，具有更多的灵活性，对自己的工作进行自我控制，并依靠责任心来自我约束。对被领导者这种越来越强的自主化倾向，领导者必须予以肯定，并及时调整与被领导者的关系。

3.领导目标追求的更高层次化

传统的领导方式强调规章制度的建设，追求的是功利性的目标，是有形领导。而网络时代所提倡的则是"把一页页的规则从窗口扔出去"，通过无形的影响力，注重的是组织文化建设,实现的是价值领导。领导者已不是依靠对领导职位地占据而牟取私利的一种社会角色,而成为展现人生价值的一种高尚的职业。被领导者每个人都在关心自己事业的成功,而不再是简单的谋生。

4.树立领导威信的艰难化

从领导活动的成败及其效果来说,权威性是领导活动的首要特性。过去的年代,行政组织运行相对稳定,运转基本程序化,领导可以根据惯例和制度赋予的权威进行管理。而在网络时代,领导威信正朝着知识和信息转化。领导者只有通过掌握大量动态的信息,处于非程序化管理的主动地位,才能影响和引导他人或组织的行为。这在一定程度上增加了领导者树立权威的艰难性。

依据新形势、新任务对领导方式和领导方法应当提出的新要求,新时期领导工作具备如下几个特点:

1.知识性

进入新世纪,从世界范围审视,随着知识经济时代的到来和科学技术信息的发展,群众的价值观发生了变化,引发了新一轮的知识经济管理革命。时代在呼唤知识型管理人才。

2.法治性

市场经济是法制经济,未来社会是法治社会,实现领导工作的民主化、科学化和现代化必须靠法制去保证。只有不断强化法制意识,提高依法执政的能力,把领导工作纳入法制轨道,才能理顺和协调好国家利益和其他各种利益的关系,才能真正从法律和制度上保证党的路线方针政策的贯彻实施。

3.宏观性

新的形势下,党政领导干部在工作实践中“领导”的职能体现得越来越重要,而“管理”的职能则相对减弱。这就要求转变思维方式,在空间上,实现从局部性向全局性转变,从战术性向战略性转变;在时间上,实现从短期向长远转变,站在世界经济竞争一体化的高度,从世界经济、科技发展趋势的角度去观察思考问题,处理解决矛盾,透过纷繁复杂、瞬息万变的现状,寻求对科技信息社会的规律性认识,明确本地区、本单位改革与建设的前进方向与道路,绘制出符合实际的长远发展的宏伟蓝图。

4.服务性

随着市场经济的规范性发展，信息技术的广为利用，领导职能中服务的特点将表现得越来越明显。一方面，人民群众对自身的利益看得越来越重，需求服务的心理越来越强烈；另一方面，党政领导干部与人民群众之的联系也越来越紧密。与此相适应，各级党政领导干部必须强化服务观念，创新服务手段，提高服务质量，及时了解和掌握人民群众的意愿，集中他们的智慧，做出正确的决策，满足人民群众多层次的需求。

5.开放性

21 世纪的政治多极化与经济全球化，在给国家建设和发展提供难得机遇的同时，也提出了严峻的挑战和考验。必须培养世界眼光，采取开放的态度，纵观全球经济竞争的复杂形势，结合时代特点，创造性地提出自己的发展战略；在领导方式方法上，要从“共赢”的观念出发，整合组织或团体力量去迎接挑战，把握机遇。

6.创新性

知识经济发展的决定因素和国际竞争的成败关键就是创新能力。创新是知识经济的灵魂，不创新就会失去竞争力。改革开放以来我们之所以能取得令世人惊叹的成绩，很重要的一条，就在于能够积极适应形势任务的变化，不断进行改革创新。展望未来，全面建设小康社会的任务更加艰巨，领导干部必须成为创新的带头人，坚决冲破一切妨碍发展的思想观念，改变一切束缚发展的做法和规定，革除一切影响发展的体制弊端，不辱使命，有所作为。

掌握了领导工作的特点与规律，对于领导干部来说将会起到积极的作用：

1.它是领导者履行职责的基础

一般来说，掌握了领导工作的特点与规律，该领导者就具有履行职责、实施领导的基础。相反，该领导者就不具备履行职责、实施领导的基础。

2.它是领导活动成败的关键

领导者是领导活动的管理者和决策者，对领导活动的成败具有重大作用。领导者是否掌握了领导工作的特点与规律，直接关系到领导活动能否顺利进行。掌握了领导工作的特点与规律的领导者，不仅有利于领导威信的建立，而且有利于领导的决策、指示、领导方法为群众所接受，并得到创造性地执行。相反，领导者就不能得到公众的理解、支持与认可，领导活动就难以顺利进行。

3.它是领导效能的直接影响力

领导者是否掌握了领导工作的特点与规律，直接影响到领导效能的发挥。领导者实施领导活动一般会产生两种效能：一方面，产生积极的正效应，可以激励被领导者团结在领导者周围，支持领导者开展各项工作，充分调动被领导者的主动性和创造性，努力发挥他们的聪明才智，奋力去实现领导目标。另一方面，产生负效应，使被领导者对领导者产生不信任感，相互离心离德，甚至会出现被领导者抵制领导者的现象，这就无法发挥领导效能，阻碍领导活动的正常进行。因此，领导者如果掌握了领导工作的特点与规律，就会最大限度地发挥领导效能。所以，研究领导工作特点与规律，可以增强领导工作的原则性、系统性、预见性和创造性。

如何真正做到掌握领导工作的特点和规律？领导工作是一项具有规律性的社会实践活动。概括地讲，领导主要是要做好"干什么、用谁干、创造什么环境"等工作。

1.要解决如何掌好权、用好权的问题

由于领导是掌权、用权的人，理所当然地首先要解决如何掌好权、用好权的问题。要明确权力所属，认识权力的内涵，清楚权力的行使，能正确运用权力。要找准自己的坐标，明确自己的定位。是正职，就要善于总揽全局，善于科学决策，善于处理危机，善于选才用才，善于团结班子成员，从而起到核心与主导作用。是副职，就要对正职尊重而不奉迎、服从而不盲从；要积极工作，不越位侵权；要勇于揽过，不争功邀赏；要善于揽事，不拆台弄权，切实当好配角。副职之间都应以大局为重，相互尊重、相互支持、相互沟通，要见贤思齐、明责用权、协作共事。

2.要解决选人用人问题

用对一个人，激励一大片；用错一个人，影响一大群。领导干部要有求才之心、识才之眼、选才之法、用才之胆、爱才之道。其中有一条很重要，就是要当哥们就不能当上下级，上下级应保持一定的距离，上级对待下级一定要公平、公正。

3.要解决科学决策问题

要注重信息对称，决策过程中要坚持民主集中制原则、效益原则、可操作性原则。要把握好决策的几个关键环节：寻找差距，发现问题；针对问题，确定目标；针对目标，拟制方案；分析评估，多中选优；试点验证，反馈修正；未雨绸缪，完善对策。领导干部要努力使自己成为研究型、专家型领导，切实掌握反思研究法、行动研究法、经验总结法、个案研究法，学会在研究状态下工作，逐渐养成在研究状态下工作的习惯，以牢牢掌握工作主动权。工作要有章法。要熟悉情况、进入角色；要恩威并重，抓好班子带好队伍；要学会控制，确保运行；要学会统筹兼顾，寻找平衡点；要分清主次，选准突破口；要有条理，充分利用好自己的时间和精力；要有创新意识，并能善于总结，出新出彩。

4.要努力营造好的工作环境

领导的作用之一，是使组织内全体同仁全神贯注于既定的目标。要着力建设和谐班子、和谐单位，努力构建和谐的共事环境；要有远大的眼光和宽广的胸怀；要主动与部属进行沟通，主动融入群众中，对待下级公平、公正；要尊重上级，适时报告工作进度让上级"放心"，努力理解上级意图让上级"省心"，不犯两次同样的错误让上级"安心"，积极为团队想办法让上级"定心"；要善于求稳、求同，维护团结而不是拉帮结派。

把握规律要立足当前，放眼长远。要善于把握发展的趋势，抓住发展的规律，不要只看到当前，还要考虑到今后持续发展。对领导工作的特点和规律的了解与把握，对每一位领导干部来说都是一个永恒的主题。永远需要有一种认识、了解和把握特点、规律的内在动力，用心观察、用心提炼、用心总结。

丹書受戒

周武王

師尚父

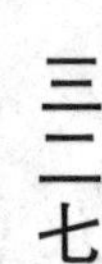

丹书受戒[1]

【历史背景】

周武王是中国周代第一代帝王。姬姓，名发，周文王之子。文王长子伯邑考被商纣王杀害，于是立发为太子。文王死，太子发继位，将周都从丰迁到镐。武王继承文王事业，即位第二年，观兵于盟津。传有八百诸侯不期而会，要求伐纣，但武王认为时机尚未成熟，还师归周。随后，纣继续淫乱，商统治阶层分崩离析。于是，武王起兵，联合西方及西南方各国部落，渡过盟津，与诸侯相会。甲子日凌晨，周师与诸侯兵陈师于商郊牧野进行决战。这时纣也发兵抵抗，进行会战。武王命太公率先犯敌，大军随即交战，后纣军纷纷倒戈叛纣。纣见大势已去，逃登鹿台自焚而死。武王进入商都，商灭亡。武王灭商后，分其王畿为邶、鄘、卫，设三监（纣子禄父、管叔、蔡叔，一说管叔、蔡叔、霍叔）加以治理。继而派兵征讨商朝各地的残余力量。据记载，当时共讨伐了九十九国，有六百五十二国向武王臣服。武王分封了一批宗室功臣，如太公封于齐，周公封于鲁，召公封于燕等；还封了一些前王之后，如焦、祝、蓟、陈、杞等。为了巩固周王朝的统治，武王选定伊水、洛水一带，准备建立新的都邑，但不久卒。其子成王继位，周公辅佐，终于和召公一起建成了东都成周。

【原文】

周史纪：武王[2]召师尚父而问曰："恶有藏之约，行之行，万世可以为子孙常者乎？"师尚父[3]曰："在《丹书》。王欲闻之，则斋矣。"三日，王端冕[4]，下堂南面[5]而立。师尚父曰："先王之道不北面。"王遂东面立，师尚父西面道书之言，曰："'敬胜怠者，昌；怠胜敬者，亡；义胜欲者，从；欲胜义者，凶。'藏之约，行之行，可以为子孙常者，此言之谓也。"王闻之而书于席、几、鉴、盥、盘、楹、杖、带、履、觞、豆、户、牖、剑、弓、矛，皆为铭[6]焉。

【张居正解】

周史上记:武王即位之初,向老臣师尚父问说:"凡前人创造基业,将使后人世世守之也,而能世守者甚少。不知有什么道理,藏之简约,行之顺利,而可以为万世子孙常守者乎?"师尚父对曰:"有一卷书,叫作《丹书》,这个道理皆在其中。王欲闻之,必须重其事,斋戒而后可。"武王于是斋戒了三日,端立官冕,不敢上坐,下堂南面而立,致敬尽礼,求受《丹书》。师尚父说:"南面是君位,北面是臣位。王南面而立,则《丹书》当北面而授,先王之道至大,岂可北面而授受乎?"王遂东面而立,不敢居君位。师尚父西面而立,亦不居臣位,乃述《丹书》中的言语,说道:"'凡为君者,敬畏胜怠忽,国必兴昌;怠忽胜敬畏,国必灭亡;公义胜私欲,事必顺从;私欲胜公义,事必逆凶。'这个道理,只要在'敬'、'公'二字上做功夫,藏之何等简约,行之何等顺利,可以为子孙万世常守者,不外乎此矣。"武王敬而信之,遂融化[7]这四句的意思,于是凡那席上、几上、镜子上、洗面盆上、殿柱上、杖上、带履上、觞豆上、门窗上、剑弓矛枪上,一一作为铭词,不但自家随处接目警心[8],要使子孙看见,也都世守而不忘焉。夫武王是个圣君,能屈尊[9]老臣受戒,作为铭词,传之后世。周家历年八百,享国最为长久,非以其能守此道也哉!

【注释】

①本篇出自戴德《大戴礼·武王践祚》。丹书:古代统治者托言天命,捏造的所谓天书。因用丹笔书写,故称《丹书》。记述周武王屈尊从师尚父以《丹书》受教的故事。

②武王:即周武王。周文王子,名发。承文王业绩而灭商建周王朝。

③师尚父:即姜尚,史又称姜子牙、姜太公。冠以"师""父"表尊敬。

④冕:古代天子、诸侯、卿大夫所戴的礼帽。后专指帝王的礼帽。

⑤南面:面朝南。古代以面南为天子位,面北为臣位或失败而称臣。

⑥铭:在器物上铸或刻写的文字,表功德或示纪念,或用以警示。

⑦融化:理解,融会贯通。

⑧接目警心:眼睛看到之后,便对内心起到警戒作用。

⑨屈尊:降低身份。

【译文】

周史载：武王登基的第三天就召集士大夫开会，问他们说："有什么保证国家昌盛、子孙久长的治国方略没有？"与会的官员士人都说自己不清楚。武王去请教姜太公，说："过去黄帝、颛顼这些贤君的治国之道，现在不知还能在何处看到？"姜太公说："都记录在《丹书》上。大王想听，先斋戒沐浴吧。"武王斋戒三天后，穿戴得十分端庄整洁，太公也穿戴得整齐肃然，捧着《丹书》来到王宫金殿上，站在屏风旁。武王从堂上走下来，站在南边。太公说："先王规矩不得面朝北方。"于是，武王从西南方绕到东北方站好。太公站在西边宣读《丹书》，大意是："'恭敬战胜懈怠的人，事业就能昌盛；懈怠战胜恭敬的人，事业就会衰亡；公义战胜私欲的人，事业就能遂顺；私欲战胜公义的人，事业就要受到挫折。'这即是所谓藏之简便，做起来容易，能让子孙万世效法的有效方式。"周武王听后，把这几句话书写在席、几、鉴、盥、盘、楹、杖、带、履、觞、豆、户、牖、剑、弓、矛之上，作为座右铭，以便时时用以自警自励。

【评议】

在这个故事里主要说明的就是统治者要想让自己的统治能够长治久安，并获得长足的发展，其中最重要的就是要勤于政务，正确处理好国家的"公义"与个人的"私欲"之间的关系。可以说这是一个古老而又始终引起所有统治者关注的问题。历史上成功与失败、圣明与昏庸的君主们大多在处理这个问题的时候发生了极大的不同，其最终的结果就是我们现在的历史了。聪明的统治者往往在遇到这个问题的时候，能够提高警惕，正确处理好两者关系；相反那些自以为聪明，实际上却极其愚蠢的统治者则将这个问题看得十分简单，在处理的时候，毫无顾忌地按照自己的意愿去行事，对别人的建议丝毫都听不进去，结果虽满足了自己嚣张的私欲却失掉了自己祖宗留下的江山。在我们当代社会，随着经济的发展，物质水平可以说是空前提高了。"公义"与"私欲"的问题似乎更加具有了挑战性，借鉴古人的经验教训以及他们的一些相关警戒对我们现代人来说意义是极其重大的。

【拓展阅读】

周武王

周文王去世后，其子姬发继承王位，称为武王。他拜姜尚为尚父，并请他的兄弟周公旦、召公奭、华公高等做他的助手，继续沿用文王富国强兵的政策，准备完成其父未竟的事业——讨伐商纣王。

武王一面积极准备伐纣的事宜，一面派人打听纣王的动向。当得知，殷商已是"谗恶进用、忠良远黜"：王子比干被剖胸挖心；箕子装疯，被罚为奴；微子感觉无望，已经出走，隐居起来；百姓们不敢口出怨言了。武王觉得殷商已是分崩离析，众叛亲离了，征伐纣王的时机已经成熟，便立即拜姜尚为帅，发兵五万渡过黄河东进。大军到了盟津，八百诸侯也率兵前来助战，武王便在盟津举行了誓师大会。会上武王列举了纣王荒淫无道、作恶多端的暴行，鼓励大家同心伐纣，要一鼓作气奋勇向前，成败在此一举，不灭纣王，决不退兵。

牧野之战

誓师大会结束后便发动了灭商战争，武王率大军浩浩荡荡地杀奔商都朝歌，一路上势如破竹，很快便打到了离朝歌只有七十里的牧野，双方军队就在牧野附近摆开了阵势进行决战。纣王认为自己有军马七十万，可周军只有五万，这简直是以卵击石、飞蛾扑火。可他哪知武王的军队是经过严格训练的精锐之师，作战勇敢顽强，而他那七十万大军中，一多半是临时武装起来的奴隶和从东夷捉来的俘虏，他们平日受尽了纣王的压迫和虐待，对纣王恨之入骨，又有谁肯为他卖命。所以两军刚一交锋，奴隶们就掉转矛头，纷纷倒戈投降，配合周军攻打商军，纣王所谓的七十万大军顷刻间土崩瓦解。姜尚便指挥周军，乘胜追击，一直追到朝歌。

牧野战败之后，纣王逃回朝歌，感到已没有回天之力，就命人将宫里珍宝都搬到鹿台，然后放起火来，自焚而亡。从此延续了六百多年的殷商王朝，随着恶贯满盈的纣王的自焚而彻底灭亡。

【镜鉴】

一、自我修炼永无止境

(一)不断加强自我修炼至关重要

党的十七届四中全会指出,“选拔任用干部既要看才、更要看德,要把政治上靠得住、工作上有本事、作风上过得硬、人民群众信得过的干部选拔上来”。作为一名领导干部,只有不断砥砺品质、锤炼作风、增长才干,切实加强自我修炼,才能健康成长、全面成长,做出经得起实践、人民、历史检验的实绩,真正赢得群众的口碑,为党旗增光添彩。

所谓“修炼”是指个性行为模式的社会化过程与个体心理结构的健康态过程,从而实现特定社会角色在个体意义世界和心灵状态上的本质转换。领导干部之所以需要修炼,是因为领导干部作为一个“社会人”,在其成长、进步、完美的链条上,有一个由凡人(普通公民)→共产党员(先进分子)→领导干部(能力优秀者)的过程。在这个过程中,领导干部需要通过不断的自我修炼,逐步克服人性中本有的弱点,努力塑造一个美的自我,让人生的价值焕发绚丽的光彩,在人民群众中树立良好的形象。优秀的领导干部不是与生俱来的,而是后天培育的。有些人之所以能位尊而不忘群众、权重而廉洁奉公,始终坚持立党为公、执政为民,一个重要原因就在于他们重视和善于自我修炼。与此相反,有些人之所以会有权而私欲膨胀、得势而目空一切,抗不住诱惑,经不起考验,一个重要原因就是他们忽视和放弃了自我修炼。为能真正履行全心全意为人民服务的宗旨,满足社会公众对领导干部这种特殊角色的普遍期望,客观地、恰如其分地思考问题和解决问题,领导干部必须通过永不间断的自我修炼来摆脱自我的窠臼,达到“忘我”“无我”的境界,从而由个体的“小我”“私我”融入国家和民族的“大我”和“公我”。否则,共产党员的先进性便无从体现。总而言之,领导干部怎样才能成为一名具有超凡魅力的领导者呢?答案就是要不断加强自我修炼。

（二）加强自我修炼的主要内容和途径

1.要坚定崇高的理想信念

崇高的理想信念是共产党人的立身之本，是永葆先进性的精神动力。作为党员干部，在任何时候都必须具有远大的理想和坚定的信念，坚信社会发展的必然规律，对党的事业充满必胜的信念。在改革开放的新时期，不管形势和任务有什么变化，不管政策、体制有什么变化，不管国际形势多么错综复杂，共产党员和党的干部都应当不改革命的初衷，不丧失必胜的信心，坚定不移地走中国特色社会主义道路。一要坚定共产主义信念不动摇。要坚持贯彻党的路线、方针、政策不动摇，自觉树立政治意识、全局意识和责任意识，始终与党中央保持高度一致。要坚持履行党的全心全意为人民服务宗旨不动摇，将革命理想和信念变成工作中实实在在的具体行动，激励自己健康成长。二要咬定青山不放松。忘记远大理想而只顾眼前，就会失去前进方向；离开现实工作而空谈远大理想，就会脱离实际。要时刻激励自己在工作中牢记理想，笃守信念，立足岗位，扎实工作。三要只顾攀登不问高。心中既要有远大理想，还要有坚忍不拔的意志，踏踏实实，埋头苦干，始终不懈地为实现远大理想而努力奋斗。

2.树立终身学习的理念

古人讲："非学无以广才，非学无以明识，非学无以立德。"当今时代，科技进步日新月异，知识更新不断加快，改革发展稳定的任务十分艰巨。这就要求领导干部必须开阔视野，更新观念，不断学习新知识，掌握新本领。学习非一朝一夕之事，不可能毕其功于一役，要懂得学则成、不学则殆的道理，增强学则进、不学则退的危机感，发扬时不我待、"不教一日闲过"的精神，树立终身学习的观念，养成勤于读书、勤于思考的习惯。要学以养心。心是境界、是胸怀、是追求。古语说，"养心莫如静心，静心莫如读书。"通过博览群书，汲取人类的文化精华、处世经验、为人之道，不断反思、调整和拓展自己的心灵空间，方能使心灵高尚、心态平和、心胸宽广。要学以增智。智是为人处世之道、辨人决事之能。大智非才不成，大才非学不成。正如英国著名哲学家培根所言："历史使人明智，诗歌使人聪慧，数学使人精确，哲学使人深刻，伦理使人庄重，逻辑使人善辩。"面对知识更新的不断加快、国内外形势的不断变化、改革发展稳定新情况新问题的不断出现，领导干部必须勤于学习、善于学习，学以致用、提高能力。要学以正德。只有坚持用科学理论武装头脑，认真学习并牢固树立社会主义荣辱观，以先进榜样为镜鉴对照自己，在学习过程中陶冶情操、净化灵魂，才能做到见贤思齐，确立立身做人的行为准则，使正气获得坚固的基础与提升的动力，砥砺自己堂堂正正做人、踏踏实实做事，做社会主义道德的积极倡导者、模范实践者和风气引领者，带动党风、政风和社会风气不断好转。

3.保持理论上的清醒坚定

思想理论素质是领导素质的灵魂，理论上清醒是政治上成熟的标志。不加强理论修养，政治上就过不了关。有些人在关键时刻把握不住方向，在复杂斗争中站不稳立场，在重大原则问题上分不清是非，究其根源，都与缺乏理论修养有关。理论上不断提高是正确处理矛盾和把握全局的保证。理论修养不同，能否掌握科学的世界观和方法论，工作的效果就不一样。我们常讲要增强审时度势、驾驭全局的本领，这个本领就来自用马克思主义观察历史、观察世界的能力。加强理论修养，需要以高度的自觉性和责任感，下苦功夫、真功夫、长工夫。下苦功夫，就是刻苦钻研，锲而不舍；下真功夫，就是结合实践，注重应用；下长功夫，就是持之以恒，永不停顿。实践无止境，认识无止境，领导干部要坚持不懈地学习马克思列宁主义、毛泽东思想、邓小平理论、“三个代表”重要思想和科学发展观，提高运用科学理论解决当代中国经济社会发展中遇到的各种问题的能力，始终保持理论上的清醒和坚定。理论学习一定要和实际相结合，能够分析和解决实际问题。只有这样，理论修养才能落到实处。衡量一名领导干部理论修养高低的标准，不是看其记了多少理论、背了多少原著，而是看其能不能用学到的科学理论来分析和解决各种实际问题。

4.增强勤勉尽职的责任意识

古人云：“为官避事平生耻。”在其位、谋其政、尽其责，这是对领导干部最基本的要求。职务就意味着责任。一个地方、一个部门的领导干部，守土有责、富民有责、兴业有责，肩上的责任可谓重大。树立“事业大如天、责任重如山”的意识，拥有责任感，是一切领导者的灵魂，它折射出每一个领导干部道德水平的高低和人格的高下。领导干部有了责任感，就能经常进行自我检查、自我监督、自我评价。做了有利于人民的事，就会感到满足和欣慰；若为官一任，一事无成，甚至损公败业，就深感内疚、惭愧和悔恨。只有强化责任感，才会有事业心，才会有使命感和紧迫感，才会有工作的动力和激情，才能在工作中积极主动，奋力进取，一丝不苟，敢于碰硬，创造性地做好本职工作。领导干部要以优良的工作作风,良好的精神状态,饱满的工作热情投身工作;要以扎实的业务基本功,良好的工作业绩,较强的工作能力胜任本职工作;要刻苦钻研,勤于思考,勇于创新,在实践中不断提高对做好工作规律性的认识,提出创造性开展工作的方法。真正做到"干一行,爱一行,精一行",努力使自己成为爱岗敬业、自觉奉献的模范,求真务实、锐意进取的模范,刻苦钻研、开拓创新的模范。

5.培养高尚的道德品质

古人把"修身、齐家、治国、平天下"紧密地联系在一起,说明道德品质特别是为政者的道德品质,直接关乎社会进步和国家安危。意大利著名诗人但丁说:"道德常常能填补智慧的缺陷,而智慧却永远填补不了道德的缺陷。"这应当成为为政者的明鉴。我们党历来十分重视加强党员干部的思想道德建设,绝大多数党员干部也都非常注重加强个人的道德修养。但也不可否认,有极少数党员干部视道德品质为"细节问题""小事一桩",放松了思想改造,思想道德滑坡。从近年来查处的领导干部违纪违法案件看,一些人沦为腐败分子,大都是从道德品质上出问题开始的。领导干部只有加强道德修养,展现出共产党人的高尚品德和良好形象,才能得到人民群众的拥护和支持,产生强大的吸引力、凝聚力、感召力。加强道德修养,就是要见贤思齐,见不贤而内省,自觉地在改造客观世界的同时改造主观世界,牢固树立科学的世界观、人生观、价值观和正确的权力观、地位观、利益观。要坚持自我教育、自我约束,做到自重、自省、自警、自励,管住自己的嘴、管住自己的手、管住自己的腿,坚决抵御各种落后思想和腐朽文化的侵蚀,追求积极向上的生活情趣,养成良好的生活作风,永葆共产党人的高风亮节。要把道德修养当作一辈子的事,不懈追求,永不自满,经常打扫思想上的灰尘,勇于纠正实践中的错误,认真接受来自群众的批评和监督,努力成为一个高尚的人,一个纯粹的人,一个有道德的人,一个脱离了低级趣味的人,一个有益于人民的人。

6.涵养善于包容的广阔胸襟

所谓"胸襟",通常是指抱负、气量。善于包容的博大胸襟,就是要总揽全局,从战略的高度议大事、谋大计、抓根本、办大事,就是要抛弃个人恩怨,不计个人名利得失,以事业为重,讲党性,顾大局。领导干部的博大胸襟,就是按照为民、务实、清廉的要求,养成容人容事的大气量。一是能够自觉地把为民造福作为最大抱负,把对人民负责、为人民干事、受人民监督、让人民满意,作为应尽的责任和义务,作为人生的追求和幸福。善于听取各种不同意见,搞好班子团结和谐,经常看到自己的不足,始终保持积极进取的精神状态。二是能够自觉地把求真务实作为最高准则,心怀坦荡,不唯书、不唯上、只唯实,说实话、出实招、办实事、求实效,不图虚名、不争小利,把工作的着力点放在推动科学发展、促进社会和谐上,放在解决群众反映强烈的现实问题上,放在多做利长远、打基础的事情上,扑下身子抓落实。三是能够自觉地把清正廉洁作为不懈追求,牢固树立正确的权力观、地位观、利益观,严格遵守党纪国法,清清白白做官,堂堂正正做人,自觉抵御拜金主义、享乐主义和极端个人主义的侵蚀,在思想上筑起一道抵御腐蚀的坚固堤坝,永葆清正廉洁的精神家园不受污染。

7.提升开拓进取的创新能力

创新是一个民族进步的灵魂,是一个国家兴旺发达的不竭动力,也是一个政党永葆生机的源泉。创新能力是领导干部实现自我超越的核心动力,是组织生命力的源泉。因此,领导者要想使别人不断超越,首先必须以身作则,加强创新能力的修炼。锐意创新就是要解放思想、开拓进取,就是要与时俱进、大胆探索。这不仅仅是精神状态和人生状态,更是事业有成的重要经验。领导干部如果思想僵化、故步自封,就不能在纷繁复杂的事物中找出其内部的必然联系,就不能在丰富的实践中概括、总结、提炼出规律性的东西,并用以指导本地区、本单位的工作。其结果往往是固守老套路,坚持老主张,工作缺少计划性、预见性和创造性,事到临头草率决策、匆忙应付,轻则事倍功半、收效甚微,重则劳民伤财、遗患无穷,给党和人民的事业造成极大危害。领导干部要彻底摒弃工作中仅仅满足于上传下达,照抄照转,靠老办法、老经验对待新事物的保守僵化观念,以开拓新路子的勇气和一往无前的胆略大胆实践、开拓思维、积极创新。既要继承前人,又不墨守成规;既借鉴别人,又不照抄照搬;既扬弃旧义,又创立新知。努力做到分析形势有新视野,研究情况有新见解,布置工作有新思路,解决问题有新办法。

8.增强严于律己的廉洁意识

作为一名领导干部,手中或多或少掌握着党和人民赋予的权力,因而常常成为一些别有用心者的追逐目标,金钱、美色等的诱惑也比较多,如果把持不住自己,很容易走上歧途。因此,领导干部必须时刻警醒自己,严格要求自己,始终保持清醒的头脑,在任何时候、任何场合、任何条件下,都能不懈其志、不失所为,始终不渝地自觉坚持高标准、严要求。一是要慎微。"小节不拘,终累大德","千里之堤,溃于蚁穴"。在违法犯罪的人中,不少腐化堕落、丧失辱节者,往往都有是从“小节不拘”开始的。相反,“一滴水可以见到太阳的光辉”,全面的素质,也总是与“做小事、立小善、重小节”密切相连的。“细节决定成败”,“细微之处见精神”。因此,领导干部要始终坚持从小事、小节入手,一点一滴增强自律意识。二是要慎隐。要努力做到在无人知晓、无人监督的情况下,依靠自身的信念和毅力,自觉坚持廉洁自律。在纷繁复杂的社会生活中,人与人之间的交往方式日趋多元化。只有“慎隐”,才可能做到“破世俗一尘不染,立高洁两袖清风”。坚持做到“金钱利诱不动心,香风毒气吹不倒”,自觉遵规守纪、不贪钱色、家庭和睦、情趣健康、谨慎交友,提高拒腐防变能力,始终保持清正廉洁的政治本色。

二、增强“五种意识”,消除“五种心态”

当前,我国正处在改革发展关键阶段、面临着前所未有的机遇和挑战。要顺应世情、国情、党情的深刻变化,经受住长期执政考验、改革开放考验、发展社会主义市场经济考验,领导干部就必须切实加强党性修养和作风建设,不断增强“五种意识”,自觉消除“五种心态”。

(一)增强执政意识,消除盲从心态

执政意识就是指共产党人坚持和维护党的领导、党的执政地位的一种自觉的意识,它是党的执政理念的重要组成部分,执政意识的强弱决定着执政党的前途和命运。领导干部是党的事业的骨干,是推进科学发展,构建社会主义和谐社会的执行者和领导者,领导干部执政意识在推进党的建设新的伟大工程和建设中国特色社会主义伟大事业中都具有重要作用。在今天的执政环境下,党员领导干部增强执政意识的实质是增强维护党的执政地位的自觉性、责任感和使命感,切实解决好何为执政、因何执政、如何执政等问题。

党员领导干部增强执政意识就是要抓好发展这个执政兴国的第一要务,着力提高民主执政、科学执政、依法执政的能力和水平,把党组织建设成为贯彻落实科学发展观的坚强堡垒,把干部队伍建设成为引领国家建设的骨干力量,带领全国各族人民在各种积极变化和不利影响此长彼消,短期问题和长期矛盾相互交织,国内因素和国际因素相互影

响的复杂发展环境中，应对挑战、破解难题、解决矛盾、推动发展，努力实现经济社会又好又快发展。党员领导干部要主动消除在复杂环境下随波逐流、面对发展不知所措的盲从心态，强化执政意识，提高执政本领，切实维护民族团结和祖国统一，推进科学发展，构建和谐社会，做中国特色社会主义事业的忠实实践者。

（二）增强大局意识，消除短视心态

大局是涉及全局的事，涉及人民群众根本利益的事，涉及国家前途命运的事。每个领导干部所从事的工作都是国家整个事业的一个组成部分，只有胸中有大局，并将自己所承担的责任与大局联系起来，认清自己的方位，才能工作得有意义、有章法。党员领导干部增强大局意识就是要认识大局、把握大局、服务服从大局，为了整体利益的需要牺牲某些局部利益，为了长远利益的需要牺牲某些眼前利益。

当前，我们的大局就是深入贯彻落实科学发展观，着力搞好宏观调控和保持经济平稳较快发展，着力加快经济发展方式转变和经济结构调整，着力推进改革开放和自主创新，着力改善民生和促进社会和谐稳定，全面推进社会主义经济建设、政治建设、文化建设、社会建设以及生态文明建设，加快全面建设小康社会进程，努力实现经济社会又好又快发展。每个领导干部都要围绕这个大局来谋划工作，扎扎实实做好保增长、保民生、保稳定、促发展各项工作。党员领导干部要主动消除为了地方（部门）利益甚或个人私利而好大喜功，急功近利，脱离实际，违背客观规律的短视心态，切实增强发展的均衡性、协调性、可持续性，做科学发展、转型发展、和谐发展的组织者和推动者。

（三）增强公仆意识，消除特权心态

我们党来自人民，植根于人民，服务于人民。党员领导干部增强公仆意识，就是要坚信人民群众的拥护和支持是党的力量之源、胜利之本，时刻牢记手中的权力是人民赋予的，只能用来为人民谋利益；始终坚持在任何时候任何情况下，与人民群众同呼吸共命运的立场不能变，全心全意为人民服务的宗旨不能忘，群众是真正英雄的历史唯物主义观点不能丢；做到在思想上尊重群众、感情上贴近群众、行动上深入群众、工作上依靠群众，做人民群众的公仆；真正把全心全意为人民服务作为一切行动的出发点和落脚点，把人民群众高兴不高兴、满意不满意、拥护不拥护、支持不支持，作为衡量工作成效的最高标准，真正实现发展为了群众，发展依靠群众，发展成果由群众共享的目标。

党员领导干部要主动消除在群众面前摆架子、耍威风、搞特权、牟私利的特权心态，切实为群众办实事、办好事，实现好、维护好、发展好最广大人民的根本利益，做最广大人民的根本利益忠实代表。

（四）增强法治意识，消除长官心态

党员领导干部是我们党治国理政的重要骨干，其法治意识的程度直接影响到依法治国方略的实施程度。当前，在经济全球化背景下，我国正处于社会转型期，也是社会矛盾凸显期，要减少和避免各种社会矛盾的发生、维护社会稳定，法治意识及依法行政能力显得至关重要。党员领导干部增强法治意识就是要系统学习民主法制理论、依法治国理论、宪法和法学基础理论、一些基本法律规则以及维护社会稳定和社会主义市场经济方面的法律法规知识等。自觉树立权力受权力制约的观念，尊重和保障群众的知情权、参与权、监督权等合法权利，依法维护广大人民群众的合法权益；自觉树立有权必有责、用权受监督的观念，主动接受监督，让权力在阳光下行使，提高依法决策、依法行政、依法管理的领导能力和执政水平，杜绝行政不作为和乱作为现象。

党员领导干部要主动消除以言代法、以权压法和“权大就是真理，官大就是政策”的长官心态，不断提高运用法律手段管理经济、管理社会的本领，做党纪国法的模范执行者。

（五）增强自律意识，消除侥幸心态

自律是人的素质的最高境界。素质深处是自律。自律不但是一种道德，也是一种伦理。自律作为一种社会道德，虽出自一个人对自己的真正关爱，更出自关爱社会的良心。自律作为一种伦理，体现为一个人的慎独本能。中国共产党是工人阶级的先锋队，是中国人民和中华民族的先锋队。党员领导干部是党员的队伍中的优秀分子，更应有强烈的自律意识。党员领导干部增强自律意识，就是要加强党性修养，坚定理想信念，树立正确的政绩观、权力观、地位观和利益观，常修为政之德，常思贪欲之害，常怀律己之心，做到敬畏人生，敬畏百姓，敬畏历史，时刻想群众之所想，急群众之所急，热情服务群众，为党和人民的事业不懈奋斗；就是要不断增强慎独的本领，做到自重、自醒、自警、自励，把党纪国法内化为自己的自觉行为，过好权力关、人情关、亲情关、生活关。

在当今多样、多元、多变的社会生活面前，筑牢思想道德防线，自觉抵御各种腐朽思想作风、生活作风的侵蚀，真正做到洁身自好，始终保持共产党人的本色。党员领导干部要主动消除在权力、金钱、美色诱惑面前搞“下不为例”“有机可乘”的侥幸心态，坚持讲党性、重品行、做表率，永葆共产党人的先进性，做党性修养的楷模。

感諫勤政

周宣王

姜后

感谏勤政①

【历史背景】

周宣王是中国周朝第十一位帝王。姬姓，名静(一作靖)，周厉王之子，死后被追谥为世宗。厉王时国人暴动，大臣召穆公虎将太子静隐藏在自己家中，被国人包围。召公以己子代替太子，使太子得以脱身。共和十四年(公元前828年)，厉王死于流放地彘(今山西霍县)，大臣拥立静为王，是为宣王。宣王即位后，任用召穆公、周定公、尹吉甫等大臣，整顿政务，使已衰落的周朝产生了一时之间的复兴。《诗经·大雅·烝民》序中有"任贤使能，周室中兴焉"之语。宣王中兴，为时短暂。宣王的主要功业主要表现在，讨伐侵扰周朝的戎、狄和淮夷。宣王四年(公元前824年)，任用秦仲做大夫，攻打西戎，结果失败，秦仲也被杀了。但是宣王并没有气馁，而是振作精神，再次进攻，命令秦仲的儿子也就是后来的秦庄公兄弟五人共同讨伐戎，最终取得了胜利。宣王还曾经和尹吉甫一起讨伐猃狁(即西戎)于鼓衔，大概位于今天的陕西澄城西北部地区。尹吉甫在征猃狁战争中起了重大作用，率师直接攻取到了太原，就是今天的甘肃镇原一带，最后猃狁走投无路而向西北逃跑了。对于侵犯江汉地区的淮夷，宣王命令召穆公和卿士南仲、大师皇父、大司马程伯休父等率军进行征讨，这一次征伐使当地大小方国当中最强大的徐国臣服于周宣王的统治，从此向周朝觐。后来南仲派驹父、高父前往淮夷地区，这个时候此地区的各个诸侯国都来迎接王命，并进献贡物。宣王晚年，周王朝重新出现了衰象。宣王连年的对外征战，非但没有解决奴隶与奴隶主之间的矛盾，反而耗费了大量人力、物力、财力，虽然使西周的疆域获得了扩大，但是这在一定程度上也加速了西周灭亡的进程。宣王干涉鲁国的君位继承，用武力强立鲁孝公，引起诸侯不睦。三十一年，伐太原戎，三十六年，伐条戎、奔戎，都归失败。三年后，伐申戎，虽取得胜利，同年却在千亩之战中败于姜氏之戎，丧失了调遣的南国之师。宣王死后，其子幽王继位，社会矛盾进一步发展，最终导致西周的覆亡。

【原文】

周史纪：姜后[②]贤而有德。王尝早卧而晏起，后乃脱簪珥，待罪于永巷[③]，使其傅母通言于王曰："妾不才，致使君王失礼而晏朝，敢请罪。"王曰："寡人不德，实自生过，非夫人之罪也。"遂勤于政事，早朝晏退，继文武之迹，成中兴之业，为周世宗。

【张居正解】

周史上记：周宣王的后姜氏，贤而有德。宣王尝有时睡得太早，起得太迟，姜后恐他误了政事，要劝谏他，乃先自贬损，脱去头上的簪环，待罪于宫中长街上，使其保母传言于王，说道："我无德，不能以礼事王，致使王耽于女色，溺于安逸，失早朝之礼，这是我的罪过，请王加我以罪。"王因此感悟说："这是我自家怠惰，有此过失，非夫人之罪也（古时称后妃都叫作夫人）。"自此以后，宣王遂勤于政事，每日早起视朝，与群臣讲求治道，至晏方退。其致治之迹，足以上继他祖文王武王，虽其父厉王[④]时，势渐衰弱，至此复能中兴。因宣王有这等功业，所以周家的庙号[⑤]称他为世宗。古者后妃夫人进御侍寝，皆有节度，每至昧旦[⑥]，女史[⑦]奏《鸡鸣》之诗，则夫人鸣佩玉于房中，起而告退，以礼自防，不淫于色，故能内销逸欲，以成其君勤政之美。《鸡鸣》之诗云："虫飞薨薨，甘与子同梦。会且归矣，无庶予子憎。"⑧言日将旦而百虫飞作，我岂不乐与子同寝而梦哉？但群臣候朝已久，君若不出，彼将散而归矣。岂不以我之故而使人并憎恶于子乎？姜后之进谏，古礼也。宣王中兴周业，盖得之内助[⑨]为多。

【注释】

①本篇出自《资治通鉴外纪》卷三。记述周宣王因受姜后感化而勤政的故事。

②姜后：周宣王的正妻。周宣王：周朝君主之一，周厉王之子，名静。因曾使西周后期一度"中兴"，被追谥为世宗。

③永巷：长巷，深巷，宫中后妃居住的地方。

④厉王：周朝君主之一，名胡。因任用好专利的荣夷公为执政卿士而被国人逐出京

城，逃往彘(今山西霍县)，死在霍县。

⑤庙号：古代帝王死后，在太庙立室奉祀，并追尊以某祖、某宗的名号，称为庙号。

⑥昧旦：天将要亮的时候。

⑦女史：女官名。掌管王后礼仪，佐内治，为内官。

⑧意为：屋外昆虫薨薨鸣唱，我愿意同您一起共度美好时光。现在回去了，不要因我而使您遭到群臣的怨恨。

⑨内助：旧时指妻子，谓能在家里相助。

【译文】

周史载：姜皇后贤惠而又有妇德。周宣王曾有一段时间早睡晚起，姜皇后见此状，便摘下簪珥，在宫中的长街上等待被治罪，同时让她的老师向周宣王通报说："妾身没有才德，导致君王改变早朝之礼而晚上朝听政，敢望主上对我进行惩罚。"周宣王听到这话后，内心立即醒悟过来，说："我没有按君德要求行事，确实是我自身所为而产生过错，不是夫人的罪过。"于是周宣王从此勤勉于国家政事，早上朝、晚退朝，继承周文王、周武王的勤政遗风，成就了西周的中兴帝业，因而被后人追谥为世宗。

【评议】

虚心听取别人的意见，是古代君王的一种美德。只有善于纳谏，才能知道自己在政务上存在的错误或者失误，从别人的进谏当中认识自己的问题，采取相应的措施进行解决，弥补统治中的漏洞，这样才能达到巩固统治的目的。在中国历史上，有一个很特殊的纳谏制度，帝王们为了改进自己的统治从而设置专门的官员来负责意见的搜集。历史证明了凡是善于纳谏的君王都在自己的时代取得了巨大的功绩，成就了一番伟业，受到后世的称颂。在这里比较特殊的是周宣王从姜皇后对自己的言谈与行为当中感受到了自己的不足，从而醒悟自己的过失，勤勉于政务，之后勤于政务，使周王朝出现了中兴的气息。在这里，姜皇后作为进谏者也是令我们敬佩的，往往后宫之中，只知道为了获得君王的欢心而去修饰、争宠，真正像姜皇后这样深明大义，敢于向君王进谏的却不多。当然，进谏之所以没有引来杀身之祸，还在于周宣王不是一位昏庸的君主，在中国历史上，比较

著名的与此相类似的进谏还有长孙皇后对唐太宗的进谏。这些进谏之所以能够起到良好的作用，一方面是因为这些后宫的贤良品德，另一方面则是由于当时皇帝的圣明。故事中皇帝的善于纳谏和后宫敢于进谏的精神，都是值得我们后人称赞的。

【镜鉴】

一、学学古代的皇后之道

古代中国是个一夫多妻的社会，有钱人家三妻四妾，至高无上的帝王往往三宫六院，粉黛三千，甚至佳丽万人。湖北民间有句俗语，叫“家庭坏事在婆娘，朝廷坏事在娘娘”。此话失之偏颇，却从某个面说明了女人在家庭和国家政治生活中的重要作用。当然，帝王之家绝非寒门小户可比。皇后是帝王的生活伴侣，也是帝王的政治伙伴。历朝历代，很多有为之君都有贤后辅佐，不少无道之主都遭女祸之乱。研究古代的政道，皇后之道不可忽视。

（一）非常婚姻

司马迁说：“夫妇之际，人道之大伦也。”帝王也是自然人，离不开饮食男女。但帝王更是政治人，帝王婚姻在普遍的男女情爱和传宗接代的需要之外，多了许多政治因素。作为帝王配偶的后妃，注定要生活在政治的漩涡之中。

守得住寂寞

后宫戒备森严，是帝王个人起居的禁地，在里面生活的男人，除开皇帝之外，一般只有幼小的皇子和被阉割的太监。深宫之内，用不着花前月下、海誓山盟，也少有民间的夫妻恩爱、白头偕老。

历朝内官制度大同小异。唐朝规定，除皇后外，帝王拥有妃三人，六仪六人，美人四人，才人七人。此外，皇帝对后宫成千上万的宫女都有绝对的自由。一个皇帝，众多女人，后妃们与皇帝见面的机会不多，爱情是最大的奢侈，如果有爱情存在，那也多是后妃们的单相思。

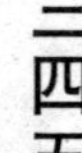

后宫制度对帝王起居也是有明确规定的，但习惯于独断专行的帝王们，从来就不喜欢按规矩出牌。晋武帝司马炎灭吴以后，后宫近万人，实在忙不过来，也懒得自己选择，便常乘羊车，由羊做主，任凭羊走到哪，就在哪过夜。由于羊嗜竹叶，且喜咸，宫人们便竞相以竹叶插户，盐汁泼地，以引诱皇帝的羊车。

过去，人们一味指责晋武帝的荒淫，但少有对后宫女人的同情。饱受人性煎熬的妃嫔，尽管锦衣玉食，享尽荣华富贵，但其幸福指数远不及那些与自己丈夫朝夕相处、耳鬓厮磨的山野村妇。在后宫那个封闭的大院里，皇帝不缺女人，但女人缺皇帝。妃嫔们只能在等待、寂寞和单相思的痛苦中度日。有些不甘寂寞者，便费尽心机，在妒忌和争宠中打发时光。

武则天当年脱颖而出，就是在激烈的后宫争宠大战中，战胜唐高宗李治的王皇后和萧良娣的结果。唐太宗李世民去世后，与唐高宗李治情投意合的武则天，作为李治之父李世民的才人，本来在感业寺修行。当时，李治专宠萧良娣，受到冷落的王皇后嫉妒不已，便多次劝高宗把武则天接回宫中。王皇后的本意，并非要成全李治和武则天，而是想利用武则天，稀释李治的感情，以分散萧良娣之专宠。不料，武则天素多智计，功夫更深，魅力更大，进宫后一路飙升，很快由昭仪到皇后，不仅取代了萧良娣之宠，而且抢走了王皇后的皇后之位，并残忍地整死了争风吃醋的王皇后和萧良娣。王皇后的初衷是引进一个工具，没想到招来一个天敌。

可见，后宫是皇帝和后妃的生活空间，也是众多女人围绕一个男人争风吃醋的战场。作为女人和后宫之主的皇后，既要笼络为所欲为的皇帝，维持皇帝对自己的宠爱；又要掌管后宫，约束众多争风吃醋的妃嫔；还要忍受寂寞，平衡各方，保住自己的后位。君主专制之下，皇后之苦，可想而知。

生得了皇子

进入父系社会以后，中国就开始了重男轻女的时代。自从嫡长子继承制成为定式，除开特例外，民间都由嫡长子传承家业，皇室则由嫡长子继承江山。因此，不论皇室还是民间，都是嫡长子的母亲地位最高。

不过，在皇室，仅有嫡长子的身份是不够的。从嫡长子到皇帝，还有一个必经的环节，就是争取和巩同太子地位。于是，后宫的争斗主要围绕太子展开，并为争太子之位打得头破血流、你死我活。

西汉第一位皇后吕后与刘邦爱妃戚姬之间的斗争，就是一场典型的太子争夺战。当时，戚姬以年轻和美色为资本，利用刘邦对自己的宠爱，以眼泪和撒娇为武器，哭哭啼啼，希望刘邦改立自己的儿子赵王如意为太子。人老珠黄的吕后则以正宫皇后和嫡长子作本钱，内结大臣，外交隐士，千方百计，保护儿子刘盈早已到手的太子之位。最后，这场太子争夺战以戚姬母子的悲惨失败而告终。胜利的吕后既保住了儿子刘盈的太子之位，也巩固了自己的皇后位置，并为日后专揽朝政、临朝称制奠定了基础。

对于那些无缘于太子之争或无意于太子之争的妃嫔来说，她们进宫以后的生活分为两个阶段：青春美色时，想方设法哄皇上，引得皇上宠爱，争取生儿子；年老色衰后，千方百计保儿子，维护儿孙平安，依靠儿孙度晚年。一般而言，生了皇子，妃嫔就拥有了保障。如果运气好，儿子当了太子，并成了皇帝，那就更是福从天降，尊贵无比了。

汉文帝之母薄太后，是西汉母以子贵的第一位皇太后。她是一位原本只想要儿子，后来因儿子当皇帝，才当上太后的心态平和的女人。楚汉相争时，薄姬是魏王豹的女人。豹死后，被汉王刘邦纳入后宫，一年多不得幸。后来，在好友帮助下，引起刘邦怜悯，才被召幸，生了儿子刘恒，但刘邦还是很少见她。刘邦死后，薄姬因为不曾受宠而幸免于难，被专横的吕后打发到边远的代国，跟随儿子当了代国太后。薄姬从来就没有让儿子冲击皇位的奢望。不料，吕后一死，吕氏被诛，国家最高权力出现真空，文臣武将们不想再有一位强势皇帝，便拥立以仁善著称的代王刘恒为帝。于是，薄太后顺理成章地当上太后。

汉文帝窦皇后则是西汉母以子贵的第一位皇后。她也是个欲望不多，只因儿子当了太子，才被立为皇后的女人。当初，吕太后在后宫选了一批宫女，赐给诸王各五人，窦姬也在其中。窦姬家在清河，想回老家，便托请主事的宦官将自己排进去赵国的名册。但是，宦官阴差阳错，误将她放到了去代国的行列。名册很快就被吕后批准。窦姬涕泣，不想去，也改变不了既成的事实，只得认命去了代国。未曾想到，到代国后，代王刘恒独幸窦姬，先生了个女儿，接着又生了后来的景帝刘启。文帝即帝位后，公卿请立太子，只有刘启最符合条件。因为早在代王被立为皇帝之前，王后就死了。王后所生的四个儿子，也不幸在文帝即位后先后病死。剩下的儿子中，刘启最长。平衡的结果，刘启被立为太子。欲望不多的窦姬被立为皇后。后来，窦皇后作为文帝朝皇后、景帝朝皇太后和武帝朝太皇太后，在西汉初年的政治生活中发挥了重要作用。

后宫女人成千上万，有薄太后、窦皇后这样好运气的人是少数，很多人的后位都是苦心争斗的结果。汉景帝王皇后就是一位胸怀大志，排挤他人，主动冲击后位，最终如愿以偿当上皇后的人。王皇后原来嫁过人，且生有一女。后来，有个占卜的说她当贵。其母一听，立即将女儿从婆家夺回，送进了太子宫。进宫后，王夫人果然大受太子刘启幸爱，生下三女一男，一男就是日后的汉武帝刘彻。王夫人费尽心计，使尽浑身解数，讨好景帝和景帝之姐长公主嫖，利用景帝和长公主对前太子之母栗姬的不满，陷害排挤栗姬。经过多年奋斗，前太子被废，栗姬以忧死，王夫人终于被立为皇后。儿子刘彻也随之被立为太子。王皇后一生政治建树不大，却生育刘彻，夺得后位，造就了雄才大略的汉武帝。

可见，后宫女人的皇后之路不尽相同。有人的后位是捡来的，因为运气好；有人的后位是争来的，因为本事大；有的人后位没争着，反倒连性命也搭上了，因为运气和技术都不如人。其实，后宫的女人们争来争去，除了武则天那样的特例，焦点往往不是后位，而是太子，是储君，这才是核心利益，并且也是皇帝的核心利益所在。因此，皇后想生太子、保太子，许多嫔妃，甚至有的宫女，也想生儿子、争太子。后宫围绕太子的争斗从来就没有停止过。太子的位置也从来没有稳定过。太子之位不稳，皇后之位难安。作为皇后，要保住自己的后位和儿子的太子之位，必须面对众多女人、诸多势力的明争暗斗。君主专制之下，皇后之险，可想而知。

赢得到帝王

在君主专制时代，帝王大权独揽，日理万机，精神紧张和身心疲惫是常有之事，回到后宫，自然会产生从后妃那里得到温柔、体贴与精神慰藉的需求。后妃的义务，主要是陪伴帝王消遣娱乐，为帝王生儿育女，皇后还要为帝王统管后宫。因此，对后妃而言，追求幸福也好，传宗接代也好，角逐权力也罢，都离不开皇帝。从皇帝那里多得些宠爱，自己就少些寂寞，多些欢乐，也增加生儿育女的几率。后妃的命运，从根本上说还是取决于帝王。谁能赢得帝王，就能赢得一切。

西汉卫皇后是以色事君者。卫子夫本是汉武帝姐姐平阳公主家里的歌女，因平阳公主引荐，为汉武帝宠幸，召入后宫。入宫后，卫子夫先冷后热，日渐尊宠，生三女一男，被立为皇后，儿子刘据立为太子。同时，卫子夫之弟卫青也受到汉武帝重用，逐步提拔为汉军统帅，外甥霍去病也后来居上成为大将，共同为扫平匈奴立下赫赫战功。后来，霍去病、卫青先后病故，卫皇后色衰，武帝忙着宠幸更加可爱的王夫人、李夫人、钩弋夫人去了，太子刘据的地位也越来越不稳，终因深受陷害，被迫起兵反抗。太子兵败被诛以后，卫皇后在被夺去皇后之位时自尽了。卫皇后以色侍君，终因色衰而爱弛，未能善终。

东汉皇后郭圣通属于以力事君者。郭家世代为河北著姓，郭圣通又是真定王刘杨的外甥女。当年刘秀势单力薄，持节北渡黄河，谋求独立发展时，拥有十几万大军的真定王、汉景帝七世孙刘杨，不明真相，归附了假冒皇室子孙、在河北自立为帝的王郎，让刘秀雪上加霜。刘秀觉得刘杨有争取可能，派人说降刘杨。为了表示互信，双方联姻，刘秀娶刘杨的外甥女郭圣通为妻。郭圣通的嫁妆则是河北地区刘氏王族势力和地方豪强的强力支持。刘杨等贵族豪强为刘秀平定河北、夺取天下提供了重要帮助。一年后，刘秀即皇帝位，立郭圣通为贵人。建武元年，郭圣通生皇子疆，次年，被立为皇后，疆为皇太子。其实，刘秀心仪的女人是早在北渡黄河前，已经嫁给他的新野美女阴丽华。十四年后，真定王已经无足轻重，刘秀江山坐稳，爱情转移。郭皇后因为宠衰，受不了冷落，数怀怨怼，于建武十七年(41年)被废为中山王太后。阴丽华立为皇后。郭皇后以力事君，终因力穷而恩绝。

历史上真正赢得帝王，让帝王又爱又怕、不离不弃的皇后不多，隋文帝杨坚的独孤皇后是其中最著名的一个。在他们36年的共同生活中，独孤氏一直是杨坚的战友、顾问和精神支柱。

杨坚投身政治之初，历仕周太祖、明帝、武帝三朝。当时，北周朝廷危机四伏，险象环生，独孤氏或者献策于后，或者奔走于前，帮助杨坚数度逃过杀身之祸，求得生存与发展。后来，杨坚与独孤氏的长女被武帝聘为太子妃。

宣帝即位后，杨坚以皇后父亲的身份拜为上柱国、大司马。宣帝崩，静帝幼小，孤儿寡母当国，静帝的外祖父杨坚，被拜假黄钺、左大丞相，总揽朝政。这时候，朝野暗流涌动，政局错综复杂，独孤皇后一句："大事已然，骑兽之势，必不得下，勉之！"坚定了杨坚改朝换代、取周自立的决心，促使杨坚夺取了江山。

独孤皇后是杨坚的得力顾问。杨坚每次上朝时，独孤皇后都亲自送到朝堂才止。下朝时，独孤皇后又等候在外，接杨坚一同回宫。政有所失，独孤皇后则随时匡谏。独孤皇后甚至管住了杨坚的后宫生活，使之不敢轻易宠幸别的女人。元老尉迟迥的孙女有美色，被杨坚宠幸，皇后便乘杨坚听朝之机，悄悄将她杀掉。杨坚大怒，生了一场大气，最后

也无可奈何。独孤皇后在五十岁那年病故，杨坚失去约束，放肆宠幸宣华夫人、容华夫人，终因纵欲过度而生病。病危时，杨坚对侍者说，如果皇后在，当不会有此下场。

不过，独孤皇后的爱有点过头，杨坚惧内也有点过度，抛弃重臣高颖、废杨勇改立杨广为太子，都是杨坚听信独孤皇后错误意见的结果。杨坚夫妇欺负北周宇文氏孤儿寡母，取周自代，从自己女儿和外孙手中夺得江山，也不为中国传统道德观念所容。

卫皇后、郭皇后、独孤皇后的故事说明，皇后赢得帝王，不外乎个人的姿色、才情、品位、能力及自己背后所拥有的政治资源。对皇帝而言，身边总会出现姿色更好、才情更妙、品位更合适或者资源更丰厚的女人。皇后赢得帝王，最根本的还是有能力彻底征服皇帝的心。君主专制之下，皇后之难，可想而知。

(二)皇后之道

后妃是帝王妻妾的一种称谓，也是古代后宫的一种官职。从周朝起，各朝都有后宫制度，对妃嫔的人数、品级、职掌，都有明确规定。至于皇后，则拥有与皇帝匹配的至高地位，是皇帝正妻、后宫之主、后族领袖和天下之母。皇后之道，其实是古代政道的一个重要方面。

稳居后台

有道之君总配贤德之后。古代中国的好皇后，都是深明大义，甘居幕后，默默支持帝王成就大业的人。

唐太宗长孙皇后堪称古代第一贤后。

长孙皇后是北魏皇族拓跋氏之后，少好读书，行为必循礼节，养成了温柔贤淑、气度宽宏的气质。她13岁时嫁给李世民，从秦王妃，到太子妃，再到皇后，夫妻恩爱23年，为李世民生育了三子四女。

当李世民与李建成争太子之位，闹得你死我活时，秦王妃长孙孝事唐高祖李渊，恭顺后宫妃嫔，尽力弥合，努力争取各方面的支持。玄武门之变时，李世民在玄武门，引将士入宫授甲，秦王妃亲自出面慰勉，左右莫不感奋。

李世民登基后，有一次被魏征面折廷争，触怒龙颜，回到后宫还扬言要杀掉魏征。长孙皇后从容不迫，换上朝服，正儿八经给李世民道贺，大讲君明臣直的道理，在顺毛摸的同时，消耗掉李世民的怒气，委婉制止了他的不理智行为。

长孙皇后识大体，顾大局，保持了和李世民23年的爱情，至死不渝。长孙皇后36岁时病逝。李世民对她念念不忘，在对皇后的思念和追忆中度过了他的后半生。

和尚出身的明太祖朱元璋没有李世民的英俊潇洒，马皇后也不具备长孙皇后的学识和风韵，却有和长孙皇后一样的风骨。

马皇后是元末红巾军元帅郭子兴的养女。才干超群的朱元璋投奔郭子兴后，郭子兴将养女嫁给了他。但朱元璋的才能和良好人缘也引起了郭子兴的忌妒和猜疑。马夫人为了缓和矛盾，便委曲求全，极力服侍郭子兴夫人，居中斡旋，使嫌隙得释。

有一次，朱元璋又为郭子兴所疑，被关了禁闭，且不让吃东西。马夫人乘人不备，偷了刚出炉的炊饼，揣在怀里，悄悄给朱元璋送去，结果烫坏了胸口。征战年代，遇上歉收之年，马夫人总是用平时储备的干粮果脯供应朱元璋，不使乏绝，而自己却饿着肚子。

在打江山的岁月里，马夫人是朱元璋可靠的帮手。朱元璋克太平，马皇后率将士妻妾渡江。居江宁以后，战争不断，马皇后亲手做衣鞋佐军。陈友谅寇龙湾，朱元璋率师抵抗，马皇后尽发宫中布帛，犒劳有功将士。

朱元璋称帝后，马皇后一直是朱元璋最亲近、最信任的内助，“帝每御膳，后皆躬自省视”。马皇后病危，朱元璋问她有什么要求，皇后说：“愿陛下求贤纳谏，慎终如始，子孙皆贤，臣民得所而已。”在生命垂危时刻，还在充当皇帝幕后的建言者、劝诫者和助力者。朱元璋恸哭不已，终身没有再立皇后。

宁静后宫

帝王有两个家，一个是国家，一个是家庭。帝王治国依靠大臣，治家则离不开皇后。而且，帝王之家是大家族，后宫是天下最大、最不平静的家庭。皇后是后宫之主，宁静后宫是皇后的基本职责。

唐朝近300年，像长孙皇后那样把后宫管理得井井有条、风平浪静的不多。长孙皇后的主要做法是摆平妃嫔，善待宫人，保证君不专宠。有个下嫔生豫章公主而死，皇后便亲自抚养豫章公主，慈爱逾于己出。遇到妃嫔以下生病，皇后亲自探望，并以药膳资之。李世民有时候无故迁怒宫人，皇后便假装生气，申请自己处理，先将犯事的宫人囚系，等皇帝怒息之后，慢慢为之申理。因此，宫中刑无枉滥。

比较中国各朝代，明朝功业不及汉唐，但后宫治理却远在汉唐之上。究其原因，一因开国皇帝朱元璋吸取历史教训，立下了好规矩。朱元璋曾经叫工部制作红牌，镌刻戒谕后妃之词，悬于宫中，并对后宫的衣食用度，都有明确规定，违者论死。二因明朝首任皇后开了个好头。马皇后勤于内治，非常注重后宫的教化，有空则讲求古训。听说宋朝多贤后，马皇后就派女史收录宋朝家法，让六宫朝夕省览。每当朱元璋怒责宫人，马皇后便佯怒，将宫人交付宫正司议罪，以免皇帝盛怒之下，有失公允。马皇后还亲自用余帛疵丝做成衣裳，赐给诸王妃公主，教她们知蚕桑之艰难。妃嫔宫人被宠有子者，马皇后一律予以厚待，派人细心照顾。

马皇后，名秀英，朱元璋结发妻子，中国古代贤后之一。马皇后为人宽厚仁慈、生活简朴，朱元璋对她极为看重，她死后，朱元璋再也没有立后。

后宫的宁静，也需要妃嫔们各安其分，各守其道。西汉成帝班婕妤就以谦退和明哲著称。班婕妤很有文学造诣，善诗赋，有美德，以其美艳、风韵和多方面才情为汉成帝刘骜所宠幸。成帝一次游后宫，想与婕妤同车，她推辞说："观古图画，贤圣之君皆有名臣在侧，三代末主乃有嬖女，今欲同辇，得无近似之乎？"成帝听从了婕妤的劝阻。后来，赵飞燕姐妹并宠后宫，许皇后被废。班婕妤见势不妙，连忙请求到长信宫侍奉皇太后王政君去了。班婕妤不争风，不吃醋，终因谦退而明哲保身，实属不易。

克制后族

后族乱政是君主专制时代的一个政治顽症。对于后族，皇帝们历来采取两面政策，一是用外戚之助，二是防后党之乱。依附于后妃的裙带集团，可以是帝王有力的同盟者、支持者，如汉武帝曾经的皇后卫子夫及其兄弟卫青、外甥霍去病；也可以是王朝的破坏者、毁灭者，如西汉后期的皇后、皇太后、太皇太后王政君及王氏集团。西汉江山从汉成帝起每况愈下，除开成帝的荒唐以外，成帝母亲王太后，以及成帝的几个舅舅，责任远比赵飞燕姐妹大。

其实，历史上乱政的后族不少，篡位成功的后党还是不多。王莽篡汉 15 年即败。杨坚代周 3 世 40 年便亡。武则天称帝 15 年后，又被迫把天下还给了李家。他们之所以都未坐稳江山，一个基本原因是，后族因裙带而起，德不高，望不重，名不正，言不顺，总是处于皇族、大臣和天下人羡慕、嫉妒、恨的情感包围之中。而且，权重往往祸随，历史上专擅朝政、权势太盛的后族，多遭灭顶之灾。西汉外戚20余家，保全者只有4家。东汉195年12帝，只有光武帝郭皇后、阴皇后和明帝马皇后3家没有因祸而败。

因此，历史上的贤后良妃，都能从江山社稷和娘家子孙安全的角度出发，极力克制后族，不使专权擅政。

长孙皇后之兄长孙无忌，与唐太宗李世民为布衣之交，又是开国元勋，德才俱佳，被太宗视为心腹，经常出入卧内。李世民即位后，准备用他当宰相。但是，长孙皇后坚决反对，对太宗说："妾既托身紫宫，尊贵已极，实不愿兄弟子侄布列朝廷。汉之吕、霍，可为切骨之戒，特愿圣朝勿以妾兄为宰执。"太宗不听，委任长孙无忌为左武侯大将军、吏部尚书、右仆射。皇后又密遣长孙无忌自己苦求辞职。太宗不得已派别人当了宰相，皇后才罢休。

长孙皇后临终之前，向唐太宗提了三点要求，一是非有大故，不要抛弃忠诚能干但被遣归第的房玄龄；二是死后薄葬，不可厚费；三是不让本宗居权要之位。长孙皇后说："妾之本宗，幸缘姻戚，既非德举，易履危机，其保全永久，慎勿处之权要，但以外戚奉朝请，则为幸矣。"

明太祖朱元璋的马皇后也是一位坚决克制后族的明智之人。朱元璋称帝后，感念皇后内助之功，欲寻访皇后家族的人封官。马皇后认为爵禄私外家非法，力辞而止。

母仪天下

在古代中国，皇后作为后宫之主和一国之母，是天下最尊贵的女人。但中国古代反对女人干政，皇后与帝王的角色，与民间男主外、女主内的传统一脉相承。古代贤后，都以国家慈母形象出现。其中，最受推崇的还是长孙皇后和马皇后。

长孙皇后是修身养性的楷模。她出身名门，但从不骄奢，终身严格自律，未有不当行为记录。为了教化天下女人，长孙皇后研究古代贤淑妇女事迹，亲自撰写女则十篇。

长孙皇后也是俭约朴素的楷模。她衣食不求奢华，满足基本生活，够用而已。太子承乾乳母申请增加东宫什器，皇后说，太子患无德与名，器有何用？

长孙皇后还是宽厚仁德的楷模。她处理与妃嫔、宫人、皇室、后族各方面关系，无不宽仁。长孙皇后早年丧父，其异母兄长孙安业把皇后兄妹俩赶到了外婆家。皇后贵重以后，从未报怨，安业还因皇后故提升为将军。后来，长孙安业参与李孝常等人谋反，论罪当诛。长孙皇后担心天下误以为自己报复前嫌，成为皇家声誉之累，便叩请唐太宗免了长孙安业死罪。

明太祖马皇后也是母仪天下的典范。

有一天，马皇后问朱元璋天下民安否，朱元璋说这不是皇后该问的问题。马皇后说："陛下天下父，妾辱天下母，子之安否，何可不问？"每遇大旱之年，马皇后则率宫人蔬食，助祈祷。遇荒年，则设麦饭野羹，并提醒朱元璋，加强预防饥荒的储备。朱元璋巡视太学回宫，马皇后细心打听太学生家属生活状况，建议朱元璋设立了红板仓，积粮赐太学生妻子，资助国家有用之才的学习，创立了明朝太学生家粮制度。朱元璋前殿决事，时常震怒。马皇后陪同朱元璋还宫，则随时微谏，排解怒气。

朱元璋性严酷，马皇后以同母之慈，多次从朱元璋刀下救人。

参军郭景祥守和州，有人告其子欲杀父。朱元璋一听，火冒三丈，就要诛郭景祥之子。马皇后冷静地在一旁说，郭景祥就一个儿子，如果传言不实，杀之恐绝其后。朱元璋派人调查，果然冤枉。

富民沈秀（即沈万三）助筑都城三分之一，又请犒军。朱元璋大怒，认为匹夫犒天子军队不祥，是居心不良的乱民，宜诛。马皇后说，法诛不法，不是用来诛不祥的；民富可敌国，自有不祥；不祥之民，天将灭之，不用陛下动手。朱元璋一听消了些气，将沈秀发配云南。马皇后以慈母之心，巧妙地拯救了无辜的沈秀一命。

二、莫让片云遮明月

——巧谏衷言

不管批评者和被批评者是一种什么关系，在人格上都是平等的，被批评者也是有尊严的，不宜以势压人、盛气凌人、讽刺挖苦，不能污辱人格，切勿伤人自尊。

由于领导者的阅历、资历、经验、智能、志向、思维方式、工作习惯和自身修养不尽相同，也由于各自所处位置不同、看问题角度不同，因而下属必须采取适当的方式方法，因人而异地谏言，坚持刚与柔的融合，做到方与圆的统一。

《诗经》说："主文而谲谏。"——以隐喻迂回的方式来劝谏人，给领导拾遗补阙，有助于领导扬长避短，纠正失误。否则，进谏者难以成功。——比如说，用高深庞大的道理去"理论"一番，有的进谏对象会认为有意"亮水平"，有点"傲"；你的言辞如果华美润泽，有

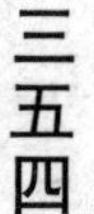

的领导者会认为是华而不实；你诚恳庄重，耿直强硬，有的领导者会认为你憨直、笨拙而不知适可而止；举例广博，多用类比，听到的人会认为是夸夸其谈而缺少实质内容。所以，劝说者一定要注意适应进谏对象不同特点、不同素质而采取不同方法。这样对方才能接受。

优旃是秦朝的艺人，为人正直，有幽默感。秦始皇为了打猎游幸的方便，打算扩大苑囿，方圆几百里。优旃说："很好，这样可多养些禽兽，以后敌人入侵，只要令鹿用角触之便足够了。显然，这等于让敌人大摇大摆地侵入，国家就要危亡。"秦始皇听了这"反话"，取消了扩大猎场的计划。

秦二世继位后，有一天忽然想出一条防止贼兵攻城的"妙计"在城墙上涂油漆，贼兵往上爬，会滑落下来。众臣都觉得可笑，但不敢说："不"。对此，优旃没有直说反对，反而赞扬说："很好，真是一条妙计！漆城御寇的主张，虽然引起浪费和百姓愁怨，但是城墙漆得又光又亮，侵略者来时爬不到这么滑的城墙上。只不过油漆这东西，既不能暴晒，又不能雨淋，需要阴干才行。要让油漆的城墙荫干，那该要造多大的荫室来罩住城墙啊！"

优旃不直接指出油漆城墙以御敌的荒唐，而是先投其所好，再是利用他的弱点，把他的荒唐推向极端，使胡亥也觉得荒唐，于是取消了这一主张。

《左传》记载，晋国国王晋灵公为图享乐，下令兴建九层高台。对此，不少大臣劝阻，晋灵公一意孤行。大臣荀息对晋灵公说："我能把 12 个棋子叠起来，上面还能放上 9 个鸡蛋。"晋灵公觉得很新鲜，让荀息摆摆看。

荀息将 12 个棋子堆起来，再往上放鸡蛋时，晋灵公失声叫道："危险！危险！"荀息顺势进言："还有比这更危险的呢！这九层高台 3 年都不一定建成，要征用多少壮丁服劳役，地无人耕，布无人织，国库空虚，邻国就会起兵入侵。如果国家灭亡了，大王您怎么能生存？难道这不比累棋子鸡蛋更危险吗？"晋灵公听了，豁然醒悟，下令停止建筑高台。

生子当如孙仲谋，娶妻当娶薛宝钗。《红楼梦》里，如果要找一个智商高又情商高的人，那恐怕是非薛宝钗莫属了。

在一次宴会上，贾母猜拳行酒令，黛玉无意中说出《牡丹亭》《西厢记》里的句子。《牡丹亭》《西厢记》乃是当时的"淫书"，闺阁小姐说出其中的艳词更是犯忌。这事偏巧让细心的宝钗发觉了，她并没有批评黛玉，让她难堪，只是有意识地"回头看看她"，只是到了无人处，叫住黛玉，冷笑道："好个千金小姐，好个不出阁的女孩！满嘴说的是什么？"

黛玉求饶道："好姐姐，你别说与别人，我以后再也不说了。"宝钗见她满脸绯红，便不再往下追问，规劝她拣些正经书看，"最怕见那些杂书，移了性情，就不可救了。"向来固执高傲的黛玉这时也只是心下暗服，只有答应一个"是"了。（第四十二回）至此，宝钗、黛玉完全和解了，并且成了知心朋友。

利用好奇之心造势，要抓住一个"奇"字做足文章。越是"奇"的东西就越能调动人的好奇心。

暗示的方法，是用含蓄、巧妙、间接的方式提出批评，"只点到，不说破"，有利于维护领导权威，保全领导者面子，比起简单的批评却引出复杂的结果好得多。

《吕氏春秋·开春》载，韩国修筑新城，给各县下达任务，要求 15 天完成。结果有一个县拖延了两天，主管工程的大臣段乔就下令逮捕了该县的主管官员，囚禁问罪。当时，管理疆界的官员子高受被囚者的子女之托，前往说服段乔放人。子高见段乔之后，并不直言抓人放人之事，而是有意随段乔登城参观，左右张望，说："这城修得真好呀！真算得上是一件大功！您一定能得到重赏的。从古到今，功劳如此之大，又不曾杀掉一个人，这种人还没有过。"子高离开以后，段乔果然派人在夜里释放了被囚禁的官员。

子高说服段乔，用的是一种直接的暗示方法。要处罚延误工期官员乃是段乔的决定，如果受人当面指点，让其当众纠正过来，这事也颇失面子，不好向公众交代。在这种情况下，子高用暗示之法，既让段乔明白自己的意思，又不让人看出是在说服段乔。段乔很快接受了子高的暗示，夜里悄悄派人放走被囚官员，批评者与被批评者都很体面。

朱元璋称帝后，准备封赏功臣、亲戚和朋友。他看花名册，功臣有数，亲朋无数，多如牛毛，觉得很为难。刘伯温想出一个办法，让画家画一幅人头像，头上长着一束束头发，每束头发上顶着乌纱帽，献给了朱元璋。画意是："官（冠）多法（发）乱！"接过画，细品其味，朱元璋领悟其意，说：今后只封功臣，不封亲朋。

设置悬念是利用对方的好奇心理，先说出一个发人深思或出人意料的现象、结论，设一"关卡"又秘而不宣，用以吸引对方猜测思考后，再顺势说服之。这种制造悬念的方式，有的先提出人们普遍关心的问题作为开场；有的以假设为前提，把一个特定的事物进行夸张，把后果说得惊心动魄，也有的借助诗词联语、拆字猜谜等作为开场。

田婴是齐威王最小的儿子，被他父王封到薛地。他打算筑城墙，吩咐手下人说，谁要再来劝阻筑城墙的事，就不要让他进来。

有一天,一位门客求见,说:“我只讲三个字,多讲一个字,情愿被下锅煮死。”田婴觉得很新鲜,便答应召见他。门客快步前来,说了“海大鱼”三个字,然后转身就走。

田婴觉得很好奇,急令来人停下。这时门客转过身,说道:“你听说过大鱼的故事吗?那大鱼,网捕不住它,钩也钩不住它,但它脱离了海水,连蝼蛄和蚂蚁也可以欺侮它。而今,齐国是您赖以生存的海水,你有齐国的庇护,还用筑薛城干什么呢?如果失掉了齐国,就算你把城墙修得再高也是没有用处的啊!”一席话,说得田婴茅塞顿开,下令停止筑城。

这位门客很聪明,一开始不提筑城之事,只提出说三字、多一字即死的奇怪要求,打动了田婴的好奇心。门客又说出莫名其妙的“海大鱼”三个字,再一次诱发了田婴的好奇。门客借助新奇的比喻,劝说田婴,精辟独到,取得成功。

有比较才有鉴别——分出是非,看出对错,区别优劣,探寻得失。《三国演义》第十八回写道:曹操征张绣失利后,收到袁绍一封言辞傲慢的来书。当时,各路诸侯中,袁绍势力最大,乃是曹操争夺天下的劲敌。曹操打从心里厌恶袁绍自大无状,欲起兵灭之,但又恐力所不及。在场的谋士郭嘉进言时把项羽、刘邦之争与当今袁绍、曹操之争做了比较,又把袁绍与曹操进行比较,曹操觉得有理,遂采纳了郭嘉的建议。

1960 年 4 月下旬,周恩来与印度谈判中印边界问题,印方提出一个挑衅性问题:“西藏自古就是中国的领土吗?”周恩来说:“西藏自古就是中国的领土,远的不说,至少在元代,它已经是中国的领土了。”对方说:“时间太短了。”

周恩来说:“中国的元代离现在已有 700 来年的历史,如果 700 来年都被认为是时间短的话,那么,美国到现在只有 100 多年的历史,是不是美国不能成为一个国家呢?这显然是荒谬的。”印方代表哑口无言。

在周恩来的反驳中,用了两个对比性材料来否定对方的观点。700 年与 100 年相比较,你要否认 700 年而承认 100 年显然是站不住脚的,其结果是承认 100 年就得承认 700 年这个事实。对比在这里产生了巨大的力量。

幽默式批评,亦即在批评中引入幽默,在于启发、调动被批评对象的积极思考,含而不露,既提出了忠言,又十分顺耳,能收到意想不到的效果。

东方朔,西汉辞赋家,曾在皇帝身边担任常侍、太中大夫等职,虽名位不高,权势不显,却能世代留名。

汉武帝想求长生不老药是出了名的。有人向汉武帝献了一坛酒,说是喝了能长生不死。武帝很高兴,斋居七天,准备期满享用。东方朔偷偷地把那坛酒喝光了。等到武帝想喝时,酒没了,要杀掉东方朔。

东方朔毫不慌张地说:"陛下您想想,如果我喝的真是能长生不死的酒,那么您是杀不死我的。如果您能把我杀死,那不说明酒是假的?不能保证喝的人长生不死,那位进酒的人就是欺骗您,该当死罪啊。"汉武帝不仅没治东方朔的罪,还下令尽罢术士。长安城又恢复了往日的清明。

可见,机智、幽默的语言,无论对于回答、批评、反驳都具有很强的力量,能摆脱尴尬的局面,将对方推向被动境地。

汉武帝晚年时,曾对侍臣说:"相书上说,一个人鼻子下面的'人中'(鼻到嘴边的距离)越长,命越长。'人中'长一寸,能活百岁。不知是真是假?"他见东方朔有讥讽之意,喝道:"你怎么敢笑话我?"

东方朔恭恭敬敬地说:"我怎么敢笑话皇上呢?我是在笑彭祖的脸太难看了。"彭祖乃是传说中与尧同时代的人物。东方朔继续说:"据说彭祖活了800岁,如果真像皇上说的,'人中'就有8寸长,那么他的脸不是有丈把长吗?"汉武帝听了,也哈哈大笑起来,怒气顿收。

台湾的节目主持人凌峰,是一个著名的"丑星",他就十分善于用幽默感来取悦观众,推销自己。他在大陆第一次亮相,便显露出自己的光头,取笑自己的长相写着中华民族五千年的沧桑史,多灾多难,使人忍俊不禁。

应间接委婉地指出他人的错失,不宜把对方的缺点、错误看得太重,进行不讲方法的过火批评。批评是忠告,但对方不一定这么认识,因而批评要两点论。应当是扬弃——批评错误之处,肯定正确的东西,寓批评劝说于适度褒扬之中,直接称赞和暗示称赞可交替使用。也可采用两头赞扬、中间批评的方式—赞扬—批评—赞扬。

在日常的工作和生活中,妙趣横生、幽默风趣的语言,也具有很强的吸引力,它能给枯燥的说教增添趣味,把沉闷的场面引向活跃。

别人在一时不认识自己的过错之前,点到为止,允许人家保留意见,有个认识的过程,不要强迫别人立即认错,不认错就训斥。不要人家一解释就说:"你不要解释""强词夺理",要允许对方反批评,体现一种公正、民主的作风。

不管批评者和被批评者是一种什么关系，在人格上都是平等的，被批评者也是有尊严的，不宜以势压人、盛气凌人、讽刺挖苦，不能污辱人格，切勿伤人自尊。有的人和下属发生争吵时常说："你是领导，还是我是领导"，"你怎么目无组织"，"我领导不了你啊？"或用处分、下岗、调出来威胁。这样做怎么能合马克思主义之理，怎能合共产党人之情呢。

说服对方，打动人心，还应给人以"爽朗"的笑容。这种"爽朗性"能给予人没有隔阂、随和、快乐的感觉，表现出善意和爽直的"诚恳"，使对方产生信任。

入關約法

漢高帝

入关约法[1]

【历史背景】

刘邦，字季，秦朝泗水郡沛县(今江苏沛县)人，出身平民，在秦末当过几年泗水亭长，谥号高皇帝。他早年不务正业，"好酒及色"，是个典型的小市侩。公元前209年陈胜、吴广起义，刘邦在沛县起兵响应。其后，又经过四年多的楚汉战争，逼得"西楚霸王"项羽在乌江自刎。一个代秦而兴的西汉王朝，终于由他亲手缔造了。刘邦攻入咸阳时，兵力不过十万。而他的政敌项羽当时却拥兵四十万。那么他是凭借什么战胜自己的对手呢？人们认为，原因固然很多，而废除苛法、争取民心是重要的一条。刘邦初入咸阳时，曾被豪华的宫殿、如花的美女迷得眼花缭乱。他当时真想以胜利者的身份尽情享受。后来，他终于接受樊哙、张良的劝告，退出咸阳，屯军霸上。为了争取民心，他派人把咸阳附近各县的年高长者和地方豪杰请来，对他们表示慰问。后来，项羽逼迫刘邦离开三秦去做汉中王。老百姓都骂项羽，日夜盼着刘邦回来。历史不负有心人，后来刘邦终于打出汉中，"还定三秦"，并以今陕西为起点逐步向东扩充势力，最后统一了全国。

刘邦即位后，采取了许多重要措施，如减轻田租，什五税一，"与民休息"，凡民以饥饿自卖为奴婢者，皆免为庶人，士兵复员归家，豁免其徭役等，继续推行秦代按军功授田宅的制度，规定商人不得衣丝乘车，并加重其租税等，恢复残破的社会经济，稳定封建统治秩序。他还剪除异姓诸侯王以加强中央集权。他认为秦代不分封子弟从而招致孤立败亡，于是裂土分封九个同姓诸侯王。他还接受娄敬强干弱枝的建议，把关东六国的强宗大族和豪杰名家十余万口迁徙到关中定居。

刘邦年轻时放荡不羁，鄙视儒生。称帝以后，他认为自己是马上得天下，《诗》《书》没有用处。陆贾说："马上得之，宁可以马上治乎？"刘邦听到后，命陆贾著书论述秦失天下的原因，以资借鉴。他命萧何重新制定律令，即"汉律九章"。

【原文】

汉史纪：高祖[2]初为沛公[3]，入关，召诸县父老豪杰，谓曰："父老苦秦苛法久矣，'诽谤者族[4]；偶语[5]者弃市[6]。'吾当王关中，与父老约，法三章耳：杀人者死，伤人及盗抵罪[7]。余悉除去秦苛法。"又使人与秦吏行县乡邑告谕之。秦民大喜，争持牛羊酒食献享军士，唯恐沛公不为秦王。

【张居正解】

西汉史上记：高帝初起兵伐秦，那时犹号为沛公，既破了峣关，到咸阳[8]地方，因呼各县里年高的父老，与那有本事的豪杰，都到面前慰劳之，说道："秦君无道，法令烦苛，你百姓每被害久矣，'但凡言时政的，他就说人诽谤，加以灭族之罪；两人做一处说话的，他就说人有所谋为，加以弃市之刑。'其暴虐如此。众诸侯有约：先入关破秦者，王之。今我先入关，当王关中，与你百姓们做主。今日就与父老相约，我的法度，只有三条：惟是杀了人的，才着他偿命，若打伤人及为偷盗的，只各坐以应得的罪名，不加以死。此外一切苛法，都革去不用。"又恐远处不能尽知，使人同着秦吏，遍行到各县乡邑中，将这意思都一一晓谕。那时百姓每被秦家害得苦了，一旦闻这言语，如拔之于水火之中，莫不欢喜踊跃，争持牛羊酒食，犒享沛公的军士，只恐怕沛公不做秦王。此可见抚之则后汉之所以兴也，虐之则仇秦之所以亡也。有天下者，当以宽仁为贵矣。

【注释】

①此篇出自《史记·高祖本纪》。关：即函谷关（今河南省灵宝市东北王垛村），因关在谷中，深险如函而得名。其范围东自峭山，西至潼津，通名函谷关。约法：以法律相约束。本文记述汉高祖入关后即与秦民达成三条约法的故事。

②高祖：即汉高祖刘邦（前259—前195），名季，沛县（今江苏沛县西）丰邑（今江苏丰县）中阳里人。秦时曾做过泗水亭长。他是西汉王朝的创立者，前206—前195年在位，追谥尊号高皇帝。

③沛公:沛县令。楚人称县令为公,故名。

④族:为秦苛法之一,即一人犯罪,刑及父母妻子。

⑤偶语:相聚在一起议论。

⑥弃市:刑法名。在闹市执行死刑,并将尸体暴露街头示众,表示为人所弃,故名弃市。

⑦抵罪:抵偿其应负的罪责。

⑧咸阳:秦都城(今陕西咸阳市东北)。

【译文】

汉史载:汉高祖刘邦当初曾做过沛公,带兵进入峣关占领秦都咸阳后,召集各县的父老豪杰,对他们说:"父老们受秦朝苛法的痛苦已经很久了,例如'批评朝政的灭族,相聚在一起议论的弃市'。按当年与诸路起义将领的盟约,我应当做关中王。我与父老们约定三条法律:杀人的人处以死刑,伤人及偷窃的人依法治罪。除此之外,统统废除秦朝的苛法。"汉高祖刘邦又派人同秦朝的官吏一同巡行各县城镇乡村,把"约法三章"及废除秦朝苛法的事告知老百姓。秦朝的老百姓得知这件事之后,非常高兴,争抢着拿牛羊酒食奉献给刘邦的军士,只怕刘邦不在秦地称王。

【评议】

刘邦与关中百姓"约法三章"的故事得以千古流传,最重要的一点原因就是封建帝王统治的时期,老百姓受尽了盘剥,希望能够得到相对体恤自己的君王。而刘邦正是在这一点上与老百姓的愿望发生了谋合。当时刘邦率领大军首先攻入关中地区,退守到离秦都咸阳只有几十里路的霸上。刘邦接受了张良他们的意见,并没有对那些财物动用一丝一毫,并留下一些士兵保护王宫,这样的做法在以后项羽进入咸阳之后拿刘邦问罪时,为刘邦保住了自己性命,也为最后战胜项羽赢得了时间与民众基础。刘邦为了取得民心,才提出和百姓约定了都要遵守的三条法律。它们分别是:杀人者要处死,伤人者要抵罪,盗窃者也要判罪!这样就得到了当时关中父老、豪杰们的拥护和支持,而且百姓生怕这个刘邦不做皇帝。也就是因为这个刘邦最后取得了天下,建立了西汉王朝。从这个故事当中我们可以清楚地看到,封建统治者已经知道了取得民心的重要性。同时历史也从另外的一个方面证明了一个失去民众支持的政权即使再强大也不会长久。

【拓展阅读】

汉高祖

大汉王朝的建立者

汉高祖刘邦(前256~前195年),出身平民阶级,秦朝时曾担任泗水亭长,起兵于沛(今江苏沛县),称沛公。秦亡后被封为汉王。后于楚汉战争中打败西楚霸王项羽,成为汉朝(西汉)开国皇帝,庙号为高祖。

早年经历

刘邦出生于丰县中阳里金刘寨村,和卢绾同年同月同日生,因此两家非常要好。幼时和卢绾一起拜马维先生为老师,在马公书院读书。年龄稍长后,经常逃学,常被老师训斥,但他性格豪爽对人很宽容。他也不喜欢下地劳动,所以常被父亲训斥,说他不如自己的哥哥会经营,日后在统一天下之后,刘邦还拿此事和刘太公开玩笑:“您看我和刘仲(刘邦的哥哥)到底谁创下的基业大?”

刘邦长大后做了泗水的亭长(亭长是管十里以内的小官),时间长了,和县里的官吏们混得很熟,在当地也小有名气。刘邦的心胸宽广,在一次送服役的人去咸阳的路上,碰到秦始皇大队人马出巡,远远看去,秦始皇坐在装饰精美华丽的车上威风八面,羡慕得他脱口而出:“大丈夫就应该像这样啊!”

起兵反秦

有一次,他奉命押运一批民夫去骊山服役,途中民夫逃散了不少。他眼见无法交差,干脆就将民夫全部放走,自己和十几个自愿跟随他的人逃入芒砀山,聚集了百余人,并和沛县衙门的文书萧何、监狱官曹参暗暗联络。

秦二世元年(公元前209年)陈胜、吴广在大泽乡起义后,刘邦聚合萧何、曹参、樊哙等数百人,杀死县官,起兵响应,称沛公。转战于丰、沛之间。陈胜死后,曾一度归属项梁。后项梁战死,刘邦与项梁侄子项羽共奉楚怀王熊心为领袖,继续坚持反秦斗争。成为反秦的主力。

秦二世三年秋(前207年),刘邦受楚怀王派遣率所部向关中挺进。他迫降宛城,攻占武关,率军攻入咸阳,秦三世子婴投降,秦朝灭亡。刘邦羡慕阿房宫的豪华,进城后想留居宫中,经张良力劝而醒悟,出城驻于灞上。刘邦废秦苛法,与关中父老约法三章:"杀人者死,伤人者法办,偷盗者治罪。"因而深得民心。

楚汉相争

公元前207年12月,刘邦灭秦后在关中称王。公元前206年1月,项羽挥军破函谷关,想消灭刘邦。刘邦自知不敌,亲赴鸿门(今陕西临潼东北)谢罪。不久,项羽入咸阳,烧阿房宫、杀秦王子婴。春,项羽表面上尊楚怀王为义帝,实际上却将其发配到了江南,自立为西楚霸王,定都彭城(今江苏省徐州市),同时分封18诸侯,封刘邦为汉王,领巴蜀及汉中地,并故意封秦降将章邯、司马欣、董翳(意)为雍王、塞王、翟王,领关中地,以扼制刘邦。刘邦只好忍气吞声接受封号,于四月领兵入汉中、并烧毁栈道(用木板架在悬崖上铺成的道路),表示再也无意出兵,以麻痹项羽。项羽亦率军东归。6、7月,齐国贵族后裔田荣不满分封,赶走齐王,杀胶东王,自立为齐王。刘邦趁乱重返关中,击败章邯,迫降司马欣、董翳,并用计欺骗项羽,使其相信自己取得关中后已心满意足,再也不会东进了。项羽放心去攻打田荣,对西边没有加强防范。11月,刘邦挥军东出,拜韩信为大将,明修栈道,暗度陈仓(今陕西省宝鸡市东),名为义帝发丧,派人联络诸侯,公开声讨项羽,拉开了四年楚汉战争的序幕。

十面埋伏

刘邦一面命汉军在巩县一带坚守,阻击楚军前进,一面命韩信组建新军击齐,派人入楚腹地协助彭越进攻睢阳(今河南商丘南)、外黄等地,再次迫使项羽回救。公元前204年11月,刘邦用计再次收复成皋,斩杀了项羽大将曹咎。项羽在击败彭越后,寻汉军主力决战不成,屯兵广武(今荥阳北)与刘邦形成对峙。不久,韩信在潍水之战中歼灭齐楚联军,完成对楚侧翼的战略迂回,又派灌婴率军一部直奔彭城。项羽腹背受敌,兵疲粮尽,遂与汉订盟,以鸿沟为界,中分天下,东归楚,西归汉。公元前 203 年 10 月,项羽引兵东归。

楚、汉订盟后,刘邦本想退兵,在张良、陈平的提醒下,下令全力追击楚军。公元前 203 年 11 月,两军战于固陵(今淮阳西北),项羽小胜。公元前 202 年 1 月,刘邦以封赏笼络韩信、彭越、黥布等,垓下一战重创楚军,逼项羽自刎于乌江(今安徽省和县境),终于结束了为期四年的楚汉战争。

刘邦在汜水(今河南省荥阳市境内)即皇帝位,建立汉朝,初建都洛阳,不久迁至长安,史称西汉。

【镜鉴】

一、依法行政

近年来,各地在征地拆迁过程中,发生一些群体性事件和个人极端事件,特别是一些暴力拆迁事件,演绎出一场场致人伤亡悲剧,给社会制造诸多不和谐,给政府形象带来负面影响。2011 年,监察部、国土资源部、住房和城乡建设部、国务院纠风办等四部门会同有关省、区纪检监察机关和纠风部门对 2011 年上半年发生的 11 起强制拆迁致人伤亡案件进行了调查处理,给予党纪政纪处分和行政问责 57 人,其中副省级 1 人,市厅级 4 人,县处级 20 人,乡科级及以下 32 人。涉嫌犯罪移送司法机关处理 31 人。四部门相关负责人指出,征地拆迁关系群众切身利益,关系社会和谐稳定。

党中央、国务院高度重视征地拆迁工作,要求严格依法按程序办事,切实做到依法、文明、和谐拆迁。这些暴力拆迁的主要原因是一些行政执法人员缺乏法治观念和依法办事意识,执法理念陈旧,执法工作粗糙,甚至违规操作、粗暴执法、暴力拆迁。要杜绝暴力拆迁的根治之道还在于依法行政、以人为本、文明执法,维护人民群众的合法权益。

要依法行政,必须增强领导干部的依法行政意识,提高依法行政能力。古人云:“君信法则法顺行,君欺法则法委弃。”“信之与法,为政之纲。”胡锦涛总书记在庆祝中国共产党成立90周年大会上的讲话中指出:“要坚持发挥党总揽全局、协调各方的领导核心作用,提高党科学执政、民主执政、依法执政水平,保证党领导人民有效治理国家。”李大钊同志说:“国之存也,存于法;人之生也,生于理。”2010年8月27日,温家宝总理在全国依法行政工作会议上强调:“依法行政是现代政治文明的重要标志。贯彻依法治国基本方略,推进依法行政,建设法治政府,是我们党治国理政从理念到方式的革命性变化,是我国政治体制改革迈出的重要一步,具有划时代的重要意义。各级政府和所有工作人员要牢固树立法治观念,严格遵守宪法和法律,严格依法办事,不断推进法治政府建设取得新成效。”

所谓依法行政,就是各级行政机关要依据法律规定行使行政权力,管理国家事务。这就是说各级行政机关行使行政职责、管理公共事务必须由法律授权并以法律规定为准绳。依法行政是现代社会法治国家所奉行的普遍准则,是依法治国的前提和基础,是我国民主政治建设的重要组成部分。它反映了社会从人治向法治转变的历史进程。依法行政是历史发展的必然趋势,是依法治国的核心和关键,是规范政府施政行为,推进经济和社会发展的根本保障。领导干部作为社会生活的组织者、管理者和服务者,是依法行政和行政执法的直接领导者和实施者。领导干部是否始终严格依法行政,直接关系到“服务政府、责任政府、法治政府和廉洁政府”目标的实现。

应该肯定,广大领导干部的思想意识和工作方式能够与这种变化相适应,但有些则明显不能适应。有些领导干部自身政治素质跟不上时代变化,与社会主流价值理念有很大差距,暴露出理念滞后、方法陈旧、能力不适等诸多问题。有的缺乏法治观念和依法行政意识,“以言代法”“以权压法”,把自已摆在超越法律之上的位置,以行政权力管卡压为主,致使群众不能接受;有的缺乏以人为本理念和群众观念,不换位思考为群众的合法权益着想,甚至害怕群众、不敢与群众打交道;有的重政绩、轻民意,工作粗糙,方法简单,急功近利,急于求成,以致出现了强拆强迁种种行为。要懂得,领导干部对待法律的态度,直接体现着法律的尊严和权威,影响着群众对待法律的态度。从一定意义上说,法治精神只有武装了领导干部的头脑,才能以“润物细无声”的方式,使人们在耳濡目染中切身感受到法治的价值和作用,从而使法治意识日益深入。要从“人治”走向法治,领导干部是关键。为此,把依法行政落到实处,是各级领导干部的首要职责。全国人大常委会前不久通过的《关于进一步加强法制宣传教育的决议》再次强调,把领导干部作为法制宣传教育的重中之重。这样做,不仅仅是让他们知悉法律条文,更重要的是让他们进一步树立法治意识,自觉约束手中权力,自觉践行依法行政。实践证明,只有让领导干部从"人治习惯""人治思维"和运用人治手段解决问题转变为"法治习惯""法治思维"和运用法治手段解决问题,才能公正执法、文明执法和依法化解社会矛盾纠纷,杜绝暴力拆迁行为,维护正常的经济秩序和社会和谐稳定。只有让领导干部明白法律是至高无上的,任何组织和个人必须在法律规定的范围内活动,而没有任何超越法律规定的特权,必须按照法定的权限和程序行使手中的权力,才不至于总是习惯依靠长官意志和简单的行政命令来管理经济、社会和文化事务。要懂得,"为官先要学法,为政要会用法。"只有熟练掌握法律,才能运用法律维护正常的经济秩序和社会稳定。各级领导干部要充分认识学法用法、推进依法行政、建设法治政府的紧迫感、责任感和使命感。因此,要从强化社会主义法治理念入手,坚持不懈地用法律武装领导干部头脑,并把学习法律知识、建设法治文化、提高法治涵养,贯穿于领导干部学法用法的始终,促使他们熟练掌握依法行使职权必备的法律知识,牢固树立依法治国的理念,增强依法行政的自觉性,提高依法行政的能力和水平,真正做到尊重法律、遵守法律、维护法律,严格按照法定权限和程序行使权力、履行职责,全面加强依法行政工作,加快推进法治政府建设。

要依法行政,必须做到有法可依、有法必依、执法必严、违法必究。古人有云:"立法,有犯而必施;令出,惟行而不返。""法令行则国治,法令弛则国乱。"邓小平同志指出:"应该集中力量制定刑法、民法、诉讼法和其他各种必要的法律……做到有法可依、有法必依、执法必严、违法必究。"胡锦涛总书记在庆祝中国共产党成立 90 周年大会上的讲话中指出:"要全面落实依法治国基本方略,在全社会大力弘扬社会主义法治精神,不断推进科学立法、严格执法、公正司法、全民守法进程,实现国家各项工作法治化。"要懂得,法治是相对于人治而言的,是运用法律这样的实体工具来管理社会和治理国家的原则。法治作为一种治国理念,要求有一套良好的法律制度,并予以充分实施;作为一种治国原则,要求法律具有极大的、无上的权威。实践证明,只有做到有法可依、有法必依、执法必严、违法必究,才能维护宪法和法律的权威与尊严。

因此,要依法行政,首先要加强政府立法,用法律法规来规范行政执法行为。古人云:"法不定,政多门,此乱国之风。"董必武同志说:"恶法胜于无法。"不以规矩,不成方圆。温家宝总理在全国依法行政工作会议上强调:"要坚持依法立法、科学立法、民主立法，增强法律制度的科学性、合理性和可操作性。”一方面，要加强政府立法，规范行政执法，完善行政监督，用法律法规来规范行政执法行为，提高行政执法水平。另一方面，要建立多元化的解决社会矛盾、争议、纠纷的机制，包括健全、完善调解、信访、行政裁决、行政复议、行政诉讼等各项相关制度，进一步提高政府工作的法治化、规范化水平，从而使各级行政机关行使行政职责、管理公共事务都有法可依，有章可循。其次要有法必依。古人有云：“有法者不用，与无法等。”曾国藩说：“立法不难，行法为难。凡立一法，总须实实行之，且常常行之。”我们在行政执法中，要严格按法律办事、按政策办事、按原则办事、按程序办事，确保行政决策法治化、行政行为规范化。如在拆迁工作中，要使每个项目从办理拆迁许可到公示、评估、听证、补偿、拆除、建设等环节，都要严格按照法定程序操作。要依法加强拆迁补偿安置资金监管，确保资金足额到位、专户存储和专款专用，并及时向被拆迁人足额发放。从而使每个拆迁项目都做到了项目合法、程序合法、主体合法、补偿标准和补偿资金到位。对漫天要价，提出无理要求，拒不搬迁的被拆迁人，可通过法律程序依法进行行政裁决。再次要执法必严、违法必究。古人说：“治乱必用重典。”“曲木恶直绳，奸邪恶政法。”革命先行者孙中山说：“人贵自重，须知国无法则不立，如其犯法，则政府不得不以法惩治之。”要懂得，法律要约束被管理的公民、法人或其他组织，同时也要约束管理者自己。不论是执法者，还是被执法者，如果犯法，就要受到法律的惩罚。国务院总理温家宝在十届全国人大二次会议上做政府工作报告时强调：“要加强行政执法监督，促进严格执法、公正执法和文明执法。实行执法责任和执法过错追究制，完善并严格执行行政赔偿制度，做到有权必有责、用权受监督、侵权要赔偿。”行政执法权力只有受到监督制约，才能保障行政执法权力的正当行使。而不受监督制约的行政执法权力，必然导致违法行政。要对行政执法行为实行有效的监督，遏制行政执法中的执法不严、渎职失职、以罚代法、以罚代刑、以权代法、以权压法、徇私枉法、贪赃枉法等执法违法的行为。为此，作为国家行政监察机关要充分发挥其在廉政监察、执法监察、效能监察和纠风专项治理等职能的独特优势，紧紧围绕行政执法中社会广泛关注和人民群众反应比较强烈的执法不作为、执法违法等问题，加大监督检查和执法监察工作力度，进行专项治理和整顿，对房屋拆迁行为进行全方位、全过程、全天候的监督检查，建立防止违法强拆的长效机制，有效地促进行政执法机关及其执法人员依法行政和廉洁、高效。同时，要加大行政问责力度，对执法不严、渎职失职、以罚代法、以罚代刑等执法不作为的，进行行政问责；

对违法强拆刑事案件从严、从快、从重予以打击追究其纪律、法律责任，真正做到有权必有责，失职必施问，用权受监督，侵权要赔偿，促使执法人员在工作上大胆，执法上则谨慎，常怀敬畏之心、戒惧之意，自觉接受纪律和法律的约束，做到不失“底线”、不踩“红线”、不触“高压线”。要依法行政，必须以人为本、文明执法。古人云：“圣人为民法，必使之明白易知，愚智遍能知之。”“以规矩为方圆则成，以尺寸量长短则得，以法教民则安。”古罗马大哲人西塞罗有句名言：“人民的福祉是最高的法律。”毛泽东同志在延安时期就指出：“其产党人一切议论行动，必须以合乎最广大人民群众的最大利益，为最广大人民群众所拥护为最高标准。”胡锦涛总书记在庆祝中国共产党成立90周年大会上讲话指出：“90年来党的发展历程告诉我们，来自人民、植根人民、服务人民，是我们党永远立于不败之地的根本。以人为本、执政为民是我们党的性质和全心全意为人民服务根本宗旨的集中体现，是指引、评价、检验我们党一切执政活动的最高标准。全党同志必须牢记，密切联系群众是我们党的最大政治优势，脱离群众是我们党执政后的最大危险。我们必须始终把人民利益放在第一位，把实现好、维护好、发展好最广大人民根本利益作为一切工作的出发点和落脚点，做到为民所用、情为民所系、利为民所谋，使我们的工作获得最广泛最可靠最牢固的群众基础和力量源泉。”温家宝总理在全国依法行政工作会议上指出：“要进一步加强和改善行政执法，改进执法方式，一得粗暴对待当事人，不得侵害执法对象的人身权利和人格尊严。”所谓文明执法，是指行政执法人员以人为本，依照法律规定的职权和程序，理性、平和、文明、规范地办理各种民事案件。文明执法机关依法行政、执政为民的有效手段，同时也是行政执法机关依法行政、执政为民的必要方式和不可缺少的必要程序。文明执法是社会精神文明和法治文明的具体体现，是落实依法治国方略的重要举措，是近代的要求，是政府对公众的外在形象，是建设和谐社会的重要因素，也是行政执法人员有良好文明素养的展示。要文明执法，首先要坚持以人为本，执法为民。“天下可忧在民穷，天下可畏在民怨。”然而，有些行政执法人员特别是领导干部对群众的呼声置若罔闻，对群众的要求漠不关心，对群众的感情和立场出了偏差，甚至视人民群众为“刁民”。作为行政执法人员特别是领导干部，要增进同人民群众 的感情，把感情贴在民心民意上。植根沃土，才会长出参天大树；心系群众，才能培育鱼水深情。只要与人民群众有了感情，与弱势群体换位思考，再大的困难都会想方设法去克服，再复杂的问题都会耐心细致去解决。只要情为民所系，利为民所谋，就能做到人性化执法，维护弱势群众的合法权益。要坚持以人为本,关心群众、尊重群众、善特群众,切实保护被拆迁群众利益。如在拆迁安置中实行人性化执法,就要在拆迁安置方案的制定上,既有利于促进城市建设,又以人为本,尊重被拆迁人的利益,妥善解决好部分困难、弱势群众的实际问题,为他们及时解决低保救助、就业创业、子女入学、就医等问题,最大限度地保证困难家庭基本的居住生活条件,使群众拆得顺心、搬得安心。对一些采取回迁安置方式的旧城区改造项目,政府要跟踪督促建设单位尽快进行安置房建设,解除被拆迁户的后顾之忧。同时,要让人民群众懂得依法按程序表达利益诉求,通过司法程序和行政裁决、行政复议、行政诉讼程序解决矛盾纠纷,用法律武器维护自身的合法权益。其次,要正确处理处罚与教育的关系,坚持严格、公正、文明执法。古人云:“出一令可以止横议,杀一犯可以儆百众。”《行政处罚法》规定:“实施行政处罚,纠正违法行为,应当坚持处罚与教育相结合,教育公民、法人或其他组织自觉守法。”行政处罚的目的不公是“严惩”已然违法行为,更重要的是“戒除”未然违法行为。实践表明,法治真正有效的推行,必须深深根植于法治精神的普及,根植于公民对于法律的信仰。只有加强法治教育,才能使行政处罚达到最佳效果。这就要求执法人员要本着“教育为主、处罚为辅”的原则,对当事人进行法治宣传教育,使其认识到行政处罚是维护包括他们自己在内的人民群众的整体利益、大局利益和手段,认识到违法行为的社会危害性,从而培养起自觉守法的意识。同时,在执法中遇到的处罚问题大量的属于人民内部矛盾,大多数执法对象是通情达理的,只要执法人员晓之以理,动之以情,工作做到家,违法行为是会得到纠正的。因此,行政执法人员要在执法过程中始终坚持理性、平和、文明、规范,尽量减少执法的强制力,扩大教育量,缩小对立面,以追求法律效果与社会效果的有机统一,从而实现文明执法和提高工作效能的目的。其具体做法是:既要坚持严格、公正、规范执法,又要坚持理性、平和、文明执法;既要严格按照法律规定,以事实为依据,以法律为准绳,做到有法可依、有法必依、执法必严、违法必究,秉公执法,依法行政,又要讲究以人为本,人性化执法,学会从容和镇静,学会宽容和忍让,切实做到耐心教育疏导,以理服人、以情感人;既要依照法律规定的职权和程序,该纠正的要纠正,该罚的要罚,不能只教育不处罚,以教代管,又要多运用宣传、教育的方式,做到文明用语在先、亮明身份在先、指明违法事实在先、权利告知在先,在工作上充满真情,在环节上规范清晰,使违法者心悦诚服,减少行政执法工作的阻力,透射出党和政府对广大人民群众的关心和爱护。特别是,要通过多种形式,努力把思想工作做在前、做上门、做到家、做到位,使政府和群众之间少一点误会,多一些理解;少一点隔阂,多一些融洽;少一点分歧,多一点和谐。无论遇到的情况多么复杂,行政执法人员都要不冲动、不感情用事,不说过头的话、不做过激的事,防止因执法行为不规范损害政府的执法形象和执法公信力。

二、驭人之术

(一)赏亦有道

曾国藩在办团练初期,团勇与朝廷的正规军"绿营军"一起训练。他发现绿营军军风废弛,大部分将官已经腐化不堪,唯独一个叫塔齐布的将官例外。于是,他把塔齐布招到自己麾下加以重用,并经常向皇上称赞他。后来,正如曾国藩所料,塔齐布被朝廷任命为提督,掌管绿营军。

曾国藩担心塔齐布到绿营后,那些近乎无赖的士兵们不服这个新任提督,就与塔齐布商量应对之策。他问塔齐布对绿营治理有何打算,塔齐布答道:"绿营腐败已甚,当务之急首在严加整顿。"曾国藩听后直摇头,告诫他说:"严加整顿,固是必行之事,但当务之急,却不在此。"

塔齐布感到奇怪,因为曾国藩一向对绿营军不满,认为绿营军是腐肉一块,早应狠心割掉,现在又为何否定对其严加整顿呢?

曾国藩看出他的疑惑,就告诉他:"论资历,你比不上前任鲍起豹,况且去年兵士哗变,他们冲进你的宅院要杀你,致使你与一些绿营军结下仇恨。如今,你资历不及鲍起豹,军中不服者必多;你记下哗变士兵之仇,又必然引起这伙人的担心。如此一来,就会军心不稳。你现在治理绿营,首当收服人心,其手段只有一个字。"曾国藩伸出一个手指,清脆地吐出一个字"赏"。

塔齐布按照曾国藩的指示,遍赏绿营将士,此前火宫殿闹事的那几个哗变士兵,也都在赏赐之列,于是绿营军皆大欢喜。塔齐布又特地请来以前与他有嫌隙的将官一起喝酒,绿营将士知道曾国藩和新提督宽宏大量,不记旧怨,军心迅速稳定下来。曾国藩认为,赏是鼓舞士气、笼络人心的最好办法。但是,犒赏时有许多方式方法,或赏赐物质财产，或推荐为官，这些是必不可少的方式，但有时候更要采用一些独特的方式进行犒赏，这样可能效果会更好。

湘军攻打太平军之时，由于岳州和武昌、汉阳的攻克，在曾国藩的推荐下，湘勇的大小头目都升了官。湘勇官兵打仗立了功，可依朝廷规定升官晋级，这是出于天恩。曾国藩想，还必须用另一种方式来表达他个人对部属的奖励和赏识，可是用什么方式呢？过多地发赏银，他觉得有违自己"不怕死，不要钱"的宣言；拜把子结兄弟，这是山大王的行为，他又看不起这种方式。曾国藩想了很久，终于想出了一个好主意。他在一张白纸上亲自设计出一把腰刀的式样：长 9 寸，阔 1 寸，不求花哨，但求锋利，每把刀上镌刻"殄灭丑类，尽忠王事。涤生曾国藩赠"14 个字，并依次编号。他要向有功劳的官兵赠送腰刀，以表示对他们的奖赏。曾国藩认为在军营里，无论武职还是文职，都要有尚武精神。他确定了这种奖赏方式之后，又开始盘算：第一批受刀者，人数要少，仪式要安排得异常隆重，要使他们感到这是无上的光荣。这把腰刀，今后要成为湘勇官兵人人企望的最高奖赏。

腰刀按照曾国藩设计的样式做出来后，曾国藩举行了隆重的颁发腰刀仪式。本来打造了 100 把腰刀，但他只颁发了 50 把，以此来提高腰刀的身价。

腰刀在隆重的仪式中按功劳级别分号颁发后，在将士中引起了很大反响。第二天就有将官向曾国藩报告："昨日涤师亲授腰刀，在两万湘勇中影响甚为剧烈。得腰刀者，莫不感激涤师知遇之恩，发誓要跟着涤师万死不辞。没有得到的，不少人找到我，要我再禀请涤师再打造 50 把，他们要凭战功来获取。"曾国藩一听不禁大喜，看来自己的奖赏策略已开始真正发挥作用。

曾国藩在奖励下属时，不但会想出独特的奖赏办法，还非常讲究奖赏方式。对有些人他会大张旗鼓地公开奖赏，而对有些人则暗中奖赏。

曾国藩身边有一个非常得力的下属叫康福。在曾国藩兵败危急跳水自杀时，康福挺身而出，救了曾国藩的命。可是在与太平军交战获胜之时，曾国藩为朝廷推荐的升官名单中并没有康福。因为曾国藩认为康福救了自己的命，对自己是私恩，所以不应以公职来报私恩，所以没有推荐康福，此举让其他将士钦佩不已。他想提高康福的薪水，又担心别人会说康福是因救自己而得到额外的好处，或许还会有人说当初自己投水只是做样子假死，否则为何对救人者这样重报呢？如果不报答，曾国藩心里又过意不去。想来想去，

他都想不出一个报答康福的好办法。一次,他偶尔翻阅野史,上载鳌拜厚报塾师的故事。他觉得这个办法不错,就暗地派一个心腹找到康福的老家,以康福的名义买下一座大宅院和300亩水田,迁一户老实人住进宅院,每年代康福收这300亩水田的租。不久,康福知道了这事,十分感激曾国藩的厚赐,对曾国藩更是忠心耿耿。康福有救主帅之恩,却没有升官加薪,湘勇上下都称赞曾国藩不以官禄报私恩的高德,但曾国藩私下里又重赏了康福,并未落下知恩不报的恶名,此种奖赏可谓一举两得。

虽然在升官加薪方面没有列入康福,但为了显示康福救主的大功,曾国藩在颁发的50把腰刀之中,特意奖给了康福一把。因为曾国藩清楚,康福本有统领之才,因为自己需要康福这样的保镖,才一直把他留在自己身边,使他失去了做统领的机会。为了证明康福在自己心中的地位,也让全军上下敬重康福,于是赏他一把腰刀,这是曾国藩的一种奖赏策略。果然,康福得到这把宝刀之后,像爱惜生命一样爱惜这把宝刀,对曾国藩更是忠心有加。有一次,曾国藩遭遇太平军追杀,康福在后保护。此时有人向曾国藩发射飞镖,康福拔出腰刀奋力阻挡,结果飞镖与腰刀一起掉落马下。为了防止曾国藩再遭射杀,康福纵身跳到曾国藩的马上,以身掩护曾国藩撤退,最终使曾国藩平安逃离了太平军的追杀。事后,曾国藩对康福的救命之恩再三表示感谢,康福却说:“这是大人的福气好!只是大人赐我的腰刀,不慎被飞镖击落,遗憾不已。此腰刀是大人亲手所赐,康福视之如命。”曾国藩听后,很感动地说:“会南康后,我一定再亲手赠你一把!”由此可见,曾国藩这把腰刀的激励作用之大。

后来蒋介石从曾国藩亲赠腰刀的事例中得到启发,也效仿制作并亲赠“中正剑”,用以奖赏军队中战功卓著的军官并笼络人心。

曾国藩在犒赏部下时,并不简单地赏一些钱财或举荐为官,而是针对不同的人、不同的爱好来行赏。这种奖励犹如对症之药,效用自然会发挥到最大化。

当年,曾国藩三番五次地邀请留洋回国的容闳一起参与江南机器制造总局的事,而不计容闳曾与太平军合作的前嫌。后来,曾国藩打算亲自到上海视察一下容闳的工作,却一直没有空闲。容闳听说之后,就亲自驾驶新造的火轮船由沪赴宁去看望曾国藩。

曾国藩非常高兴,便兴致勃勃地登船观赏,并鼓励容闳,一定要把江南机器制造总局办好。他语重心长地对容闳说:“在中国建机器制造局,这个事业非要办成不可。中国的徐图自强,只能肇始于此。我看重你,主要还不是因为你留过洋,熟悉洋务,而是看重你能吃苦、性格硬的品质。你千万不要辜负我的期望,今后不管有千难万难,你都要把这件事坚持办下去!”

“曾大人,卑职感谢大人知遇之恩,也深知此事重大,卑职一定尽力办好!”容闳办机器制造业已五六年了,最初他满腔热忱,恨不得立即学会外国的先进技术,制造出先进的机器来。可是在办理的过程中,他深感处处棘手,步步难行。他本想向曾国藩诉诉苦,但是听曾国藩这么一说,便觉得不论以后怎样,都要尽力而为。

曾国藩从“尽力办好”四字中,已知容闳的艰难,自己当初办湘军时,也是处处掣肘,非常艰难。对容闳他是非常理解的,但又不能让他泄气,便对他说:“老夫活了五十多岁,经事不少,知天下事有所激有所逼而成者居其半。困难之处,正可看作是激励和逼迫。你拿张纸来,我送你两个字,作为暂时分别的留念。”

容闳赶忙拿出一张随身携带的棉料呈文纸,曾国藩写下两个大字:“患难。”又在旁边写了一行小字:“余将赴直隶,书此二字送纯甫,以志相交于患难之时也。”写罢,亲手赠送给容闳。容闳激动万分,打开从美国带回的牛皮箱,将它珍藏于箱中。后来容闳定居美国,西方友人愿以10万美金买下这幅字,被容闳断然拒绝。可见这两个字在容闳的心中是一种无价之宝,远比金银财宝珍贵得多。

由此可见,对于各级领导来说,奖励既是一种手段,更是一门艺术,需要下大功夫进行研究。在奖赏下属时,一定要讲究方式方法,有些需要当众奖赏,有些则要暗中奖赏。同时,对不同的人应采取不同的奖赏策略及奖赏方式,在选择“奖品”时一定要有针对性,虽然物质奖励不可或缺,但有时一把小刀或两个题字,在精神上所起的激励作用远比金银财宝更有效。

(二)刚柔相济　赏罚分明

曹操的驭人术虽有多种,而赏罚分明得当则为重要方法之一。

曹操历来坚持有功就赏,有罪就罚,一视同仁,不分贵贱。汉末十八路诸侯共讨董卓时,董卓勇将华雄连斩联军数员大将,诸侯中无人可敌。此时,尚为平原县令的刘备手下的一名马弓手关羽挺身请战。袁术当即怒斥,命人将其赶出。而曹操却说:“此人既出大言,必有勇略,试教出马,如其不胜,责之未迟。”结果,关羽片刻间便提华雄头进账报功。接着,张飞鼓动诸侯乘势进兵杀入关中以活捉董卓,袁术仍怒喝:“量一县令手下小卒,安敢在此耀武扬威！都与赶出帐去!”此时,曹操再次反驳说:“得功者赏,何计贵贱!”

曹操运用赏罚手段时,往往赏多于罚。部下只要有功,必给相应的奖赏,而且针对不同的人、不同情况给予不同的奖励。曹操在庆贺铜雀台建成时,为了增强喜庆气氛,进行比武活动,还设法搞了一次人人获胜、人人有份的物质奖励。在与李傕的交战中,许褚连斩二将,曹操即手抚许褚之背,把他比作刘邦手下的猛将,激情称赞说:“子其吾之樊哙也!”当荀充弃袁投曹后,曹操见其才华出众,当即把他比作刘邦手下的谋士张良,高度赞誉他说:“此吾之子房也!”一次,在与关羽交战中,徐晃孤军深入重围,不仅获胜,且军容整齐而归,秩序井然,曹操当即把他比作汉朝名将,大加赞赏地说:“徐将军真有周亚夫之风矣!”曹操引用历史上的杰出人物作比,对部下及时给予高度评价,这种精神鼓励往往超过任何物质奖励的作用。

曹操特别重视奖惩手段的诱导教育作用,这不仅表现于自己部下,也表现在他对于敌对营垒将士的处置方法上。曹操特别敬佩关羽“事主不忘本”的忠义精神。当关羽得知刘备下落,立即封金留书弃曹操而去,曹操不但没有记恨,还对部下说:“不忘故主,来去明白,真丈夫也！汝等皆当效之。”袁绍谋士沮授被俘后,明确表示不肯投降,曹操越发以礼相待,后沮授盗马私逃,操怒而斩之。沮授临刑而神色不变,操则后悔地说:“吾误杀忠义之士也!”遂命以礼厚葬,并亲笔题墓:“忠烈沮君之墓。”与此相反,对卖主求荣者,曹操则一向深恶痛绝。曹操部下侍郎黄奎与马腾勾结欲刺杀曹操,不想黄奎的妾与奎的妻弟苗泽私通,苗泽探知姐夫与马腾谋划的事情后,便向曹操告密,使操擒获了黄奎和马腾。事后,苗泽向曹操表示,他不愿加赏,只求得黄奎之妾为妻,然而曹操不仅没有赏赐苗泽,反而认为他为得到一个妇人,竟害了姐夫一家,就说:“留此不义之人何用!”终将苗泽与黄奎之妾一并斩首。

奖惩本身并非目的。受奖者,鼓励其用命之忠,使之感恩戴德,更加效力于己;受惩者,责其背义之行,臭名披露,用以警示部下深思。这可谓曹操的用人独到之处。纵观魏、蜀、吴三国,虽各有杰才,但以魏国人才最多。集结在曹操手下的谋臣不胜枚举,而且这些人,一旦投到曹操门下,不仅能够各逞所能,且皆能死命效力,少有叛变离心者。

刚柔相济,恩威并用,不能一味地硬,也不能一味地软,这才不失偏颇,合乎“政”的要义,而汉元帝只取宽柔一端,结果使得朝纲几度旁落。

汉元帝刘奭是汉宣帝的长子,公元前 49 年即皇帝位。元帝时,西汉王朝已历经 150

余年,积弊累累。元帝愚弱,除弊无方,加之宦官用事,政治腐败,西汉王朝由此走上衰亡之路。

元帝认为宦官少骨肉之亲,无婚姻之家,最可信可靠,因而尤其宠信宦官中书弘恭、仆射石显。因为石显长期担任要职,又精明能干,体弱多病的元帝把大权托付给石显。朝廷事无大小,均通过石显转奏,再由元帝裁断。石显的权势超过所有朝臣,文武百官多恭敬地侍奉他,宵小之徒争相依附,献媚奉承之声不绝于庭,石显洋洋得意。

石显恃宠而骄,大权独揽,搅乱朝纲,自然引起了正直大臣的强烈不满。将军、领尚书事的萧望之就曾上书元帝,指斥石显胡作非为。光禄大夫周堪、宗正刘更生等大臣也纷纷上书元帝,状告石显。不管大臣们如何义愤填膺,如何直言进谏,如何指出江山社稷的危险,元帝都一笑置之。元帝认为大臣奏书的言辞都不过是危言耸听,而大臣们这样做,也不过是尽臣子的职责而已,是例行公事,没有什么特别的。元帝依旧我行我素。

石显和弘恭为了保住自己的权位,盗弄权柄,勾结外戚,排挤、陷害萧望之等重臣。元帝迂腐软弱,屡中弘恭、石显的圈套,迫使萧望之自杀。

身为朝中重臣的将军、领尚书事的萧望之都自杀身亡,朝野大臣谁不惊惶?朝臣们人人自危,趋奉石显的人日增,石显越发踌躇满志。萧望之自杀以后,元帝并不罢休,下旨将光禄大夫周堪、宗正刘更生废为庶民,永不再用。一些正直的大臣们不信正气压不住邪气,依旧前仆后继,上书直谏,指斥石显乱政。而结果却令天下震惊:上谏之臣相继被处死。朝野大臣们这才明白,元帝爱重石显,视为身家性命,宁失天下大臣,也不能没有石显。

宦官专权,政治日趋黑暗,致使吏治腐败。从中央到地方的大小官员,贪财慕势,纷纷经商,掠夺百姓,连元帝都不得不承认其"在位多不任职"。在黑暗的政治下,社会风气大坏。

汉元帝的经历告诉我们:柔仁也是要有限度的。

(三)领导者不要和下属"打成一片"

无论是政府或者其他的团体,领导一定要和员工保持一定的距离,不要以为和员工打成一片,才是好领导。

在这一点上,我们可以从叔孙通为刘邦建礼制的事情上看出来。刘邦在建国之初,

朝堂上下，一片混乱，后来在叔孙通的建议下，通过建立礼制，刘邦树立起自己的威信，朝堂之上也出现了井然有序的局面。

汉高祖刘邦平定天下，做了皇帝，一班功臣，举止粗豪，全然没有礼法。有功诸将，任意行动，往往入宫宴会，大声叫嚷，不成体统；甚至醉后起舞，大呼大叫，拔剑击柱，闹得不成样子。

有个叫叔孙通的人，是秦朝博士出身，辗转归汉，仍为博士。平时善于揣摩，能掌握主子的喜怒。他对刘邦说："儒生难与进取，可与守成，现在天下已定，朝仪不可不肃，臣愿往鲁征集儒生，及臣所有弟子，并至都中，讲习朝仪。"

高祖道："朝代要改定，但恐礼繁难行。"

叔孙通道："臣闻五帝不同乐，三王不同礼，务在因时制宜，方可合用，想不致繁缛难行。"

高祖道："你且去试办，总数容易举行，便好定夺。"

叔孙通领命而出，当即启行至鲁，召集了二三十个儒生，嘱使随行入都，共定朝仪。又从薛地招弟子百余人，同到栎阳，先将朝仪大略共同审定，逐条说明，然后去郊外旷地实地演练。布置已定，然后使侍臣儒生等权充文武百官及禁兵，依着划定的仪注，逐条演习，应趋即趋，应立即立。应进即进，应退即退，周旋有序，动作有规。

演练熟练之后，叔孙通入朝，请高祖观看，高祖前往一观，见演习的礼仪无非是尊君抑臣，上宽下严，很高兴地说："我能为此，尽可照行。"说罢回宫，又颁诏群臣，令各赶演礼场观礼，准予次年岁首举行。

恰好号乐宫修成，汉高祖七年元旦，各国诸侯王与大小文武百官，均往新宫朝贺，天色微明，便由谒者带着，见了诸侯群臣，当即依次引入，序立东西两阶。殿中早陈列仪仗，非常森严，卫官强旗，郎中执戟，左右分站，夹陛对楹；大行肃立殿旁，计有九人，职司传命，迎送宾客。

待至高祖乘辇出来，卫官郎中效声传警，纠饬百官。高祖徐徐下辇，面南而坐，方由大行传呼出来，令诸侯王丞相列侯以下，逐班觐见。诸侯王丞相刘侯等，跟跄入殿拜贺，高祖不过略略欠身，便算答礼，大行复传语平身，进见者才起身趋退，并依位序站立。

于是分排筵宴，称为法酒，高祖就案宴饮，余人分席侍宴，旁立御列数人，注意监察，众皆屈身俯首，莫敢失仪，并且不敢擅饮，须按尊卑次第，捧觞上寿，然后方得各饮。范至九巡，谒者便进请罢席，偶有因醉忘情，便被御史引去，不准再坐，因此盈廷肃静，与前宴会状态，大不相同。

及大众谢宴散归，高祖亦退入内室，不由得大喜道："我今日方知皇帝尊贵了！"叔孙通制定朝仪，适合君意，遂由高祖特别加赏，进宫奉常，赐金五百两。叔孙通进朝谢恩，趁机道："诸儒生及北子，随臣已久，共起朝仪，愿陛下俯念微劳，各赐一官。"高祖皆授官为郎。叔孙通出宫，将钱财分赐诸生，诸弟子都赞道："叔孙先生，真是圣人，可谓确知世务了。"

刘邦创业之时，一定是君臣亲密无间，有酒大家喝，有肉大家吃，席地而坐，互相拍拍肩膀也未尝不可。一旦得了天下，再拍肩膀就不行了，刘邦要起威风来，君臣的名分就确立了。从当时来看，萧何出自下层社会，自然也不懂宫廷礼仪，有这么一个叔孙通出来，正合刘邦心意。

烦琐的宫廷礼仪，其目的是将皇帝推崇到至高无上的地位。有了礼仪，昔日的好友也不能再大吵大叫，呼朋唤友，见了皇帝要下跪叩头，否则违背礼仪，轻则权责，重则杀头。在刘邦以前，大臣与帝王商量国家大事，在朝廷上双方都是坐着的，从此以后，就改成了皇帝坐着，大臣站着，汇报问题时还要跪下，皇帝的威风由此尽显无遗。

说到底，叔孙通建立礼制，实际上就是把刘邦这位皇帝的威信在大臣中树立起来，这样对于国家的管理，是大有好处的。

作为一个领导者，和下属建立融洽的关系对于工作的开展很是重要，但是凡事都要掌握好一个尺度。如果领导和下属走得太近，没有了距离感和权威，那么他的指令想得到贯彻也就不太容易了。

任用三傑

漢高帝
張良
蕭何
韓信
王陵
高起

任用三杰[1]

【历史背景】

汉代史书上记载：汉高祖刘邦平定天下后，在洛阳的宫殿大摆酒筵，宴请文武百官。

刘邦问诸位王侯将领："为什么我能够得到天下，而项羽没有得到天下呢？"

高起与王陵齐声答道："陛下遣将用兵攻打城池，占取土地，对有功者封赏从不吝啬，能与人共同分享既得利益，因此人人尽力奋战，以图功赏；项羽嫉贤妒能，打了胜仗的人，不论功行赏，攻占了城池土地的，也不分给他利益，所以他失去了天下！"

刘邦说："你二人只知其一，不知其二。论在后方制定大政方针及周密的作战计划以决定前方战场的胜负，这方面我不如张良；治理国家，安抚百姓，搞好前方的军需粮饷的供应，此方面，我不如萧何；统领百万大军，攻无不克，战无不胜，这方面我不如韩信。他们三位都是杰出的人才，而我能重用他们，充分发挥他们的长处，这便是我能够取得天下的原因。项羽手下只有一个范增，但不被重用，因此，他最后终于被我所擒获。"

群臣百官们听了刘邦的这一席话，都心悦诚服。

汉高祖在当时，若论勇猛善战，地广兵强，远远不及项羽。但是最终能战胜项羽，在于他擅长用人。有智慧的人用其计谋；力大者用其勇猛。高祖坦诚自己不如这些大臣，所以才能驾驭当时的英雄豪杰啊！

【原文】

汉史纪：高帝置酒洛阳[2]南宫，曰："通侯[3]诸将，试言吾所以有天下者何？项氏之所以失天下者何？"高起、王陵[4]对曰："陛下使人攻城略地，因以与之，与天下同其利；项羽[5]妒贤嫉能，战胜而不与人功，得地而不与人利，此其所以失天下也。"上曰："公知其一，未知其二。夫运筹帷幄之中，决胜千里之外，吾不如子房[6]；镇国家，抚百姓，给馈饷不绝，

吾不如萧何[⑦];连百分之众,战必胜,攻必取,吾不如韩信[⑧]。三者皆人杰,吾能用之,此所以取天下者也。项羽有一范增[⑨]而不能用,此所以为我擒也。”群臣悦服。

【张居正解】

西汉史上记:高帝既定天下,置酒宴群臣于洛阳之南宫,因问群臣说:“尔通侯诸将等,试说我所以得天下者何故?项羽所以失天下者何故?”高起、王陵二人齐对说:“陛下使人攻打城池,略取土地,既得了,就封那有功之人,与天下同其利,因此人人尽力战争,以图功赏,此陛下之所以得天下也;项羽则不然,妒贤嫉能,虽战胜而不录人之功,虽得地而不与人同利,因此人人怨之,不肯替他出力,此项羽之所以失天下也。”高帝说:“公等但知其一,未知其二。夫运筹策、定计谋于帷幄之中,而决胜于千里之外,这事我不如张子房;镇守国家,抚安百姓,供给军饷,不至乏绝,这事我不如萧何;统百万之兵,以战则必胜,以攻则必取,这事我不如韩信。张子房、萧何、韩信三人,都是人中的豪杰,我能一一信用他,得此三人之助,此所以取天下者也。项羽只有一个谋臣范增,而每事猜疑,不能信用,是无一人之助矣,此所以终被我擒获者也。”群臣闻高帝之说,无不欣悦敬服。夫用人者恒有余,自用者恒不足。汉高祖之在当时,若论勇猛善战,地广兵强,不及项羽远甚,而终能胜之者,但以其能用人故耳。故智者为之谋,勇者尽其力,而天下归功焉。汉高祖自谓不如其臣,所以能驾驭一时之雄杰也。

【注释】

①此篇出自《史记·高祖本纪》。记述刘邦善用人才的故事。

②洛阳:我国古都之一。故址(汉时)在今洛阳市白马寺东洛水北岸。

③通侯:为秦汉时二十等爵制中最高一级。

④高起、王陵:《史记会注考证》等认为高起是衍文。王陵:沛县人,从高祖起兵,以功封安国侯,官至右丞相。

⑤项羽:名籍(前232~前202),秦时下相人。从其叔父项梁起兵反秦,项梁死后,自立为西楚霸王。后与刘邦争战失利,至乌江垓下(今安徽灵璧县东南沱河北岸)自刎。

⑥子房:即张良(?~前186),字子房。韩国人,汉高祖主要谋臣,以功封留侯。

⑦萧何:沛县人(? ~前193)。从汉高祖,曾力荐韩信为大将;后守关中,负责粮饷,以功第一而被封为酂侯,官至丞相。

⑧韩信(? ~前196):淮阴(今淮安市淮阴区西南)人。初属项羽,后归刘邦,被任为大将,助刘邦灭项羽。被刘邦封为齐王,后降为淮阴侯,最后被刘邦妻吕后设计所杀。

⑨范增(前277~前204):秦末居鄛(今安徽桐城南)人。项羽主要谋士,尊为亚父。屡劝项羽杀刘邦,项羽不听。后中刘邦反间计,项羽削其权力,愤然出走,途中病死。

【译文】

汉史载:汉高祖刘邦在洛阳南宫摆设酒宴总结战胜强大的项羽的经验时说:"各位,我能够得到天下,而强大的项羽却失去天下是什么缘故?"高起、王陵一起回答说:"陛下派人攻打城池,夺取土地后,就把城池土地分给有功者,同天下的人共同分享利益;而项羽妒贤嫉能,将领打了胜仗,却不能论功行赏,夺取到土地也不给有功之人好处,这就是他失去天下的原因所在。"汉高祖刘邦说:"你说对了一半,而没有讲出另一半。要说讲到运筹于帷幄之中,而能够决定千里之外的胜利,我不如张子房;镇守国家,安抚百姓,供应粮饷,使运输线路畅通无阻,我不如萧何;统帅百万大军,战而必胜,攻而必克,我不如韩信。这三个人都是杰出的人才,然而我却能够信任他们,这才是我最终取得天下的原因。项羽尽管有一个范增,却不能放心任用他,这就是他被我打败的原因。"群臣听后都认为说得有道理而心悦诚服。

【评议】

汉王朝建立之初,刘邦与群臣总结战胜项羽的原因时曾有过一段精辟的论述:"夫运筹帷幄之中,决胜千里之外,吾不如子房;镇国家,抚百姓,给馈饷,不绝粮道,吾不如萧何;连百万之军,战必胜,攻必取,吾不如韩信。此三者,皆人杰也,吾能用之,此吾所以取天下也。"刘邦将创建霸业归功于他任用了张、萧、韩这三位杰出的人才,从中也体现出刘邦是一位深谙用人艺术,知人善任的杰出领导者。当今世界,竞争激烈,但归根结底,仍然是一种人才的竞争。世界各国已普遍意识到,谁拥有人才,并能善用人才,谁就能在竞争中立于不败之地。因此,人才问题,任何时候都必须予以高度重视。

【镜鉴】

一、知人善任

《做人与处世》一书讲述了艺术大师徐悲鸿三请老画家齐白石的一段感人故事。1929年9月,徐悲鸿受聘担任北平艺术学院院长。他上任后不久,就亲自去拜访当时处境十分冷落的老画家齐白石,聘请他来校担任教授。虽然那时的徐悲鸿才刚而立之年,与齐白石相差30多岁,但俩人一见如故,大有相见恨晚之感。当徐悲鸿提出聘请他来校担任教授时,被婉言谢绝。几天后,徐悲鸿又去敲开了齐白石的家门,齐白石担心自己难于胜任教授职务,又谢绝了。对此,徐悲鸿不气馁,不灰心。他深知"精诚所至,金石为开"的道理,便再次到齐白石的家拜访,齐白石终于被说服,被感化,非常高兴地受聘担任北平艺术学院的教授。第二天早晨,徐悲鸿坐马车来迎接齐白石。上完课后,又用马车亲自把齐白石送回家。齐白石被徐悲鸿的所作所为深深感动。齐白石没有辜负徐悲鸿对他的信任和期望,任教期间,不但收到了良好的教学效果,而且还受到了师生们的敬仰。徐悲鸿一心推举齐白石,不仅让世人发现齐白石奇绝的绘画艺术,也给画坛留下了一段知人善任的佳话。"三顾茅庐"是人们耳熟能详的故事。刘备久闻身居卧龙岗的诸葛亮才学出众,智慧过人,便亲自寻访拜会。头两次刘备碰了钉子,诸葛亮避而不见,刘备则礼贤下士,连续三次登门叩拜,每次都谦恭有礼,表现出极大的真诚和敬意,终于感动了诸葛亮,答应出山相助。刘备从一无所有到三足鼎立,诸葛亮的作用不容忽视,而且是相当重要的。

知往鉴今,千秋大业,重在用人;政以得贤为本,国以任贤而兴。古人云:"治身者以积精为宝,治国者以积贤为道。""为官择人,唯才是待。"历史和现实都表明,一个政党,一个国家,能不能培养出优秀的领导人才,在很大程度上决定这个政党、这个国家的盛衰兴亡。唐太宗通过总结隋亡的教训和唐朝治国的经验,提出:"为政之要,唯在得人";"能安天下者,唯在用得贤才。"朱元璋说:"才者,国之宝也。"毛泽东同志曾说过,政治路线确定之后,干部就是决定的因素。邓小平同志在武昌、深圳、珠海、上海等地的谈话要点指出:"正确的政治路线要靠正确的组织路线来保证。中国的事情能不能办好,社会主义和改革开放能不能坚持,经济能不能快一点发展起来,国家能不能长治久安,从一定意义上说,关键在人。"江泽民同志在庆祝中国共产党成立八十周年大会上的讲话指出:"中国的社会主义事业能不能巩固和发展下去,中国能不能在激烈的国际竞争中始终强盛不衰,关键看我们能不能培养造就一大批高素质的领导人才。""进一步在全党全社会形成尊重知识、尊重人才,促进优秀人才脱颖而出的良好风气。领导干部要有识才的慧眼、用才的气魄、爱才的感情、聚才的方法,知人善任,广纳群贤。"他还要求各级党委和领导干部,一定要有很强的党性观念和政治责任,要有很宽阔的胸怀,真正做到选贤任能。出色的领导爱人才,平庸的领导爱奴才。一个领导的优劣常常决定一项事业的成败。一个好的主要领导,可以带出一个好班子,带出一支好队伍,带出一方好风气,发展一方事业,造福一方百姓。反之,出了一个坏的主要领导,就会危害一方事业,祸害一方百姓。也就是说任命了一个不合格的人去当领导,等于毁了一项事业。你盲目地相信了别人就是真实地欺骗了自己。世界共产主义运动的经验教训告诉我们,马克思主义执政党不仅要有正确的思想路线和政治路线,而且要有正确的组织路线,关键是按照革命化、年轻化、知识化、专业化方针和德才兼备的原则,选贤任能,建设一支能够担当重任、经得起风浪考验的高素质的优秀领导人才队伍。要培养和造就数以万计的中高级领导干部,使他们不仅成为有知识、懂业务、胜任本职工作的内行,而且更要成为实践"三个代表"重要思想,坚持走中国特色社会主义道路,具有较高的科学执政能力、民主执政能力、依法执政能力、科学判断形势能力、应对复杂局面能力、驾驭市场经济能力和总揽全局能力的善于治国治军的政治家。这是关系党和国家长治久安的根本大计。

要知人善任,必须创造公开、平等、竞争、择优的用人环境和用好的作风选作风好的人的良好氛围。一个地区或一个部门,领导干部选拔用人的导向十分重要,正所谓"上有所好,下必甚焉"。也就是说,领导者看重选拔什么人,亲近信用什么人,都会产生连锁反应。或者说,这好比树起一面旗帜,昭示自己的选人用人标准,给其他人以强大的导向,使许多人群起而效之。选用一个干部,体现的是一项政策,反映的是一种观念,形成的则是一种导向。用准一个干部,等于树立起一面旗帜,可以激励更多的干部奋发进取;用错或误用一个干部,等于发出了一个错误信号,不但会挫伤更多干部的积极性,而且还会助长不正之风的蔓延。如果主要领导者以权谋私,批发"官帽",其所在干部必然满足领导所好,热衷于花钱买官;如果主要领导者喜欢搞形式主义,做表面文章,其所在干部必然投其所好,热衷于搞"形象工程""政绩工程",甚至浮夸虚报、弄虚作假,为领导"锦上添花",取得领导的宠爱;如果领导喜欢吹牛、歌功颂德,其所属部下就会在领导面前阿谀奉承、溜须拍马、见风使舵,极尽巴结讨好之能事让领导"知人善任";如果领导任人唯亲,其所属部下就会专跑"上头",拉关系,找"靠山",拿"批条"。在这种用人不正之风的氛围下,就很难做到知人善任、选贤任能。如山西省和顺县原县长崔保红受贿人民币286万余元案发,不久前被送上法庭。随着庭审和有关部门调查的深入,一个令人震惊的事实浮出水面:给崔保红送钱的干部竟达近百名,仅正科级以上干部就达61人,除纪检、组织部门外,县直属单位主要领导无一幸免。为什么要给崔保红送钱?有个干部坦白地说,过年过节给他送点钱,可以联系一下感情,有了机会,让他给帮帮忙,把自己给提拔了。从许多贪官"落马"的案例来看,并非都是选拔任用后才违法犯罪的。许多贪官本来就是"带病提拔""带病上岗"的。天津市政协原主席宋平顺道德沦丧,贪污腐化,1983年升任天津市公安局副局长后,先后养了10个情妇,利用职权为情妇注册与职权管辖相关的5家公司,滥用手中权力,为情妇谋取了亿万财富。如宋平顺这样一个色胆包天、贪赃枉法的人,却一路"带病提拔""带病上岗",从任天津市公安局副局长后,继续升任天津市公安局局长、天津市委常委、副书记兼政法委书记。2003年1月当选为天津市政协主席。然而,丑恶终会败露。天津市检察院原检察长李宝金(因犯受贿罪、挪用公款罪被依法判处死缓)被中央纪委调查后,首先供出宋平顺。中央纪委随即成立专案小组,经过长达半年的艰苦调查,掌握了宋平顺大量触目惊心的犯罪铁证。2007年6月3日,中央纪委专案小组找宋平顺谈话。宋平顺知道自己罪大恶极,身败名裂早已注定。宋平顺回到办公室写了一封"忏悔信"后,便服毒药畏罪自杀身亡。中央纪委决定并报经中央批准,开除宋平顺党籍。宋平顺"带病提拔""带病上岗",一路升迁到省部级领导职务,其违法犯罪的潜伏期长达24年。这宗典型案例既令人警醒,又启迪人反思:为什么贪官能够一路"带病提拔""带病上岗""边腐边升"?究其原因,主要是领导干部没有真正做到知人善任、选贤任能。有些是通过上级领导"打招呼"提拔的,有些是跑官跑上来的,有些是花钱买到的。他们这些人,既一面腐败,又一面"进步";既一面劣迹斑斑,又一面节节高升。所以,步步高升的不一定是个好官,甚至更可能是个十足的贪官。同时,在纪律监督失效、组织考察失实的情况下,就容易让他们"带病提拔""带病上岗"了,其教训也是深刻的。为此,在干部选拔任用中,要积极营造一个民主、公开、竞争、择优的用人环境和用好

的作风选作风好的人的良好氛围。要始终坚持正确用人导向，不断提高选人用人公信度。要按照德才兼备、注重实绩、群众公认原则选拔干部，真正做到用好的制度和好的作风选作风好的人。

要做到知人善任，“知人”是前提。只有把人看准，经考察的干部真实符合德才兼备的条件，才能把人选好用好。世界上没有能够透视人的思想品质和内心世界的“X光机”。要把人看准用好，关键是拓宽“知人”的渠道和视野。

一是要拓宽党内民主的渠道和视野。由于党委管干部，党委书记负总责，只有党委书记主持的常委会或党委会，才能讨论决定选拔任用干部问题。要做到“知人”，只靠党委书记一人的视野是有限的，必须依靠和拓宽党委一班人的视野和作用。特别是党委成员，各分管一方面或几方面工作，对所分管干部在德、能、勤、绩、廉方面的表现比较了解。作为党委书记要充分发扬党内民主，认真实行党的民主集中制，虚心征求和听取领导班子成员的意见，让每个成员充分表达自己的意见，集思广益，达成共识，看准干部。作为领导者，胸怀要宽阔大度，知人善任，广纳群贤。千万不能为个人的偏爱、私心或私情所迷惑，要在多次执行人事考核过程中不断纠正错误，不断提高识别干部的能力。特别是在主持常委会或党委会讨论决定选拔任用干部问题时，主要领导干部要做到自己不做第一个表态，以免影响和左右其他成员；也不准搞临时动议，以免造成破坏党政领导干部选拔任用程序的严重后果。在讨论人选时，对有异议的人选，不搞少数服从多数的做法，可以先放一放，再次广泛征求各方面的意见，然后再上会进行复议，采取无记名投票表决的方式，实行民主决策。同时，对领导班子成员个人向党组织推荐领导干部人选，必须负责任地写出推荐材料并署名。对选人用人失察失误的，要依照有关规定予以追究。

二是要拓宽群众参与的渠道和视野。提高选人用人公信度，从根本上说就是在新的形势下干部工作走群众路线、坚持群众公认的问题。群众路线是我们党的根本工作路线。我们党一贯坚持干部工作走群众路线，早在1950年6月邓小平同志就指出：“领导不是自封的，要看群众承认不承认，批准不批准。”在1992年视察南方的重要谈话中，他进一步指出：“现在就是要选人民公认是坚持改革开放路线并有政绩的人，大胆地放进新的领导机构里，使人民感到我们真心诚意搞改革开放。”胡锦涛同志强调指出：“进一步扩大干部工作中的民主，注重在实践中考察和识别干部，把德才兼备、实绩突出、群众公认的优秀干部及时选拔配备到各级领导班子中来，保证各级领导班子都有好的思想、好的能力、好的作风、好的形象。”选群众公认的人,是我们党在新时期选拔任用干部一贯坚持的根本标准。这一标准是人民群众根本利益同党的干部工作实际相结合的产物,是德才兼备原则的本质体现和具体化,是被实践证明唯一正确的标准。只有不折不扣地坚持这一标准,选人用人才能得到人民群众的认可和全社会的广泛认同。选拔任用干部要特别注重群众公论,多数群众不拥护的干部不能提拔。通过民主推荐和民主测评,让干部群众参与干部选拔任用工作,提出自己拥护和信任的领导干部人选,对领导班子和领导干部做出评价,这是落实群众对干部选拔任用的知情权、参与权、选择权、监督权的重要方式,是党的群众路线在干部工作中的创造性运用。干部的优劣和是非功过,群众看得最清楚,也最有发言权。只有走群众路线,拓宽群众参与的渠道和视野,实行领导和群众相结合,才能真正做到“知人”,把干部看准选好。这样做也有利于引导干部立党为公、执政为民,深入群众多做好事、多办实事,以实绩取得群众的公认和赞誉。由此可见,通过民主推荐和民主测评,让干部群众参与干部选拔任用工作,提出自己拥护和信任的领导干部人选,对领导班子和领导干部做出评价,这是落实群众对干部选拔任用的知情权、参与权、选择权、监督权的重要方式,是党的群众路线在干部工作中的创造性运用。严格执行和正确运用民主推荐的程序和民主测评的方法,对于拓宽选人视野,克服在少数人中选人、靠少数人选人的局限性;对于准确识别干部,减少用人失察失误;对于提高选人用人质量,使优秀人才脱颖而出;对于加强群众对干部工作的监督,防止和克服用人上的不正之风,都起着重要的促进和保证作用。因此,在考察干部工作中,要采取民主推荐、民主评议、民主测评、任前公示、任职试用期等形式,拓宽群众参与的渠道和视野,了解领导干部的公信度。同时,要防止简单地以票取人,对得票情况进行分析,根据干部考察中了解到的真实情况,对干部的德才条件、政绩大小、发展潜力做出正确的评价,让党性强、作风正、政绩突出、群众信赖、多数群众公认和推荐的干部选拔任用到领导岗位上来。

三是要拓宽考察干部的渠道和视野。要改进干部考察方式,科学组织民意调查、实绩分析、综合评价,切实提高考察质量,全面深入了解干部德、能、勤、绩、廉的情况。在考察工作中,要广泛听取各方面的意见,认真调查核实清楚,确保考察材料的科学性和真实性,切实防止考察失真失实。同时,要注意听取纪检监察机关对有关人选的意见,对在廉洁自律方面有反映的人选,更要认真调查核实清楚,防止干部“带病提拔”“带病上岗”。另外,要积极推行和完善党政领导干部年度考核、届中考察、经济责任审计、实绩考核评价、述职述廉和任期目标考核等制度，建立科学的干部评价标准。要建立健全辞职、免职、降职、降级、任职限期、地区交流和差额选举等制度，推进干部能上能下、择优汰劣，促进人才合理流动。特别是要格外关注长期在条件艰苦、工作困难地方努力工作的干部。要把公平正义的要求体现到干部选拔任用工作中去，对那些长期在条件艰苦、工作困难地方工作的干部，要高看一眼；对那些不图虚名、踏实干事的干部，要多加留意；对那些埋头苦干、注重为长远发展打基础的干部，绝不亏待。真正把那些政治坚定、能力突出、作风过硬、群众信任、善于推动科学发展和促进社会和谐的优秀干部选拔到领导岗位上来，努力把领导班子建设成为朝气蓬勃、奋发有为、团结和谐的坚强领导集体，为推进建设中国特色社会主义的历史进程提供坚强有力的组织保证。

四是拓宽民主、公开、竞争、择优的渠道和视野。要积极推行竞争上岗，让优秀人才脱颖而出。只有按照党管干部和坚持民主、公开、竞争、择优的原则，采取公开岗位、公开条件、公开报名、公开竞争、公开选拔、公开聘任的做法，知人善任、择优聘任，才能为优秀人才脱颖而出、施展才能提供了舞台。这也是一条拓宽"知人"的重要渠道和视野。它变"伯乐相马""关门点将"为"公开赛马""比武选将"，正如体育运动比赛，公开、公平，谁赢了谁就登上领奖台拿金牌。这种竞争上岗的好办法，有利于提高干部人事工作的透明度，防止暗箱操作，有效地遏制用人上的不正之风；有利于形成干部"能上能下、能进能出、优胜劣汰、充满活力"的用人机制，促进人才资源的合理配置，让能人找准自己施展才干的最佳舞台，用人所长，各尽所能，更好地发挥个人的潜能；有利于营造一个民主、公开、竞争、择优的用人环境和用好的作风选作风好的人的良好氛围，激励干部不断提高自身思想政治素质和领导水平，勤奋敬业，锐意进取，真抓实干，争创佳绩，取得群众的公认和组织的信任。因此，要大力推行公开竞争上岗的做法，真正做到公开选拔，择优上岗。在公开竞争上岗中，既要坚持有岗必竞，公开选拔，减少"伯乐相马""关门点将"，又要坚持"公开赛马"、扩大"比武选将"范围，坚持民主、公开、竞争、择优的原则，防止"暗箱操作"。要通过竞争上岗，形成能者上、庸者下、人尽其才、才尽其用的人才选用机制，真正把政治上靠得住、工作上有本事、作风上过得硬、人民群众信得过、善于领导科学发展的领导干部选拔到各级主要领导岗位上来。

二、领导的授权艺术:束缚自己的权欲,放开下属的手脚

(一)信任是授权不可动摇的根基

领导者之所以授予某人权力,是因为领导者信任他,授权是信任的结果,而一旦授权,就要信任员工,所以,信任又是授权的开始,授权最主要的是信任,“用人不疑,疑人不用”。没有信任,就不能授权;缺乏信任,就会授权失败。

作为一名合格的领导者,信任和激励下属并不是一件难事,但是有相当多失败的领导者却对授权不知所措,甚至怀疑员工的工作能力。

许多领导者不信任员工的能力,担心员工没有完全自由运用权力和制定正确决策的能力,觉得与其授权,还不如亲自解决。的确,一些公司现有的员工队伍,由于绝大部分人员是从先前的其他岗位转变而来,确实存在一些人能力偏低的现象,但是,每个人的能力都是在工作实践中锻炼出来的,没有哪个人的能力是与生俱来的,包括领导者本人。

还有一些领导者,担心员工出错。这种担心是正常的,因为不少员工没有经验或者能力欠佳。领导者一定要允许员工犯错误,如果不允许犯错误,实际上也不会有什么授权。举个例子,你去学开车,教练要给你充分授权,否则你就学不会开车。实际上,教练担心你开不好车,怕你出车祸,但同时,教练又不得不授权给你做,要不然你永远都开不了车。那么,教练怎样教你才对?如果教练发现你在转弯时使用方向盘出错,只要你不发生车祸,教练就应该等你转了弯以后再跟你说做错了,教练必须给你犯错误的机会。如果你每一次做得都不好,教练就骂你,这样做的结果,不但没有让你学得更快,反而使你更加紧张,出更多错,甚至使你丧失继续开车的勇气。所以,领导者在进行授权时,首先应当建立这样一种信念:错误是授权的一部分。也就是说,要让员工百分之百地按照领导者的意图来完成工作是不大可能的,员工在完成任务的过程中出现一些错误是正常的。

领导者授权给员工必须对其信任,信任是成功授权的关键,也是成功的领导者一个不可或缺的重要内容。

有关资料显示,世界500强企业中有99%的企业非常重视员工的忠诚度,特别是他

们的领导者授权给他们时，着重强调每一位领导者必须信任他们的员工。

如果你是一名优秀的领导者，特别是你授权给下属的时候，一定要信任他们，因为授权的成功与否，信任是其中一个非常重要的因素。

信任，是惠普成功的一个不可或缺的因素。领导者们深知，对员工的信任能够让员工愿意担负更多的责任，从而能充分发扬公司的团队合作精神。要完成公司的目标，就必须得到公司各层员工的理解和支持，相信他们，允许他们在致力于自己或公司目标的实现中有充分的灵活性，从而帮助公司制订出最适于其运作和组织的行事方式和计划。

在惠普，存放电气和机械零件的实验室备品库是全面开放的。这种全面开放不仅允许工程师在工作中任意取用，而且实际上还鼓励他们拿回家供个人使用。惠普认为，不管工程师们拿这些零件做的事是否与其工作有关，总之只要他们摆弄这些玩艺就总能学到点东西。

授权给员工的前提是信任。信任是授权的根基。只有充分信任，才能合理授权，否则授权会失去意义。

（二）授权也应因人而异

大多数领导者的下属并不是个个都很出色。团队中总有这样或那样的员工令人不太满意。如果领导者能根据每个人的特点及你的战略思路对所有员工都适当授权，不仅可大大提高领导者的工作效率，克服总是使用“得力”下属所带来的负面影响，还可以化腐朽为神奇，促进团队作风的形成，减少内耗，使整个团队的工作事半功倍。

从理论上讲，一个较为完善的组织里，应由哪些人接受授权，是应该早已确定的，是遵循一定规则的。作为领导者，如果偏离了这一规则，而又无足够的理由，就可能伤害一些下属的感情。

领导者确定授权人选时，有两类人是最重要的，这两类也常常被领导者认为是“得力人选”。

一类是“法定”代理人。这类人不一定能力最强，但地位或资历一定是仅次于领导的，一旦领导者不在，他就理当成为充当维持局面的角色。可以向这类人分配的工作，应以荣誉性、充数性、维持性的工作为主，比如：出席一些二流会议，接待一些不那么重要却非见不可的来访，在领导者外出时（哪怕是极其短暂的时间）为领导者看看“摊子”等等。

另一类是潜在“接班人”。他们不一定是代理人,但却极具资质和潜力。可让他们参与并为你分担一些重要工作的预案准备、前期铺垫及后期扫尾工作,更成熟时,可独立、半独立地从事一些较重要的项目。从组织学角度来看,潜在接班人的最佳人数应为两人,以起到竞争和“备份”的作用。

上面这两种人物是最重要的人,他们只占组织中的一少部分。除此以外,在组织中,都或多或少地存在着下面这几类人物:

1.“孙悟空式”的人物

这类员工的特点是有能力,但狂妄自大、不太听话。对这种情况,彼得·德鲁克说过:“一个有成效的领导者应该懂得,员工得到薪酬是因为他能够完成工作而非能够取悦上级……一个完美无缺的人,实际上不过是个二流人才。才干越高的人,其缺点往往也越显著。”对这类员工,领导者首先要多多委以重任(如重要项目策划等),经常鼓励并与之沟通;但一旦犯了错误,应该严厉批评,不批则已,一批批透,但同时也要给他留些余地和面子,一般不要当众批评。

2.猪八戒式的人物

这类员工的特点是有一定的业务能力,但“成事不足,败事有余,毫不利人,专门利己”,而且经常“嫉贤妒能,煽风点火”。对这类员工,领导者依然可委以一些较为重要的工作,但必须与之绝对讲明将要进行检查的地方,并加强监督和批评;如有可能,应列出尽可能详细的项目检查要点清单,定期或突袭按项检查;也可考虑派“悟空”类人物从侧面代为监督,但仅限向领导打“小报告”,而不宜他直接介入其事。

3.“沙僧式”的人物

沙僧的特点是踏实加令人无奈的平庸,缺乏自信。可将领导者手中已做熟的“套路”类工作交给他,并每完成一项,就大加鼓励,使之逐步树立自信,再逐渐增加工作的难度。

4.“马屁精”一样的人物

作为领导,光能用贤还不行,应该学会奸贤并用。当然,在组织中,这类人才不可太多,但也不可或缺,他们可助领导者与其他部门的协同能力,进而放大部门的工作效果。

5.生手

没有一个人不是从生手开始的。虽然“不把工作交给会给你添麻烦的人做”是效率上的一个重要信条,但领导者如果不对生手进行培养,他永远也成不了“熟手”。

生手的优点在于热情高、不会轻易放弃。往往能够从新的角度提出和处理问题。如能适当委派工作,是发现人才苗子的一个非常重要的途径,并有提高组织士气的功效。对于委派新手从事“你才能做的工作”,应格外予以关照,给予鼓励,给予指导并尽量明确告诉他何时何地可以得到何人的何种援助。

俗话说:一样米养百样人。领导者不可能以一副“模子”来套用所有的人;反过来说,如果真的在组织中只有一种类型人的话,那么组织就一定会是一潭死水,毫无生气的。授权要因人而异,重在“物尽其用”上,这样大家才会为着一个共同的目标而各尽其能。

(三)通过授权提升领导力

授权是现代领导的分身术。南希·奥斯汀说:“它(授权)是人人都是企业家的现象,这能使每个人都成为经营战略信息流当中的一员,使每个人都成为主人翁。”现代社会,领导者面临政治、科技、经济、社会协调等千头万绪的工作,纵使有天大的本事,光靠自己一个人也是绝对不行的,必须依靠各级各部门的集体智慧和群体功能。这就要根据不同职务,授予下属以职权,使每个人都各司其职,各负其责,各行其权,各得其利,职责权利相结合。如此一来,就能使领导者摆脱烦琐事务,以更多的时间和精力解决全局性的问题,提升领导力。所以与职务相应的权力不是领导者的恩赐,不是你愿不愿给的问题,而是搞好工作的必需。

如何更有效地发挥下属的积极性、创造性,是现代企业管理中令企业领导十分感兴趣的问题,并且,不少企业进行了卓有成效的尝试。当今巴西最负盛名的企业集团——塞氏工业集团,创造出了一种旨在最大限度地发挥员工积极性、创造性的全新管理模式。

塞氏企业是一个生产多种机械设备的大型集团。几年前,理查德·塞姆勒从父亲手中接下塞氏时,它还是个传统的企业。刚开始,塞姆勒也深信拥有纪律的高压管理能创造效益,以统治数字为武器的强干也能主导业务。但在一次生病后,塞姆勒的这种想法发生了彻底的改变。

塞姆勒先是取消公司所有的规定。因为他认为规定只会使奉命行事的人轻松愉快,却妨碍弹性应变。原本在塞氏,每位新进入的员工都会收到一本20页的小册子,重点提醒大家用自己的常识判断解决问题。

而现在,塞氏企业的员工已经可以自定生产目标,不需劳驾管理人员督促,也不要加班费。主管们也享有相当大的自主权，可以自行决定经营策略，不必担心上级会来干预他。最特别的是，员工可以无条件地决定自己的薪水。因为塞氏主动提供全国薪水调查表，让员工比较在其他公司拥有相同技术和责任的人所拿的薪水数目，塞姆勒毫不担心有人会狮子大开口。

员工们也可以自由取阅所有的账册，公司甚至和工会一同设计了专门课程，教全体员工如何看各种财务报表。

每当要做真正重大的决定时，例如要不要兼并某公司等，塞氏将表决权交给公司全体员工，由全公司员工的投票结果决定。

塞氏没有秘书，没有特别助理，因为塞姆勒不希望公司有任何呆板的而又没有发展的职位。全公司上上下下，包括经理在内，人人都要接待访客、收传真、拨电话。塞氏曾做过试验：将一叠文件放进作业流程，结果要3天才送进隔壁办公室对方手里，这更坚定了塞姆勒要精简组织的决心。

塞姆勒不像别的老板那么勤于办公。早上他多半在家里工作，因为他认为那样比较容易集中精神。他甚至还鼓励公司其他经理也像他一样在家里工作。此外，他每年至少出外旅行两个月，每次旅行都不会留下任何联络的电话号码，也不打电话回公司，给塞氏其他领导充分的职权，因为他希望塞氏的每个人都能独立工作。

塞氏继对组织进行变革后，也改变了部门之间的合作方式。比如某个部门不想利用另一个部门的服务，可以自由向外界购买，这种外界竞争的压力使每个人都不敢掉以轻心。塞氏还鼓励员工自行创业，并以优惠的价格出租公司的机器设备给创业的员工，然后再向这些员工开设的公司采购需要的产品。当然，这些创业的员工也可以把产品卖给别人，甚至卖给塞氏的竞争对手。

塞姆勒一点都不担心这样会弄垮塞氏，他说：这样做使公司反应更敏捷，也使员工真正掌握了自己的工作——伙计变成了企业家。

此外，塞氏还进行工作轮调制。每年他们有20%~25%的经理互相轮换。塞姆勒认为，人的天性都是闲不住的，在同一个地方待久了，难免会觉得无聊，导致生产力下降，唯一的方法就是轮调。同时由于塞氏的各项工作速度及频率都太快了，这给员工造成了相当大的压力，塞氏非常重视专业再生充电，也就是休假制。因为这可以让员工借此机会重新检讨个人的工作生涯与目标。

令人称道的是，在经济不景气、经济政策混乱的大环境中，塞氏近12年来的增长率高达600%，生产力提高近7倍，利润上升5倍。无数应届毕业生表示自己有到塞氏工作的意愿。

如果领导者对下属不放权，或放权之后又常常横加干预、指手画脚，必然造成管理混乱。一方面，下属因未获得必要的信任，便会失去积极性；另一方面，这也会使下属产生依赖心理，出了问题便找领导，领导者就会疲于奔命，误了大事。因此，企业领导者要下属担当一定的职责，就要授予相应的权力。这样有利于领导者集中精力抓大事，更有利于增强下属的责任感，充分发挥其积极性和创造性。

（四）接受的工作越重要，员工越有干劲

对于人才培养，最重要的是委以重任。要逐渐拓宽被培养者处理工作的范围，这是促其成长的动力。

通常而言，员工都有一种强烈的欲望，希望被别人重视，想多担负一些责任。因为担负了责任，自己就有责任感，换句话说，给了某人责任与权限，他就可以在此权限范围内有自主性，以自己的个性从事新的工作，一旦员工尝到了在重要的工作中获得成就的甘果后，就能调动自身的内在潜力和干劲，迸发出更强烈的进取欲望。

所以，领导者要让所有的员工都明白，你希望他们能完成艰巨的工作任务，希望充分发挥他们的水平。

一个人的精力虽然不是无穷无尽的，但是有时候也能发挥出超越自身极限的力量来。员工在困难中的紧张感，对自己的信心，对困难工作的坚决果断，以及坚持到底的热情，不怕苦难必须成功的毅力，这一切融合在一起的时候，就会爆发出巨大的威力，做出原先想不到的成就。

如果员工认为自己的工作不重要，就会在很大程度上影响他的积极性。曾经有一员工说："现在的工作分工越来越细，也越来越单调，如果长期如此，就会越干越没兴趣。"也有员工说："我根本不知道干这份工作有什么意义，简直太乏味了！"可见，如果员工认为自己的工作并不重要，或者对工作的重要性认识不足，那他就看不到工作的价值，也就激发不起他们工作的热情，更无从激发其潜力了。

工作的重要性有两重含义：一是在企业内部，全体员工公认是一项重要的工作；二是从整个社会来看是一项重要工作。

在企业内部,将工作细分之后,其个人承担工作的重要性也就削弱了。领导者要善于授权,并赋予工作以重要意义,从而增强员工的荣誉感和使命感。

一位旅馆经理吩咐一位男服务生去关一间房间的窗户,在这位男服务生可能埋怨只让他做这份本该由女服务员做的简单工作之前,经理就以一种非常慎重的态度告诉他:"那间房间的窗帘非常昂贵,你现在必须赶快把窗户关好,否则待会儿刮风下雨,窗帘一旦损坏,就会出现重大损失。"

这位男服务员听完之后,立即飞奔去关窗户了。

这位饭店经理的高明之处在于,他让那位男服务生认为自己负担的责任不仅仅是关窗户而已,还需要他去保护价值昂贵的窗帘。

因此,领导者有必要谨记一点:让对方知道他必须如此做的理由;让对方知道他所担负的某项任务的重要性。

一个人一旦有了成就,就会产生一种满足感,为了获得更大的满足感,他就会做出更大的成就,这就是一种良性循环。

(五)大权紧抓不放,小权及时分散

大权要揽,小权分管。就是说:身为企业领导者,应该负责企业的经营管理,掌管决策大事,保证企业沿着正确的方向发展前进;作为员工应该按照企业制定的方针政策,在分工负责的原则下,各执其事,认真工作。

一个企业犹如一个小社会,政务、业务、事务样样都有,人事、生产、生活一应俱全,每天都有一大堆问题需要处理。面对这种情况,领导者如果事无巨细都亲自去处理,那样就会"捡了芝麻,丢了西瓜",延误抓大事。领导者只能对那些全面性的、重要的、关键的和意外的问题去亲自处理,把其他问题交由各有关部门和人员去处理。企业无论大小,人员均应有所分工,然后按照分工各执其事,这样既责任明确,不至于误事,也可充分发挥各人的工作积极性。

有的人工作十分繁忙,可以说是"两眼一睁,忙到熄灯",一年三百六十五天,整天忙得四脚朝天,恨不得将自己分成几块。

这种以力气解决问题的思路太落伍了。出路在于智慧,采取应变分身术:管好该管的事，放下不该自己管的事。

授权是领导者走向成功的分身术。今天，面对着经济、科技和社会协调发展的复杂局势，即使是超群的领导者，也不能独揽一切。领导者尤其是高层领导，其职能已不再是做事，而在于成事了。因此作为领导，并不意味着他什么都得管。应该大权独揽，小权分散。做到权限与权能相适应，权力与责任密切结合，奖惩要兑现，这样做有许多好处。

第一，可以把领导者从琐碎的事务中解脱出来，专门处理重大问题。

第二，可以激发员工的工作热情，增强员工的责任心，提高工作效率。

第三，可以增长员工的能力和才干，有利于培养干部。

第四，可以充分发挥员工的专长，弥补领导者自身才能的不足，也更能发挥领导者的专长。

某公司一位年轻主管负责电视地区分公司的工作，开始的半年里，他每天都是"日理万机"，"百忙之中"渐渐感到力不从心，而公司的员工们并没有如他所希望的那样，以他为榜样，勤勉、主动地工作，反而精神更显低迷。

这种情形引起了这位主管的警觉，他感到一定是自己的管理出了什么问题，才造成这样的状况，而这种情形如不及时得到纠正，后果将是难以设想的。

在经过一番思考甚至斗争之后，他开始试着把要做的所有工作按重要性、难易程度排序，把各项工作分派给适合的员工去完成，自己只负责3件事，一是布置工作，告诉员工该如何去做；二是协助员工，当员工遇到自己权力之外的困难时，出面帮助员工解决困难，否则要求员工自己想办法解决；三是工作的验收，并视员工完成工作的状况给予激励或提醒。

在这样做之后，这位主管惊奇地发现，不但自己有了被"解放"的感觉，员工们也开始表现出极强的主动工作的劲头，公司业绩明显攀升。由于自己从大量的事务性工作中解脱出来，所以有充足的时间开始思考公司的发展战略，他描述自己就像一个自动化工厂的工程师，每天只是在优雅的环境里走动，视察自行高效运转的流水线可能出现的问题。

领导者遇到的事有大事、有小事，领导者要全力以赴抓大事。大事就是全面性、根本性的问题。对于大事，领导者要抓准抓好，一抓到底，绝不半途而废。记住"杀鸡不用宰牛刀，掏耳朵用不着大马勺"！

只要是做领导，无论是刚刚上任，还是已经做了很长时间，一定会面对许多事情要处理，但千万不要认为，把自己搞得狼狈不堪是最佳的选择。轻松自如的领导者善于把好钢用在刀刃上，厚积而薄发，不失为上策。

（六）集权不如放权更有效

在现代企业中，优秀的领导者是那些有能力使他的下属信服而不是简单地控制下属的人。这就要求，想成为优秀的领导者，就必须善于分派工作，就是把一项工作托付给别人去做，下放一些权力，让别人来做些决定，或是给别人一些机会来试试像领导一样做事。

当然，有的工作并不是人人都乐意去做。这时候，领导者就该把这些任务分派一下，并且承认它们或许有些令人不快，但是无论如何这个工作也必须完成。

这种时候，领导者千万不要装得好像给了被分派这些任务的人莫大的机会一样，一旦他们发现事实并非如此的时候，也许就会更讨厌去做这件事。这样一来，想想看，工作还能干得好吗？为什么总有些领导会觉得把工作派给别人去做是件如此困难的事情呢？下面这几点就是可能出现的原因。

（1）如果领导者把一件可以干得很好的工作分派给下属去做了，也许他达不到领导者可以达到的水平，或者效率没有领导者那么高，或者做得不如领导者那么精细。这时，求全责备的思想就会以为把工作派给别人去做，不会做得像自己做得那么好。

（2）领导者害怕自己一旦把工作交给别人做了之后，就会无事可干。所以那些手握小权的领导者，哪怕是芝麻大的事也不舍得放手让别人去干。

（3）如果让别人去做领导者自己的工作，领导者可能会担心他们做得比自己好，而最终取代自己的工作。

（4）领导者没有时间去教导别人该如何接受工作。

（5）没有可以托付工作的合适人选。

其实，如果领导者确确实实想要把工作分派下去，那上面列举的这五个问题都不会成为真正的问题。因此领导者要对付的第一件事就是自己对此事所持的推诿态度。

如果领导者确实有理由担心，因你的员工在工作上出了差错之后，领导者就会丢掉自己的工作；或者在领导者工作的地方，氛围很差，领导者担心工作不会有什么起色，这时候，领导者就有必要和自己的上司谈谈这些情况，从而在分派工作的问题上获得他的支持。

如果确实还没有可以托付工作的人选，而领导者自己又已经满负荷运转，那么，也许领导者就有必要考虑一下是不是应该再雇一个人。

当然，放权也要有个度。其中，“大权独揽，小权分散”是现代企业中实行的一项既授权，又防止权力失控的有效办法。

法国统盛·普连德公司是一个生产电子产品、家用电器、放射线和医疗方面电子仪器的大型电器工业企业。该公司属下各分公司遍布全球，为了对这个年销售额达到数十亿美元的大企业进行有效的管理，公司实行了“大权独揽，小权分散”的管理制度。

总公司紧握投资和财务方面的两大关键权力。而且公司所属的分公司，每年年底都要编制投资预算报告，并呈报总公司审核，总公司对预算报告进行仔细分析，如果发现有不当之处，就让各公司拿回去进行修改。当投资预算获得批准后，各公司都必须照办。当然，这些预算也不是不可变更的，只要在预算总额内，各分公司的主管还可以对预算内的金额进行调整。通常，分公司的经理拥有对每一个预算项目增、减10%的权力，如果数目超过10%，那就必须经过高一级的主管批准。

该公司建立了一项十分有效的管理控制员制度，对下属公司的生产，尤其是财务方面进行监督。这些管理控制员在执行任务时，都得到了总公司董事会的全力支持，他们对各公司的间接制造费用、存货和应收款等特别注意，一旦发现有任务不正常的迹象，就立即报告总公司，由总公司派人进行处理。各分公司每个月的财务报表都必须有管理控制人员签字，才能送交董事会。

我们看到，该公司在投资和财务两方面牢牢掌握住大权，但是在别的方面却实行了分权。该公司的领导者认为，大的企业，其领导者不可能事必躬亲，分权制度可以减少领导者的工作压力；即使是小企业，其领导者也不可能事无巨细，包揽每一项工作，也必须给下属分权，让下属发挥其聪明才智，为企业出谋划策，促进企业的发展。

因此，该公司的每一家分公司都自成一个利润中心，都有自己的损益报表，各事业部门的经理对其管辖的领域都享有充分的决策权，同时他们也尽量把权力授予下级，充分发挥分权制度的最佳效果。

自从实行分权管理制度后，统盛·普连德公司就成功调动了各分公司的积极性，生产蒸蒸日上，利润年年增加，获得了相当大的成功。统盛·普连德公司“大权独揽，小权分散”的成功经验,也给现代企业管理提供了很好的借鉴。公司的要害部门要直属,公司的关键大权要掌握在自己手里;其余的权力能放就放。这样,上下级就能劳逸平均,各得其所,各安其职,每个人的积极性、创造性都得到了充分的调动,同时又不至于发生权力危机。

(七)授权要讲究策略和技巧

领导者面对的是一个个有思想的人,授权时如果不分对象、不看情势会造成领导者对权力的失控。因此,授权必须讲究策略和技巧,在对权力的一收一放之间找到运用权力的正确节奏。

1.不充分授权

不充分授权是指领导者在向其下属分派职责的同时,赋予其部分权限。根据所给下属权限程度的大小,不充分授权又可以分为以下三种具体情况:

(1)让下属了解情况后,由领导者做最后的决定;让下属提出所有可能的行动方案,由领导者最后抉择。

(2)让下属制订详细的行动计划,由领导者审批。

(3)下属采取行动后,将行动的后果报告给领导者。

不充分授权的形式比较常见,由于它授权比较灵活,可因人、因事而采取不同的具体方式,但它要求上下级之间必须确定所采取的具体授权方式。

2.学会弹性授权

这是综合充分授权和不充分授权两种形式而成的一种混合的授权方式。一般情况下,它是根据工作的内容将下属履行职责的过程划分为若干个阶段,然后在不同的阶段采取不同的授权方式。这反映了一种动态授权的过程。这种授权形式,有较强的适应性。也就是当工作条件、内容等发生变化时,领导者可及时调整授权方式以利于工作的顺利进行。但使用这一方式,要求上下级之间要及时协调,加强联系。

3.掌握制约授权

这种授权形式是指领导者将职责和权力同时指派和委任给不同的几个下属,让下属在履行各自职责的同时形成一种相互制约的关系。如会计制度上的相互牵制原则。这种授权形式只适用于那些性质重要、容易出现疏漏的工作。如果过多地采取制约授权,则会抑制下属的积极性，不利于提高工作的效率。

4.尽量避免授权的程序错乱

一个企业即便人员不多，授权也应该注意一定的程序，否则，授权的结果只会带来负效应，在实际工作中，领导者的有效授权往往要依下列程序进行。

(1)认真选择授权对象。如前所述，选择授权对象主要包括两个方面的内容：一是选择可以授予或转移出去的那一部分权力；二是选择能接受这些权力的人员。选准授权对象是进行有效授权的基础。

(2)获得准确的反馈。领导者授意之后，只有获得下属对授意的准确反馈，才能证实其授意是明确的，并已被下属理解和接受。这种准确的反馈，主要以下属对领导授意进行必要复述的形式表现出来。

(3)放手让下属行使权力。既然已把权力授予或转移给下属了，就不应过多地干预，更不能横加指责，而应该放开手脚，让下属大胆地去行使这些权力。

(4)追踪检查。这是实现有效授权的重要环节。要通过必要的追踪检查，随时掌握下属行使职权的情况，并给予必要的指导，以避免或尽量减少工作中的某些失误。

当然，在授权时，还应注意以下四点：

(1)领导者授权时要注意激发下属的责任感和积极性。授权的目的，是要下属凭借一定的权力，发挥其作用，以实现既定的领导目标。但如果领导者有权不使，或消极使用权力，就不能达到这个目的。因此必须制定奖惩措施，对下属进行激励，引入竞争机制。

(2)领导者要给下属明确的责任。要将权力与责任紧密联系起来，交代权限范围，防止下属使用权力时过头或不足。如果不规定严格的职责就授予职权，往往成为管理失当的重要原因。

(3)领导者要充分信任下属。与职务相应的权力应一次性授予，不能放半截留半截。古人云："任将不明，信将不专，制将不行，使将不能令其功者，君之过也。"领导者给职不给相应的权，实际是对所用之人的不尊重、不信任。这样，不仅使所用之人失去独立负责的责任心，严重挫伤他们的积极性，一旦有人找他们，他们就会推："这件事我决定不了，去找某领导，他说了才算。"

(4)领导者授权时要注意量体裁衣。要根据下属能力的大小，特别是潜在能力的大小来决定授职授权，恰到好处地让每个下属挑上担子快步前进，避免有的喊轻松，有的喊累死。

领导者管人是否得当，就是看授权的策略和技巧是否用到位。下属可根据所授予的职权，在实际工作中能否恰到好处地行使权力，胜任职务来判断。领导者务必慎重、认真地授权。

(八)领导的任务不是替下属做事

一个真正的领导者，他的主要任务是做好决策，把握好做什么、哪里做、何时做、谁来做，想办法找正确的人做正确的事，激励下属去做，而不是代替下属去做。

领导者就好比一个坐在帐篷里运筹谋划的元帅或将军，而下属则好比是上阵冲杀的士兵，领导者替下属做事好比统帅跑出军营跨上战马披起盔甲代替士兵去上阵冲杀。其成绩也就可想而知了。领导者事必躬亲，大包大揽，属于“将军”的事他干了，属于“士兵”的事他也干了，吃苦受累，任劳任怨，但结果却听不到下属的一句好话，而是不绝于耳的指责与埋怨。真是费力不讨好！

可问题是，如果仅仅是费力不讨好也就罢了，更严重的是，这种事必躬亲的领导者的所作所为，对组织却是有害无利。因为他的大包大揽，导致下属索性站在旁边什么也不干，大涨懒惰之风，使生产和工作效率大大降低；并且，一个人包打天下，顾此则失彼，一个不小心就会使组织陷入旋涡，无法自拔！

这样的领导者十分可悲，因为他忙忙碌碌了半天，结果什么也没有得到。更令他万万没有想到的是，他竭心尽力，日理万机，却害了自己的组织！同时也十分可怜，因为谁都不会去同情他的处境。

一个高效率的领导者应该把精力集中到少数最重要的工作中去，次要的工作甚至可以完全不做。人的精力有限，只有集中精力，才可能真正有所作为，才可能出有价值的成果，所以不应被次要问题分散精力。他必须尽量放权，以腾出时间去做真正应做的工作，即组织工作和设想未来。

领导者要通过别人来做具体的工作，即使领导者自己可以更好、更快地完成工作，但问题在于领导者不可能亲自去做每一件事情。如果领导者想使工作更富有成效，就必须向下属授权，让下属去做事。

领导者最主要的任务是去展望未来——而这种事情往往是不能授权给别人的。领导者的任务不是去忙于监督那些日常工作,更不是亲自去做那些琐事。放权是为了能有更多的时间去集中精力思考那些只能由自己去做的事情!就像总统只考虑重大的宏观问题一样,领导者只思考企业的大问题和未来的方向,并提出必须优先考虑的事项,制定并坚持标准。

一名领导者,不可能控制一切。领导者应该是那个协助寻找答案,但并不提供一切答案;参与解决问题,但不要求以自己为中心;运用权力,但不掌握一切;负起责任,但并不以盯人方式来管理下属的人。领导者必须使下属觉得自己跟领导一样有责任关注事情的进展。把管理当作责任而不是地位和特权才是领导者能够进行真正的、有效授权的基本保证。

那些凡事事必躬亲的领导者往往会有这样的想法:他们应该主动深入到工作当中去,而不应该坐等问题的发生;或者他们应当让下属们感觉到自己不是一个爱摆架子或者高高在上的领导。这些想法确实值得肯定,而且领导者也的确应该适当干些有益赢得人心的杂活,但这毕竟是提升自身形象的一种手段,而不是让领导者什么事都亲力亲为,因为走向了这一极端不仅没有任何好处,还会让领导者付出很大的代价。

如果领导者有着事必躬亲的倾向,那么下面几点建议或许会对其有所帮助。

1.恰当地授权

当组织发展到一定阶段,随着事务的日益增多,领导者就已经无法亲自处理所有的问题了,这时候就需要授权。从某种意义上说,授权是管理最核心的问题,也是简单管理的要义,因为管理的实质就是通过其他人去完成任务。授权意味着领导者可以从繁杂的事务中解脱出来,将精力集中在管理决策、经营发展等重大问题上来。通过授权,领导者可以把下属管理得更好,让下属独立去完成某些任务,也有助于他们成长。

2.学会置身事外

实际上,有些事务并不需要领导者的参与。比如,下属们完全有能力找出有效的办法来完成任务,根本用不着领导者来指手画脚。也许你确实是出于好意,但是下属们可能不会领情。更有甚者,他们会觉得领导者对他们不信任,至少他们会觉得领导者的管理方法存在很大问题。当出现这种情况时,领导者应当学会如何置身事外。

领导者在决定对某项事务做出行动之前,可以先问自己两个问题:“如果我再等等,情况会怎么样?”以及“我是否掌握了采取行动所需要的全部情况?”如果认为插手这项事务的时机还不成熟或者目前还没有必要由自己来亲自做出决定,那么领导者就应当选择沉默。在大多数情况下,事情也许根本不用领导者去费心,下属们就会主动去弥补缺漏。通过这样缜密的考虑,领导者会发现也许有时候自己的行动是不必要的,甚至会使情况变得更糟。

3.弄清楚究竟哪些事务身为领导不必亲自去做

既然明白了事必躬亲的弊端,那么下一步领导者就必须明确授权的范围,也就是说,究竟哪些事务领导者不必亲自去做。根据组织的实际情况,授权的范围肯定会有所不同。但这其中还是有一些规律性的东西。在授权时,下面几个因素值得考虑:

(1)任务的复杂性。任务越复杂,领导者本人就越难以获得充分的信息并做出有效的决策。如果复杂的任务对专业知识的要求很高,那么与此项工作有关的决策应该授权给掌握必要技术知识的人来做。

(2)责任或决策的重要性。一般说来,一项责任或者决策越重要,其利害得失对于团队或整个企业的影响越大,就越不可能被授权给下属。

(3)组织文化。如果在一个组织里,管理层对下属普遍很信任,那么就可能会出现较高程度的授权。如果上级不相信下属的能力,则授权就会变得十分勉强。

(4)下属的能力或才干。这可以说是最重要的一个因素。授权要求下属具备一定的技术和能力。如果下属缺乏某项工作的必要能力,则领导者在授权时就要慎重。

H.米勒说过:"真正的领导者不是要事必躬亲,而在于他要指出路来。"领导者向下属授权,不仅可以使自己从繁忙的工作当中解脱出来,更可以增强下属的工作积极性。这种一箭双雕的事情,是每个领导者都应该学会去做的。

(九)放权方可释放权力的效力

管理虽说是上级对下级的一种权力运用,但是如果简单地这样理解,那就错了,因为现代管理不是权力专制的表现,而是权力调控的表现。

权力是一种管理力量,但是权力的运用应该是有法度的,而不能是公司领导者个人欲望的自我膨胀。因此,一个高明的领导者,首先要明白这一点:自己的工作是管理,而不是专制;也就是说,领导者不是监工,因为监工就是专权的化身。把自己当作监工,大权独揽,把所有的下属都看成是为自己服务的领导者,绝对不可能成为一个好的领导。

再者说,监工式的管理模式已经与现代企业"以人为本"的思想相去甚远。也许监工式的管理模式在一时一刻有用,但是却不可能时时有用。因此,领导者需要牢记一点:"以人为本"的管理会对公司领导的用人方式带来益处,至少不会招致下属的心理抗拒,容易使双方形成平等、融洽的人际关系,从而创造一种良好的工作气氛。

从另一个方面来讲,一个人只有手中有了权力才会有工作的能力。士兵有了开枪的权力,才能奋勇杀敌;推销员有了选择客户的权力,才能卖出货物。如果领导者把这些权力死死地握在手中,而不将其授予下属,那么这些权力的效力也就无法得到释放。

放下一些权力给下属,领导者才能收获一些人心,其实这是一个很简单的道理,也是一种等价交换。

对一个领导者而言,彻底改变监工身份,有时候并不是嘴巴上简单说说而已。要转变这种观念,需要用领导者自己的实际工作来体现,才能真正做到由专权到放权的角色转换。领导者要切记,不要误以为专权就是手握大权,放权就是失权,相反,放权的同时可以有效地释放权力的应有效力,赢得下属的心,使下属更加尊重你的权力,使你的权力从本质上更有效应;而专权则只能是迫使下属表面服从,却赢不了下属的心。

领导者通过分权和授权,能够充分发挥下属的主观能动性,最大限度调动下属的积极性和创造性,提高工作效率。当然,领导者指派下属去做某项工作之后也不能不管不问,在适当的时候询问下属一些问题,可以防止他偏离目标。例如,问他是否需要协助,工作进度如何,是否遇到困难等。领导者应该站在客观的立场上评价下属的工作,并鼓励他们大胆去做。这样一来,领导者也就能收获下属的心,获得一群卖力工作的手下。

(十)有效授权必须经过充分准备

有效授权是贯彻分层管理原则的需要,也是管理抓大事管全局的需要,同时也是调动下属积极性的需要。但是授权并不是一件简单的事,要想让授权达到理想的效果,必须经过充分的准备。总的来说,领导者在实施授权之前,至少应做好下面四种准备:

1.培育授权气氛

领导者要让充分地意识到,组织在经历一次变革,这次变革将要带来的不仅仅是一些细微的变化,而是组织的全面改变:人际关系、决策方式、工作方式的深刻变化。所以,领导者需要在待授权的组织内创造一种适于授权的气氛。

领导者此时要做的事情是实施各项授权前奏活动，倡导组织内部的改变。授权过程中也许会遇到一些障碍，但是作为领导者，必须积极地倡导授权，不能因受到组织现行机制的围困而气馁不振。

2.选取授权任务

在正式开始授权之前，领导者要对必须完成的任务按照责任的大小，进行分类排队，不同类的工作对应不同的授权要求，做出一张"授权工作清单"。

(1)必须授权的工作。这类工作本不该领导者亲自去做，它们之所以至今留在领导者的手中，只是因为领导者久而久之的习惯，或是因领导特别喜欢此项工作而不愿交给别人去做。这类工作授权的风险最低，即使出现某些失误，也不会影响大局。

(2)应该授权的工作。这类工作基本上是一些下属完全能够胜任的例行的日常公务，下属们对此有兴趣，觉得有意思或有挑战性，而领导者却一直由于疏忽或其他原因而没有交给他们去做。

(3)可以授权的工作。这类工作往往具有一定难度和挑战性，要求下属具有相当的知识和技能才能胜任，过去领导者一直因为不放心而长期躬亲为之。事实上，只要领导者在授权之外，特别注意为接受权力的下属提供完成工作所需的训练和指导，把这类工作交给下属，可以有机会让他们提高自己的才能。

(4)不能授权的工作。每个组织的工作之中，总有一些工作关系到组织的前途、命运和声誉，直接影响领导者业务拓展的工作，这类工作不允许失误，一旦失误就必须付出沉重的代价；或者这类工作除领导者本人外，谁都无法完成，这类工作是不可授权的，必经领导者亲手为之。

3.任务标准化

我们经常能听到授权受挫的领导者这样抱怨："当我把工作交给他们去做时，他们总是频繁地回来请示这该怎么做，那该怎么做。"

"他们的工作报告总是不能令我满意，我总是不能得到期望的结果。"

"我告诉他事情是这样的，他却似乎难以理解。"

之所以会出现这样的结果，主要在于这些领导者没有很好地理解：把一件工作留给自己做与交给下属做对这件工作本身的要求是不同的。领导者交给下属的任务必须是标准化了的任务，这种标准化的含义包括下面几点：

(1)任务是明确表述的,有清晰的目标与方向。

(2)任务完成的程序具有相对稳定的模式,完全没有思路的任务不适于授权。

(3)完成任务所需条件是相对明确的,任务完成者知道如何寻求配合和帮助。

(4)任务的完成要有相对明确的评估标准,以确定任务完成的质量。

领导者将工作任务标准化,其意义远不止在于授权的需要,它对于公司的科学的管理提升具有非凡的意义,是公司走向正规化、走向成熟、走向制度化而非领导者主观化的必经之途。

4.准备承担责任

领导者已经下定决心实施授权,大量细碎的前期铺垫也已经完成,即将要跨越授权之门了。但是,有一个问题领导者必须真正意识到,这就是责任。

在实施授权之后,领导者的工作量减少了,但肩上的担子却不会因此而减轻,相反它只会加重。在实行授权之后,领导者不仅要对尚未授权移出的职权负有全部责任,还对那些已经授权移出的职权也负有一定的责任。

这就要求领导者必须作好承担最终责任的准备,才能拉开授权的大幕。

(十一)信任是授权的精髓和支柱

领导者只有认可下属的才能并信任他,才可能给他权力。从授权的角度上来说,信任是授权的精髓和支柱,只有充分信任,才能有效授权。

一般的领导者不放心把权力委托给下属,这是出于"谁也不能做得像我自己做得那么好"的思想,或者是惧怕下属滥用权力,这实质上就是不信任自己下属的表现。

某杂志曾经以"你最不喜欢什么样的老板"为题征集50位白领的看法,结果收到的大多是历数老板的种种致命缺点的意见。其中,骄傲自大、刚愎自用、不懂得充分授权和信任下属被提到的次数最多。不错,没有信任,又何谈授权?一些领导者表面上是授权了,可是仍然要事事监控,或者关键的地方不肯放手,这都是不信任的表现,如此的授权又有什么实质的意义呢?

须知,不被信任,会让下属感到不自信,而不自信就会使他们认为自己不会成功,进而感到自己被轻视或抛弃,从而产生愤怒、厌烦等不良的抵触情绪,甚至把自己的本职工作也"晾在一旁"。相反,在信任中授权对于下属而言,是一件非常快乐而富有吸引力的事,它可以极大地满足下属内心的成功欲望,因受到信任而自信无比,灵感迸发,使其工作积极性骤增。

本田公司第二任社长河岛决定在美国设厂时,企业内预先设立了筹备委员会,聚集了来自人事、生产、资本3个专门委员会中最有才干的人员。河岛只负责最后的决策,而制定具体方案等工作全部交由下属负责,河岛一律不参加,他认为下属会做得比自己更好。比如,位于俄亥俄州的厂房基地,河岛一次也没有去看过,这足以证明他充分授权给员工。当有人询问河岛为什么不赴美实地考察时,他说:“我对美国不很熟悉。既然熟悉它的人觉得这块地最好,难道不该相信他的眼光吗?我又不是房地产商,也不是账房先生。”

本田公司的第三任社长久米在“城市”车开发的过程中也充分显现了对下属的授权原则。“城市”开发小组的成员大多是20多岁的年轻人,一些董事担心地说:“都交给这帮年轻人。没问题吧?”“会不会弄出稀奇古怪的车来呢?”但久米毫不理会这些质疑,他大胆放手让这些年轻人去干。就这样,这些年轻技术员开发出的新车“城市”,车型高挑,打破了汽车必须呈流线型的“常规”。那些故步自封的董事又说:“这车型太丑了,这样的汽车能卖得出去吗?”但久米坚信:如今的年轻人就是想要这样的车。果然,“城市”一上市,很快就在年轻人中风靡一时。

就像经营之神松下幸之助说的:“用他,就要信任他;不信任他,就不要用他。”所以,当企业领导者给下级授权时应当充分信任下级员工能担当此任。

松下幸之助

这是一家中型计算机公司发生的事。一天下班时,一位员工将自己拟好的销售计划塞在了经理办公室的门把手上,不久,他便被叫去说明情况。在他进门后,经理开门见山地说:“计划写得不错,就是字迹太潦草了。”这位员工紧张的心情顿时放松了下来,随即问道:“这项计划是不是预算开支较大啊?要不我再与另外两个同事一起来修改一下,然后再向您汇报一下。”经理不等他说完便打断了他:“对于我们公司来说这个数目的费用是不大的。我看计划确实不错,你要有信心干好,那就去干吧,别让时机错过了!”

这位员工先是吃了一惊,然后信心十足地拿起计划书离开了。大约两个月以后,他的销售计划取得了很大的成功,经理专门在会议上表扬了他,公司也给了他一定的奖励。

由此可见,建立在信任基础上的授权可以激发最强烈的动机,使人全力以赴。

当然,有些领导者之所以不信任下属,除了怕他们能力不足之外,还怕他们会在操作过程中出现失误,造成企业的损失。但是如果没有失误又哪来的进步呢?再说,人非圣贤,孰能无过?既然领导者决定授权,就要予以充分的信任,允许他犯错误。

只有领导者充分信任下属,才能进行有效授权。正如著名管理专家柯维曾精辟地说“授权并信任才是有效的授权之道。”在实际工作中,一方面,下属都希望能获得上司的信任,被授予更多权力;另一方面,获得授权的下属,只有在被完全信任的情况下,才能拥有自主决策的权力,并能有效行使被授予的职权。反之,缺乏信任的授权,导致下属失去积极性,缺乏主动性的必然结果。当然,值得信任是信任的前提。领导者不妨找到那些值得信任的下属,然后放手让他们干吧!

(十二)授权需把握时机注意细节

时机和细节是决定成败的关键。一位决心授权的领导者,在形成一个授权的操作方案之后,要做的就是选择一个适当的时机,这个时机的选择对于授权的效果会有显著的影响。

这种时机既可能是在一些特殊的事件发生时,也可能是在一些司空见惯的现象再次出现时。把握这种时机,恰当地授予权力,能让下属切实感到授权的必要,或避免授权进入过程的生硬。

善于授权的领导者常在下列情形出现时授权:

(1)领导者办公时间几乎全部在处理例行公事。

(2)领导者需要进行计划和研究而总觉时间不够。

(3)下属因不敢决策,而使自己的部门或企业错过赚钱或提高公众形象的良机。

(4)领导者正在工作,频繁被下属的请示所打扰。

(5)下属因工作闲散而绩效低下。

(6)单位发生紧急情况而领导者不能分身处理时。

(7)领导者因独揽大权而引起上下级关系不和睦。

(8)由于部门的业务扩展,需要成立新的管理层面时。

授权的时机成熟后,就是领导者运用授权手段的时候,这时领导者应该注意到的便是授权的细节问题了。

在授权的过程中,存在许多细节,如果领导者能对这些细节给予充分的注意,那么授权就必定能取得良好的效果。我们把这些细节归纳为以下七个要点:

1.领导者心态的自我调适

许多领导者不敢把权力授予下属,这主要源于他内心对个人权威和职位缺乏安全感,源于其对授权缺乏领悟。决心实施授权的领导者首先必须进行心态的自我调适,勇敢地面对自己内心潜在的对授权的恐惧,建立起自信心。

2.领导者应了解下属的能力

优秀的领导者不是依据下属的技术和现在表现出的能力来分派职务,而是以他们的工作动机和潜在能力来决定。许多领导者无法充分利用下属的潜能完成任务,这是很失败的管理,更是人才的浪费。领导者应时刻记住:下属是你最宝贵的财富,你没有理由不深入地了解你的下属。

3.自上而下协调一致的授权

领导者应使在自己控制的范围内,自上而下对授权有深刻理解。由领导自己开始做起,一直推行到最基层。每一阶层的人员都应了解:为了企业、部门和全体员工的共同成长,领导者必须容许下属做决定。如有错误,亦应妥善处理。为了授权能够获得成功,领导者还必须作好付出犯错误的代价的准备,并以此作为全体职员追求进步的成本支付。管理学家统计,假如允许新进的管理人员在低层次的管理工作中犯错误,那么他们就会在错误中学习,反而可以避免以后犯更大的错误;在数量上,后者的收益远大于前者的支出,对企业和下属来说,这是"双赢"的行为。

4.训导受权者

授权不是一种单向的管理手段,而是领导者与员工之间的互助合作。授权行动只有同时得到受权者的认同,才能真正顺利推行,获得成功。事实上,授权正是训练下属的一个好方法,应该引导他们认识到,接受授权是个人追求进步的一个过程;让他们了解到,这新的权力和附带的责任,会使他们日后成为好的主管。受权不仅意味着接受了一份任务,更意味着拥有了展示全部才华的舞台,他得到了一个脱颖而出、受人瞩目的机会。

5.让受权者明白要达到的效果

授权的领导者应该在下属前方树立一个具有诱惑力而又清晰可见的目标,让受权者明白上司期望的结果是怎样的。领导者应要求受权者把行动计划写出来,让他们认清自己该如何达到预期效果,并需要哪些协助。通过这种形式,领导者可以确切地了解受权者对期望绩效的认知程度。

6.事先确立绩效评估的标准

领导者在授权的同时必须把绩效评估的标准制定出来并公之于众,这有利于协助下属和领导者双方适时地衡量工作的成果。在"以人为导向"的企业里,考核标准不是由领导者单方面制定的,而是由参与其事的所有工作成员共同协助制定出来的。

7.领导者应给予适时的帮助

授权的领导者对授权的下属负有的责任包括两个部分,其一是监督下属达到预期目标;其二便是在下属需要帮助的时候,及时提供协助。领导者在对企业政策的理解、信息的拥有量上占据优势。有效的授权会向授权的下属提供咨询、讨论及实时的各种协助,当然,领导者不应去干涉下属的具体行动方式。

总之,英明的领导者做事无不恰到好处地把握住时机与细微之处。授权时机的选择和细节的关注,将会使授权人和受权人实现"双赢"。

(十三)授权之后还要避免"反授权"

领导在授权过程中以及授权以后,还要注意防止"反授权"。所谓反授权,就是指下属把自己所拥有的责任和权利授给领导,即把自己职权范围的工作问题、矛盾推给领导,"授权"领导为自己工作。这样,便使理应授权的领导反被下属牵着鼻子走,处理一些本应由下属处理的问题,使领导在某种程度和某些方面"沦落"为下属的下属。

领导者如果对此不提高警惕,不仅使领导工作陷于被动,忙于应付下属请示、汇报,而且还会使下属养成依赖心理,从而使上下级都可能失职。

出现"反授权"现象,其原因无非两大类:一是领导方面的原因;二是下属方面的原因。

首先是来自领导方面的原因:

(1)领导不善于授权,缺乏授权的经验和气度,毫无“宰相肚里能撑船”的风范。

(2)对“反授权”来者不拒。授权之后还事必躬亲,大事小事都要过问。一些怕担风险、能力平庸的下属,特别是一些善于投机、溜须拍马的下属,就喜欢事无巨细都向领导请示、汇报,以显示对领导的尊重。

(3)思想认识跟不上形势,宁肯自己多干也不愿意授权给下属;对下属不够信任,非得亲自动手心里才踏实;担心大权旁落,自己被“架空”。

(4)少数领导官僚主义严重,喜欢揽权,搞个人主义,使得下属无相应的决策权,因而不得不事事向领导请示汇报。

其次是来自下属方面的原因:

(1)某些下属抱着“不求有功,但求无过”的想法。

(2)有些员工缺乏应有的自信心和必要的工作能力。

(3)一些员工思想素质差,只求谋官,不想干事;只想讨好领导,不愿自冒风险;害怕承担风险,喜欢矛盾上交;认为搞不好责任也在上面,自己可以当“太平官”。

在这里,我们看一个防止“反授权”的例子。

美国山达铁路公司年轻的技术室主任史特莱,虽然自己很努力地工作,但是却不知道怎样去支配别人工作。一次,他被指派主持设计某项建筑工程。他率领3个下属,去一个低洼地方测量水的深浅,以便知道经过多深的水,才可以建筑坚固的石基。

当时史特莱才20岁出头,资历尚浅,虽然也在各铁路测量队或工程队工作了好几年,但独当一面指挥别人工作,还是第一次。

史特莱极想为3个下属做出表率,以增进工作效率,在最短的时间内完成工作。所以开始的3天,他埋头工作并以为别人一定会学他的样子,共同努力。谁知这3个下属世故甚深,狡猾成性。他们看到年轻的领导这么努力,以为他少不更事,便假意恭顺,奉承史特莱的工作做得好,而自己却袖手旁观,几乎什么事也不干。结果工作进展得很不顺利,难以达到史特莱的期望。史特莱虽然困惑但脑子还算清醒,他回去思索了一晚,发觉是自己措施失当,知道自己如果将工作完全揽在身上,他们就会无事可做。第四天工作时,史特莱便改正以前的错误,专力于指挥监督,不再事必躬亲,工作效率果然大有改观。

可见,身为领导,必须注意防止“反授权”这样才能成为一名成功的领导者。

(十四)选好对象是成功授权的关键

授权是一项原则性强、政策性高的严肃工作,必须谨慎郑重操作。除了审慎地确定授权范围和程度外,选择好的授权者特别重要,受权者即接受上级所授权力和责任的个人。受权者如果选择失误,那么出现难以预料的授权后果往往不可避免,并且还可能给领导者留下后患。选好受权者,是授权工作的基础和关键一环。为此,要求授权者对拟授权的下属做如下分析:

(1)这个人具有哪方面的能力、特长和经验?政治品德如何?他最适合承担何种工作?

(2)委托这个人做什么工作,才能最大限度地激发他的工作热情和潜力?

(3)他目前担负的工作与拟授权的哪些工作关系最为密切?

(4)这个人对哪项工作最关心、最感兴趣?

(5)哪项工作对他最富有挑战性?

在上述分析的基础上,才有可能把所要授出的责权与受权者的品德、能力、性格、兴趣等最大限度地统一起来,才能做到把权力授予最合适的人。

在现实生活中,具有以下特点的人,往往是授权的理想人选。

1.善于团结协作的人

他们在实际工作中协调组织能力强,善于理顺人际关系,凝聚力和向心力强。在实际工作中,工作的成果往往需要组织成员齐心协力、团结协作来取得。现今社会中那些善于同舟共济、情感沟通的公共关系人就是准受权者。

2.善于独立处理问题的人

这种人善于独立思考问题,并善于发现某些处于萌芽状态的问题;善于处理复杂棘手的问题;善于提供有价值的独特见解。他们能弥补领导者知识的盲点,授权给他们,往往能解决难题。相反,那些遇事无主张、凡事都要向领导者请示汇报的人,往往不能成为准受权者。

3.大公无私的奉献者

有的人尽管工作能力很强,但是如果让他多做些工作,就讨价还价,只顾个人利益和短期利益,或者工作稍有绩效,就想着回报;既干着工作,又时时想着谋私;一旦工作中投入大于产出,就满口怨言。这种人往往不能赢得别人的喜欢,尽管他有时显得很精明,但往往只是“小聪明”而已。

4.不徇私情的忠诚者

他们往往办事认真负责,善始善终,敢于坚持原则、坚持真理,对错误言行和时弊敢于直言不讳。如果领导者大胆授权给他们,那么得到的将是可靠的支持和帮助。

5.勇于创新的开拓者

这种人属于实干家、活动家,办事能力强,开拓能力卓越。工作中敢于大胆设想,敢于标新立异,另辟蹊径。领导者如果授权给这种人,往往会开拓出新的工作局面。比如具有创新信念的肯尼伍兹钢铁公司总裁贝尔、能力挽狂澜的汽车大王艾柯卡、从荆棘中走向坦途的尤金尼·杜尔奈等人都创造了商业经营管理的奇迹。

6.那些犯过非本质的或是偶然错误并渴求悔改机会的人

这些人在犯了错误、失去某些尊严和荣誉后,多少有些失落感。其最强烈的愿望是别人能给他们一个挽回损失的机会,并渴求重新恢复其应有的尊严和价值。因此,领导者在充分认识到这一心理后,如果大胆接受他们,他们会因重新获得信任和尊重而拼命工作,即使最脏最累最危险的工作,他们也会愉快地去做。

选好受权者,除了分析考察每个下属的特点、能力、性格等主观因素之外,还要综合考虑拟授权工作的性质和特点。这样才能恰当地选好受权者。

(十五)用“地位”调动员工的热情

无论何时何地,人们都渴望能够拥有自己的地位。让那些优秀的员工担当重一些的责任,哪怕只是个小主管,他也会觉得已确立了自己的地位而干劲十足。

有许多基层的员工,虽然他们个人能力都很优秀,但却很少考虑工作的整体,想休息时就不去上班;而一旦职位提升,反而会认为“工作第一”。许多基层员工总是对上司抱有敌对心理;而一旦赋予他某种责任,他便会改变态度,热心督促属下工作。

当然,毕竟一个企业中职位是有限的,很多时候并没有那么多的职位可供安排,故只有退而求其次,可让他当个指导者,指导后进人员,或者干脆建立责任制度。比如,向来不管家中财务的人,一旦叫他管理财产,他就会一改贪玩的个性,专心负起重任来。人无论是在家中还是组织内,只要在团体中确立了地位,就会觉得责任感加重,有奋发向上的意念。

你也可以对年资一年以上的员工说:“你们现在已是企业的中坚分子,工作纯熟,因此我需要你们来指导新员工。要知道,这是一项很重的工作,希望你们好好地干。”这些人一旦担任指导者的职位,有了自己的地位,工作起来就会格外有热忱。

由此看来,让员工确立位置并非一定要赋予他某种实实在在的地位。只要在感觉上,让他感到有人依赖他、信任他,使他感觉自己俨然是位经验丰富的人,就可以使他自认已经确立地位了。也就是说,只要让他专门负责某件事,让他独当一面,就会达到这种效果。

地位表明的是一种认可,一种身份。它不仅仅是一份更满意的薪水和一张更宽阔的办公桌。很多人为了获得地位,也不会在乎为了工作而长期加班。一个人的身份变迁,直接关系这个人的荣辱兴衰,决定着其积极性的涨落。当一个职业经理人被邀请参加只有经理人才能参加的俱乐部时,他感到自己是受到重视的;当一个领导者成功地率领团队取得了公司销售竞赛的第一名时,他的奖金不一定比某些金牌销售员高,但他却体会到比获得高额奖金还要开心的感觉。

可见,地位不仅仅是职位,而应该是一种认可,是一种荣誉和一种尊敬,他带来的是满足与责任。

事实证明,象征地位的头衔即使没有实权,也能刺激人,能鼓励人们更加努力地工作,也能赢得人们的忠心和热忱。一个小小的“授权”技巧,可以给领导者的工作带来很大的动力,其作用不可小视。

(十六)权力与责任必须平衡对等

下属履行其职责必须要有相应的权力,但同时,授予下属一定的权力时必须使其负担相应的责任,有责无权不能有效地开展工作;反之,有权无责则会导致不负责地滥用权力。责大于权,不利于激发下属的工作热情,即使只是处理一个职责范围内的问题,也需要层层请示,势必会影响工作效率;权大于责,又可能会使下属不恰当地滥用权力,最终会增加领导管理和控制的难度。所以,领导者在授权时,一定要向被授权者交代清楚事项的责任范围、完成标准和权力范围,让他们清楚地知道自己有什么样的权力,有多大的权力,同时要承担什么样的责任。

总的来说,要实现权力与责任平衡对等,应灵活掌握以下基本原则:

1.明确

授权时,领导者必须向被授权者明确所授事项的责任、目标及权力范围,让他们知道自己对哪些人和事有管辖权和利用权,对什么样的结果负责及责任大小,使之在规定的范围内有最大限度的自主权。否则,会使被授权者在工作中摸不着边际,无所适从,贻误工作。

2.下属参与

让下属参与授权的讨论过程,这样可以增加授权的效率。首先,只有下属对自己的能力最了解,所以让他们自己选择工作任务可能会更有好处;其次,下属在参与过程中,会更好地理解自己的任务、责任和权力;最后,下属参与的过程是一个主动的过程,而一个人对自己主动选择的工作往往会尽全力将它做好。

3.适度

评价授权效果的一个重要因素是授权的程度。授权过少往往造成领导者的工作太多,下属的积极性受到挫伤;过多又会造成工作杂乱无章,甚至失去控制。授权要做到授出的权力刚好够下属完成任务,不可无原则地放权。

4.责权相符

权力与责任务必相统一,相对应。这不仅指有权力也有责任,而且指权力和责任应该平衡对等。如果下属的职责大于他的权力,那么下属就要为自己一些力所不及的事情承担责任,这样自然就会引起下属的不满;如果下属的职责小于他的权力,那么他就有条件用自己的权力去做职责以外的事情,从而引起管理上的混乱。

5.要有分级控制

为了防止下属在工作中出现问题,对不同能力的下属要有不同的授权控制。比如对能力较强的下属可以控制得少一些,对能力较弱的下属控制力度可以大一些。然而,为了保证下属能够正常工作,在进行授权时,就要明确控制点和控制方式,领导者只能采用事先确定的控制方式对控制点进行核查。当然,如果领导者发现下属的工作有明显的偏差,可以随时进行纠正,但这种例外的控制不应过于频繁。

6.不可越级授权

越级授权是上层领导者把本来属于中间领导层的权力直接授予下级。这样做会造成中间领导者在工作上处于被动，扼杀他们的负责精神。所以，无论哪个层次的领导者，都不能将不属于自己权力范围内的事情授予下属，否则将导致机构混乱和争权夺利的严重后果。

7.可控原则

授权不等于放任不管，授权以后，领导者仍必须保留适当地对下属的检查、监督、指导与控制的权力，以保证他们正确地行使职权，确保预期成果的圆满实现。权力既可授出去，也可以收回来。所有的授权都可以由授权者收回，职权的原始所有者不会因为把职权授予出去而因此永久地丧失了自己的权力。

总之，领导者在授权时一定要注意权力与责任必须平衡对等，把权力和责任"捆绑"下放，做到权责相应。唯有如此，才能真正发挥授权的效用。

（十七）把权力授予合适的人

传说有一个国王为了解闷，他叫人牵了一只猴子来给自己做伴。因为猴子天性聪明，很快就得到国王的喜爱。这只猴子到王宫后，国王周围的人都很尊重它。国王对这只猴子更是十分相信和宠爱，甚至连自己的宝剑都让猴子拿着。

在王宫的附近，有一片供人游乐的树林。国王被那里的美景所吸引，带着他的正宫娘娘到林子里去。他把所有的随从都留在树林的外边，只留下猴子给自己做伴。

国王在树林里好奇地游了一遍，感到有点疲倦，就对猴子说："我想在这座花房里睡一会儿。如果有什么人想伤害我，你就要竭尽全力来保护我。"说完这几句话，国王就睡着了。

一只蜜蜂飞了来，落在国王头上。猴子一看就火了，心想："这个倒霉的家伙竟敢在我的眼前蜇国王！"于是，它就开始阻挡。这只蜜蜂被赶走了，但是又有一只飞到国王身上。猴子大怒，抽出宝剑就照着蜜蜂砍下去，结果把国王的脑袋给砍了下来。

企业领导者从这则寓言中可以获得深刻的启示。"国王"作为领导者，他的悲剧在于：将保护的权力授予了无法承担保护责任的"猴子"，就连一直尽职尽责保护自己的随从也被支开，正是这种不科学的授权，最终导致了悲剧的发生——国王的脑袋被猴子砍了下来。

在管理中一定要将权力授予能够胜任工作的人。领导要对下属进行完整的评价。

如果发现有的下属对自己的工作了解很深，并且远远超出原来的预料，这些人就有可能具备担负重要工作任务的才能和智慧。如果对下属的分析正确无误，那么选择能够胜任工作的人这一步就比较容易做好。但有一点要记住，那就是要尽量避免把所有的工作都交给一个人去做。

授权给合适的人，是非常重要的。授权合适会给公司带来意想不到的成功。

北欧航空公司内部的陈规陋习严重阻碍了公司发展，董事长决心进行一次大变革，提高公司的效率和知名度，把北欧航空公司改造成欧洲最准时的航空公司。

卡尔松的想法是：自己如果有一套切实可行又十分有效的措施，就按照自己的措施施行；如果没有有效可行的措施，就设法找到一个能够进行这种变革，达到既定目标的人。然而卡尔松没有想出更好的办法，因此他必须找一个合适的人选，通过合理的授权，让下属找到一个能够达到既定目标的最佳途径。

卡尔松果然是一个好伯乐，他迅速找到了一个最合适的人选。一天卡尔松专程拜会他，以提问的方式说："我们怎样才能成为欧洲最准时的航空公司？你能不能替我找到答案？过几个星期来见我，看看我们能不能达到。"由于他是运用提问的方式让对方自己寻找答案，拜会回去后他就不用再思考这件事了，而他的合适人选正在苦思冥想，力图找到答案。

几个星期后，那位下属找到了答案。他约见卡尔松，说："目标可以达到，不过大概要花6个月的时间，而且要用150万美元的巨资。"随即，他向卡尔松说明了自己的全套方案。对于他的回答，卡尔松甚为满意，因为他原本计划要花的钱大大高于150万美元。于是卡尔松让这位下属认真地实施方案去了。

大约四个半月之后，那位下属请卡尔松来看他的成果如何。这时，卡尔松的目标已经达到，北欧航空公司已经成为全欧洲最为准时的公司，更为重要的是他还从150万美元的经费中节省了50万美元。至此，卡尔松甚为得意，他进行了一场大的变革，而且还省了好大一笔钱。

现代企业管理中，越来越多的领导者认识到：将手中的权力合理地授予下属，使下属拥有更多控制自己工作的权力，这是组织生存的唯一途径。但权力的使用向来都不是一件随随便便的事情，并不是每个下属都是权力授予的最恰当的人选，不是每个人都能够达到领导者所要求的目标。因此，选择合适的人选成为授权工作中最关键的前提条件，人选不合适，不如不授权，否则将会适得其反。

（十八）一手放权，一手监督控制

授权，通俗地说，就是在工作中“放风筝”。授权的成功与否，大而化之，决定企业的兴衰成败；小而化之，影响工作的顺利开展。因此，授权必不可少，授权势在必行。那么，如何才能真正做到有效授权、如何才能有效地放飞“权力”这个风筝呢？

风筝必须要舍得放才能飞得高，只有舍得放出去，风筝才飞得高、飞得远。授权亦然，好比诸葛亮，总是事必躬亲，总是把权力攥在手里不肯下放，下属又如何为其分担工作、承担责任呢？所以，权力虽好，必须有效下放，才能真正起到尽可能大的作用。

在有限的范围内，风筝自然是放得越高越妙趣横生，权力是下放得越大越能起到大的作用，只要不是超越了自己能控制的范围，就大胆地放。这样，既可以让下属有足够的权力可用，便于开展工作，又可以最大限度地减轻自己的工作量，让自己抽出时间做更有价值的事情。如某企业的一位生产经理，在生产过程中，不仅将每天生产部门内的日常工作交给助手去做，同时将每天的生产计划、多个车间的人员调配等重要事项也放手交给助手去安排，自己只是不时对生产进程、产品质量进行跟进，这样，既有效锻炼了这位助手的能力，也使自己有更多的时间去做总体上的宏观决策。

授权固然有利，但是授权并不等于放权。

授权意味着激励下属承担更多的责任，拥有更多自行决策的权力。首先，授权必须要有适宜的对象，即成熟而热忱的下属。他有足够的能力和意愿去担当责任，所以授权的第一步是授能，是培养激励员工的过程。懂得怎样用有效的态度和方式去激励别人，在经理生涯中起着双重作用，你激励别人，别人也在激励你，是互动的成长。我们可以从托马斯·爱迪生和他的母亲那里认识到这一点，当孩子感觉到他完全沉浸在可靠的信任中时，他会干得很出色。员工也是同样，处于信任的氛围中，他不会费尽心机地去保护自己免遭失败的伤害；相反，他将全力地探索成功的可能性。在这一阶段，经理人扮演着领导者的角色，需要给予员工具体的目标并加以指引和指导，协助他一起完成任务，很显然，这时的效率很低下，因为员工不能独立工作。

在授权过程中，一定要注意不要放松对权力下放后的跟进，不要以为有风筝线控制着，就能高枕无忧，要知道，情况随时都可能发生变化，稍不留神，风筝线就可能断脱，如

不注意及时跟进,到时悔之已晚。所以,权力下放后,一定要随时跟进,时时保持拉线的韧度,绝不要使之断脱。

因此领导在授予权力后,必须对接受授权下属进行监督和控制。没有制约的权力是不可想象的。仅有授权而不实施反馈控制会招致许多麻烦,最可能出现的问题是下属会滥用他获得的权限。因此,在进行任务分派时就应当明确控制机制。首先要对任务完成的具体情况达成一致,而后确定进度日期,在这些时间里,下属要汇报工作的进展情况和遇到的困难。控制机制还可以通过定期抽查得以补充,以确保下属没有滥用权力。但是要注意物极必反,如果控制过度,则等于剥夺了下属的权力,授权所带来的许多激励就会丧失。

在金鹿集团里,就一直奉行"用权不单干,主意不独断,放手不旁观"的"15 字方针"。公司领导认为,授权流程首先要交给合适的人,然后给他一个计划,充分授权,接着就是过程监控。把事情交给下属后,在这个过程中要给他一些支持,不断跟踪,就如同踢球,不能说只要他把球踢出去后就不管它往哪边走了,你要教他怎么踢会更准一点、会更快一点,这才是一种有效的授权,所以说要进行支持,要进行过程的监控。

泉州市某电器公司一经理也认为,授权的同时必须增强过程监控,而企业领导要做到对企业情况了如指掌,才能有效地"驾驭"它。

授权是必不可少的,但是放权后要监督控制,有效地放权,合理地监督是企业授权成功的保障。

(十九)一定要防止越权

领导者在授权时,要防止下属越权,对此,领导者必须进行有效的指导和控制。但如果领导者控制的范围过大,触角伸得太远,这种控制就难以驾驭。如何做到既授权又不失控制呢?下面是一些在授权过程中做到权力控制的几种做法。

首先,是评价风险。每次授权前,领导者都应评价它的风险。如果可能产生的弊害大大超过可能带来的收益,那就不予授权。如果可能产生的问题是由于领导者本身原因所致,则应主动矫正自己的行为。当然,领导者不应一味追求平稳保险而像小脚女人那样走路。一般来说,任何一项授权的潜在收益和潜在风险并存,且成正比,风险越大,收益也越大。

其次，是建立彼此信任关系。如果不愿接受领导者授予的工作，很可能是对领导者的意图不信任。所以，领导者在授权前有必要排除下属的疑虑和恐惧，并适当表扬下属取得的成绩。另外，还要着重强调：关心下属的个人发展是企业的一项主要职责。

最后，是进行合理的检查。适时的检查可以起到指导、鼓励和控制的作用。需要检查的程度决定于两方面：首先是授权任务的复杂程度；其次是被授权下属的能力。领导者可以通过评价下属的成绩，要求下属写进度报告，在关键时刻同下属进行研究讨论等方式来进行控制。

同时，企业领导者要减少下属的越权，在授权中还要注意以下两点：

第一，尽量减少反向授权。发生反向授权的原因一般是：下属不乐意冒风险，怕挨批评，缺乏信心，或者由于经营者本身“来者不拒”。

第二，学会分配麻烦的工作。分配那些单调乏味的或人们不愿意干的工作时，领导者应开诚布公地讲明工作性质，公平地分配繁重的工作，但不要讲好话道歉，要使下属懂得工作就是工作，不是娱乐游戏。

在授权时还要注意，尽量减少下属越权的可能性。同时，在授权后也要实行一定的控制，防止越权。但是，还有些下属会犯错误，在工作中超越了自己的权限。为此，对于这些越权的下属，领导者要学会对待，要在批评教育的同时，给予鼓励。

领导者对于下属的越权要先表扬后批评，越权在企业中是常见的事，有的下级越权，是做了本来应该由上级领导决定的事。这和他较强的事业心、责任心有关。这种越权精神还有可以原谅的地方，对这种出于正当动机而越权的下属，应该先表扬后批评。这样下属才既能为领导者的公正、体贴、实事求是所感动，又会领悟到什么该做、什么应该克服。

领导者要及时纠正错误。有时下属越权，对问题的处理是错误的，这时领导者应根据情况及时补救、纠正，“亡羊补牢”，力争把损失减少到最小，并及时教育下属吸取教训，警诫其越权行为。

给予下属警告。有些时候下属的越权决定而处理的问题，可能是正确的，甚至干得很好，即使这样，可以维护现状，但领导者一定要指出下不为例，并给予一定的警告。

(二十)授权需要遵循的原则

授权虽然重要,但并不是每一个领导者都会授权,授权不当比不授权造成的后果更严重。领导者在给下属授权时,既不能是推卸责任或袖手旁观,也不能强人所难。授权要遵循几项一般性原则。

1.授权必须综合考虑组织状况

授权要以组织的目标为依据,领导者在分派职责和委任权力时都应围绕着组织目标进行,只有为实现组织目标所需要的工作才能设立相应的职权;授权本身要体现明确的目标。在分派职责的同时,还要明确下属需做的工作是什么,达到的目标和标准是什么,对于达到目标的工作应如何奖励等。只有目标明确的授权,才能使下属明确自己所承担的责任。

2.授权最好采用单一的隶属关系

作为企业,会有多个部门,各部门都有其相应的权力和职责。领导者不可交叉授权,否则会导致部门间相互干涉,甚至会造成内耗,形成不必要的浪费。让一个人负起责任比让几个人共同负责好。在企业里的连带责任,最后往往都是变得责任不清,双方都认为对方会处理,大多会发生袖手旁观不负责任的情形。组织是目标连锁,承认目标者从负有达成这个目标的责任立场来说,责任应给予一个人,而不是两个或两个以上的人。

3.互相信赖

授权之后,就要完全地信任对方,绝不去干涉。要做到这一点,就关系到做领导的一个条件了,那便是慧眼识英才。一个领导,要处理的事情中最重要的是“生产、财务和人事”。生产和财务两项,都是可以预估的,唯独人事是极大的变数。如何使一个人在他的工作环境中发挥所长,是领导者面临的最大难题。当然这也牵涉到职位的晋升、合约等,而最好的方式,便是告诉下属,他的工作性质、职权、责任、晋升标准等,当他清楚自己的工作之后,便放手让他自己去做。这便是“授权并遗忘”。这样,领导才有办法、有心力去应对下一个难题。

4.量力授权

授权是一种权力的分解和转移,当然,这种权力的分解或转移,并不是被动和无条件的。相反,它是主动地、有选择地进行的。所谓主动,就是为了提高管理效率,领导者有意识地实行授权。所谓有选择,主要包含两层意思:一是领导者对将要授予或转移出的权力进行选择;二是领导者对接受权力的人员进行选择。

5.允许下属犯错

对下属授权,就要对下属放心,就要允许下属在自己职责范围内自主行事,包括犯一些差错或过失。

下属犯了错误时,领导有时喜欢训斥下属,而不给他们一定的宽容。

这样导致的结果不外乎两种。一种是被责骂的下属垂头丧气,无可奈何地离去;另一种是被责骂的下属忍无可忍,勃然大怒,与领导大闹一场而去。

这时候,被责骂的下属一般都有这样的心理:权力是领导授予的,出了差错领导也有责任,自己已经认了错,领导还抓住不放,做得也太过分了。这样的领导,让人怎么跟他相处下去?性格刚强的下属会据理力争,与领导争个高下;而性格懦弱的下属则可能从此以后就自怨自艾,自暴自弃。

领导这样做显然是不明智的。下属能够自我反省,主动承认错误,实在是难能可贵的,领导应该给他一个机会,并加以正确引导。拒绝别人悔过,实在不足取。

(二十一)避开你的授权误区

领导者都懂得授权的重要性,但让一些领导者真正把一些权力下放给下属,确实不是一件容易的事。实际调查表明,大多数领导者仅仅授权10%左右的工作。诚然,在有着深刻集权思想的环境中,领导者不能充分授权的原因是多样的。但在实际工作中,领导者的工作习惯和一些认识的误区则是导致授权丧失效果的主要原因。那么,授权究竟有哪些误区?领导者应该怎么避免,从而最大限度地发挥下属的潜力和活力呢?

误区一:以自我作为中心的工作习惯

(1)对于让下属做出对自己有影响的决定很不习惯。领导者必须要克服这一点。因为作为领导者,必须清楚你不能独立完成所有的工作,而高效地授权能让你的工作和生活更轻松,并且让你的团队更有活力。

(2)总觉得自己比下属更能干。那些具有较强工作能力的领导者更容易发生这样的失误。事实上,领导者即使在很多领域中都具有非凡的能力,也一定要避免事事亲为,因为领导者的能干不代表下属不能做这些事。而且这样做严重的是会导致下属行为的惰性。

领导者必须时刻提醒自己:如果在一个团队或组织中你是唯一能做某件工作的人(这里指具体的和技术上的工作),这对整个组织来说是危险的。只有那些必须由自己处理的事情才不属于授权的范围。

(3)认为有些具体事只有自己能做。领导者必须时刻提醒自己:如果在一个团队或组织中你是唯一能做某件工作的人(这里指具体的和技术上的工作),那对整个组织来说是危险的。只有那些必须由自己处理的事情才不属于授权的范围。

误区二:工作目标模糊

(1)认为是自己举手之劳的工作而忽视授权。实际上一个领导者的时间就是在这些并不重要的举手之劳的工作中浪费掉了。更重要的是这样会宠坏下属,使他们的能力更加缺乏。

(2)因为自己喜欢做而不授权给下属。尤其是一些技术型领导,必须授权自己喜欢的工作,让下属代劳。领导者的任务是集中精力做必须由你做的工作,而无论你是否喜欢。

(3)对工作要求尽善尽美。认为所有工作都应该完美地实现,其实这是一个误区,而一旦陷入这个误区,则会对授权产生限制,甚至会导致领导者对下属的能力产生怀疑,从而在授权工作上止步不前。事实上,有许多时候不需要十全十美。

(4)不能清楚地认识到强影响和弱影响工作的区别。强影响工作指人力管理、规划整个系统、激励和培训等长期性工作,而弱影响工作是指日常工作或受强影响工作影响的工作。国外的一些调查显示,最佳的时间分配是80%的精力放在强影响的工作上,20%的精力放在弱影响的工作上。分清楚这两类工作,并有计划地分配和授权,你会感到你要做的工作和应分配的工作重点更加清晰,同时这样也将有助于你日后的控制工作。

误区三:放权等于完全放手

许多领导者常常会将信任与放任混为一谈。放任下属的后果是:不但把放权的成绩冲得一干二净,还会殃及整个企业。身为领导不可不防!

有的领导每次向下属交代任务时总是说:"这项工作就全拜托你了,一切都由你做主,不必向我请示,只要在月底前告诉我一声就可以啦。"这种授权法会让下属们感到:无论我怎么处理,领导都无所谓,可见领导对这项工作并不重视,就算是最后做了,也没什么意思,领导把这样的任务交给我,不是小看我吗?不负责任地下放职权,不仅不会激发下属的积极性和创造性,反而会适得其反,引起他们的不满。对放任进行预防的最好办法,就是监督。

误区四:对授权对象要求苛刻

(1)认为必须把一项工作授权给能手才是合理的。实际上不同的工作完全可以授权给不同的人,而标准只有一个,那就是能否提高整个团队的绩效。应该针对特定的情形和对象使用最佳授权方式,最终减少团队中资源的冲突和浪费。

(2)因为下属拒绝而对授权没有信心。担心经验不足而导致失败和对你授权方式的不满,都可能导致他们的拒绝,当然,解决这些问题更需要领导者的经验。

(3)因为下属是新手而不敢授权。一个高效的领导者,在明白能人重要性的同时也必须看到新手的潜力和价值。授权的过程其实也是一个授权者与被授权者共同进步、共同承担责任、共同学习的过程。

高效授权是一门艺术,是拥有优异领导才能的表现,也是管好下属的关键。领导者要想在实际的授权工作中避免这些误区,使每一个成员的责任心达到最大化,就需要具有成熟的思想、对下属的信任、良好的沟通技巧和足够的信心。也许开始时要领导者花费大量的时间了解和总结,但随着这些障碍的一一克服,就有了更多的时间关注自己的工作,从而成为一个高效的领导者。

過魯祀聖

萬世師表

漢高帝

过鲁祀圣[1]

【历史背景】

因淮南王黥布谋反,汉高祖亲自领兵征讨并擒拿了黥布。一队人马得胜回朝,途经山东曲阜县,孔子出生的地方,孔子的坟墓也建在那里。汉高祖以太牢之礼亲自祭拜孔子。而汉高祖以天子之尊,利用领兵征伐之际,用与社稷、宗庙的一样祭礼拜祭孔子,这一举动首开中国古代帝王祭祀孔子之先河。

【原文】

汉史纪:高帝击淮南王黥布[2],还过鲁,以太牢[3]祀孔子。

【张居正解】

西汉史上记:汉高帝因淮南王黥布谋反,自领兵征之,擒了黥布,得胜回还,经过山东曲阜县,乃旧鲁国,是孔子所生的地方,有孔子的坟墓,高帝具太牢牲礼,亲拜祭之。夫孔子虽是大圣,其官不过鲁国的大夫,自孔子殁后,战国之君,皆不知尊信其道,及秦始皇又焚烧其书。高帝以天子之尊,方用兵征伐之际,就知崇儒重道,且用太牢,与社稷[4]、宗庙[5]的祭礼一样,后世人君尊敬孔子,实自高帝始。其好尚正大如此,宜其为一代创业之君也。

【注释】

①此篇出自《汉书·高帝纪》。记述汉高祖刘邦以帝王身份首次祭孔的故事。

②黥布:即英布(?~前195)。六县(今安徽六安东北)人。因犯法受黥刑故称黥布。

先属项羽，后归刘邦，封为淮南王。汉初举兵反刘邦，兵败逃往江南，被长沙王（吴芮之子成王臣）诱杀。

⑧太牢：盛牲的食器叫牢，大的称太牢。太牢盛三牲，因而也把宴会或祭祀时并用牛、羊、豕三牲叫作太牢。

④社稷：社指土神；稷指谷神。后两者合用成为国家的代称。

【译文】

汉史载：汉高祖刘邦带兵讨伐淮南王黥布，凯旋之时，经过鲁国，以太牢之礼祭祀了孔子。

【评议】

汉高祖刘邦亲祭孔子，说明他对文化教育的高度重视。其此举首开中国古代帝王祭孔之风，同时也说明孔子学术思想较为得民心。与秦始皇相比，汉高祖刘邦在天下初定的情况下，即能充分意识到文化教育的重要性，也证明他的确比专制残暴镇压的秦始皇略高一筹。

【镜鉴】

一、教化是治国大务

西汉董仲舒说，教化不立，万民不正。占之王者南面而治天下，莫不以教化为大务。他认为，为人君者，正心以正朝廷，正朝廷以正百官，正百官以正万民，正万民以正四方；万民之从利，如水之走下，不用教化堤防，不能止；之所以教化立而奸邪皆止，因为堤防完好；之所以教化废而奸邪并出，刑罚也不能制止，因为堤防坏了。

从实践层面看，历史上相对清明的时代，如西汉“文景之治”、唐代“贞观之治”等等，都是教化大行，省刑轻罚，所谓“路不拾遗、夜不闭户”的时代。

中国传统重视礼治、德治或孝治，教化足古代帝王一条重要的治国之道。

(一)教化并非权宜之计,是一以贯之的治国方略

三千年前,周公制礼乐,规定每年冬至,全国民众在乡野祭祀周朝祖先后稷,各国诸侯集中到洛邑,跟随周天子祭天、祭周文王,以礼乐体现天子的权威和神圣,并教化天下。《礼记》说:"礼节民心,乐和民声,政以行之,刑以防之。礼乐刑政,四达而不悖,则王道备矣!"可见,《礼记》把以礼、乐为手段的教化摆在王道的首位。秦汉之际,在乡设三老,掌民间教化。汉武帝时,董仲舒提出独尊儒术和三纲五常。

魏晋南北朝时期,儒家学说式微,佛教东来,统治者们推动佛教中国化,并把它作为教化工具。隋唐创科举制。宋朝儒学复兴。元朝儒学地位不高。明清两朝,孔子作为至圣先师和中国偶像存在,儒学成为国人的精神信仰和人生坐标,朱熹的《四书集注》被指定为科举考试的标准教材。

(二)教化并非空洞说教,是有实际内涵的理论体系

在古人的观念中,祖宗是生命之源,天是生命的控制者,地是生命的承载者。中国人自古敬天地、敬祖宗,古代的政治家和思想家们,便创造了天子理论和君父理论,把帝王打扮成天之子、地之主和全国之父,让传统的天地崇拜、祖宗崇拜与帝王崇拜融为一体,从而确立了帝王至高无上的地位。后来,董仲舒发明三纲五常,规范人伦关系,规定君为臣纲,调节君臣关系,讲臣道;父为子纲,调节父子关系,讲孝道;夫为妻纲,调节夫妻关系,讲妇道;仁、义、礼、智、信,调节基本行为,讲人道。

到了宋朝以后,理学家又提倡格物、致知、诚意、正心、修身、齐家、治国、平天下,讲修身养性,经世济民。这套理论,构成了古代中国一脉相承、举国认同的核心价值体系,也为古代的君主专制与家长专制提供了思想理论基础及其存在的合理性。

(三)教化并非一般号召,有一套上行下效的制度规范

古代中国讲究礼治,礼是包括生老病死、婚丧嫁娶、祭祀及朝廷政治生活在内的一整套制度设计和行为规范。汉朝以孝治国,从惠帝起,皇帝谥号都用孝字打头,从孝惠帝、

孝文帝、孝景帝、孝武帝,一直到孝平皇帝。

汉武帝采取举孝廉的办法,在全国范围内,以郡为单位分配名额,让社会公推孝子廉吏,由朝廷褒奖并提拔任用,其对社会风尚的导向、激励与教化作用,可想而知。唐、宋、明、清各朝都奉行以孝治天下,唐玄宗亲自为《孝经》写序、作注,并下诏颁行天下。

清朝顺治皇帝曾经注过《孝经》。康熙、乾隆皇帝数次在皇宫摆"千叟宴",亲自宴请全国老寿星。雍正皇帝注重发挥宗族的作用,鼓励和惩戒民间的不孝行为。中国古代的教化,是由最高统治者亲自倡导、亲自推动的。

(四)教化并非生硬的灌输,有民众喜闻乐见的物质载体

教化以民众为对象,民众的文化水平和理解能力参差不齐,艰深晦涩的理论往往不能为大众所接受。中国古人编写的《三字经》《千字文》《女儿经》《孝经》等广谱性读物,通俗易懂,言简意赅,生动活泼,分别以儿童、妇女及全社会为对象,规范儿童、妇女和全社会的行为,影响了一代又一代中国人。

中国古代努力推崇万世师表孔子、忠义楷模关公、精忠报国的忠臣岳飞、铁面无私的清官包拯、孝子代表董永等道德模范人物,孔庙、关公庙、岳飞庙、包公祠遍布大江南北。这些人妇孺皆知,几近神化,渗透人的心灵,塑造人的精神,影响人的行为,被中国人顶礼膜拜几千年,或者几百年,享受着与帝王一样的威望与荣誉,其影响甚至比帝王更为深远。

云冈、龙门、敦煌、麦积山等地石窟中的佛教故事,大足摩崖石刻所刻画的艰辛的父母生儿育女图和恐怖的恶者地狱受刑图,带给人们的不仅仅是艺术享受,更多的还是精神震撼和思想渗透,让受众在不知不觉间被今生来世、因果报应、生死轮回、普度众生及忠孝仁义的价值观潜移默化。即使一字不识的人,也能一眼看懂其中昭示的善有善报、恶有恶报的警戒,记住诸恶莫做、众善奉行的教训。

研究中国古代的帝王之道,不能脱离当时的政治环境。中国的帝制时代,是一个皇权扩张、膨胀到消灭的时代。那时,不论国家的最高权力是掌握在皇帝手里,还是操纵在太后、大将军、大司马、宰相、太监或者别的什么人手上,他们所代表和行使的都是皇权。

从秦始皇开始,每朝开国皇帝的帝位都是通过战争或强力从别人手上夺来的。夺得皇位后,某一家族开始世袭。世袭的子孙争气的不多,袭着袭着,皇位又被别的家族以同

样的方式抢走。于是,又开始一轮新的争夺。中国的帝制时代就是在皇位的争夺——世袭——再争夺——再世袭的循环中度过的,皇帝们也在战争的血腥、腐败的风险、垮台的危机或谋杀的恐惧中走着各自的帝王之路。因此,他们把夺取皇权和巩固皇权当作自己的最高利益。为了皇权,他们费尽心机,甚至不惜父子相残、兄弟相争、夫妻反目成仇。古代中国的帝王之道,都是服从和服务于这个最高利益的。

此外,中国古代的教化也产生过明显的负面作用,其传统礼教和纲常伦理是家长专制和君主专制的理论基础,不知不觉间成了禁锢中国社会的紧箍咒。朱熹注释的《四书》被指定教条后,造成了对中国人思想的束缚,助长了古代中国学术乃至社会的僵化与停滞,曾经的世界第一强国,渐渐减少了过去的生机、活力与创造力。

研究古代的中国帝王,切不可忽略这些历史背景。否则,就会受到专制毒素的侵害。

二、学风建设是干部的重要职责

加强和改进领导干部作风建设,首先要加强领导干部的学风建设。重视学风建设是我们党加强自身建设的宝贵经验。重视学风建设是建设高素质干部队伍的迫切要求,领导干部只有树立良好的学风,才能提高自身素质,履行好工作职责,才能真正提高贯彻落实科学发展观的能力、驾驭全局的能力、处理利益关系的能力、务实创新的能力。

当前,各级领导干部的学风总体上是好的。但学风不正的现象在一些领导干部身上仍然不同程度地存在着:一是缺少学习的兴趣和热情,认为学不学无所谓,成天忙于不必要的应酬,甚至沉迷于灯红酒绿;二是学习不刻苦、不钻研,敷衍了事,浅尝辄止,满足于一知半解;三是理论与实际脱节,照本宣科,做表面文章,不去用或者不会用科学理论解决面临的实际问题,甚至言行不一;四是奉行“有用即真理”,任意裁剪理论,搞断章取义,各取所需,甚至把自己不正确的理论说成是科学理论的原意和中央精神。

必须把弘扬马克思主义学风贯穿到干部教育培训的各个方面,切实形成“勤奋好学、学以致用”的良好学风,进一步提高干部教育培训成效。

(一)端正对待马克思主义的态度,坚持理论联系实际,用发展着的马克思主义指导干部教育培训工作、武装学员头脑

1.与时俱进地对待马克思主义

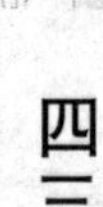

学好马克思主义首先要端正对待马克思主义的态度,这是学风建设首先要解决的问题。端正对待马克思主义的态度,在干部教育培训中要注意克服两种倾向:一是轻视马克思主义的作用,不想讲、不想学马克思主义。二是对待马克思主义采取教条主义、本本主义。在教学中的表现就是照本宣科,照抄照搬。应注意更新教学内容,丰富教学手段,提高教学的吸引力和影响力。

2.坚持从实际出发

坚持理论联系实际,是做好培训工作必须遵循的一条重要指导思想和原则,是衡量教学科研质量高低的一条重要标准。因此,必须在理论联系实际上下苦功夫。在教学科研中要努力提高理论含量,牢牢把握解放思想、实事求是这个精髓,完整准确地掌握马克思主义理论的科学体系和精神实质,同时要紧密联系国际国内实际、本地区本部门实际、个人思想工作实际。努力提高正确理解和把握理论的能力,提高运用理论分析和解决现实问题的能力,提高正确认识自己、不断改造主客观世界的能力。

3.坚持用发展着的马克思主义指导培训工作、武装学员头脑

党的十六大以来,以胡锦涛同志为总书记的党中央,着眼于国际国内环境的新变化,坚持与时俱进,不断总结实践经验,不断推进理论创新,先后提出了科学发展观、构建社会主义和谐社会、加强党的执政能力建设和加强党的先进性建设等重大战略思想,开辟了马克思主义理论发展的新境界。要切实把这些重要战略思想贯彻到培训机构的教学、科研和管理的各项工作中,深入开展科学发展观、构建社会主义和谐社会、加强党的执政能力建设和先进性建设等重大战略思想的培训,引导广大学员深刻认识党中央着眼于新的实践和新的发展推进理论创新的历史背景和重大意义,深刻认识这些重大战略思想的科学内涵和精神实质,不断提高学员的思想政治素质。

(二)立足根本,从制度建设上下功夫,建立健全学风建设的保障机制

加强学风建设,必须立足根本,标本兼治,逐步建立健全科学合理的制度,形成一整套促进学风建设的考评考核办法,努力用完善的机制促进良好学风的形成。

1.建立健全学风建设的激励机制

要把学风好坏作为使用干部的重要依据,在任职条件和资格中,应将有关学风建设的内容和要求加以细化,把学风条件硬化。在干部考察中,要把学风是否端正,是否系统

掌握理论并运用理论指导实践作为重要内容,写进考察材料,为使用干部提供学风是否端正的准确依据,从而形成"学风端正受重用,学风不正不使用"的正确用人导向。

2.建立健全学风建设的监督机制

要在健全组织监督、强化班子内部监督、疏通群众监督渠道、重视舆论监督等方面下功夫。坚持并改进现有的"查学"办法,每年组织的集中检查不仅要查读书笔记、心得体会、理论文章等学习情况,还要通过其工作业绩、遵守党纪政纪等工作、生活的现实表现,分析其学风状况,让那些风气不正、搞形式主义的人过不了检查关。把领导班子和领导干部学风建设纳入干部任前公示内容,倾听群众反映,接受群众监督。对群众反映强烈的问题,通过新闻媒体曝光,予以批评鞭策,以教育警示党员干部端正学风。

3.建立健全学风建设的考评机制

在抓领导干部学风建设上,现已普遍建立了"述、评、考"以及学习档案等制度,应当坚持并加以完善,要在讲求实效上增添新措施,提出新要求。在组织干部理论学习的考试、考核中,除把是否熟悉基本理论作为一项重要内容外,主要应看其运用理论解决实际问题的水平。对干部教育培训情况实行登记管理,建立和完善干部教育培训档案,以考评促进学风建设。

(三)根据培训需求改进培训内容和培训方式,加强教学管理和学员管理,切实加强学风建设

领导干部存在的学风问题,除个人的主观因素外,干部教育培训运行机制不规范,教学内容更新不快,培训方式陈旧单调等客观因素也影响了其学习积极性,影响了良好学风的形成。因此,要加强领导干部的学风建设,必须贯彻党的干部教育培训方针政策,深化教学改革,创新培训内容,改进培训方式,搞好教学管理,提高教学水平。

1.按照"联系实际,学以致用"的原则开展培训工作

切实把干部教育培训工作的着眼点放在提高干部运用理论指导实践、解决实际问题的能力上,帮助广大干部在改造客观世界的同时,改造主观世界。

2.切实加强教学管理

坚持从严治教,用马克思主义占领培训机构的教学科研阵地,切实提高教师的思想政治素质,严格把好教学政治纪律关。严格教学管理制度,规范教学计划的制定和执行

过程，建立学员评教与专家评教相结合的教学质量评估体系。加强学前需求调研，根据各类干部的成长规律、行业特点和培训需求，科学设置培训内容，增强培训内容的针对性。注意改进教学方法，积极借鉴国外先进的培训方法，大力实施研究式、案例式、模拟式、体验式等教学方法，丰富教学手段，增强教育培训的吸引力。

3.切实严格学员管理

不断改进学员管理的方式方法，努力提高学员管理水平。抓好学员管理制度的建设与执行，要求学员认真遵守各项制度，以高度的自觉性完成学习任务。要特别抓好学习管理，组织好学员的听课、自学、研讨、交流以及考察、调研等活动；严格考试考核，考试考核成绩要记入学籍档案，并向组织部门和学员所在单位反馈，促进良好学风的形成。